차이나 퍼즐
기술봉쇄의 역설, 패권전쟁의 결말

차이나 퍼즐
기술봉쇄의 역설, 패권전쟁의 결말

1판 1쇄 인쇄 2025년 6월 20일
1판 1쇄 발행 2025년 7월 11일

지은이 전병서
펴낸이 황정욱, 황대일

편집·마케팅 (주)열린길
디자인 (주)열린길

펴낸곳 (주)연합인포맥스
출판등록 2008년 4월 15일 제2008-000036호
주소 (03143) 서울특별시 종로구 율곡로2길 25, 연합뉴스빌딩 10층(수송동)
이메일 infomaxpr2@yna.co.kr
홈페이지 https://news.einfomax.co.kr

ISBN 979-11-988961-5-5 (03320)

© 전병서, 2025

- 책값은 뒤표지에 있습니다.
- 잘못 만들어진 책은 구입하신 서점에서 교환해 드립니다.
- 이 책 내용의 전부 또는 일부를 재사용하려면 반드시 저작권자와 ㈜연합인포맥스의 서면동의를 받아야 합니다.

미중 기술패권전쟁 시대 생존 전략

차이나 퍼즐

기술봉쇄의 역─설
패권전쟁의 결─말

전병서 지음

연합인포맥스북스

머리말

차이나 퍼즐
China Puzzle

이혼한 부부도 만나야 하는 이유

중국은 지난 30여 년간 우리에게 참 익숙했던 식재료였지만 이젠 맛보는 것조차 거북스럽다. 한한령, 미·중전쟁, 탈중국, 대중 적자, 반간첩법, 피크차이나, 중국 위기론 등 언론에 하루가 멀다 하고 등장하는 중국 관련 단어만 들어도 거부감이 깊은 곳에서 스멀스멀 올라온다.

그러나 중국이 싫다고 피할 수만은 없다. 지정학적 숙명 때문에 2,000여 년간 마주보고 있는 가장 가까운 나라지만 돌아누우면 지구 한 바퀴를 돌아야 만날 수 있는 나라다. 피할 수 없으면 즐기라는 말이 있다. 미국의 기술, 중국의 재료와 시장을 가지고 무역으로 먹고사는 우리 대한민국에게 미·중 양국에 걸치는 양다리 전략은 선택이 아닌 필수다. 한국은 중국을 피하는 방법이 아닌 즐기는 방법을 깊이 연구해야 한다.

바둑에서 고수는 복기에 강하다. 실패에서 배우면 더 강해진다. 30년간 중국에서 벌었는데 2년 무역적자 났다고 중국을 포기하는 것은 패착이다. 다시 영리하게 싸우는 법을 개발하고 다시 30년을 준비해야 한다. 미국 대통령이 중국과 전쟁을 선포하는데도 미국의 CEO들이 중국으로 몰려가는 이유는 돈과 시장 때문이다. 시장을 버리는 상인은 상인이 아니다.

우리의 OEM 공장이었던 중국, 이젠 그 머슴이 돈 벌어 손님이 됐다. 심지어는 밉상에 가까운 '손놈' 짓도 한다. 극중(克中) 하고 싶다면, 중국에서 돈을 벌고 싶다면 지중(知中)이 먼저다. '손놈'을 충성고객으로 만들면 영원한 단골이 된다.

전제는 고객의 마음을 사야 하는 것인데, 고객의 마음은 고객의 언어로 말하고 맞장구칠 수 있어야 한다. 그래야 지갑이 열린다. 국자는 10년 국을 퍼도 국 맛을 모른다. 중국 경력이 20년이든 30년이든 상관없이 중국어 안되는 CEO, 중국주재원 다 철수시키고 중국에서 공부하고 놀아보고 일해본 사람으로 교체하고 대중국 매출 비중만큼 중국 인력을 유지해야 한다.

서로 좋아 결혼했지만 안 맞아 앙숙이 되어버린 이혼한 부부도 어쩔 수 없이 다시 만날 수밖에 없는 일이 있다. 바로 자녀라는 공통의 문제다. AI 시대 반도체를 잡는 자가 권력을 잡는다. 한·중 간에는 완전히 끊어낼 수 없는 인연이 있다. 바로 반도체기술이다. '제조 시대 산업의 쌀은 철강'이었지만 'AI 시대 산업의 쌀은 반도체'다. AI 시대 석유는 데이터라고 하지만 데이터에서 IP를 뽑아내려면 반도체가 필수이기 때문이다.

첨단반도체산업에서 미국은 기술은 있지만 공장이 없어 문제고, 중국은 공장은 있지만 기술이 없어 문제다. 한국과 대만은 첨단반도체기술도 있고 공장도 있다. 이 첨단반도체를 두고 미·중이 경쟁을 벌이면서 대만해협이 가장 위험한 3차 대전의 발원지가 될 가능성이 있고, 대만해협 위기는 한국의 위기가 될 가능성이 있다.

'Davidson Window', 세계 3차 대전의 시발지?

미국은 2021년부터 'Davidson Window'를 중국 견제의 가장 중요한 단어로 언급하고 있다. 2021년, 필립 데이비슨(Philip Davidson) 미 태평양 사령관이 의회에서 대만에 대한 중국의 공격 가능성을 언급하며 이 용어를 사용했는데, 2027년 내 중국이 대만을 공격할 가능성이 높다는 경고를 한 것이다.

이 발언은 2021년 이후 미국의 외교 정책 및 군사 전략에 큰 영향을 미쳤으며, 대만에 대한 지원과 방어 전략을 강화하는 계기가 되었고 군사 전문가들은 Davidson Window를 통해 중국의 군사적 행동을 예측하고, 이에 대한 대응 전략을 수립하고 있다.

전 세계 AI 시대 석유의 92%가 대만해협을 타고 흐르고 있기 때문이다. AI 개발에 필요한 최첨단반도체의 92%를 대만의 TSMC가 생산하고 있고 나머지를 한국이 생산한다. 미사일, 드론, 로켓, 머스크의 스타링크 모두 첨단반도체칩이 필요하다.

미국은 대만을 잃으면 4차 산업혁명이 아니라 정보의 원시시대로 회귀하고 중국은 대만을 먹으면 단숨에 4차 산업혁명에서 미국을 제치고 세계의 선두로 올라선다. 만약 대만이 폭격당하면 한국이 4차 산업혁명의 핵심 반도체 공급국으로 부상하지만 대만전쟁은 바로 한국 반도체 공장 파괴와 주한미군의 대만 투입을 막기 위한 한반도전쟁으로 이어질 수밖에 없는 구조다.

트럼프의 동맹 압박에 한국은 관세폭탄과 주한미군 철수를 가장 두려운 경제안보의 후폭풍으로 걱정한다. 미국의 안보동맹으로 미국과 보조를 맞추고 실익을 챙기는 것은 중요하지만 지나치게 트럼프의 공포정치에 두려움에 떨거나 저자세로 퍼주는 일은 피해야 한다.

미국의 관세폭탄은 전 세계를 상대로 다 하는 것이고 한국도 반도체와 배터리 투자를 무기로 협상하기 나름이다. 또한 주한미군 문제는 대만해협의 위기 상황 시 한반도 주둔 미지상군이 가장 신속하게 '대만의 반도체라인 방어'에 투입될 수 있는 '오 분 대기조의 역할'이 새롭게 생겼기 때문에 트럼프 대통령이 터무니없이 요구하는 높은 수준의 분담금을 내지 않는다고 해서 바로 뺄 수 있는 상황이 아니다.

지금 동아시아는 우·러, 이·팔전쟁에 이은 세계의 화약고가 될 가능성이 있다. 미국의 중국 공격이 아니라 중국의 대만 공격이 언제일 것인가가 문제다.

트럼프 2.0, 중국을 좌초시킬 수 있을까?

기축통화국인 미국의 근본적인 문제는 '트리핀의 딜레마'다. 달러를 세계에 공급해야 미국의 영향력도 세계경제도 커지는데 이 과정에서 무역수지 경상수지의 적자는 필연이고 무역수지의 적자는 미국의 고용에 영향을 준다.

트럼프 대통령과 스태프들은 달러 패권 강화와 제조업 부활, 국제 경쟁력 제고를 위해 글로벌 무역·금융·안보 체계 재편을 추진하고자 '마러라고 협정(Mar-a-Lago Accord)'을 구상했다. 소위 트럼프식 '트리핀의 딜레마' 극복 방안이다.

미국의 기축통화 지위는 그대로 유지하고 '관세(무역적자 개선)와 환율조정(강달러 관리) 조합'을 통해 미국 제조업을 부활시키고 제조업 일자리를 늘리기 위해 관세폭탄 전략을 트럼프 전략의 핵심 도구이자, 환율조정 및 안보비용의 조정을 강요하는 패로 쓴다는 것이다.

트럼프의 대중 전략은 1기와 다른 '성동격서(聲東擊西)' 전략이다. 큰 맥락에서는 대중국 봉쇄를 통한 중국 좌초가 목적이지만, 이번에는 반중국 전선에 제대로 협조 않는 미국 동맹들부터 손보고 시작한다. 먼저 미국의 안방을 위협할 수 있는 파나마운하 항만운영권을 홍콩 CK그룹으로부터 인수하고, 가장 인접한 동맹인 캐나다와 멕시코를 고율관세로 때려 '친중화'를 막았다.

또한 미국의 국방력에 무임승차(free riding)하려는 유럽을 우·러전쟁 종전을 빌미로 압박해 국방비 증액을 유도하는 방안으로 고율관세를 때렸으며, 중국을 약화시키기 위해 과거 닉슨이 소련과 중국을 분리해 사회주의를 약화시켰듯이 우·러 종전을 이용해 러시아 편을 드는 척하면서 사회주의 동맹국인 중·러를 분리하는 전략을 구사하고 있다.

다만, 이렇듯 트럼프가 오랜 미국의 동맹국에 대해 '관세전쟁'을 선포하고, 푸틴에게 우호적이며, 우크라이나에 군사 지원을 전면 중단해 버린 일련의 행태는 '광인 전략(madman strategy)'을 쓰는 트럼프의 특성이라고 보기보다는 미국 내의 문제로 보는 것이 더 합리적이다.

트럼프의 이런 '광인 전략(madman strategy)'의 가장 중요한 배경은, 막대한 재정적자와 제조업 일자리 감소다. 괴상하고 이상한, 동맹에 대한 무례한 트럼프의 정책들은 미국의 막대한 재정적자에 따른 이자부담, 제조업 일자리 감소에 기인하고 제조업 부활을 목표로 한다.

미국을 비꼬는 이들은 미국을 '천조국(千兆國)'이라고 부른다. 천조(千兆)는 미국의 국방비와 이자비용을 말한다. 2024년 미국의 국방비는 8,741억 달러였다. 원화로 환산하면, 1,260조 원 정도 된다. 미국의 재정적자를 상징하는 것도 '천조국(千兆國)'이다. 2024년 약 1년간 지출한 국채 발행 이자비용만 8,820억 달러, 한화로 1,270조 원이다. 이를 해결하자는 것이다.

　백악관과 상하원을 모두 장악하는 트리플 크라운을 달성한 공화당의 트럼프 대통령의 대중 관세폭탄전쟁 2부가 시작됐다. 그러나 트럼프의 적(敵)은 중국이 아니라 시간이다. 정책에서 가장 나쁜 것은 샤워실의 바보다. 온탕과 냉탕을 왔다 갔다 하는 것은 최악의 수라는 의미이다.

　최근 12년간 미국은 4년 주기로 공화당, 민주당, 공화당으로 정권이 바뀌면서 대중 전략에 대한 전임정권의 정책을 홀랑홀랑 뒤집는 악수를 두었다. 결과적으로는 중국을 좌초시키기는커녕 반발심만 더 키우고 중국의 기술국산화 가속과 대미국 대응력만 더 키웠다. 중간선거에서 지면 빠르면 2년 만에 식물 대통령이 될 수 있는 트럼프 대통령은 바이든 정부의 정책을 또 뒤집었다. 중국을 기술적으로 제압하는 IRA, Chips 법도 모두 엎었다.

　트럼프의 MAGA, America First, 보편관세 등은 모두 기시감이 있는 창의성 떨어지는 '카피의 기술'이다. 먼로, 잭슨, 맥킨리주의를 모두 베껴 만든 비빔밥 정책이다. 트럼프의 '마러라고 협정(Mar-a-Lago Accord)'을 성공시키기 위해서는 미국의 상대적인 경제력 약화를 보완할 미국 동맹들의 협조가 필수인데 트럼프의 동맹압박 전략은 모든 동맹들을 담장 위에 올라가 눈치 게임하게 하는 '펜스 시터(Fence Sitter)'로 만들 가능성이 높다.

　세계 최강의 제조업 기반을 갖추고 이미 미국을 추월한 중국의 수출을 관세로 좌초시킬 확률은 낮다. 1985년, 지금 중국과 같은 상황이었던 일본을 잡았던 것도 무역의 칼이 아닌 금융의 칼과 기술의 창이었다. 그러나 1985년의 일본과 2025년의 중국은 많은 것이 다르고, 특히 당시 미국에는 12년간 연속적인 공화당 정부의 집권으로 일관된 정책이 있었기에 가능했다.

트럼프 대통령의 '성동격서의 대중국 전략'은 방향은 좋지만 시간이 적인 4년짜리 대통령에게는 미완의 프로젝트로 끝나고 동맹들과는 척을 지는 악수가 될 가능성이 높아보인다.

트럼프 대통령의 장단에 다 맞춰 투자하다가 4년 뒤 미국의 정권이 다시 민주당으로 바뀌면 지금의 반도체와 배터리 투자와 같은 황당한 일이 벌어질 수 있다. 미국이 신뢰를 잃은 것이 가장 큰 문제다. 그래서 대만의 TSMC처럼 2030년까지 1,000억 달러를 투자한다는 뜬구름 잡는 임기응변, 소위 '팃포탯(Tit-for-tat)' 전략이 난무할 수밖에 없다.

이제 우리에게 중국은 '중동' 같은 나라

바이든 정부 출범 이후 한국 정부의 안미경중은 끝났고, 미국의 탈중국 정책에 적극 동조했지만 여전히 한국의 최대 수출국은 중국이다. 한국은 반도체, 배터리, 전기차를 미국에 수출하지만 반도체 소재의 40%, 배터리 소재의 80% 이상을 중국에 의존하고 있어 중국을 버리려고 해도 버릴 수 없는 입장이다.

한국은 탈중국을 해야 하는 이유로 중국 피크론, 중국 위기론을 들지만 한국의 냉정한 계산의 결과가 아니라 미국의 탈중국 정책에 맞춘 미국 정치계의 레토릭과 미국 극우파 싱크탱크의 주장을 그냥 리바이벌하는 정도에 그치고 있다.

2019년 발생한 코로나로 전 세계가 4년간 질병과의 전쟁을 치를 때, 중국은 미국과 또 다른 4년의 전쟁을 치르면서도 망하지 않았다. 망하기는커녕 미국의 기술제재에 맞서 기술에서 획기적인 발전을 했다. 그럼에도 한국의 대중국 인식은 4년 전의 중국에 머물러 있다.

무시하다가 다친다. 청나라 시절 중국이 영국을 무시하다 당했고 영국은 식민지 미국을 무시하다 당했다. 한국은 자동차와 핸드폰에서 중국보다 잘한다고 중국을 한국 기술 베끼는 짝퉁의 나라라고 무시한다. 하지만 중국은 이미 항공모함을 만들고 우주선을 만들고 우주정거장을 만들고 스텔스기를 만든다. 한국, 자동차 만드는 기술로 항공모함 만들고 핸드폰 만드는 기술로 우주선 만들 수 없다.

중국은 2024년 6월 창어 6호가 벌써 4번째 달의 뒷면에 올라가 흙을 퍼오고, 2024년 6월 15일 중국의 첫 화성 탐사선 '톈원(天問) 1호'가 화성에 착륙했다. 이로써 중국은 미국, 러시아에 이어 세 번째 화성 착륙 국가가 됐다. 중국의 화웨이는 미국의 견제에도 7nm 칩을 장착한 스마트폰을 출시했다. 2025년 1월 20일 중국의 작은 자산운용사의 자회사인 딥시크(Deep Seek)가 세계 1위 생성형 AI인 오픈 AI의 서비스와 비슷한 성능을 내는 AI모델을 1/10도 안 되는 코스트로 출시해 전 세계 AI 업계를 발칵 뒤집어놓았다.

돈을 앞에 두고 적을 미워하지 마라

2024년에 중국은 3,143만 대의 자동차를 구매해 세계 최대 자동차시장으로 부상했고 전기차도 1,223만 대 구매하며 세계 1위를 기록했다. 미국의 자동차 판매량은 1,646만 대, 전기차 판매량은 146만 대였다. 코로나 불황에도 2023년 중국은 전 세계 명품의 38%를 구매했고, 전 세계 벤츠 판매량의 36%를 구매하는 세계 최대 소비시장으로 부상했다. 미국은 14%였다. 반도체 소비 역시 전 세계 시장의 31%로 미국의 26%보다 크다.

한국은 자동차, 핸드폰, 화장품, 유통업, 커피 프랜차이즈까지 중국에서 퇴출하면서 중국 위기론에 힘을 실었지만 미국의 GM과 포드, 테슬라, 애플, 에스티로더, 월마트, 스타벅스는 중국에서 여전히 장사하고 있고 퇴출한다는 얘기도 없다.

미국 정부가 나서서 첨단기술과 공장은 중국에 가져가지 말라는데도 세계 전기차 1위인 미국의 테슬라는 중국에 세계 최대 규모의 첨단전기차 공장을 지었고 FSD(Full Self Driving)까지 중국에서 테스트하고 있다. 한국 기업의 치명적 경쟁력 약화와 전략적 미스를 중국 시장의 폭망으로 치부하며 '감정경제학'으로 중국을 바라보고 있는 것이 한국의 대중국 관점의 냉정한 현실이다.

돈에는 감정도 애국심도 없다. 돈 되면 들어가는 것이고 돈 안 되면 나오는 것이다. 중국에서의 한국 기업 퇴출을 두고 중국 위기론을 떠들며 중국 망했다고 아무리 얘기해도 팩트는 변하지 않는다. 중국의 부상과 굴기에 올라탈 생각은 않고 뛰어내리는데 박수만 치고 있으면 생기는 것이 없다. 하늘(서비스업)의 독수리가 땅에 있는 호랑이가 죽었다고 한들 숲(제조업)을 장악하고 있는 호랑이는 코웃음 친다. 한국, 호랑이를 잡으려면 호랑이 굴에 들어가야 하는데 모두 나오면 호랑이를 잡기는 틀렸다.

1972년에 개봉된 영화 '대부(The Godfather)'에 명대사가 나온다. "돈을 앞에 두고 적을 미워하지 마라". 분노하면 판단력이 흐려져, 일을 그르치기 때문이다. 한국이 명심해야 할 말이다. 6.25 때 중국과 서로 총부리를 맞댄 한국은 중국과 사상의 동지, 이념의 친구였던 적이 없다. 단지 지난 30여 년간 중국은 기술과 자본이 필요했고 한국은 생산공장과 시장이 필요해 만났을 뿐이다. 한·중은 철저하게 이해관계로 맺어진 관계다. 돈 되면 친구고 돈 안 되면 남이다.

중국이 망했고 피크 친 나라라면 세계 최강의 나라 미국이 2018년부터 대통령부터 장관까지 온 내각이 나서서 중국을 견제할 이유가 없다. 미국의 견제가 커질수록 중국의 부상이 더 가속화되고 있다는 증거다.

'중국 필패(必敗)'가 아니라 '중국 필패(必覇)'의 가능성이 있기 때문에 미국이 난리 치는 것이다. 미국이 이 정도로 견제할 정도면 한국은 전쟁하는 심정으로 중국에 절박하게 대응해야 맞다. 미국의 정치적 레토릭만 반복하면서 미국의 장단에 춤추면 마음은 편할지 몰라도 경제적으론 실수하는 것이다.

한국, 닭이 되면 안 된다

한국은 미·중의 기술전쟁과 자원전쟁에서 깊은 통찰이 필요하다. 한편에 줄서기 외교는 쉽지만 명분과 실리를 모두 얻는 양편 외교는 지혜와 혜안이 필요하다. 스스로 절대 파워가 못 된 상황에서 반도의 운명은 대륙세력과 해양세력의 상황에 따라 결정되었지 반도가 스스로 결정한 적이 없다. 대륙세력과 해양세력의 판도를 읽는 시력(視力: 통찰력)이 실력(實力)이다.

한국의 역사를 돌아보면 신라부터 조선까지 대륙세력의 정치판도와 해양세력의 정치판도에 한반도의 운명이 좌우되었고 대륙세력과 해양세력의 정세변화에 따라 엄청난 시련이 있었다. 그러나 이런 시련 속 통치자들의 통찰력 부족이나 판단 미스는 통치자들이 아닌 공녀, 위안부, 강제징용으로 이어진 민초들의 처절한 삶으로 갚아야 했다.

특히 국론분열이 가장 아픈 부분이다. 임진왜란 시기의 김성일과 황윤길의 일본에 대한 다른 보고와 오판이, 병자호란 시기의 주화파(主和派)와 척화파(斥和派)인 최명길과 김상헌의 논쟁 모두 결과적으로 부질없는 일이었고 리더들의 당파싸움과 오판은 고스란히 민초들의 고통으로 돌아왔다.

한국, 중국을 냉정한 매의 눈으로 보고 미·중의 전쟁 속에 양쪽의 결핍을 정확하게 읽고 호랑이 같은 기세로 치고 들어가 실익을 챙겨야 한다. "원숭이 길들이려고 닭을 잡아 피를 보여준다"라는 말이 있다. 한국, 미·중전쟁에서 닭이 되면 안 된다. 사드 때는 한국이 닭이었고 지금 미·중 3차 전쟁에서는 대만이 닭이다.

우리는 중국의 실력을 너무 낮게 본다. 40년간 제조강국으로 일어서 세계경제의 1/6을 차지하고 있는 나라가 4년 만에 망할 수가 있는가 생각해 보면 답은 간단하다. 미국 GDP의 65%, 한국의 10배나 되는 나라를 낮게 보면 다친다. 30년 전 중국 18개 성의 GDP 합과 같았던, 중국 전체 GDP의 83%에 달했던 한국 GDP가 지금은 중국 광둥성 한 개 성의 GDP보다 작아졌다.

'극중(克中)' 하고 싶다면 '지중(知中)'이 먼저다. 코로나 이후 4년간 한·중의 교류 공백 속에서 한국의 대중국 정보에 대한 경제근육을 키우지 않으면 중국에 실수한다. 미·중전쟁 속에서 서방에서는 '중국 필패론(必敗論)'이 대세지만 중국이 최대 시장이자 최대 수입국인 한국은 중국 필패보다는 '중국 굴기론(屈起論)'을 가정하고 대응책을 세워야 안전하다.

트럼프 시대, 미·중의 3차 전쟁은 무역전쟁이 아니라 자원전쟁과 금융전쟁이다. 미국의 무역과 기술의 창에 중국은 자원의 방패로 대항한다. 중국에서 반도체와 배터리의 원자재를 수입해 반도체와 배터리를 만들어 미국과 유럽 중국에 수출하는 한국은 미·중의 전쟁에 시장과 원자재 두 분야 모두에서 터질 수 있는 리스크가 있다.

중국, 미국을 직접 때리기는 겁이 난다. 대신 가운데 낀 한국에 반도체와 배터리의 원자재를 공급 중단하면 한국은 악 소리가 나고, 미국은 반도체와 배터리가 없어 전자제품과 전기차의 생산과 소비에 차질이 생길 수 있다. 트럼프 2.0 시대, 미국의 대중국 3차 전쟁에서 가장 큰 피해자는 한국이 될 수도 있다.

중국 퍼즐, 다시 풀어야 한다

한국은 '입으로만 하는 반중(反中)'이 아니라 '실력으로 하는 극중(克中)'의 답을 찾아야 한다. 니덤 퍼즐(Needham's puzzle)이라는 말이 있다. 역사학자인 조세프 니덤은 '화약과 나침반, 종이, 인쇄술을 먼저 발명한 중국이 왜 유럽의 과학과 기술 문명에 뒤지게 됐는가', '왜 산업혁명이 영국에서는 일어나고 중국에서는 일어나지 않았는가'라는 의문을 가졌다.

니덤은 자신이 갖고 있던 의문에 대한 해답을 유가(儒家)와 도가(道家)의 영향에서 찾으려고 했다. 하지만 4대 발명품의 나라 중국이 서방의 식민지로 전락한 이유를 설명하는 니덤 퍼즐은 사회주의 국가자본주의인 현대 중국에는 더 이상 맞지 않다.

하버드대의 야성황 교수가 얘기하는 중국 필패론의 공식, EAST 즉 시험(Examination), 독재(Autocracy), 안정(Stability), 기술(Technology) 네 가지 주제의 머리글자를 딴 이 공식은, 현대 중국을 존재하게 한 '국가 확장 공식'임과 동시에 중국의 한계라고 하지만 이것도 틀렸다.

중국 필패론의 바탕에는 EAST의 첫 글자이자 토대가 되는 시험, 과거(科擧)제도가 있다. 587년 수나라에서 처음 개발된 이후 오늘날 가오카오(GAOKAO, 高考)까지 이어진 '과거 메커니즘'은 중국 사회를 지배해 오는 중요기제로 설명하지만 가오카오는 과거시험이 아니다. 전 세계 모든 나라가 보는 대입시험일 뿐이다.

중국은 민주주의였던 적이 없는 나라다. 중국은 지금이나 옛날이나 독재가 아니었던 적이 없다. 그런데도 당나라, 원나라, 청나라 시대에는 세계를 제패하는 국력과 문화, 과학기술을 보유했었다. '공산주의는 창의성의 감옥'이라서 기술발전이나 창조적 기술은 나올 수 없다는 것이 서방의 논리이고 시각이다. 하지만 인터넷 시대인 지금 실리콘밸리에는 없지만 중관촌에는 있는 비즈모델이 수없이 나온다.

전기차, 배터리, 태양광, 드론, LCD에서는 이미 중국이 세계시장의 패권을 장악했다. 거대한 자본이 소요되는 4차 산업혁명 시대는 차고나 기숙사에서 대학생이 창업하는 창의성이 아니라 국가단위의 거대하게 집적된 창의성이 더 중요해지는 국가자본주의 경쟁 시대다.

4차 산업혁명의 거대한 파도에 쓸려가든지, 파도에 올라타든지는 선택이다. 4차 산업혁명 시대에 반도체, AI, 위성산업과 같은 핵심 인프라는 이미 민간기업의 수익사업이 아니라 국가안보산업이고 국가대항전이다. 이들 분야에 지원하는 국가보조금은 보조금이 아니라 국방비다. 미국, 유럽, 일본, 중국에서는 이미 국가가 천문학적 자본을 반도체산업에 퍼넣는 국가대항전이 벌어졌다.

역사는 반복되지만 항상 같은 모습으로 다가오는 것은 아니다. 니덤 퍼즐이나 야성황의 EAST 퍼즐이 아닌, 40년간의 중국의 부상과 8년간의 미국의 견제에도 여전히 살아있는 현대 중국의 퍼즐을 다시 풀어야 한국이 중국을 넘어설 답이 나온다.

트럼프 2.0 시대 미국의 무역봉쇄, 기술봉쇄에 중국은 '8단계의 대응책'을 준비하고 있다. 애플, 퀄컴 같은 중국 내 사업 비중이 높은 기업을 제재하는 대신 미국 이외 국가에 대한 유화책과 유인책이 필연적으로 나오고, 미국의 공격에 의해 중국의 한국과 한국 기업에 대한 구애의 손길이

더 강해질 수 있다.

　미국의 대중국 관세전쟁은 중국의 내수시장을 커지게 만든다. 중국의 수출은 GDP의 17% 선에 불과하고 이 중 대미 수출은 15%다. 트럼프 정부의 대중 보복관세 60%로 중국의 대미 수출이 0%가 된다면 GDP 2.8% 감소효과가 나타나지만 중국은 지금 내수소비가 GDP의 56%다. 내수시장을 5%만 키우면 대미 수출 부진을 커버한다. 트럼프 2.0 시대, 대중 무역 압박이 시작되면 중국은 내수시장 키우기에 올인할 것이다. 트럼프 집권 이후 미국은 'Made in USA'를 부르짖고 중국은 '내수중심 성장'을 선언했다. 한국은 그간 미국에 소비재를 팔고 중국에 중간재를 팔던 수출구조를 바꾸어야 한다. 이젠 미국에 중간재를 팔고 중국에 소비재를 팔아야 하는 공급망의 재설계가 시급해졌다. 특히 커질 중국 내수시장에 가장 가까운 거리에 있는 한국은 어떤 스탠스를 취해야 할까? 그 퍼즐의 답을 한국은 빨리 찾아야 한다.

모택동은 '막스의 자본론'을 읽어봤을까?

중국의 모든 문제는 금융문제다. 반도체와 축구 빼고 못하는 것이 없는 나라가 중국이지만 결정적으로 또 하나 잘 못하는 것이 금융이다. 중국의 창업자 모택동은 공산주의의 성경, '막스의 자본론'을 읽어보고 공산주의를 선택했을까?

　1893년 중국의 대표적인 낙후된 농촌지역 후난성에서 태어난 모택동은 최종학력이 1918년 후난성 후난성립 제1사범학교를 졸업한 게 전부다. 그리고 1921년에 공산당 창당에 참여했다. 1920년대 중국의 낙후된 농촌지역에 독일어로 된 '막스의 자본론'이 있었을지, 중국어 번역본은 있었을지 의문이다.

　뭐든지 돈 되면 갖다 팔아 돈 버는 2000년 중국 상인의 DNA가 정치 이념에도 그대로 적용되었다. 중국 등소평은 1978년 자본주의를 도입하면서 계면쩍었던지 '중국 특색의 사회주의 시장경제'라며 앞뒤로 긴 수식어를 붙였다. 모순과 충돌을 레토릭으로 완충하는 것이다.

　중국은 '사회주의 탈을 쓴 자본주의'다. 중국은 돈 주면 뭐든 다 해결되고 돈 안 되면 아무것도 안 되는 자본주의 국가보다 더 빨간 자본주의다. 그러나 자세히 들여다보면 중국은 시장경제를 사랑하는 자본가도 아니고, 진정한 마르크스주의자도 아닌 중상주의적 레닌주의자다.

　지금 중국은 2050년까지 미국을 추월하겠다는 목표로 세계에서 가장 생산적이고 혁신적인, 중국의 표현으로는 '사회주의 현대화 강국(社會主義現代化强國)' 건설을 목표하고 있다. 이를 위해 모든 국가의 자원과 역량을 총동원하는 '거국체제(擧國體制)'를 가동하고 있다. 하지만 집권 공산당의 지배력을 유지하는 것은 이보다 앞선 순위에 두고 있다.

　사회주의 러시아를 대체하는 종주국이 된 중국은 자본이 없는 공유경제사회가 아니라 2024년 기준 자본시장이 미국 다음으로 2번째로 큰 자본주의 국가다. 2023년 자산 기준 전 세계 10대 은행 중 1위~4위까지가 모두 중국 은행인 은행대국이다. 그러나 자본대국, 은행대국 중국은 2001년부터 '중국 위기론'이 25년이 지나도록 지속되고 있고 그 중심에 금융이 있다. 중국 위기론의 시작과 끝은 항상, 기업부채가 문제이고, 지방부채가 문제이고, 은행부채가 문제다.

　중국의 아킬레스건은 제조가 아니라 금융이다. 중국은 1978년 사회주의 공유경제의 한계를 견디지 못하고 자본주의 시장경제를 받아들였고, 1983년에 은행을 만들었고, 1990년 자본시장을 만들어 자본주의에 빠져들었다.

사회주의 '공유경제라는 이념의 틀'과 '현실에서는 시장경제'라는 모순 속에 중국 경제는 자본시장의 자본보다는 은행시장의 융자에 의존하다 보니 부채의 괴물에 발목이 잡힌 형국이다. GDP의 200%가 넘는 통화량을 풀었는데도 분기말, 연말이면 자금난으로 아우성이다. 부채에 의존하는 중국 경제는 마치 바닷물처럼 마시면 마실수록 돈에 대한 갈증이 커지게 되었다.

미국의 최강무기는 핵무기도 B1폭격기도 아니다. 바로 FRB 지하실에서 무한대로 찍어내는 달러프린터다. 100$ 지폐 한 장 찍는 데 들어가는 원가가 9.4센트다. 9.4센트 들여 100달러를 버는 세계 최고의 비즈모델을 가진 나라가 미국이고 미국은 이 종이돈으로 전 세계 모든 물건을 공짜로 사 쓴다. 미국은 경제위기마다 돈을 찍어 해결한다. 돈이 만병통치, 최고의 경제대책이다.

미국의 대중국전쟁, 무역전쟁, 기술전쟁까지 왔지만 미국의 완승이라 보기 어렵다. 트럼프의 무역전쟁 시절 중국의 무역흑자는 잠깐 줄어들었다가 다시 늘어났고, 바이든 대통령의 반도체기술봉쇄에 중국 반도체생산도 잠시 줄어들었지만 다시 증가세로 돌아섰다. 600여 개가 넘는 중국 기업이 제재를 받았지만 부도나거나 문 닫은 기업은 없었다.

미·중의 3차 전쟁, 금융전쟁에서 어부지리 노려야

미국과 중국의 마지막 전쟁은 금융전쟁이다. 미국이 80년대 중반 미국을 위협하던 일본 제조업을 좌초시킨 것은 고율관세가 아니라 플라자 합의로 만들어낸 엔화절상과 미·일 반도체협정을 통한 금융의 칼과 기술의 창이었다.

　미국이 가장 강한 것은 금융이고 중국이 가장 취약한 곳은 금융이다. 80년대 일본을 좌초시킨 것도 공화당이다. 미국은 중국을 무역으로 시비 걸고, 기술로 목 조르고, 금융으로 돈 털어간다.

　트럼프가 조자룡 헌 칼 쓰듯 관세폭탄을 얘기하지만 중국은 무덤덤하다. 미국은 세계 최강 중국의 제조력을 관세로 잡을 방법이 없다. 미국이 보호할 산업도 없는데 관세 때리면 풍선 효과만 커진다. 중국과 캐나다, 멕시코가 아닌 아세안이 커진다.

　한국 다문화가정의 자녀들이 미래 한국의 보배다. 아세안 엄마를 가진 아세안의 언어를 네이티브로 하고 한국어와 영어를 자유롭게 구사하는 수십만의 다문화가정의 자녀들이 한국의 아세안 시장을 통한 성장을 이루어줄 보배들이다. 반도체 키우듯이 다문화가정의 자녀들을 키워야 미·중 전쟁시대 미래 한국이 산다.

　트럼프 정부가 가장 중시하는 경제지표는 무역적자이고 대중 무역적자 축소는 중국의 수출경쟁력을 없애면 되는데, 일본에 썼던 환율절상 카드를 꺼낼 확률이 높다. 중국도 일본처럼 50% 절상은 어렵지만 내수확대를 위해서는 환율절상이 일정 부분 도움이 되고 어차피 60% 추가관세면 대미 수출은 포기할 수밖에 없다. 내수시장 활성화를 위한 소비진작에는 부동산과 증시확대가 반드시 필요하고 증시를 통해 부채중심 구조를 자본중심으로 전환하면 중국의 금융위기는 사라진다.

　중국도 내수활성화, 자본시장 육성과 확대에 일정 부분의 환율절상과 증시개방을 통한 외자유치, 이로 인한 증시부양을 할 욕구가 있어 미·중의 금융전쟁, 환율전쟁은 서로가 Win-Win일 수 있는 전쟁이다. 미·중의 전쟁으로 중국의 증시개방과 시장활성화가 이루어질 공산이 커졌다.

한국, 지금 반도체 하나 빼고는 중국보다 잘하는 것이 없어졌다. 일본은 반도체산업은 한국과 대만에 보냈지만 여전히 중국과 한국에 반도체 소재와 장비를 팔아 돈을 번다. 문제는 한국이다. 반도체에서 중국의 추격은 더 빨라지는데 한국의 소부장(소재·부품·장비)은 대기업의 동물원 놀이에 잡혀 일본 같은 세계적인 기술력을 가지지 못한, 고만고만한 수준의 기업들만 있을 뿐이다.

한국의 소부장, 미국의 대중 첨단기술견제로 세계 최대 시장인 중국시장은 포기해야 될 상황이고 한국 기업의 미국 진출로 국내시장도 줄어들어 양쪽으로 터질 판이다. 한국 인구의 28배, 한국 대졸자의 17배 인력, 한국 경제규모의 10배의 나라가 반도체든 AI든 국산화하려고 마음먹으면 문제가 되는 것은 시간뿐이다.

4차 산업혁명 기술전쟁 시대에는 기술이 아니라 Speed가 문제다. 기술개발의 시간을 단축할 수 있다면 어떤 형태의 합작이나 협력을 마다하지 않는 것이 지금 중국이다. 첨단기술에 목숨 건 중국은 한국 기술에 마지막 오퍼를 내고 있다.

한국과 중국의 기술 갭은 길어야 3~4년이다. 이 시간이 지나면 중국은 국산화를 하든 다른 소스를 찾든 문제를 해결할 것이다. 그러면 한국의 기술은 갈 곳도 팔 곳도 없는 신세가 된다. 한국의 대중국 사업 제품 팔아 버는 '비즈모델'이 아니라 10년 제품 팔아 벌 돈을 한꺼번에 버는 자본시장을 이용한 '금융모델'로 벌어야 한다.

미국의 통제에 해당되지 않는 기술을 빨리 중국과 합작해서 단시간에 수익을 내고, 주가가 순이익의 50배, 100배에 거래되는 커촹반(Technology Board) 같은 중국 기술주시장에 상장을 시켜 지분을 팔고 나오는 금융모델로 기술대가를 회수하지 않으면 답이 없다. 50~100년간 벌어야 할 미래

이익을 한 방에 회수해 차세대 신기술에 투자하고, 같은 모델로 중국 자본시장을 활용한 투자회수로 가야 한국 기술이 산다.

2025.6
저자 전병서

CONTENTS

머리말_ 차이나 퍼즐(China Puzzle)   05

PART 01 | '제조의 덫'에 빠진 미국, '달러의 덫'에 빠진 중국

- 01 미국 MAGA의 본질은 '제조의 덫'   31
- 02 기축통화 달러의 숙명, '트리핀의 딜레마'   35
- 03 100년 금융패권의 달러 구매력은 97% 하락   39
- 04 트럼프 2.0, 담대한 '마러라고 협정(Mar-a-Lago Accord)' 구상   43
- 05 '마러라고 협정' 구상, 미완의 성공으로 종지부 가능성   46
- 06 미국이 노리는 마지막 전쟁은 금융전쟁   53

PART 02 | 트럼프노믹스 2.0에 대한 7가지 대예측

- 01 WHY Trump - 기인(奇人: 괴팍한 천재)의 시대   59
- 02 트럼피즘 2.0은 그냥 이것저것 다 섞은 '비빔밥' 정책   69
- 03 '가장 위대하지 않은 대통령'의 위대한 미국 건설   89
- 04 트럼프에게는 없고 시진핑에게는 있는 것   103
- 05 트럼프노믹스 2.0에 대한 7가지 대예측   113

차이나 퍼즐
기술봉쇄의 역설, 패권전쟁의 결말

PART 03 | 25년간 지속되어 온 '중국 위기론'의 진실

01	'중국 위기론'에서 '탈(脫)중국론'까지 25년	145
02	중국, 절대성장률이 아닌 상대성장률로 봐야 한다	149
03	중국 굴기의 7할은 미국의 헛발질 때문	154
04	중국의 미국 추월은 진행 중	157
05	가게가 커지면 종업원이 손님을 낮게 본다	162
06	중국의 '진짜 위기'와 '가짜 위기'의 구분	168

PART 04 | 차이나 퍼즐, 중국이 과학기술에 강(强)한 이유

01	'니담 퍼즐'과 야성황 교수의 '중국 필패론'	175
02	사회주의는 '창의성의 지옥'이라는 오해	178
03	세계 10대 전략핵심산업 중 7개 산업, 중국 1위	181
04	중국이 과학기술산업에서 강한 이유는 '7s'	184

CONTENTS

PART 05 | 미·중 기술패권 전쟁의 승자는?

- 01 트럼프가 중국을 맹수처럼 공격하는 이유는 '공포'   207
- 02 중국, 미국에 장단은 맞추지만 춤을 추진 않는다   221
- 03 미·중 기술 패권전쟁의 승자는?   240
- 04 트럼프의 '트럼플라자 합의' 구상의 성공 가능성   268
- 05 바닷물 마신 중국이 금융시장을 열어야 하는 이유   284

PART 06 | 반도체전쟁 시대, 대만문제는 한국문제다

- 01 미국에 있어 대만은 '불침항모(不沈航母)?'   301
- 02 중국에 있어 대만은 '태평양 출입구'인 동시에 '반도체' 낳는 암탉?   304
- 03 중국이 대만을 폭격하지 못하는 이유는?   308
- 04 TSMC 미국에 1,000억 달러 투자하는 이유   312
- 05 대만문제는 한국문제다?   321

차이나 퍼즐
기술봉쇄의 역설, 패권전쟁의 결말

PART 07 | 다시 풀어야 할 차이나 퍼즐

01	미·중 패권전쟁에서 한국의 대응 전략	329
02	탈(脫)中, 감(減)中, 진(進)中을 제대로 구분해야	343
03	한국의 외교수명은 반도체와 같이 간다	359
04	'미국 책, 한국 책'으로 중국을 공부하면 진다	373
05	한국, '돈(錢)'과 '반도체'를 일하게 하라	384
06	중국에 '살아온 삶의 경험'을 투자하라	388

PART 08 | 향후 5년 새정부의 바람직한 대중 전략은?

01	성장률 0% 시대, 새정부의 한·중 관계 재정립 방향	397
02	역대 정부의 대중 전략과 새정부의 차별화	401
03	신정부의 바람직한 대중국 외교 전략	404
04	신정부 대중 외교의 10대 대응 전략	411
05	향후 5년 미·중 관계와 대·중 외교에서 주의할 점	416

PART 01

'제조의 덫'에 빠진 미국, '달러의 덫'에 빠진 중국

01 미국 MAGA의 본질은 '제조의 덫'

미·중이 2018년 이후 7년간 싸웠지만 결판이 나지 않은 것은 서로가 덫에 걸려있기 때문이다. 미국은 중국의 제조의 덫에, 중국은 달러의 덫에 걸렸다. '적 100명을 죽이려면 아군도 70~80명은 죽어야 하는 전쟁'인데 이를 감내하고 선뜻 해낼 리더십 있는 강한 지도자가 없다.

1944년 브레튼우즈 체제 이후 미국은 금본위 제도를 유지했지만 1971년 닉슨 대통령이 금태환 정지를 선언하면서 금본위 고정환율 제도가 한계에 다다랐다. 1971년 금본위 제도 유지를 위한 스미스소니언 협정이 있었지만, 미국의 경상수지가 적자상태로 지속되며 스미스소니언 협정도 파기되었다. 1976년 자메이카의 수도 킹스턴에서 각국이 자유롭게 환율제도를 선택하는 킹스턴 체제로 전환되면서 오늘날의 제도에 이르렀다.

그러나 미국은 중동의 석유를 판매하는 OECD를 만들고 석유대금을 달러로 결제하는 시스템을 만들어 휴지통에 들어갈 뻔한 달러를 검은 황금(Black Gold)으로 탈바꿈시켰다.

또한 각국의 무역거래를 달러로 결제하는 SWIFT 망을 구축함으로써 달러를 종이 금(Paper Gold)의 자리에 그대로 유지하게 만들었다. 냉전 이후 소련의 붕괴로 정치, 군사, 외교, 경제에서 독보적 지배력을 가진 미국은 금도, 석유도 담보 없이 소프트파워에 힘입어 기축통화의 왕좌를 그대로 유지하고 있다.

세상에서 가장 수익성이 높은 사업은 '돈 찍어서 돈 먹는 사업'이다. FRB의 공시자료를 보면 미국이 100$짜리 지폐 한 장 찍는 데 드는 원가는 9.4센트다. 100달러짜리 한 장의 마진이 99.9%다. 세상천지에 어떤 비즈니스도 이보다 높은 마진은 없다. 이런 '화폐주조권(세뇨리지)' 이익은 패권국만 가질 수 있는 특권이다.

미국의 달러 종류별 인쇄 비용

Denomination	Variable Printing Costs
$1 and $2	3.2 cents per note
$5	5.3 cents per note
$10	5.5 cents per note
$20	6.0 cents per note
$50	5.6 cents per note
$100	9.4 cents per note

자료: FRB, https://www.federalreserve.gov/faqs/currency_12771.htm, 2024.8.22 기준

미국의 주요 산업이었던 철강, 화학, 조선, 기계, 가전, 자동차, 반도체 등은 40~50년 전에 집 나가 일본, 한국, 대만, 중국을 거쳐 아시아에 가 있

다. 그러나 미국은 그간 아무 문제없이 잘 먹고 잘 살았다. 기축통화국 미국은 FRB 지하실에서 무한대로 찍는 종이 금(Paper Gold), 달러를 전 세계로 유통시키면서 세계의 모든 물건을 공짜로 사 쓰면 되기 때문이다. 그리고 후진국들은 미국으로부터 받은 달러를 운용할 금융시장이 없어 이를 다시 미국에 저축하고 투자하는 소위 '달러 리사이클링(Dollar Recycling) 시스템'이 가동되고 있었기 때문이다.

이렇듯 제조업이 집 나가도 금융에서 다시 벌고 있기 때문에 괜찮았지만 문제는 일자리다. 제조업의 해외 이전에 미국의 전통제조업은 황폐화되었다. 월가의 금융과 서부의 첨단산업만 활황을 보이는 바람에 미국의 일자리, 소득과 부의 양극화는 극에 달했다. 2023년 기준 미국의 상위 10%의 재산은 하위 50% 재산의 51배에 달했고 소득은 3.5배에 달했다.

미국의 소득 불평등도 비교

2023년	소득	재산
상위 1%	20.7%	35.5%
상위 10%	46.8%	71.2%
하위 50%	13.4%	1.4%
상위 1% / 하위 50%	1.5	25.4
상위 10% / 하위 50%	3.5	50.9

자료: https://wid.world

상위 10% 재산가 전체 재산 71% 점유

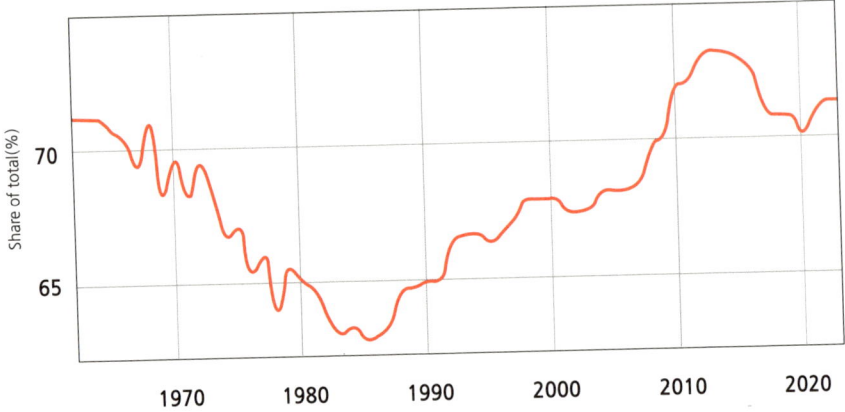

자료: https://wid.world

02 기축통화 달러의 숙명, '트리핀의 딜레마'

트럼프의 MAGA(Make America Great Again)의 근본적인 배경은 바로 기축통화 달러의 숙명, '트리핀의 딜레마'이다.

미국 달러의 트리핀의 딜레마

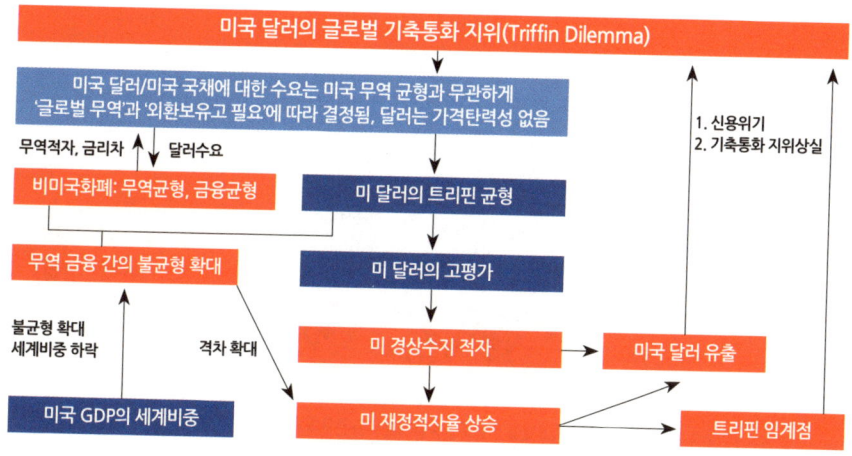

자료: 중국경제금융연구소

미국 달러가 글로벌 기축통화로 기능을 하기 위해서는 전 세계가 무역과 외환보유고 목적의 달러 수요를 충족시켜야 하고 이는 미국의 무역 균형과 무관하게 달러 과잉을 야기한다.

달러가치 과대평가로 미국 상품의 경쟁력이 하락하면 경상수지 적자 확대와 달러의 해외 유출이 생기고, 이는 미국의 적자율 상승, 시스템적 리스크 누적으로 이어지는데, 결국 '트리핀 딜레마'의 임계점에 도달하게 되어 기축통화로서 달러의 지위도 위협받게 된다.

지금 미국 경제 문제의 근원은 '미국 달러의 고평가'다. 미국 달러의 고평가는 미국 상품의 경쟁력을 약화시켜 미국 제조업의 쇠퇴를 초래했고 제조업의 고용을 악화시켰다. 미국의 주요 무역 상대국에 대한 '실질 달러 환율 지수'를 사용하여 달러 고평가의 정도를 평가해 보면, 2011년 이후 미국의 실질 달러 지수는 꾸준히 상승하여 누적 상승률이 49%에 달했다.

달러지수 추이(1971-2025)

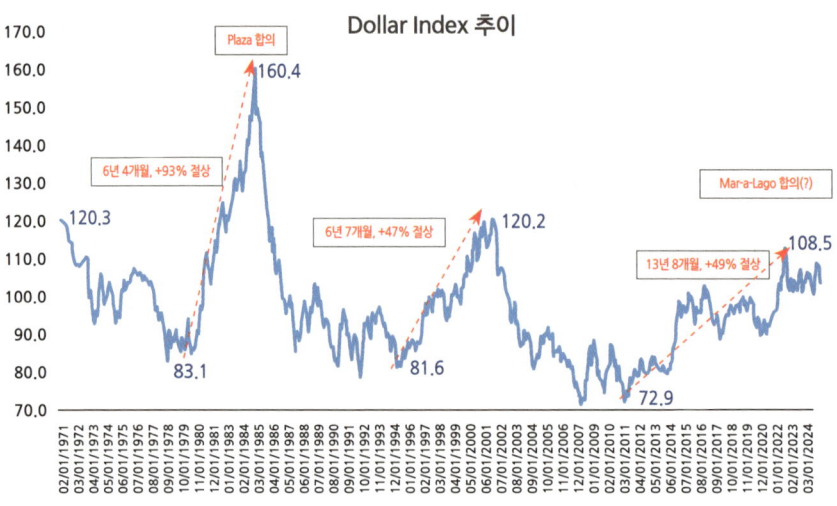

시기	저점	시기	고점	기간	상승률	비고
10/01/1978	83.1	02/01/1985	160.4	6년 4개월	93%	플라자 합의(1985) 전후
06/01/1995	81.6	01/01/2002	120.2	6년 7개월	47%	닷컴 버블 시기
04/01/2011	72.9	12/01/2024	108.5	13년 8개월	49%	마러라고 합의?

자료: 중국경제금융연구소

2014년 이래 10년간 달러의 무역 거래적 측면의 지위는 소폭 올라갔지만 외환보유고 측면의 지위는 5% 가까이 하락했다. 달러의 글로벌 통화 지위 유지를 위해 미국은 지속적으로 달러를 해외에 공급해야 한다. 비미국 국가들은 무역과 금융 안정성을 위해 달러를 외환보유고로 축적하는데, 이는 달러의 무역 수요 외 '탄력성이 부족한' 보유 수요를 만들어 달러가치를 자연스럽게 고평가되게 만들었다.

금융시장에서 달러의 위치

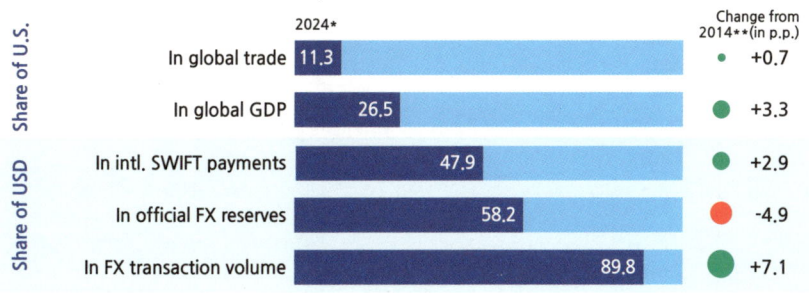

U.S. Dollar Defends Role As Global Currency
Share of the United States/the U.S. dollar in the global economy and global financial transactions(in percent)

* Latest available (full year, latest quarter/month) ** Corresponding time period
Sources: IMF SWIFT, WTO.

고평가된 달러는 수입이 국내 생산보다 유리해지도록 만들어 미국 제조업을 희생시킨다. 그런데 한 국가의 통화가 글로벌 통화로 인정받는 이유는 기술, 제조, 군사력 등 경쟁력 때문인데, 미국의 무역적자 확대와 제조업 유출이 지속되면 비미국 국가들은 '미국의 경쟁력이 통화 지위와 부합하는가?' 하는 의문을 품게 된다.

미국 바이든 행정부 집권 기간 동안 시행한 '바이드노믹스(Bidenomics)'로 미국은 부채 상한선을 지속적으로 확대하고 대규모 재정 확장을 통해 경제의 고성장을 유지했다. 그리고 우·러전쟁 같은 지정학적 리스크와 경기하강에도 안전자산으로 수요가 더 늘어나 '달러가 더 많이 발행될수록 강세를 보이는' 상황을 만들었다. 소위 '달러 스마일 커브' 현상이 나타났다.

그러나 이러한 달러 강세는 미국 제조업의 몰락을 가속화시키고 대량의 통화발행과 국채발행으로 달러 체계에 대한 불신을 가속화했으며, 그 결과 각국의 미국채 매도 현상을 초래했다. 달러 자산의 글로벌 외환보유고 비중이 뚜렷하게 감소했고, 강 달러 환경 속에서 금값도 사상 최고치를 경신하며 기존 '달러-실질금리-금' 프레임워크에서 벗어났다.

03 100년 금융패권의 달러 구매력은 97% 하락

미국의 달러패권의 현재 상황은 어떤지 짚어볼 필요가 있다. 미국의 패권에 의존하는 종이 금(Paper Gold)인 달러는 1913년 FRB가 설립될 때 금 1온스당 약 20.67달러로 고정되어 있었다. 2025년 4월 기준으로 금 가격은 온스당 2,850달러 수준이다.

1913년 금 1온스 = 20.67달러, 2025년 금 1온스 = 2,850달러를 기준으로 금 1온스를 구매한다고 가정했을 경우 달러구매력은 (20.67/2,850) × 100 = 0.68%다. 즉, 1913년 금 대비 달러가치는 99.32% 하락해 금가격으로 환산한 달러의 구매력이 112년 전에 비해 100분의 1 이하로 떨어졌다.

미국 달러의 소비자 물가 대비 달러의 구매력을 FRB의 통계로 추정해보면 1913년 1달러는 2020년 기준 약 26.14달러의 구매력에 해당한다. 소비자물가지수(CPI)를 기준으로 한 구매력 기준 달러가치는 금 기준보다 상대적으로 하락세가 완만하지만 2025년 기준 달러가치는 3.1%로 1913년 대비 97% 떨어진 수준이다.

금가격과 달러가치

자료: FRB

연도	주요 사건	구매력 $1	잔존가치	1달러로 살 수 있는 것
1913	연방준비제도의 창설	26.14달러	100.0%	허쉬 초콜릿 바 30개
1929	주식시장 폭락	15.14달러	57.9%	화장지 10롤
1933	금 소지는 범죄로 규정됨	19.91달러	76.2%	맥주 10병
1944	브레튼우즈 협정	14.71달러	56.3%	코카콜라 20병
1953	한국전쟁의 종식	9.69달러	37.1%	프레즐 10봉지
1964	베트남전쟁의 확대	8.35달러	31.9%	드라이브인 영화 티켓 1장
1971	금본위제의 종말	6.39달러	24.4%	오렌지 17개
1987	'블랙먼데이' 주식시장 폭락	2.28달러	8.7%	크레용 2상자
1997	아시아 금융 위기	1.61달러	6.2%	자몽 4개
2008	세계 금융 위기	1.20달러	4.6%	레몬 2개
2020	코로나19 감염병 세계적 유행	1.00달러	3.8%	맥도날드 커피 1잔
2025	트럼프 대통령 취임	0.81달러	3.1%	

자료: https://www.visualcapitalist.com/purchasing-power-of-the-u-s-dollar-over-time/

그럼에도 불구하고 미국이 안정적인 금융패권국으로 군림하는 이유는 5가지다. 첫째, 세계 경제에서 차지하는 비중과 금융시장 장악력이다. 미국은 2025년 기준 세계 GDP의 약 25%를 차지하는, 세계 최대 경제 대국이다. 뉴욕의 월스트리트는 세계 각국의 금융시장의 허브 역할을 하고 있다.

둘째, 달러의 국제 무역에서의 지배력이다. 달러는 국제 무역 결제의 47%를 장악하고 있다. 원유와 같은 주요 상품은 아직도 여전히 많은 부분이 달러로 거래되고 있는 소위 '페트로 달러 시스템'이 작동되고 있어 달러에 대한 수요가 유지되고 있다.

셋째, 군사적 패권과 외교력이다. 미국은 세계 최고의 군사력을 보유하고 있으며, 이를 통해 달러패권을 지탱한다. 예를 들어, 2022년 우·러전쟁에서 러시아의 자산 동결은 달러 기반 금융 시스템에 대한 미국의 통제력을 보여주고 있다.

넷째, 글로벌 금융 시스템의 장악이다. 달러는 글로벌 금융 시스템에 핵심적인 구성원으로, 달러의 역할을 다른 통화로 교체할 경우 거대한 비용과 시간이 필요하다. IMF를 비롯 SWIFT 시스템, 미국 국채시장 등은 국제거래에서 달러연동 거래를 강화시키는 작용을 한다.

다섯째, 안전 자산 효과다. 2008년 금융위기, 2020년 코로나19 팬데믹 등 글로벌 상황에서 달러는 안전 자산으로 인식되어 위기 때마다 미국으로 자산이 모이는 효과를 보였다. 호경기에는 미국으로 투자수익을 기대할 수 있어 돈이 모이고 불경기나 정치경제적 위기감이 고조되면 안전한 시장인 미국으로 다시 돈이 몰리는 소위 '달러 스마일 커브(Dollar Smile Curve)' 현상이 나타나기 때문이다.

미국의 금융패권은 언제쯤 그 수명이 끝날까? 미국을 대체할 국가의 출현이 있어야 하고 그 국가의 경제력이 최소한 미국을 넘어서야 가능한 일이다. 단기적 전망(2025~2030년)으로 미국의 달러패권이 흔들릴 가능성은 없다.

중장기적 전망(2030~2050년)은 2030년대 중반까지 달러의 외환보유고 통화 비중이 50% 이하로 떨어질 가능성이 있고, 위안화, 유로, 디지털 통화 등의 비중이 확대될 가능성이 있다. 2040~2050년경에는 중국 경제가 미국을 추월할 가능성이 있다고 보는 견해가 있고 중국도 2035년에 미국을 경제 규모에서 추월한다는 목표를 세우고 있다.

경제력, 군사력, 외교력, 기술력의 종합판이 국력이고 그중 가장 기본이 경제력이다. 중국이 미국을 경제력으로 넘어서는 것은 잘해야 2035년 정도로 보고 있기 때문에 달러가치가 얼마가 하락하든지 간에 달러패권은 적어도 2035년 이전까지는 그대로 유지된다고 보는 것이 타당해 보인다.

04 트럼프 2.0, 담대한 '마러라고 협정(Mar-a-Lago Accord)' 구상

그러나 미국은 달러체계의 신용 위기인 '트리핀 경계'를 우려한다. 트럼프와 트럼프의 경제자문위원회(CEA, Council of Economic Advisers) 의장인 스테판 미란(Stephen Miran)을 포함한 트럼프의 스태프들은 달러패권 강화와 제조업 부활, 국제 경쟁력 제고를 위해 글로벌 무역·금융·안보 체계 재편을 추진하고자 '마러라고 협정(Mar-a-Lago Accord)'을 구상했다. 소위 트럼프식 '트리핀의 딜레마' 극복 방안이다.

미국의 기축통화 지위는 그대로 유지하고 '관세와 환율 조정 조합'을 통해 미국 제조업을 부활시키고 제조업 일자리를 늘리겠다는 것이다. 그래서 트럼프의 관세폭탄 전략을 트럼프 전략의 핵심 도구이자, 환율 조정 및 안보 비용의 조정을 강요하는 패로 쓴다는 것이다.

이 방안은 미국 제조업과 금융 부문의 재균형, 재정 지속성 강화를 목표로 하며, 다음과 같은 세 가지 방안을 포함한다.

첫째, 대규모 관세부과를 통해 무역흐름 조정, 제조업 유치, 재정압력 완화, 협상 카드로 활용한다. 둘째, 초장기 국채인 '100년 만기 국채(Century

Bond)'를 발행해 동맹국에 단기 미국채를 초장기 채권으로 전환 요구하고, 달러 약세를 유도한다. 셋째, 소버린 펀드를 설정해 재정 수입 보조, 제조업·인프라 전략적 투자, 달러·미국채 목표 관리에 사용한다는 것이다.

미국 트럼프 정부의 마러라고 협정(Mar-a-Lago Accord) 구상

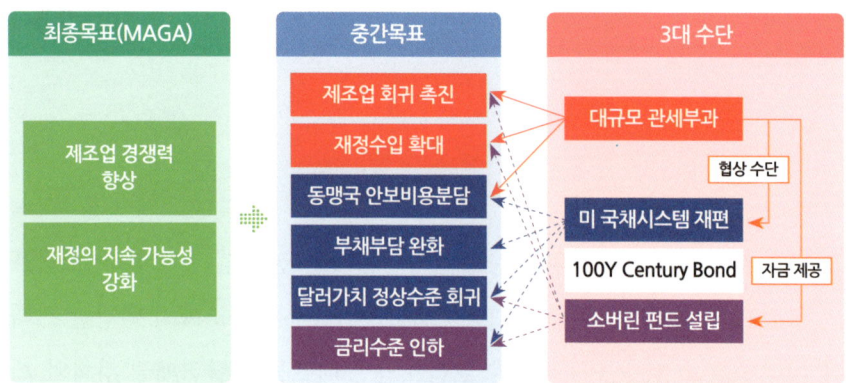

자료: Stephen Miran 보고서를 기반으로 중국경제금융연구소 작성

트럼프는 취임과 동시에 이미 협정 추진을 시도하고 있는 중이다. 그 일환으로 관세 확대, 제조업 유치 정책(철강·알루미늄 관세, 에너지 가격 인하), 재정 효율화(DOGE 설립) 등을 진행하고 있다. 트럼프의 관세 정책은 1) 국내 감세 자금 조달, 2) 제조업(특히 첨단 기술·원자재) 유치, 3) 다자 협상 카드로 사용할 예정이고 2025년 4월부터 전 세계 대상 '보편 관세'를 시행했으며, 중국에 대한 관세도 추가 인상했다.

미국의 국가 품목관세 부과 내용

발효일	대상	내용
2월 4일	중국	기존 관세(평균 약 25%)에 **추가 10%** 부과
3월 4일	중국	**10% 신규** 부과돼 추가 관세 **총 20%** 적용
	캐나다·멕시코	25% 부과(자동차는 1개월 면제)
3월 12일	철강·알루미늄	25% 부과
4월 2일	베네수엘라산 석유·가스 수입국	25% 부과
4월 3일	자동차	25% 부과
4월 5일	상호관세 전 세계 모든 국가	기본 **관세 10%** 부과
	미적용 품목: 철강·알루미늄, 자동차, 구리·의약품·반도체·목재, 향후 무역확장법 232조 적용 품목, 금괴, 에너지 및 미국에서 구할 수 없는 특정 광물, 캐나다·멕시코 미국 무역협정(USMCA) 적용 품목	
4월 9일	상호관세 전 세계 모든 국가	대미 관세율과 비관세 장벽 감안해 책정한 **국가별 개별 관세 추가** 부과
	중국	**84%**(개별 관세) 발효(모든 중국 수입품)
4월 10일	중국	상호 관세 **125%**로 재산정, 총 **145%**
4월 11일	상호관세 전 세계 모든 국가	**특정 물품의 상호관세 제외 안내 공지** 중국에 부과한 125%, 그 외 국가에 대한 10%의 상호관세 적용 유예
	미적용 품목: 스마트폰, 노트북 컴퓨터, 하드디스크 드라이브, 컴퓨터 프로세서, 메모리칩, 반도체 제조 장비 등	

자료: 연합뉴스

05 '마러라고 협정' 구상, 미완의 성공으로 종지부 가능성

그러나 트럼프의 '마러라고 협정(Mar-a-Lago Accord)' 구상이 성공할지는 미지수다. 관세부과는 미국 경제의 스태그플레이션 위험을 높이고 주가 하락을 유발할 수 있다. 이미 트럼프 정부 출범 이후 주가는 하락했고 경기도 하강신호를 강하게 보내고 있다. 더불어 100년 만기 초장기국채(Century Bond)는 기존 채권 보유국에게 미국의 실질적 디폴트로 인식될 수 있다. 소버린펀드는 대부분이 재정잉여나 무역흑자에서 나오는 외환보유고로 설정하는데 미국 역시 자금조달 문제가 있다. 즉, 구조적인 무역, 재정적자 국가이기 때문에 한계가 있다.

미국을 포함한 전 세계 주가를 대폭락시킨 트럼프의 상호관세는 1971년 닉슨 정책을 베낀 것이다. 닉슨은 관세가 목적이 아니라 상대국의 환율절상을 유도하기 위한 협박의 수단으로 당시 세계 최대 경제권이었던 자신의 무역에서의 지위를 활용해 서방 주요국을 굴복시키는 데 성공했다. 그러나 지금 미국의 영향력은 1970년대의 미국과는 달리 이미 모든 분야에서 약해진 상태다.

주요 국부 펀드의 규모와 자금조달 원천

국가/지역	펀드 이름	펀드 규모(대략)	자금 출처	투자 전략
노르웨이	정부 글로벌 연금 펀드 (GPFG)	약 1.7조 달러	석유 및 천연가스 수입	국제 주식, 채권, 부동산에 투자하며 글로벌 분산투자 지향
중국	중국투자공사 (CIC)	약 1.3조 달러	외환보유고, 정부 자본	일대일로, 글로벌 에너지 시장, 아프리카 도시화 프로젝트 투자
아랍에미리트 (아부다비)	아부다비투자청 (ADIA)	약 1조 달러	석유 수입	글로벌 인덱스 펀드, 국내외 주식, 채권 투자
사우디아라비아	사우디아라비아 중앙은행 외환자산 (SAMA)	약 9,250억 달러	석유 수입	국내외 석유 경제, 에너지, 인프라 프로젝트 투자
싱가포르	싱가포르 정부투자공사 (GIC), 테마섹	각 약 1,000억 달러	외환보유고, 정부 자본	글로벌 주요 자산군에 투자, 주식, 채권, 부동산 포함
쿠웨이트	쿠웨이트투자청 (KIA)	약 1,600~2,500억 달러	석유 수입	국내 및 국제 금융 시장 투자
한국	한국투자공사 (KIC)	약 2,000억 달러	외환보유고	글로벌 주식, 채권, 부동산 투자

자료: 금융투자업계

세계시장에서 미국의 위상을 1970년 대비 2023년을 비교해 보면 외환보유고의 달러 비중은 −26%p, 군사비 비중은 −22%p, GDP는 −10%p, 수입 비중은 −9%p 하락했다. 경제, 군사, 금융, 수입력 모두 추락했고 어떤 지표도 높아진 것이 없다.

미국의 경제, 군사, 금융, 수입시장에서 위상 변화

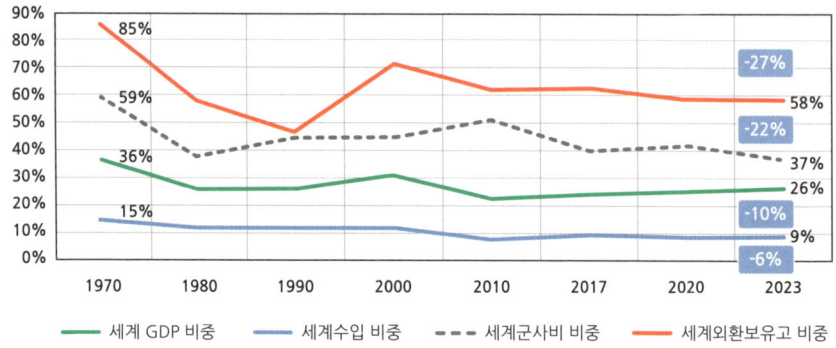

또한 미국이 1930년대 관세인상의 경험이 있었지만 이는 이미 95년 전 얘기이고 지금 상황과는 5가지 측면에서 다르다. 글로벌 교역 규모 확대와 이미 글로벌화가 이루어진 공급망, 집 나간 미국의 제조업, 중국과 인도를 포함한 대체 생산기지의 존재, 그리고 국내 생산기반이 없는 상태에서 고율관세가 가져올 소비자 부담과 인플레 부담이 존재한다.

미국 관세율의 역사

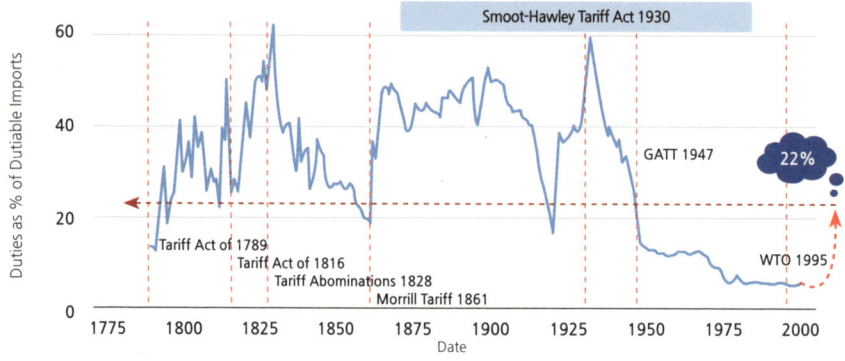

1930 vs 2025의 차이점

항목	1930년 Smoot-Hawley 시대	2025년 Trump 상호관세 현재 상황
무역 규모	비교적 제한적	글로벌 교역 규모 확대
공급망 구조	단순, 국내 중심	다국적, 복잡한 공급망
제조 기반	미국 내 저가 공산품 생산 가능	미국 내 제조 기반 부족
경제 대항국 존재	미국 중심 경제 구조	중국, 인도 등 대항 가능 국가 존재
관세 영향	수출입 모두 감소, 대공황 악화	소비자 부담, 공급망 교란, 글로벌 타격 가능
정책 근거	정치적 충성심 기반	경제 원리·역사적 교훈 무시 우려

자료: 중국경제금융연구소

　　미국은 보복관세를 전가의 보도로 생각하지만 그건 트럼프와 트럼프 스태프들의 생각일 뿐이다. 미국의 전 세계 수입시장의 점유율은 13%에 불과하다. 지금 미국과 관세전쟁을 하는 중국, EU, 캐나다, 멕시코의 세계 수입시장 비중은 39%로 미국시장의 3배다.

　　이 국가들은 미국에 수출 못 하면 단기적인 경제의 충격은 불가피하지만, 이 국가들이 미국으로 수출을 중단하면 미국은 대체국을 찾기 불가능하다. 그리고 중장기적으로 관세 상승분을 수출가격에 전가하면 미국 소비자의 부담만 늘어난다. 트럼프의 관세수입 증가로 재정확충 한다는 전략은 제 살 뜯어먹기가 될 수 있다. 또한 관세수입은 미국 재정수입의 1%대에 불과하다. 미국의 보복관세에 중국, EU, 캐나다는 이를 수용하는 것이 아니라 맞대응, 심지어 더 높은 보복관세를 예고하고 있어 트럼프의 관세폭탄 전략은 시작부터 어긋나고 있다.

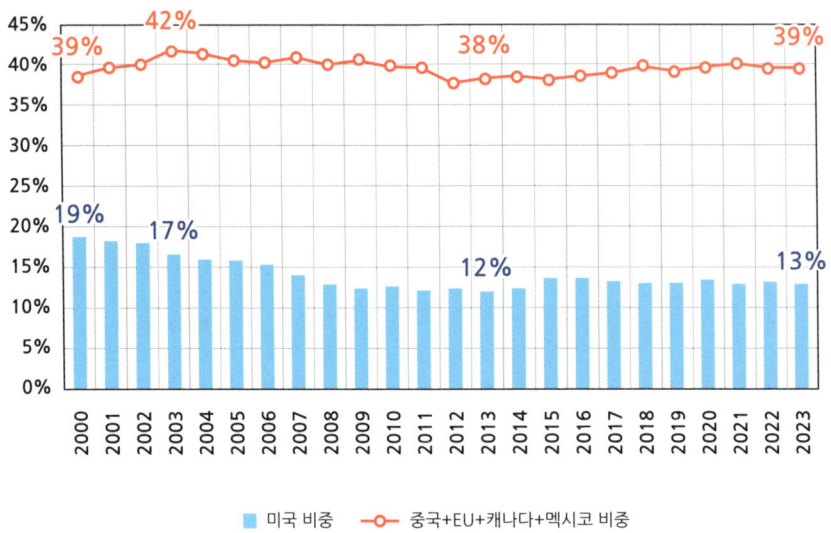

자료: WTO자료로 중국경제금융연구소 작성

트럼프 대통령이 2년 뒤 중간선거에서 지면 레임덕이 오고 3연임이 불가한 트럼프의 지위를 감안하면 기본적으로 이런 정책의 지속성은 문제가 된다. 미국이 80년대에 일본을 좌초시킬 수 있었던 건 공화당이 내리 3연속 집권해 12년간 일관된 정책을 실시하였기 때문인데, 트럼프 집권 4년 만에 관세로 중국을 좌초시킬 가능성은 희박하다.

지금 중국은 당시 일본보다 경제규모가 10배나 더 크다. 이런 관세를 무기로 한 같은 방식을 썼던 닉슨, 레이건 대통령 모두 미국의 무역적자를 줄이는 데 실패했다. '마러라고 협정(Mar-a-Lago Accord)'을 통한 MAGA가 성공한다면 250년 자본주의 시장경제학을 연구한 경제학자들은 다 집에 가야 한다. 트럼프의 무역재편 정책은 잘해야 시나리오 B인 부분 성공에 그

칠 가능성이 높아보인다.

미국 글로벌 무역 재편 정책 시나리오 매트릭스

시나리오	환율 반응	글로벌 협력	시장 반응
시나리오 A (정책 성공)	환율 자동 조정(달러 강세) → 관세 상쇄	제한적 협력 확보 (EU, 일본 등)	안정적 (명확한 커뮤니케이션, 점진적 적용)
시나리오 B (부분 성공)	환율 부분 조정 → 일부 가격 상승	일부 국가 협력, 일부 반발	변동성 증가, 소비자 심리 위축
시나리오 C (실패)	환율 조정 실패(달러 약세) → 수입물가 급등	무역보복 확산 (중국, EU, 글로벌 남방국)	금융시작 불안정 (주가 하락, 외자 유출)
시나리오 D (위기 전이)	중국 등 주요국 통화 급락 → 자본 탈출	동맹국 이탈, 외교적 고립	글로벌 금융위기 전조

시나리오	정책 실행	최종 결과	주요 리스크/기회
시나리오 A (정책 성공)	단계적·예측 가능한 실행	산업 경쟁력 강화, 세수 증대, 수출 시장 회복	외교 지렛대 강화, 재정 안정
시나리오 B (부분 성공)	시행 지연 또는 조정 반복	제조업 회복 제한적, 정책 효과 분산	중산층 반발 가능성, 정치적 피로감
시나리오 C (실패)	고율 관세 일괄 시행 → 예측 불가	소비 위축, 공급망 붕괴, 외교 고립	스태그플레이션, 동맹 약화, 리더십 상실
시나리오 D (위기 전이)	정책 혼선, 긴급 대응 부족	세계적 경기 침체, 미국 신뢰도 하락	IMF 개입, 위기 대응 국제 협력 필요

자료: 중국경제금융연구소

Trump Surprise to Shock

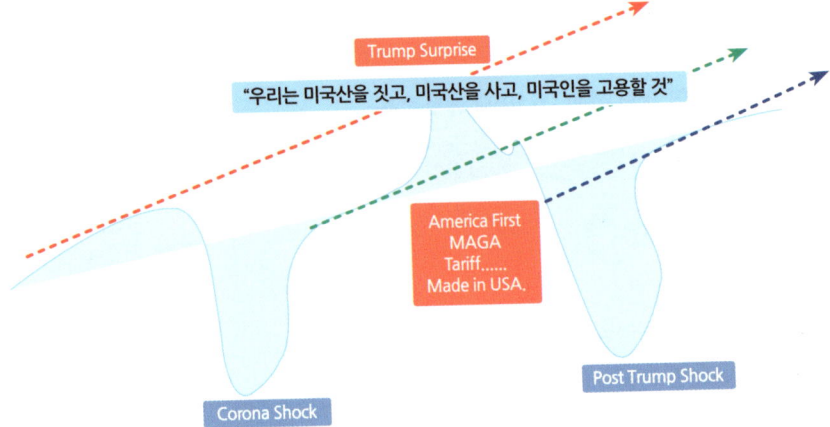

자료: 중국경제금융연구소

06 미국이 노리는 마지막 전쟁은 금융전쟁

미·중의 전쟁은 트럼프의 1차 전쟁 '무역전쟁', 바이든의 2차 전쟁 '기술전쟁'으로 이어졌으며, 트럼프의 3차 전쟁은 표면상으로는 무역전쟁으로 보이지만 실제로는 '자원전쟁, 금융전쟁'이다.

양극화로 생활이 팍팍해진 미국의 저소득층들이 세상을 한번 엎고 보자는 마음을 읽은 트럼프의 트럼피즘 핵심은 전쟁이다. 바로 금융전쟁과 무역전쟁이다. 두루뭉술한 말 돌리기로 세월 보낸 변호사 출신들이 통치했던 미국, 중동과 아시아에서 돈만 쓰고 스타일 다 구기고 중동국가와 중국에게 판판이 당했다는 것이 트럼프의 인식이다.

트럼프의 미국 국내용 핵심 공약은 1) 불법이민자 추방을 통한 일자리 제공, 2) 법인세, 상속세 감세를 통한 소득 증가, 3) 과도한 금융규제 완화, 금리 인상 반대, 4) 석유 등 화석연료 생산 확대로 기업생산원가 하락 유도다. 트럼프의 대외용 핵심 공약은 1) 강력한 보호무역-미국이익 극대화, 2) 동맹국 상호주의-군대 주둔비용 분담 확대다.

트럼프의 핵심 공약을 보면, 바로 무소불위 세계 1위의 금융력, 군사력을 기반으로 통화전쟁과 무역전쟁으로 세계 1위의 권위를 되찾겠다는 것이고 이를 통해 전 세계를 상대로 세금을 걷겠다는 것이다. 방법은 환율조작과 보호무역이다.

그러나 미국의 내부 정책은 기본적으로 돈이 있어야 가능한 문제다. 의료비 인하, 복지 확대, 세금 감면 다 좋은 얘기지만 재원이 있어야 가능한 얘기다. 불법이민자 1,100만 명을 쫓아내면 미국의 하층민들의 고용률이 바로 올라간다. 하지만 인건비 상승으로 전반 물가는 올라갈 수밖에 없다.

금리 낮추고 에너지비용 낮추면 기업과 증시는 좋아할 수밖에 없다. CEO 출신 대통령이 충분히 할 만한 생각이다. 석유가격 내리면 미국 기업은 좋아지고 겁 없이 미국에 덤벼든 사우디를 비롯한 중동국가들은 한 방에 죽일 수 있다.

미국의 대외정책의 핵심은 돈 되는 것은 물불 안 가리고 챙기고, 돈 안 되면 버린다는 것이다. 자유무역의 창시자 미국이 다시 강한 보호무역주의로 회귀하겠다는 것이다. 그러나 제조업이 모두 해외로 가버린 미국, 후진국에 팔 물건이 마땅치 않다. 그리고 중국을 제재해서 관세를 145% 올리는 것은 좋은데 중국만큼 값싼 물건을 공급할 대안이 없으면 미국 국민은 수입물가 상승에 코피 터진다. 관세폭탄이 자살폭탄으로 돌아오는 것이다.

제조업에서 보호무역은 실효성이 낮다. 이를 모를 리 없는 미국은 보호무역이라는 무기를 사용해 후진국에 금융시장을 더 개방하도록 압박을 넣는 수단으로 쓴다. 미국은 제조업의 가격경쟁력 측면에서 중국과 아시아에 상대가 안 된다. 대신 '금융=미국'으로 인식될 만큼 미국은 금융에서 전 세계 절대강자다. 트럼프 스태프들은 상대국의 환율조정을 통해 손에 피 한 방울 안 묻히고 미국에서 벌어간 무역흑자를 자본시장에서 뺏어갈 방법을 구상하고 있는 것이다.

달러의 약세 유도는 세계 모든 통화의 강세를 부르고, 그러면 자동으로 미국 이외 국가들은 수출경쟁력이 떨어진다. 이것이 트럼프의 미국이 노리는 수다. 월가의 하수인으로 전락한 민주당 정부는 달러 강세로 금융에서 세계 돈을 끌어들여 미국을 회복시켜 선거를 치렀지만 실업문제에 금융은 답이 아니었다. 트럼프는 달러 약세 → 미국 수출 증가 → 무역수지 개선, 달러 약세 → 여타통화 강세 → 달러수출로 환차익을 노리고 있다.

트럼프, 금리 올리려는 미연준(Fed) 파월 의장을 해고해 버리겠다고 공언했다. 결국 트럼프의 미국은 기축통화국의 지위를 이용한 환율전쟁을 무역전쟁과 연계해 미국의 이익을 극대화하겠다는 것이다. 안보문제도 이젠 큰 형님의 역할이 아니라 '안보장사'를 하겠다는 것이다.

미국이 동맹국 상호주의라는 우아한 수사를 쓰지만 핵심은 '돈 내면 지켜준다'는 것이다. 방위비 분담 안 하면 스스로 하라는 것이다. 나토와 한국, 일본, 사우디 등이 타깃이다. 트럼프다운 기업가적인 발상이다.

북한이 핵위협 할 경우 한국이 능력 되면 무장하고 스스로 해결하든지 아님 돈 내고 미국의 안보 서비스를 받든지 선택하라는 것이다. 북한문제도 직접 손에 피 묻히기보다는 중국을 압박해서 간접적으로 해결하겠다는 심산이다. 트럼프 2기 시대 한·중·일의 동아시아문제, 그리고 한·미·일의 삼각동맹에도 심각한 변화가 있을 수밖에 없다.

PART 02

트럼프노믹스 2.0에 대한 7가지 대예측

01 WHY Trump
- 기인(奇人: 괴팍한 천재)의 시대

　난세에 영웅이 나고 불황에 거상이 난다. 지금은 난세인가? 그렇다. 인문학이 유행하면 난세다. 요즘 한국의 모든 5성급 호텔의 조찬에, 모든 대학의 CEO 과정에 인문학 강의가 없는 곳이 없다.

　왜 인문학일까? '돋보기'로 보이지 않으면 '현미경'이 필요하듯, 내 머리로 답이 보이지 않을 때에는 '벤치마킹'이 필요하다. 역사를 거울로 삼으면 흥망성쇠를 알 수 있기 때문이다. 난세에는 기인이 등장한다. 기존의 상식을 깨는 콜럼버스식의 돈키호테 같은 괴팍한 천재들이 등장해 세상을 놀라게 한다.

　그 아이디어가 먹히면 영웅이고 안 먹히면 괴짜로 끝난다. 삼국지의 제갈량도 괴팍한 천재다. 최고의 연봉을 받을 당대 최고수가 빈털터리 유비에게 머리를 빌려준다. 조조의 백만대군을 상대로 동남풍을 이용한 전략으로 적벽대전을 승리로 이끌어 삼국지의 영웅이 되었다.

　1930년대 대공황 이후 90여 년 만에 찾아온 코로나 대불황, 이어진 저성장에 총알과 대포만 안 날아다닐 뿐 세계는 지금 3차 대전을 치르는 중이다. 돈의 가격인 금리가 일본을 시작으로 미국, 유럽까지 모두 실질금리로는 마이너스다. 돈이, 금융이 가격기능을 상실해 제 역할을 못 한다.

돈의 값인 금리가 제로가 되면서 각국의 정부와 정치지도자는 돈의 저주를 무서워하지 않고 마구 부채를 끌어다 쓰고 있다. 미국, 일본, 유럽, 중국을 시작으로 전 세계 모든 지도자들이 부채를 줄인 지도자는 단 한 명도 없고 나라 빚을 가속적으로 더 늘리고 있다.

아직 태어나지도 않은 미래의 손자 손녀들의 밥그릇을 할아버지들이 먹어 치우고 있다. 미래의 아이들은 태어나자마자 신용불량자가 될 위험에 처해 있다. 이런 무시무시한 일을 하고 있지만 정치지도자들 중 어느 누구도 죄책감이 없다. GDP의 100%가 넘어가는 국가부채에도 계속 부채를 늘려간다. 제로금리를 만들어 이자부담을 없애고 국채만기를 계속 늘려 상환부담을 미래세대에게 떠넘기는 것이다.

미국에서 막말과 성추문 그리고 고집불통의 이미지를 가진 미국 정치의 아웃사이더라고 생각했던 트럼프가 해리스를 제치고 미국의 47대 대통령이 되었다. 난세에는 괴팍한 천재들이 등장한다. 지금 세상은 난세이고 기인(奇人), 즉 괴팍한 천재의 시대다.

기존의 생각과 전략으로는 답이 없는 시대에 세상은 그 해법을 기인에게서 찾는 것이다. 세상을 손가락으로 조정하게 만든, 스마트 시대를 연 애플의 스티브 잡스도 IT 업계의 이단아, 꼴통으로 불린 괴팍한 천재였다. 미국의 정치에서도 괴팍한 천재, 부동산업자 트럼프가 워싱턴을 다시 장악했다. 트럼프도 스티브 잡스처럼 정치에서의 애플 신화를 쓸 수 있을까?

정치는 지도자의 지능이 아니라 민심을 잡는 능력이다

중국 춘추전국시대의 책인 '관자(管子)'에 이런 말이 있다. "정치는 민심을 따르면 흥하고 민심을 거스르면 망한다(政之所兴在顺民心, 政之所废在逆民心)" 정치의 근본은 지도자의 지능이 아니라 민심을 잡는 능력이다.

미국 대통령선거에서 트럼프의 승리는 연 소득 5~10만 달러 이하 저소득층, 고졸 이하, 남성, 히스패닉계의 마음을 사로잡았기 때문이다. 아이비리그를 졸업한 잘난 변호사 출신 정치인들의 끝없는 말싸움은 국민을 질리게 했고, 이들은 월가와 같이 저지른 불장난으로 미국을 홀랑 태워먹었지만 반성도 없었다. 트럼프가 돌려막기식 미국 기성 정치인들의 태도에 식상한 유권자들의 마음을 사로잡은 것이다. 비법은 무엇일까?

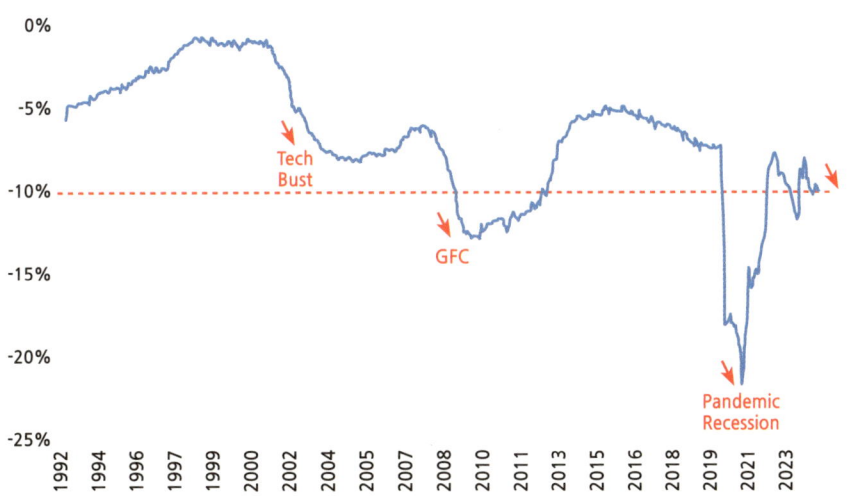

US Twin Deficits to GDP

Current Account + Fiscal Deficit As a % of GDP

Source: Bloomberg; Tavi Costa   © 2024 Crescat Capital LLC

트럼프의 '순민심(順民心)'은 '빼앗긴 일자리'와 '미국의 이익이 최우선'이라는 단 두 가지다. 코로나 사태로 90년 만에 온 불황에 '빼앗긴 일자리'를 돌려주겠다는 한 마디로 표심을 사로잡았다. 성 추문도, 탈세도, 막말도, 지도자로서 자질 함량 미달도 다 눈감아 준 것이다. 미국인들은 기업에 빌붙어 말로 먹고산 변호사, 법률가 출신 정치인들의 행태에 넌더리가 난 것이다.

사업해서 돈 벌어 본 백인부자, 그리고 이민자 소수민족 출신의 부인을 가진 트럼프에 몰표를 던졌다. '돈 벌어 본 놈이 정치해 보라'는 것이다. 트럼프, 저학력의 '분노한 미국인, 앵그리 아메리칸(Angry American)'들을 절묘하게 건드렸다.

트럼프의 어젠다는 '미국의 이익이 최우선'이다. 트럼프는 말로 먹고 사는 법조인 출신 해리스를 상대로 말싸움으로는 애초부터 승산이 없었다. 그러나 TV토론은 하루 저녁이고 어젠다는 4년 간다.

미국, 세계 최고의 나라지만 민초들은 아프다. 트럼프는 그것이 미국이 오지랖 넓게, 돈 안 되는 전 세계를 대변하는 일을 했기 때문이라는 것이다. 이젠 미국의 이익이 최우선이라는 어젠다가 팍팍한 생활에 지친 민초들의 기대를 높였다.

관자(管子)는 목민(牧民)은 국민의 오(惡)와 욕(欲)을 조정하고 관리하는 것이라고 했다. 트럼프의 승리는 트럼프의 어젠다에 있다. 관자의 민심을 낚는 방법에 맞추어 보면 지금 미국 하류층의 생활은 정확히 '4오(四惡)' 상태다. 이를 트럼프는 '낙(乐: 佚乐), 부(富: 富贵), 안(安: 存安), 생(生: 生育)'이라는 글자로 전환하겠다는 것이다.

이를 딱 두 마디로 정리하면 '일자리'와 '미국 이익'이고, 이를 구호로 하면 '미국을 다시 위대하게(Make America Great Again)'이다. 저학력의 무시당하고 처절하게 사는 '앵그리 아메리칸'들에게는 가슴 뛰는 황홀한 이야기다.

상인(商人) 트럼프는 '관종'

트럼프는 팔색조다. 독일 이민자의 가정에서 태어나 부동산업으로 돈을 벌었다. 부호가 되고 나서는 연예사업에도 진출, NBC 방송국의 사회자로 등장도 했다. 트럼프의 성추문은 미스 USA, 미스 유니버스사업을 하면서부터 시작됐다.

트럼프는 취임 이후 단 하루도 조용히 넘어가는 일이 없다. 끊임없이 이슈를 만들고 언론과 미디어의 스포트라이트는 내각이나 스태프가 아닌 트럼프 자신에게만 집중시킨다.

그러다 보니 말실수도 많고, 즉흥적이고 충동적인 답변으로 앞뒤 안 맞는 것이 한두 가지가 아니다. 하지만 아무도 제지하지 않고 오히려 맞장구 친다. 방송인 출신 트럼프는 '관종(관심종자)'이다. 미국의 신형전투기의 이름도 F-47로 명명해 자신이 47대 임기에 시작한 프로젝트라는 것을 각인시키고자 하고 있다.

2024년 12월 16일에는 일본의 소프트뱅크 손정의 회장을 마러라고(Mar-a-Lago) 별장으로 불러 1,000억 달러 투자유치를 발표했다. 집권 이후 트럼프는 외자유치실적을 꼭 백악관에서 글로벌기업 CEO들과 같이 발표해 홍보한다. 3월 3일에는 대만의 TSMC 웨이저지아 CEO를 불러 1,000억 달러 투자를 발표했고, 3월 25일에는 한국 현대차그룹의 정의선 회장을 불러 210억 달러의 투자를 발표했다. 그러나 이들 투자가 트럼프임기 4년 내에 모두 이루어질지는 미지수다.

트럼프는 투머치 토커로, "침묵은 금(金)이고 웅변은 은(銀)이다"라는 말을 모른다. 말이 많으면 실언도 잦다. 스파르타의 왕 데마라투스는 "바보는 입을 다물 줄 모른다"라고 했다. 지도자의 말은 바로 국격이고 품격이다. 명검은 함부로 휘두르지 않는다. 트럼프 입만 열면 막말이고 '조자룡이 헌 칼 쓰듯' 누구에게든 협박을 한다.

곰은 '쓸개' 때문에 죽고, 사람은 '혀' 때문에 죽는다. 문제는 사기업의 오너는 입이 가벼워도 그냥 주가하락으로 끝나는 것이지만 국가 지도자의 입은 보이지 않는 칼이다. 역사 이래 총이나 칼에 맞아 죽은 사람보다 혀끝에 맞아 죽은 사람의 숫자가 더 많다.

트럼프는 마치 장자의 고사 '설검(舌劍)'에 나오는 입이 가벼운 조나라 문왕과 같다. 천자의 검과 제후의 검, 서민의 검은 달라야 한다. 천자가 서민들이 식칼로 고기 썰고 채소 써는 것처럼 검을 쓰면 망한다. 트럼프의 입은 명검과는 거리가 멀다. "썩은 선비의 혀는 결국 칼이 되어 자신을 찌르게 된다"라는 말처럼 트럼프는 마구 휘두른 칼날에 스스로를 베이게 하고 미국을 위태롭게 할 가능성이 있어 보인다.

리더의 입은 돈의 물줄기도 바꾼다. 금융으로 먹고사는 나라 미국, 대통령의 설화가 국가의 부를 좌우할 수도 있다. 미국의 힘에 신뢰를 보내고 미국의 첨단기술에 돈을 보냈던 세계가 미국이 신뢰가 아닌 실망, 기술이 아닌 제조에 목숨 걸면 '탈'중국이 아닌 '탈'미국 하는 수가 생긴다.

트럼프는 정치인과 장사꾼의 결합 모델이고 IT와 첨단산업이 아닌 부동산개발업자다. 어느 나라건 부동산업자들은 밀당의 고수이고 경기에 대한 촉이 좋고 줄 대는 데 고수다. 세계는 트럼프쇼크에 빠졌다. 정치 초보자 트럼프가 무슨 사고를 칠지 모른다는 불안감, 소위 '대통령 리스크'가 넘쳐난다. 트럼프는 '주먹구구식 상호관세'로 미국은 물론이고 전 세계 주가를 폭락시켰다.

'상인 트럼프', 어떻게 봐야 할까? 사고 칠까 아니면 촉이 좋은 장사꾼으로 돈 되는 일만 골라서 할까? 미국은 거대한 시스템의 나라다. 대통령 한 사람이 한국처럼 무소불위로 휘두르다 사고 치도록 내버려두는 시스템이 아니다. 대통령의 약점을 시스템이 막아주는 것이다.

그러나 문제는 상하원을 다 장악한 공화당의 힘이다. 공화당이 상하원의 다수당을 차지했기 때문에 트럼프의 스태프들이 강하게 치고 나가도 의회에서 거부당할 가능성이 없다. 그래서 트리플 크라운(상하원 백악관 모두 공화당)이 독이다. 브레이크가 없는 자동차는 과속하게 되고 필연적으로 사고가 난다.

장사꾼은 돈 버는 데 관심 있지 폼 잡는 데에는 관심이 별로 없다. 트럼프 시대 미국의 외교와 국방 안보문제는 바이든 때보다 더 유연할 가능성이 있다. 대신 경제문제는 다시 준 전시상태로 들어설 가능성이 높다. 트럼프 정부는 미국채권 많이 사주는 나라, 미국에 개방 많이 하는 나라, 미국 물건 많이 사주는 나라, 미국의 액션에 박수 치는 나라와 아닌 나라를 확실하게 편 가르기 하고 제재한다.

중국에 145% 관세폭탄을 투하하고 캐나다, 멕시코산에 25% 관세부과 등을 실시하고 있다. 안보는 철저하게 수익자 부담이다. 한국도 주한미국주둔군 비용을 추가 부담하든지, 미군을 철수하든지의 선택을 강요받을 가능성 있다.

돈과 권력은 나누어 쓸 수 없고, 숲속에 호랑이 두 마리는 있을 수 없다는 것이 비즈니스 정글의 법칙이다. 이런 정글에서 살아남은 트럼프의 경제정책에 미국은 박수 치겠지만 미국의 우방과 경쟁국은 진짜 조심해야 한다.

트럼프 대통령은 시범 케이스로 인정사정 볼 것 없이 한 놈 죽이기 작전을 실행할 가능성이 높다. 여기에 걸리면 약도 없다. 수출, 소비, 투자, 고용 모두 죽을 맛인 서방국가들은 미국이 보호무역까지 들고 나오고 있어 힘든 고난의 시기가 예상된다.

트럼프와 시진핑의 '공포 정치'

미국의 대통령 트럼프는 정말 전 세계의 블랙스완이다. 기존의 틀을 완전히 싹 무시하고 새로운 그림을 보여주고 있다. 바로 '공포'다. 미국 월가의 부자들을 떨게 하고 미국에서 흑자 많이 내는 무역국가들을 떨게 만들고 있다.

패권국 미국 대통령들의 전통적인 세계에 대한 메시지는 말은 부드럽게 하고 행동은 무섭게 하는 것이었다. 그러나 장사꾼 트럼프 말도 거칠게 하고 행동도 거침이 없다. 어떻게 봐야 할까? 짖는 개는 안 무섭다. 진짜 무서운 개는 가만있다가 꽉 물어버린다.

미국 트럼프의 정치는 '공포정치(The Shock Doctrine)'다. 입으로 먼저 말하고 분위기 봐 가면서 강도를 조절하는 전형적인 장사꾼의 수법이다. 대통령은 국가의 얼굴이고 입은 바로 그 나라의 국격이다. 막말하는 미국 최고 지도자의 행태를 보면, 이건 초강대국의 모습이 아니다. 2등이 추월할까, 1등의 자리가 무너질까 조바심하고 초조해하는 약해진 자의 모습이 보인다. 당당하지 못하고 어거지로 떼쓰는 것은 대국의 모양새가 아니다.

미국이 만든 글로벌화의 패러다임을 트럼프 대통령은 스스로 파괴한다. 글로벌화, 세계화, 자유화가 미국의 가치이자 그간 전 세계에 강요한 초강대국 미국의 논리였는데 이걸 트럼프가 뒤집어엎었다. 세계는 트럼프의 주먹이 겁나서 듣는 척은 하지만 미국의 변심에 전 세계가 당혹해하고 있다. '보호주의', '미국우선주의'로 돌아선 미국, 대국의 초초함이 읽혀진다.

약해진 힘을 커버하려고 큰소리 지르고 협박하고 공포를 조장하는 것이다. 미국 트럼프의 공포정치에 놀란 돈이 달러 강세를 만들었다. 원래 트럼프의 공약은 달러 약세를 통한 수출증대, 고용창출인데 공이 엉뚱한 데로 튀었다.

G2, 중국의 시진핑 주석도 '공포정치(The Shock Doctrine)'의 대가다. 취임하면서 부정부패 저지르는 호랑이와 파리를 다 때려잡는 공포 분위기를 조성해 계파세력이 가장 약한 태자당 출신이라는 약점을 인민의 지지라는 여론몰이로 입지를 확실히 다졌다.

중국의 시진핑, 내치를 완성하고 나서는 이젠 외치로 나섰다. 첫째가 일대일로, 둘째가 남사군도, 셋째가 대만문제다. 그러나 만사형통처럼 보이던 그의 정치사업이 북핵문제를 시작으로 꼬이기 시작했다. 미국의 오바마가 중국이 북한의 미사일 발사에 미온적이라는 이유로 한반도에 사드배치 결정을 전격적으로 하면서 문제가 생겼다.

사드배치 반대를 주장한 시진핑은 스타일이 구겨졌고, 트럼프도 당선 이후 남사군도문제를 거론하면서 남사군도의 중국 간여를 좌시하지 않겠다고 시위했으며 대만과 한편이 되어 중국을 위협하고 있다. 중국의 대만통일을 저지하겠다는 것이다. 그래서 중국은 사드문제에 더 강경하게 나오고 남사군도와 대만에 항공모함을 보내 실탄사격도 했다. 만약 미국이 대만을 부추겨 독립하겠다면 대만을 무력으로 공격하겠다는 협박도 했다.

하지만 미국과 대만은 눈도 깜짝 않고 있다. 중국의 대만외교를 책임지는 '대만영도소조'의 조장이 시진핑이다. 대만문제는 시진핑의 리더십 시험대이다. 110개 AIIB(아시아인프라투자은행) 회원국들, 148개의 일대일로 참가국가들이 시진핑의 대만문제 처리 능력을 주시하고 있다. 진짜 시진핑이 리더십이 있는지, 중국이 미국의 횡포에서 이들을 지켜줄 만한 힘이 있는 나라인지를 지켜보고 있다.

02 트럼피즘 2.0은 그냥 이것저것 다 섞은 '비빔밥' 정책

트럼피즘 2.0, 번영 아래 숨겨진 패권의 균열

트럼프가 다시 미국 대통령으로 취임함에 따라 트럼프의 새 정책 기조가 세계 질서에 깊은 영향을 미치고 있다. 트럼프 2.0의 통치 논리는 '미국 우선주의' 기조를 더욱 강화하면서 대중 관세전쟁, 기술봉쇄, 지정학적 경쟁 측면에서 중국에 대해 체계적인 압박을 가하는 것이다.

하지만 미·중의 '전략적 경쟁'이라 칭해진 이 대결구도 속에는 미국의 민낯이 있다. 2024년 미국은 29.2조 달러의 GDP로 세계 1위를 유지하고 있으며, 월가 증시도 최고치를 경신했고, 빅테크기업의 시가총액 확대와 소비 지표 또한 호조를 보였다. 그러나 이러한 화려함 뒤에는 미국 패권의 근간이 흔들리는 깊은 균열이 감춰져 있다. 연방 부채는 36조 달러를 돌파해 GDP의 123%에 달하고, 빈부격차를 나타내는 지니계수는 0.63으로 심화되었으며, 정치적 양극화도 극심해 양당 지지율 차이가 3% 미만에 불과하다.

국제적 차원에서도, 미국 달러의 글로벌 외환보유고 비중은 58%로 사상 최저치를 기록했고, 브릭스(BRICS)국가와 중동국가들은 '탈달러화'를 가속화하고 있으며, 나토(NATO) 동맹국들 사이에서는 국방비 분담 갈등도 격화되고 있다. 또한, 중동에서의 '석유-안보 동맹'도 미국이 셰일 오일 생산국으로 부상함에 따라 관계가 약화되고 있다.

이러한 현상은 '경제적 거인'이지만 '통치 불안정'이 존재하는 미국을 기존의 단일패권에서 다극 균형 시대로 이행하는 분기점에 놓이게 하고 있다. 미국 내부적으로도 대국의 품격을 트럼프 정치가 부수고 있다고 보고 트럼프 정책에 반대하는 시위가 이어지고 있다.

이민자의 나라, 미국의 강점과 힘은 다양성, 형평성, 포용성을 가지고 있다는 것이다. 그러나 트럼프 정부는 이를 두고 민주당의 정책과 어젠다라는 이유로 무조건 반대한다. 정치적 올바름(PC, Political Correctness)은 인종, 성별 등에 대해 차별하지 않는 것이다. 이것이 미국의 힘이고 바른 길이다. 정치적 올바름을 지지하는 이들은 PC보다 Diversity(다양성)·Equity(형평성)·Inclusion(포용성)의 약자인 DEI를 쓴다. 성·인종 등의 구조적 불평등을 타개하기 위한 행위나 정책을 의미한다.

최근 들어 미국에서 정치적 올바름(PC, Political Correctness)의 정도가 좀 과해진 면이 없진 않지만 전임 바이든 정부가 했다고 해서 이를 홀랑 뒤집어 버리는 것은 국가백년대계가 아닌 트럼프의 정략적 선택일 뿐이다. 트럼프 대통령은 과도한 DEI를 지적하는 것을 넘어서 DEI는 미국에 심한 악영향을 준 '장난질(hoax)'이라고 언급했다. 국가 지도자가 나서서 미국의 진정한 힘과 저력의 기반을 빈정거리고, 정략적 목적으로 적대시하는 것은 매우 위험한 일이다.

트럼피즘 2.0은 '먼로, 잭슨, 매킨리주의'의 잡탕밥

트럼프 2.0의 정책 논리는 공허한 구호가 아닌, 미국 100년 패권 확장의 역사와 보수주의 사상 계보에 뿌리를 두고 있다. 트럼프 2기의 정책에는 미국의 '먼로주의+잭슨주의+매킨리주의'가 혼합되어 있다.

첫째, 먼로주의(제5대 대통령 먼로의 외교 정책)는 미주 대륙을 미국의 뒷마당(後苑)으로 간주하는 지정학적 통제 원리를 강조했고, 유럽에 대한 불간섭주의, 고립주의 정책을 폈다. 먼로주의는 19세기 1820년대 미국 제5대 대통령 제임스 먼로가 제안한 외교 정책으로, '미주는 미국인의 미주'라고 주장하며, 유럽 열강이 미주 대륙의 일에 간섭해서는 안 된다는 내용을 골자로 한다.

트럼프의 대외 정책에도 이와 유사한 사상이 반영되어 있으며, 흔히 '신(新) 먼로주의'로 불린다. 트럼프는 먼로주의를 높이 평가하며, 미주 지역을 미국의 영향권으로 간주하고 경제 및 군사적 수단을 통해 이 지역에 대한 미국의 통제를 강화하려 한다.

특히 라틴아메리카 국가들을 대상으로 한 정책에서 먼로주의 성향이 두드러지고 있다. 예를 들어, 트럼프 행정부는 캐나다에 대해 여러 차례 압력을 가했고, 심지어 캐나다를 미국의 '51번째 주'로 만들자는 주장을 내세웠으며, 에너지·유제품 등 분야에서 양보를 끌어내기 위해 관세부과 및 조약파기 위협 등의 수단을 사용했다. 또한, 트럼프는 그린란드와 파나마운하에 대해 군사적 통제를 주장함으로써 먼로주의를 계승·발전시켰음을 보여주고 있다.

둘째, 잭슨주의(제7대 대통령 앤드루 잭슨의 외교 정책)는 대중주의적 포퓰리즘의 대표적 사례로 미국 국가 이익을 최우선시했으며, 백인우월주의와 노예제도 방관 등이 대표적인 정책이다. 잭슨주의는 미국 제7대 대통령 앤드

루 잭슨의 정치사상으로, 민중주의와 국익 최우선 원칙을 강조한다. 잭슨은 〈인디언 이주법〉을 통해 대규모로 원주민을 학살하고 토지를 빼앗았으며, 보호무역을 강화하고 본토산업과 공업의 성장을 촉진했다.

트럼프는 여러 측면에서 잭슨주의의 영향을 받았다. 그는 'Buy American(미국산 구매)' 정책, 대중 무역전쟁, 국경장벽 건설 등을 통해 잭슨의 정책논리를 계승했다. 트럼프는 집권 이후 수많은 행정명령과 정책을 통해 워싱턴의 '딥 스테이트(Deep State)'를 약화시키고, 엘리트 계층의 정치 영향력을 줄이려 하고 있다.

셋째, 매킨리주의(제25대 대통령 윌리엄 매킨리의 외교 정책)는 관세장벽으로 보호무역을 펼쳤고 영토를 확장했다. 매킨리 정권 시절 최대의 사건은 바로 1898년 쿠바를 둘러싸고 스페인과 벌인 이른바 미국·스페인전쟁으로 영토 확장전쟁이었다. 그러나 매킨리는 결국 암살당했다.

매킨리주의는 미국 제25대 대통령 윌리엄 매킨리의 정치사상으로, 보호무역과 고율관세 정책을 핵심으로 한다. 매킨리는 재임 중 고율관세 정책을 추진해 미국의 산업 및 제조업을 보호했다. 트럼프는 매킨리의 관세 정책을 매우 높이 평가하며, 고율관세가 미국 제조업과 노동자의 고용을 보호할 수 있다고 보았다.

트럼프는 여러 연설에서 매킨리를 '관세의 제왕'이라 칭하며 본보기가 된다고 언급했다. 그는 집권 이후 중국, 유럽연합, 캐나다 등 여러 무역 상대국에 대해 관세를 부과하고, 무역 보호주의적 조치를 통해 자국 산업과 일자리를 보호하려 하고 있다.

트럼프의 정책은 그 외에도 닉슨–레이건의 유산인 현실주의 외교와 소(小)정부주의의 결합이다. 트럼피즘 2.0은 공화당의 두 전통적 노선도 결합시켰다. 첫째, '닉슨'식 지정학 삼각전략이다. '친러견중(聯俄制華)'이라는 외교 전략을 통해 대국 간 균형을 재조정하는 것이다. 이는 닉슨이 과거 중·소 간 갈등을 이용한 방식과 유사하다. 우·러전쟁의 휴전 협상 시도가 바로 중국과 러시아를 분리하려는 전략이다.

둘째, '레이건'식 보수 혁명이다. 2025년 기업세를 15%로 인하하는 감세정책, 〈도드-프랭크법〉 폐지를 통한 금융규제 완화 등으로 레이건의 '작은 정부' 철학을 부활시키는 동시에, '힘을 통한 평화' 전략에 따라 국방 예산을 2024년 9,000억 달러 이상으로 증액하여 군비를 확대하는 식이다.

트럼피즘 2.0은 먼로주의의 '아메리카는 미국의 뒷마당'이라는 지정학적 통제 유전자부터 잭슨주의의 포퓰리즘적 국가 이익 최우선, 매킨리주의의 고관세 보호주의 논리까지, 역사적 고립주의, 확장주의, 보호주의의 통합판이다. 트럼프는 이러한 정책을 통해 미국의 글로벌 패권을 강화하고 자국 산업 및 일자리를 보호하려 하고 있고, 국제문제에서도 더욱 강경하고 거래 중심적인 접근을 취하고 있다.

트럼피즘 2.0은 레이건식 보수주의, 그리고 머스크와 손잡은 기업가와 비선동맹을 통한 마치 길디드 에이지(Gilded Age) 시대와 같은 과두정치의 종합판이다. 그 본질은 '반체제'라는 구호 아래 자유주의적 세계화의 내재적 위기를 드러냄으로써 이를 기회로 미국의 패권을 재구성하고, 미국 중심의 단극 질서의 약화를 '미국이 주도하는 다극적 정글'로 전환하려는 전략이다.

트럼피즘 2.0의 미국 경제에 대한 불안의 근원은 '달러'

트럼프 정부의 현재 경제 체제에 대한 불안의 중심에는 지속적인 달러 과대

평가와 비대칭적인 무역 조건이 자리 잡고 있다. 달러가 과대평가 되면 미국 수출경쟁력은 떨어지고, 수입은 저렴해져 제조업 일자리가 감소한다. 그로 인해 지역 경제는 침체되고, 많은 가정이 정부 보조에 의존하거나 마약 중독에 빠지거나 다른 지역으로 이주하게 된다.

2016년 아우터(Autor) 등의 연구에 따르면, 중국과의 무역 확대(차이나 쇼크)로 인해 2000~2011년 사이에 최대 200만 개의 일자리가 사라졌다고 한다. 특히, 산업의 국제적 이전과 첨단산업의 발전으로 산업의 지역적 편중과 집중의 특성으로, 대체 일자리 부족으로 인한 피해는 특정 지역에서 더욱 크게 나타났다.

냉전 종식 이후 미국은 산업 기반의 쇠퇴를 심각하게 여기지 않았지만, 중국과 러시아가 안보위협으로 부각됨에 따라 산업 역량은 다시 국가 안보와 직결된 사안이 되었다. 트럼프 대통령은 "강철이 없으면 국가도 없다"라고 주장하고 있다. 인당 소득 8만 3천 달러의 나라에서 철강업의 부활을 얘기하고 있는 것이다.

기축통화국 미국은 '트리핀의 딜레마(Triffin Dilemma)'에 빠져있다. 달러는 세계 기축통화이기 때문에 무역 불균형을 스스로 조정하지 못한다. 바로 기축통화의 두 가지 균형 개념 때문이다. 전 세계가 달러로 거래하기 때문에 전 세계가 필요한 달러를 무역적자를 통해 미국은 지속적으로 공급해야 한다. 여타 국가들은 무역흑자를 운용할 금융시장으로 안전한 미국금융시장을 다시 선택하는 '달러 리사이클링' 구조다.

미국처럼 기축통화를 발행하는 국가는 저축과 준비자산 수요로 인한 비탄력적 기축통화에 대한 수요 때문에 달러가치는 고평가되고, 경상 적자를 지속적으로 유지해야 한다. 바로 '트리핀 딜레마'라고 불리는 구조적 모순이 유발된다. 달러를 대체할 준비통화가 현실적으로 존재하지 않기 때문에 미국은 여전히 기축통화 지위를 유지하고 있지만, 미국의 글로벌 GDP 비중 감소는 갈수록 미국의 부담을 키우고 있다.

기축통화 지위는 세 가지 문제가 있다. 첫째, 저금리로 자금 조달이 가능하다. 외국의 달러 수요로 미국은 다른 조건보다 낮은 금리로 차입이 가능하다. 그러나 최근 스위스, 일본, 독일 등 주요국들이 더 낮은 금리로 차입 중이다. 둘째, 고평가된 환율이다. 준비자산 수요가 달러를 과대평가해 수출 경쟁력을 약화시킨다. 셋째, 미국의 금융 외교력을 강화시킨다. 미국은 금융 제재와 국제금융 시스템 통제를 통해 군사력이 아닌 방식으로 외교적 영향력을 행사하는 것이 가능하다. 우·러전쟁에서 러시아를 금융 시스템 봉쇄를 통해 제재한 것이 최근 사례다.

그러나 핵심 딜레마는 미국의 경쟁력 vs 패권이다. 기축통화의 특성은 결국 달러 강세에 따른 수출 경쟁력 저하와 글로벌 영향력 확보(금융 제재 등)의 이득 사이 정책적 균형문제로 귀결된다. 트럼프 행정부는 이 부담을 무역 및 안보 파트너들과 공동부담 하고자 하며, 경제적 구조 개편을 통해 제조업 기반을 강화하려 한다.

그러나 글로벌 시스템 개편은 국가 간 이익이 걸린 문제이기 때문에 해결이 어렵고 긴 시간이 걸린다. 높은 실업률과 양극화 때문에 미국이 더는 현 상태를 감수할 수 없다면, 단독(일방) 또는 협조(다자) 방식으로 시스템 재편을 추진할 수밖에 없다.

일방적 조치는 미국이 쉽게 할 수 있는 정책의 유연성은 있지만 문제는 시장 불안정성이 커질 수밖에 없어 금융시장의 충격을 정치가 막아낼 능력이 없으면 실패한다. 다자적 조치는 정치적 어려움은 크지만 시장 안정성 확보가 가능하다는 강점이 있다. 다만, 협상과 조율에 긴 시간이 걸리기 때문에 4년이란 시간제약이 있는 트럼프 정부가 선택할 여지가 적다.

미국 트럼프의 정책은 달러패권도 유지하고 제조업도 살려 미국의 내재적 문제를 한 방에 해결하자는 것이고 필요하면 정치, 외교, 군사, 금융 등 어떤 것이든 동원하겠다는 것이다. 트럼프의 미국 관세 및 환율 정책은 제조업의 경쟁력 확보와 국내 수요 재배치를 통한 산업 활성화를 목표로 한다. 특히, 반도체, AI, 의약품 등 전략 산업은 단순한 산업이 아니라 안보와 경제를 연결 지어 이를 보호하는 방향으로 가겠다는 것이다.

트럼프 2.0 전략의 본질

항목	내용
핵심 문제	달러 과대평가 → 미국 제조업 경쟁력 저하, 무역적자 심화
이론적 틀	트리핀 딜레마: 기축통화는 무역 균형과 금융 안정 간의 구조적 충돌 야기
주요 결과	(1) 저금리 차입, (2) 수출 경쟁력 약화, (3) 금융 외교력 확대
전략 방향	관세 및 환율 정책을 통한 미국 내 산업 보호와 무역 불균형 개선
정책 딜레마	경제 패권 유지 vs 제조업 보호 간 균형 필요

자료: 중국경제금융연구소

트럼피즘 2.0의 집행은 '트럼프식 창조적 파괴'

미국 트럼프 2기 정부가 1기에는 중국만 때리다 2기에는 동맹과 우방을 포함한 전 세계 국가와 무역전쟁을 벌이고 있다. 한국, 일본, 대만, 독일, 인도 등 전통적인 미국의 동맹과 우방에 더 강한 상호관세를 때리며 압박을 하고 있어 우방과 동맹들은 당황스럽다. 상호관세 산정방식도 황당무계한 주먹구구식으로 수출-수입을 수입으로 나누고 이를 둘로 나눈 것이다.

주요국 미국 상호 관세율 현황

※ 2024년 대미 무역 상위국 순, 미국 현지 시간 기준

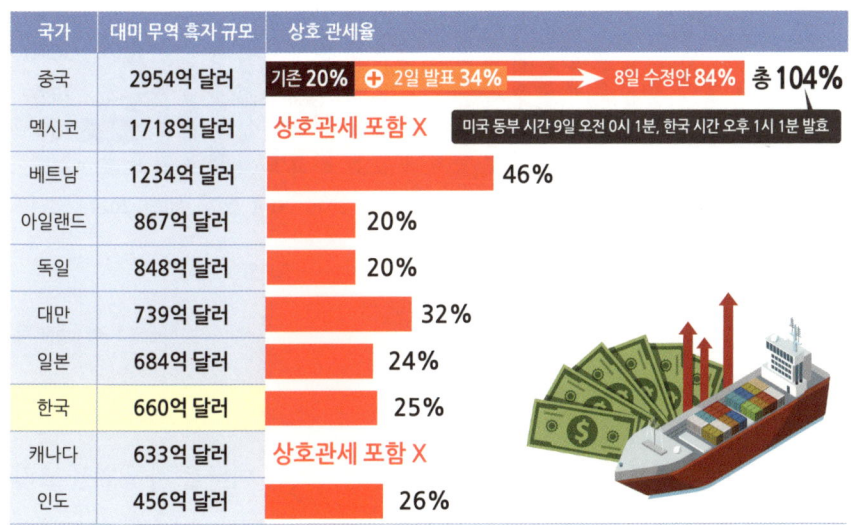

국가	대미 무역 흑자 규모	상호 관세율
중국	2954억 달러	기존 20% + 2일 발표 34% → 8일 수정안 84% 총 104%
멕시코	1718억 달러	상호관세 포함 X
베트남	1234억 달러	46%
아일랜드	867억 달러	20%
독일	848억 달러	20%
대만	739억 달러	32%
일본	684억 달러	24%
한국	660억 달러	25%
캐나다	633억 달러	상호관세 포함 X
인도	456억 달러	26%

자료: 미 상무부
주: 중국은 2025년 4월 18일 현재 245%로 상향

그러나 미국의 이러한 태도 변화, 강한 보호무역과 고립주의로 가는 이유는 미국 내의 문제와 상황의 변화를 봐야 한다. 첫째, 중국의 무역수지의 비중 하락이다. 중국은 2024년 현재 미국 무역적자에서 차지하는 비중이 2016년 70%에서 2024년 32%로 낮아졌다. 미국이 무역적자를 줄이려면 중국만 때려서 해결될 문제가 아니다. 중국 이외 나라의 비중이 68%로 더 커졌기 때문이다. 그래서 동맹과 우방도 가차 없이 상호관세 폭탄을 퍼붓는 것이다.

미국 무역에서 중국의 비중

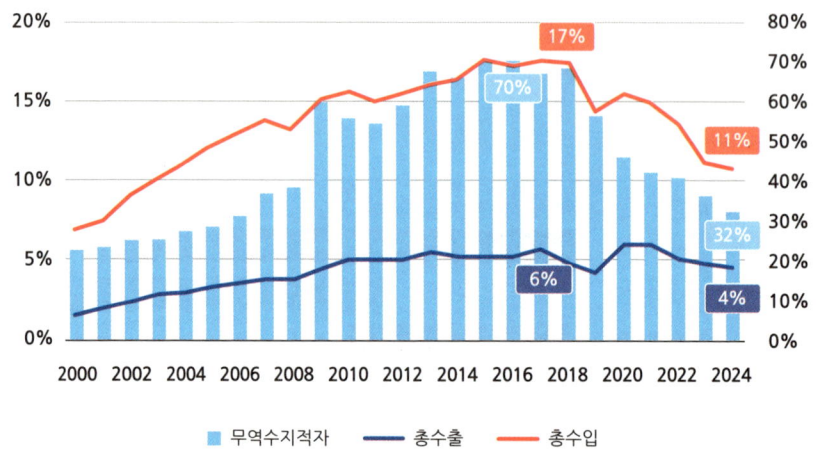

자료: 중국경제금융연구소

둘째, 미국 내부와 미국을 둘러싼 환경의 변화가 미국을 자국우선 고립화 경향을 보이는 단독행동주의로 변하게 하고 있다. 이는 기술과 인구구조 그리고 에너지와 식량의 독립이다.

미국은 세계 최대의 소비시장과 강력한 기술력, 자원 자급능력을 바탕으로 외부 의존도를 줄이고 있다. 유럽·중국은 인구 급감과 고령화로 성장이 둔화되고 있지만 미국만이 노동 인구가 증가할 유일한 강대국이다. 미국은 주요 강대국 중 유일하게 생산 가능 인구가 증가할 것으로 예상되며, 이는 경제 성장과 군사력 유지에 유리한 조건이다.

AI·자동화·드론전쟁으로 해외 기지 필요성이 줄어들었고 원거리 타격 중심 군사 전략으로 전환되어 해외 우방국에 대한 군대주둔과 기지의 중요성이 떨어지고 있다. 제조업 리쇼어링과 공급망 단축으로 글로벌 경제 의존도도 줄어들고 있어 경제적 고립도 유리한 면이 있다.

유럽, 일본 등 동맹국들이 방위비를 줄이고 미국에 안보를 의존하면서 미국의 부담이 증가했다. 따라서 미국은 동맹국의 부담 전가를 원천적으로 막을 필요가 있어 관세를 무기로 쓰는 것이다. 그리고 중국과 러시아의 도전이다. 미국이 주도한 자유주의 질서에 편입된 중국과 러시아가 이를 이용해 자국의 영향력을 확대하고 있어 더 이상 방치할 수 없다.

그런데 이를 해결하는 방안으로 트럼프의 발상이 기발하다. 트럼프 2.0에서는 급진적인 내정 개혁과 미국 외교 정책을 연계하는 정책을 쓰고 있다. 정부효율성부(DOGE) 도입을 계기로 미국 내부로는 '행정개혁 대혁명'을 추진하고 대외적으로는 외교에서도 미국의 '패권 유지'를 위한 새로운 패러다임 전환을 시도하고 있다.

트럼프는 공화당의 상하원 장악을 기회로 '법률전쟁'을 통해 반대세력 탄압, '미국 우선주의 헌법화' 추진 등의 조치를 통해 국내 정치 양극화를 외교적 일방주의의 정당성 근거로 전환하고 있다. 이러한 '내정-외교 연동 전략'은 미국이 '자유 민주주의'에서 '신제국주의'로의 전환을 의심하게 하기에 충분하다.

또한 트럼프 정책은 미국의 비용을 힘으로 밀어붙여 다른 나라가 부담하게 하는 '비용 전가' 전략을 포함하고 있다. 그리고 힘으로 세력 범위를 재편하는 동시에 글로벌 거버넌스 공백을 방치해 다극화를 가속화시키는 것이다. 이로써 다극화된 세력끼리 편 가르기 하고 싸움하게 만들어 힘을 약화시키는 것이다.

트럼프 정책의 실행은 숨 쉴 틈도 없이, 전례 없이 급진적으로 밀어붙이는 '쇼크 요법(The Shock Doctrine)'이다. 트럼프는 집권하면서 속전속결식으로 내·외부 위기 창출을 통해 권력 집중, 기존 규칙 전복, 글로벌 질서 재구성 속에서 트럼프식 '창조적 파괴'의 실험을 진행하고 있다.

국내적으로는 법무부가 환경 운동가를 '국내 테러리스트'로 규정하고, 대법원이 평등권 법안을 폐기하며, 석유개발과 금융규제 완화를 동시에 추진하는 등 번개 같은 행정 명령으로 바이든의 진보주의 유산을 해체하고 연방조직의 대대적인 구조조정을 무기로 기존 체제 저항세력을 무력화시키고 있다.

대외 정책에서는 노골적인 '자원 식민지화' 야욕도 드러내고 있다. 우·러전쟁에 개입해 천연자원 소유권을 주장하고, 느닷없이 그린란드 매수 의욕까지 보이고 있다. 아프리카 국가에 코발트 광산 개발권 개방을 강요하고, 국제 유가를 배럴당 40달러로 억제해 지정학적 경쟁국을 타격하려 하고 있다. 미국은 법률·경제·기술 등을 복합한 수단으로 '제로섬 게임'의 글로벌 정글 법칙을 만들고 모든 게임에서 미국의 승자독식을 추구하고 있다.

지금 트럼프 정책은 기존 미국이 주도해 왔던 자유주의 질서의 종말과 다극화 혼돈이 공존하는 전환기를 만들 가능성이 크다. 그래서 세계는 '낯선 얼굴의 미국'에 대해 당혹감을 감추지 못하고 있는 것이다.

가장 중요한 것은 트럼프의 대중 정책에 대한 중국의 대응이다. 트럼프 대통령이 중국 잡자고 빌드업하는 모든 정책은 요란하고 혼을 쏙 빼갈 정도로 혼란스럽다. 트럼프의 대중 정책은 무역·에너지·외교 분야 '삼중 타격'을 통해 미·중의 역학 구도를 재편하려고 한다.

이런 트럼프 정부의 강력한 봉쇄에 맞서 중국은 '공수 양면' 전략을 쓰고 있다. 무역 분야에서는 '내수 주도 + 다자적 돌파'를 통해 미국의 통제를 완충하는 전략이다. 그리고 미국의 제재를 오히려 역이용해 과학기술과 첨단산업 분야에서 도약의 계기로 삼으려 하고 있다.

중국은 미국 트럼프 정부의 '미국 우선'의 봉쇄전략에 단기적 압박이 가중되고 있지만, 오히려 미국의 통제에 대해 더 과감한 돌파 전략을 세우고 있다. 예를 들면, 반도체 자립화(2030년 목표 70% 자체 공급률), 위안화 국제화(크로스보더 결제 비중 목표 15%) 등 기술과 금융 분야에서 미국의 봉쇄망 돌파를 추진하고 있다.

특히 외교 분야에서는 트럼프의 변덕과 압박에 해방구가 필요한 글로벌 사우스(Global South) 국가와 연대 구축에 힘을 쏟고 있다. 중국은 미국과 충돌하고 있는 중동과 유럽에 대해서도 중재자의 역할을 자처하면서 '다극화 시대'로의 국제질서 재편 과정에서 중국의 영향력을 확대하는 기회를 호시탐탐 노리고 있다.

미국 우선 무역 정책(America First Trade Policy)의 영향 및 성공 가능성

항목	주요 정책	목적	미국 외부 영향	내부 정책 문제	성공 이유 및 가능성
Section 1: 배경	2017년부터 미국 우선 무역 정책 추진, 공급망 안정, 임금 상승, 무역적자 감소 목표	미국은 자국 우선 무역 정책으로 경제 회복을 이루었으며, 이를 강화하여 국가 안보와 산업 생산성 향상을 추구함	글로벌 공급망 재편 가속, 수출 의존국 긴장	보호무역주의 강화로 인한 소비자 부담	미국 내 제조업 회복, 중산층 지지로 정책 지속 가능성 높음
Sec. 2(a)	무역적자 원인 및 영향 분석, 해결책 제안 (추가 관세 등)	무역적자의 원인과 국가안보에 미치는 영향을 분석하고 해결책 (글로벌 추가 관세 등)을 제안함	중국, 유럽 등 수출국에 관세 충격	수입물가 상승, 인플레이션 우려	무역 균형 회복에 기여 가능하나 소비자 반발 우려
Sec. 2(b)	외부 수익 징수기관(ERS) 설립 검토	관세 및 외국 무역 수입을 효과적으로 징수하기 위한 기관 설립 검토	무역 상대국 간 마찰 증가	예산·조직 신설에 따른 관료적 저항	세수 확보 측면에서 실효성 있으나 정치적 부담 있음

항목	주요 정책	목적	미국 외부 영향	내부 정책 문제	성공 이유 및 가능성
Sec. 2(c)	불공정 무역 관행 검토 및 대응 조치 제안	타국의 불공정 무역 행위를 조사하고 헌법 및 관련 법률에 따라 대응 방안 제시	WTO 분쟁 가능성, 다자간 협력 약화	법률 해석 논란, 이해 충돌 발생	공정 무역 주장 근거 확보 가능, 실현 가능성 보통
Sec. 2(d)	USMCA 협정 검토 및 개선 방안 도출	미·멕시코·캐나다 협정의 영향 분석 및 개선 방향 제안	북미 공급망 불안정 가능성	재협상 과정의 정치적 갈등	지역 내 생산성 강화 유리, 성사 가능성 높음
Sec. 2(e)	주요 무역 파트너의 환율 정책 분석	환율 왜곡 및 조작 여부 평가 및 적절한 대응책 마련	외환시장 불안정성 증가 가능	분석 기준의 불명확성	금융시장 신뢰 확보에 긍정, 정책적 성공 가능성 중간
Sec. 2 (f)-(g)	기존 및 신규 무역 협정 검토	기존 자유무역협정 개정 및 신규 양자·산업별 협정 탐색	다자간 FTA 약화 우려	외교적 조율 필요	미국 우위 확보 가능성 존재, 협상력에 따라 성공률 좌우됨
Sec. 2(h)	반덤핑/ 상계관세 규정 재검토	외국 보조금·가격 왜곡 대응 규정 및 절차 재검토	해외 보조금 국가들과의 갈등 우려	기업 간 로비 증가	공정 경쟁 확보 수단으로 실현 가능성 높음
Sec. 2(i)	$800 이하 면세 규정의 부작용 평가	위조 상품, 펜타닐 등의 밀수로 인한 위험성 및 세수 손실 평가	수출국 전자상거래 기업에 타격	전자상거래 소비자 반발	마약·위조품 유입 억제에 실효성 높음, 성공 가능성 높음
Sec. 2 (j)-(k)	해외 과세차별· 조달협정 영향 검토	외국의 차별 과세와 조달협정이 미국 제조업에 미치는 영향 평가 및 대책 수립	EU, 아시아 주요국과 마찰	보복 조치 가능성	제조업 보호 논리 강화, 성공 가능성 중간
Sec. 3: 대중국 무역	중국의 무역 협정 이행 여부 평가 및 추가 조치 검토	중국의 지식재산권· 기술 이전 정책에 대한 대응 강화 및 통상 관계 재조정	미·중 긴장 고조, 글로벌 시장 충격 가능성	농업·기술 산업의 대중 의존도 문제	국내 정치적 지지 확보, 전략적 성공 가능성 보통

항목	주요 정책	목적	미국 외부 영향	내부 정책 문제	성공 이유 및 가능성
Sec. 4: 경제 안보 강화	산업 기반·수출 통제·ICTS 정책 평가 및 대응	국가 안보에 위협이 되는 수입품, 기술 이전 등 문제에 대해 제도 및 규제 강화 검토	외국 기술기업 투자 위축 가능	기술기업 반발 및 규제 강화 부담	국가 안보 프레임 내에서 정책 실현 가능성 높음
Sec. 5: 보고 일정	각 부처는 2025년 4월 1일까지 보고서 제출	보고 책임 부처별로 일정 및 제출 대상 항목 명시	글로벌 협력 대비 타이밍 이슈 존재	부처 간 협업 부족	내부 관리 측면에서 실현 가능성 높음
Sec. 6: 일반 조항	법적 권한 유지, 예산 범위 내 시행, 법적 권리 부여 아님 명시	본 지침은 법적 권리를 창출하지 않으며, 기존 부처 권한을 침해하지 않음	국제법과의 충돌 위험 없음	법적 효력 미비 우려	안정적인 법적 기반 마련 측면에서 무난

https://www.whitehouse.gov/presidential-actions/2025/01/america-first-trade-policy/

트럼프 대통령의 관세 정책이 실패할 수밖에 없는 이유

트럼프 대통령은 '미국 우선주의(America First)'를 외치며 관세를 무역 정책의 핵심 수단으로 쓰고 있다. 그러나 그의 관세 정책은 단기적 정치 성과를 넘어선 지속 가능한 경제성 과는 만들어내지 못하고 있다. 그 실패는 구조적·전략적·시장 논리의 세 축에서 이미 예고된 것이다.

첫째, 글로벌 공급망 무시: 세계는 미국 혼자가 아니다.

트럼프의 관세는 제조업을 미국으로 되돌리려는 시도였지만, 현실은 다르다. 오늘날의 글로벌 공급망은 복잡하게 얽혀있고, 특정 부품 하나만 중국이 공급중단 해도 전체 제품생산이 중단될 수 있다. 예컨대 아이폰은 미국이 설계했지만 조립은 중국, 부품은 한국·일본·대만에서 제공된다. 관세로 특정 국가를 압박하면 미국 기업 자신이 피해를 입는 구조다.

둘째, 소비자 부담 전가: 기업이 아닌 국민이 세금 낸다.

관세는 명목상 외국 상품에 부과하는 세금이지만, 실질적으로는 수입가격 상승을 통해 미국 소비자와 기업이 비용을 부담하게 된다. 트럼프 1기 집권시기 관세부과로 미국의 소비재 가격이 상승했고, 이는 특히 중산층과 저소득층에 불리하게 작용했다. 제조업 일자리를 늘린다는 명분과 달리 실질 구매력은 오히려 감소했다.

셋째, 보복성 악순환: 무역전쟁은 상호 파괴적이다.

중국, EU, 캐나다 등 주요 교역국들은 트럼프의 관세에 대해 보복관세로 대응했다. 이는 농산물, 철강, 자동차 등 미국 수출산업에 큰 타격을 주었다. 2018~2019년 사이 미국 농민들은 수출 급감으로 정부 보조금에 의존해야 했으며, 이는 '보호무역이 국내 산업을 살린다'는 주장의 모순을 드러냈다.

넷째, 기술 경쟁의 본질을 외면: 20세기 도구로 21세기 싸움한다.

트럼프는 관세를 통해 중국의 경제적 부상을 억제하려 했지만, 기술 패권 경쟁은 관세가 아닌 R&D, 교육, 제도적 혁신에서 갈린다. 반도체, AI, 배터리 등 전략 산업에서 미국이 주도권을 유지하기 위해 필요한 건 고립이 아니라 글로벌 협력과 혁신 기반 강화다.

트럼프의 관세(T's Tariff)는 경쟁국의 기술(Tech)개발을 촉진하는 불상사로 이어졌다. 중국은 1기 무역전쟁에서 25%의 관세에도 대미흑자가 늘었다. 기술국산화 즉 'Made In China 2025'의 성과다. 중국이 이번 +30%의 추가관세를 극복할 수 있는 방법은 'AI+' 전략이고 중국이 다시 +30%의 관세를 극복하는 기술국산화를 이루는 순간 더 이상 제조로 미국이 중국을 건드리기 어려운 상황이 온다.

다섯째, 동맹국 이탈 촉진: 미국의 리더십 약화가 불가피하다.

트럼프는 동맹국에게도 예외 없는 관세를 부과하며 다자체제를 약화시켰다. 그 결과 일본, EU 등 전통적 우방들이 미국 대신 중국과 FTA를 체결하거나 공급망을 재편성하고 있다. 관세를 무기로 쓰면 단기적 압박은 가능하지만, 장기적으로는 신뢰 상실이라는 더 큰 대가를 치르게 된다.

트럼프의 관세정책이 성공하기 어려운 10가지 이유

	분야	실패 요인	긍정적 요인
1	소비자 영향	가격 상승	일자리 보호 인식
2	글로벌 공급망	교란	대체시장 유도
3	무역 상대국	보복 유발	협상력 강화
4	제조업	리쇼어링 실패	일부 산업 재유치
5	기술경쟁	R&D 무시	기술이전 저지
6	정치 효과	경제 손실 초래	중산층 결속 강화
7	재정 측면	보조금 증가	재정 유입 증가 가능
8	외교 관계	동맹 이탈	협정 재조정 유도
9	세계 경제	성장 둔화	불공정 구조 시정
10	전략적 효과	지속성 결여	장기 견제 가능성

자료: 중국경제금융연구소

트럼프가 자랑하는 거래의 기술은 '협박의 기술'

지금 벌어지고 있는 미국의 외교를 보면 단기이익 극대화에 목숨 건 '부동산 회사 회장님 스타일'이다. 이런 트럼프의 통치 방식과 리더십은 그간 미국이 축적해 온 미국의 세계 리더십과 신뢰 그리고 외교력을 다 까먹는다.

트럼프 정부에 바이든 정부가 주도했던 '민주주의 가치동맹'은 이제 없다. 오로지 '거래적 동맹'만 있을 뿐이다. 황당한 것은 누가 봐도 독재자의 불법 침공인 러시아의 우크라 침략에 대해 2025년 2월 24일 UN 안전보장이사회(UNSC)에서 전쟁 조기종식을 위한 결의안을 미국이 제출했는데, 분쟁에 대한 책임을 러시아에 돌리지 않고 러시아가 우크라이나를 침공했다는 표현도 제외된 안이 제시되었다.

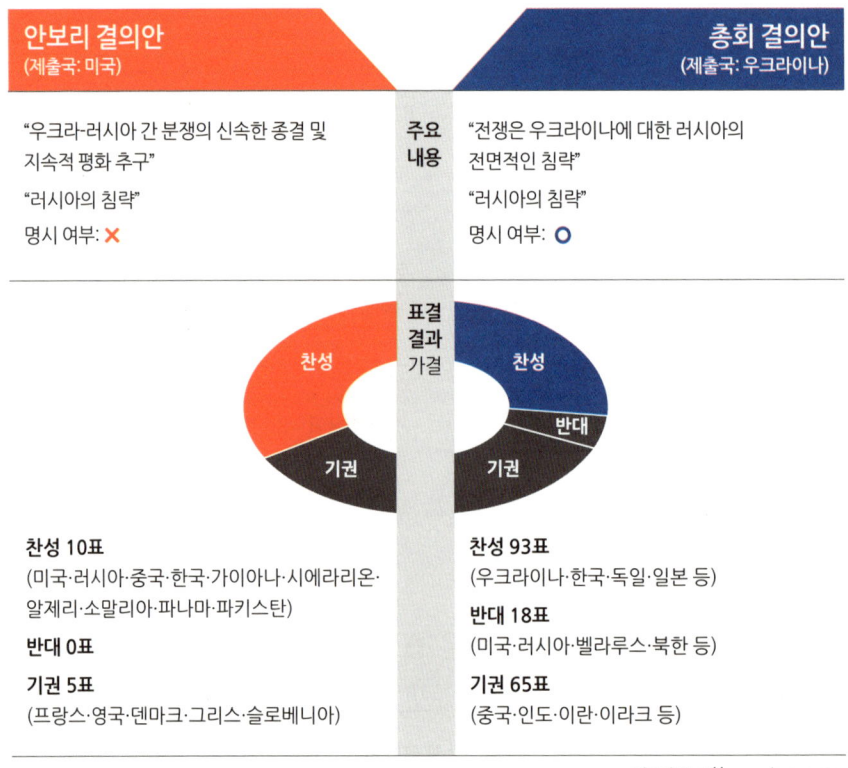

'러시아의 우크라 침략' 지운 유엔 안보리 vs 언급한 유엔 총회

안보리 결의안 (제출국: 미국)	주요 내용	총회 결의안 (제출국: 우크라이나)
"우크라-러시아 간 분쟁의 신속한 종결 및 지속적 평화 추구" "러시아의 침략" 명시 여부: ✗		"전쟁은 우크라이나에 대한 러시아의 전면적인 침략" "러시아의 침략" 명시 여부: ○
찬성 10표 (미국·러시아·중국·한국·가이아나·시에라리온·알제리·소말리아·파나마·파키스탄) 반대 0표 기권 5표 (프랑스·영국·덴마크·그리스·슬로베니아)	표결 결과 가결	찬성 93표 (우크라이나·한국·독일·일본 등) 반대 18표 (미국·러시아·벨라루스·북한 등) 기권 65표 (중국·인도·이란·이라크 등)

자료: https://www.chosun.com

우크라이나전쟁 발발 3주년을 맞아 전쟁의 신속한 종식을 촉구하는 결의안은 찬성 10, 기권 5로 채택했다. 안보리 상임이사국인 중국·러시아가 미국에 동조하고, 미국의 오랜 우방이자 '가치 동맹'이라 할 수 있는 영국·프랑스가 여기에 반대해 기권하는 보기 드문 광경이 펼쳐졌다. 미국이 러시아와 동업하는 듯한 묘한 광경이 벌어진 것이다.

트럼프는 대선에서 취임하면 바로 24시간 안에 우·러전쟁을 종식시키겠다고 호언장담했지만 우크라이나전쟁터에는 오늘도 피가 흐르고 있다. 트럼프의 우·러전쟁 조기종식은 가장 주목받았던 외교 분야 정책의 헛발질이 길어지면 나머지 모든 정책에서 약발이 떨어질 것을 우려한 공약이행을 위한 꼼수이자 악수(惡手)다.

트럼프의 외교분쟁 해법에서 원인은 중요하지 않다. 미국에 이익이 있냐 없냐로 판단한다. 우크라가 좋은 사례다. 우크라는 미·러·영·우의 안보협정을 믿고 핵과 영토를 모두 내주었다. 러시아의 침략을 당한 우크라의 젤렌스키 대통령이 "외교로 해결해야 한다"라고 얘기하는 밴스 부통령에게 "푸틴은 25번이나 외교 약속을 어겼다"라는 항의성 발언을 해 백악관에서 정상회담을 하다 쫓겨나는 것을 전 세계가 시청했다.

마피아 두목이 조직에 이익이 되면 멀쩡한 조직원을 대신 감옥에 보내는 것과 같은 '협박성 거래'를 하는 것이 트럼프식 우크라 종전 해법이고 외교다. 독재국가 러시아의 푸틴과도 브로맨스를 자랑하고 북한의 김정은, 중국의 시진핑과도 브로맨스를 떠들어 대는 트럼프는 부동산업자처럼 돈 되면 '악의 축'과도 손잡는다.

미국은 그린란드를 먹고, 러시아는 우크라 서부를 갈라 먹자는 식이다. 미국이 자랑하고 직전 바이든 대통령이 그렇게 강조해서 동맹들의 마음을 돌린 '민주주의 가치동맹'은 헌신짝처럼 버리고 러시아와의 브로맨스에 집중한다. 러시아와의 브로맨스를 통해 중국을 분리시키고 러시아의 자원과 우크라의 자원을 챙겨 먹겠다는 의도로 대국외교가 아닌 장사꾼의 '셈법외교' 수법이다.

자유무역, 민주주의, 동맹으로 상징되는 미국의 3대 세계 통치의 틀이 트럼프 시대에 통째로 뒤집어지는 현상을 보면서 미국의 동맹들은 황당하다. 미국이 보호무역 하고 중국이 자유무역을 부르짖는 웃지 못할 현상, 러시아 같은 독재국가를 옹호하는 미국의 외교 정책, 주적인 중국보다 미국의 동맹인 멕시코, 캐나다, 유럽을 먼저 때리는 트럼프의 행태에 세계는 아연실색할 수밖에 없고 정작 트럼프가 때려잡겠다는 중국은 속으로 미소 짓고 있다.

03 '가장 위대하지 않은 대통령'의 위대한 미국 건설

미국의 역대 위대한 대통령 45위인 트럼프

코로나 3년, 후유증 1년 후 세계는 다시 회복되었지만 이전에 보지 못했던 'K자 회복'이다. 어느 나라 할 것 없이 부자는 더 부자가 되고 가난한 이는 더 가난해진 양극화 회복이고, 이를 정치권이 이용하면서 미국은 대통령 후보를 총으로 쏠 정도로 극단적인 포퓰리즘과 편 가르기가 선거판을 휩쓸었다.

도널드 트럼프는 '위대한 미국'을 건설할 위대한 대통령과는 거리가 멀다. 미국 휴스턴대학교가 2023년 12월 전미정치학회(APSA)와 정치 분야 전문가 525명을 대상으로 조사한 '2024 위대한 대통령 프로젝트'에서 트럼프는 역대 45명의 대통령 중에서 최악인 45위를 차지했다. 1위는 링컨, 오바마는 7위였다. 반면 트럼프는 역대 대통령 중 분열을 조장하는 갈라치기를 가장 많이 한 대통령에서 1위로 뽑혔다.

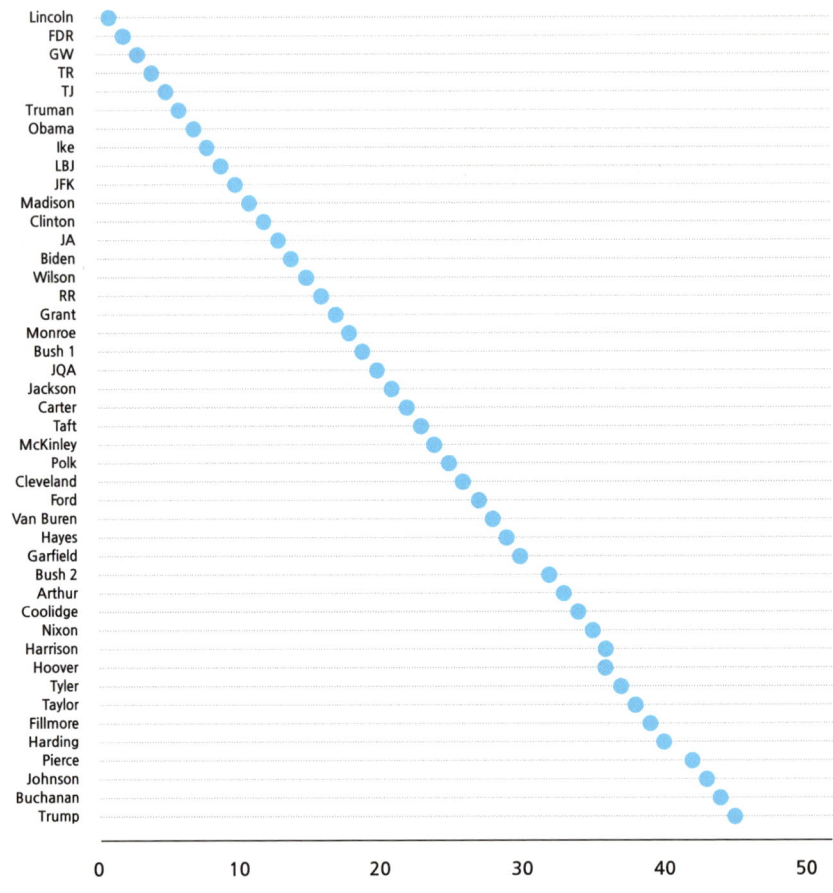

Source: Survey of scholars of the presidency. Authors: Justin Vaughn, Coastal Carolina University and Brandon Rottinghaus, University of Houston

　나그네의 외투를 벗기는 것은 바람이 아니라 햇빛이다. 지금 '중국 잡겠다'고 쓰는 트럼프 전략은 미국 동맹들의 팔로워십을 스스로 깨부수는 전략이다. 트럼프의 정책에서는 대국의 관용과 포용이 보이지 않는다. '벨벳

장갑 속 쇠 주먹'을 내보이며 힘으로 만든 트럼프의 미국 리더십은 정권이 바뀌면 바로 부메랑으로 돌아온다. 베풀지는 않고 등쳐 먹는 군주에 충성하는 신하는 없다.

제조업, 무역에서 세계 1위는 중국이고 미국은 2위다. 2등이 1등을 넘어뜨리려면 획기적인 발상의 전환이 필요한데 트럼프의 관세와 무역 정책은 식상하다. 트럼프 1기 집권기에 이미 실패한 보호무역과 보복관세로 중국을 잡겠다고 애먼 주변 동맹국을 먼저 때려잡는 것은 실패한 정책에 대한 '분풀이 복수혈전'일 뿐이다.

급한 밥에 체한다. 트럼프는 2년짜리 대통령이다. 중간선거에서 지면 바로 레임덕이 와 식물 대통령이 된다. 트럼프는 장관 인사부터 대외정책까지 번갯불에 콩을 굽는다. 시간이 없다는 것을 인지하고 있기 때문이다.

중국에 10% 추가 관세를 때리자 중국이 선수를 쳤다. 15% 보복관세에 자원 통제와 기업 보복 두 가지를 더 들이밀었다. 대중 제재의 첫 단추부터 꼬였다. 트럼프는 중국과 바로 통화하겠다고 했지만 감감무소식이다. 협상이 트럼프 뜻대로 안 된다는 얘기다.

조 바이든 시대 우크라이나·러시아, 이스라엘·팔레스타인전쟁으로 고통받은 세계는 생각이 다른 이들에 대한 분열과 증오로 점철되었던 미국 선거가 끝나고 화합과 통합 그리고 세계를 다시 관용과 포용으로 감싸는, 평화를 가져올 미국 대통령을 기대했다.

4년 전 무역전쟁으로 전 세계를 힘들게 했던 트럼프 대통령은 취임 즉시 우·러전쟁을 종식시키겠다는 선거공약으로 당선되었지만 우·러전쟁 종식은 역시나 선거판 말잔치로 끝났다. 트럼프 시대 유럽을 포함한 한국, 일본, 대만도 우크라 사태를 보면서 이제 미국은 더 이상 조약과 공약을 지키는 신뢰할 수 있는 최고의 동맹이 아니라는 것을 인식할 수밖에 없게 되었다.

강한 자에게는 약하고 약한 자에게는 강한 트럼프에게 약한 자로 인식되면 가차 없이 희생양이 된다. 한국은 우리가 강한 것이 무엇인지 빨리 찾아 트럼프의 희생양이 되는 슬픈 신세는 무조건 피해야 한다.

트럼프 딜레마 = '트리핀의 딜레마'의 한계

강자의 논리만이 먹히는 것이 국제 관계다. 시진핑의 자유무역주의, 트럼프의 보호무역주의는 아이러니이고 미국 자신감의 붕괴다. 그러나 약자는 맞든 틀리든 강자들의 논리에 따라가는 수밖에 없다.

미국이 만든 세계화의 본질은 무진장 찍은 미국 돈 달러를 전 세계에 푼 것이고 전 세계의 안보는 미국의 군대가 지켰다. '미국의 대장놀이'였다. 그러나 결과는 미국의 부채가 2차 대전 수준을 넘어섰다. 달러패권을 무기로 부채놀이 하는 미국, 지금 같은 스타일로 세계를 리드하는 것 자체에 대한 회의가 생긴 것이다.

금융으로 만든 금융제국 미국에 치명적인 하자가 있다. 금융은 그 자체로는 불임산업이다. 반드시 제조업이라는 숙주를 거쳐야 부가가치를 창출한다. 그래서 미국은 전 세계의 제조업 잘하는 나라에 돈을 수출해 부가가치를 창출했다. 그러나 문제는 해외로 나간 돈 따라 제조업도 나가버렸다. 30년 금융국제화의 결과는 러스트 벨트의 황폐화와 감당하기 어려운 실업률, 미취업 대졸자들의 엄청난 학자금 대출만이 남았다.

트럼프, 이런 상황에서 관성의 법칙에 역발상을 한 것이다. 월가의 악어들을 내각으로 불러들여 여전히 강한 금융으로 세계를 압박하는 한편, 기업들을 겁박해 미국으로 회귀시키고, 세계 최대의 공장인 중국을 목 졸라 제조기지를 빼앗아 와 일자리를 창출하겠다는 것이다.

"행동이 실패하면 그 이유를 스스로 찾는다"라는 말이 있다. 지금 미국은 주변국과 세계를 상대로 관세전쟁 하기 전에 지난 8년간 관세와 무역전쟁으로 무엇을 이루었는지를 먼저 살펴봐야 한다. 무역적자는 축소되었는지, 제조업은 경쟁력이 높아졌는지, 인플레이션은 하락했는지, 서민의 삶은 좋아졌는지를 보고 관세의 칼을 휘두르는 것이 순서다.

미국 때문에 세계의 자유무역 시대는 저물어간다. 바이든 대통령이 주도했던 민주주의 가치 동맹은 사라지고 트럼프의 '거래적 동맹'만 남았다. 무역적자 축소에 목숨 건 트럼프의 관세 정책에 전 세계가 우려의 시선을 보내고 있다.

미국이 제조업을 아시아로 모두 보내고도 돈 펑펑 쓰면서 잘 사는 이유는 단 하나다. 세계의 통화인 달러 발행권을 가졌기 때문이다. 기축통화국의 이점은 달러를 무한대로 찍어 전 세계 물건을 공짜로 사서 쓰는 것이고 이것이 미국이 강한 진짜 이유다.

그러나 문제는 전 세계가 달러를 쓰게 하려면 미국은 반드시 무역과 경상수지를 적자 내어 해외로 달러가 유통되게 만들어야 한다는 것이다. 그래야 세계경제가 돌아간다. 무역과 경상수지 적자는 기축통화국의 숙명이다. 경상수지를 흑자로 만들면 세계경기는 후퇴하고 기축통화국의 힘도 약화된다. 바로 '트리핀의 딜레마'다.

U.S. Goods Trade Deficit Hits Record $1.2 Trillion in 2024

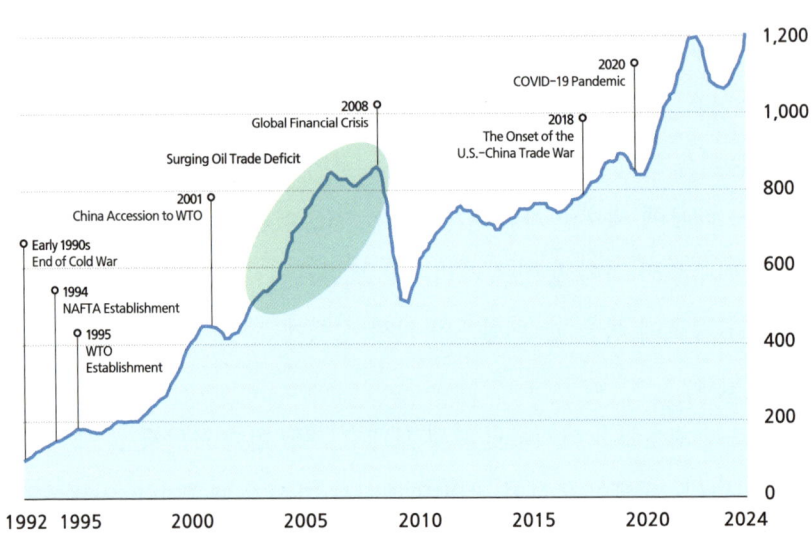

Sources of Primary Data: BEA, U.S. Census   www.econovis.net

    그런데 트럼프 대통령은 50년 전에 집 나간 전통제조업을 살린다고 보복관세를 때리고 협박해 무역적자를 줄이려 하고 있다. 그럴수록 달러의 힘도 그만큼 약해지고 미국의 영향력도 떨어지는데 말이다. 그리고 관세로 보호무역 하는 것은 좋은데 보호할 산업도 없는데 보복관세를 때리면 결국 소비자에게 관세가 전가될 뿐이다. 대학 때 제대로 '트리핀의 딜레마'를 공부하지 않은 트럼프의 미국 제조업 '노동자 일병 구하기'는 언 발에 오줌 누기다.

종이돈 달러를 기축통화로 만든 브레튼우즈 체제

항목	내용
브레튼우즈 체제	금 환본위제(Gold Exchange Standard), 미국 달러를 금과 교환 가능
트리핀 딜레마 정의	국제 무역 촉진을 위한 달러 공급 필요 vs 달러가치 안정을 위한 흑자 유지 필요(모순)
첫 번째 요구	국제 거래 활성화를 위해 달러 공급 확대 → 미국의 국제수지 적자 초래
두 번째 요구	달러가치 안정을 위해 미국이 장기적 무역 흑자 유지 필요
결과적 모순	지속적 해외 달러 축적 → 미국의 금 보유량 부족
브레튼우즈 붕괴 원인	1971년 프랑스 등 서유럽 국가가 대규모 금 교환 요청 → 닉슨 행정부 금태환 중단 선언
결과	달러의 변동환율제 도입 → 브레튼우즈 체제 공식 해체

자료: 중국경제금융연구소

트럼프의 역(逆)발상이 위험해 보이는 이유

지금 미국 트럼프가 주도하는 세계에서 옛 질서가 죽어가고 있는 가운데, 오늘날 국제 관계를 사로잡고 있는 핵심 질문은 새로운 질서의 본질이 뭐냐는 것이다. 트럼프가 국제 관계를 다루는 특징은 '제로섬 거래주의'다. 미국의 이익만 있고 다른 나라는 손해 봐야 하는 구조다. 2위 이하 국가를 다루는 방식도 "강자는 할 수 있는 일을 하고 약자는 해야 할 일을 겪는다"라는 투키디데스적 권력 정치다.

트럼프와 푸틴, 지금 죽이 척척 맞는다. 트럼프는 '내가 하면 America First, 남이 하면 보호주의'다. 푸틴은 '내가 하면 해방전쟁이고 우크라가 하면 약탈전쟁'이다. 지금 전 세계 지도자들은 코로나로 인해 정치의 양극화와 편 가르기 후유증으로 당선된 정치인들이다. 어느 나라 할 것 없이 '분노 중독증'에 함몰되어 있어 '당한 만큼 갚아준다'는 감정이 이성을 앞서는 시대다.

트럼프, 힘으로 약한 나라를 누르지만 약한 나라의 정치인들도 지지자들과 국민들의 시선 때문에 트럼프의 공격에 같은 기준으로 벌떼처럼 대든다. 이처럼 트럼프의 보호주의는 무한 보복의 악순환에 빠질 위험이 있다.

사회주의는 고통의 양보다 '고통의 인내력'으로 평가해야 한다. 찢어지게 가난한 사회주의 북한에 답이 있다. 중국도 마찬가지다. 사회주의 국가 중국을 자본주의 국가 다루듯 하면 실패한다. 트럼프는 자신이 속임수와 이중성을 행사할 수 있는 유일한 세계 지도자라고 생각하고 세상에서 가장 영리한 협상가라고 생각하지만 역사의 기록은 그렇지 않다. 트럼프는 1기 정부 때 중국과 '아름다운' 무역 협정의 일환으로 2,000억 달러의 미국 수출품을 구매할 것이라고 약속한 시진핑에게 속았다.

유럽과도 마찬가지다. 유럽 동맹국과 새로운 분업을 모색할 만한 충분한 이유가 있었지만, 미국이 러시아와 한편 먹고 유럽을 적대자로 취급한다는 것은 GDP 20조 달러에 인구 4억 5천만 명인 EU와의 우정을 1억 4천만 명이 조금 넘는 인구와 GDP 2.1조 달러에 불과한 세계 11위 경제 규모를 가진 쇠퇴하는 강국의 지도자와의 불확실한 관계와 바꾸는 것을 의미한다. 트럼프의 목표가 세계 모든 곳에서 민주주의를 약화시키는 대신 미국 내에서 자신의 권력을 강화시키는 것이라면 이런 접근 방식이 합리적일 수 있지만 세계적인 관점에서 보면 패착이고 근시안적 접근이다.

트럼프는 미국을 세계의 주요 독재 정권들과 재편하고 수십 년 동안 미국의 주요 동맹국이었던 민주주의를 약화시키고, 폄하하고, 불신하게 하기 위해 할 수 있는 모든 것을 하고 있다. 리처드 닉슨 전 미국 대통령과 당시 국가 안보 보좌관이었던 헨리 키신저는 1970년대 초 중국에 손을 내밀었을 때 현명한 현실주의자로 행동했지만, NATO를 버리고 캐나다·멕시코와 무의미한 다툼을 벌이지는 않았다.

트럼프가 2기 정부에 들어 가장 편안함을 느끼는 다른 나라의 지도자들 모두 '통제되지 않는 권력을 가진 독재자'라는 것은 자유민주주의의 수호자인 미국 대통령으로서는 놀라운 일이다. 트럼프는 러시아의 블라디미르 푸틴 대통령을 '강력한 지도자'라고 칭찬하고, 중국 국가주석 시진핑, 북한의 독재자 김정은, 사우디 왕세자 모하메드 빈 살만과 같은 '통제되지 않는 권력을 가진 독재자'와 얼마나 잘 지내는지에 대해 시도 때도 없이 떠들어댄다. 트럼프는 '독재자들의 축'과 친구 맺는 것을 자랑으로 여긴다.

트럼프가 선호하는 민주적으로 선출된 지도자들조차도 헝가리의 빅토르 오르반, 인도의 나렌드라 모디, 이스라엘의 베냐민 네타냐후와 같이 강한 비자유주의적인 독재적 경향을 가지고 있는 리더들이 대부분이다.

트럼프는 두 번째 대통령 임기를 일론 머스크를 이용해 정부조직의 무자비한 축소와 해고로 시작했다. 이는 행정권에 대한 이전 대통령의 한계에 대한 공격으로, 트럼프 자신을 대통령이 아니라 왕으로 생각한다는 인식을 갖게 만든다.

트럼프의 무역적자와 일자리 문제해결은 미국 사회문제의 핵심을 정확히 찍었지만 문제는 실행 가능성이다. 이미 50년 전에 전통제조업이 떠난 미국에는 더 이상 숙련공이 없다. 세금 깎아주는 것, 관세 높여주는 것보다 더 큰 생산성 하락이 있으면 기업 입장에서 미국으로 공장회귀는 의미 없다.

전통제조업, 2교대냐 3교대냐가 원가경쟁의 핵심이다. 1인당 소득 8만 2천 달러대의 나라에서 3교대 산업은 살아남기 어렵다. 미국, 일본, 한국, 중국으로 넘어가는 제조업의 국제적 이전은 1인당 소득 1-2만 달러대에 모두 일어났다.

물은 높은 데서 낮은 데로 흐르지만 돈은 성장률이 낮은 데서 높은 데로 흐른다. 그래서 탈공업화가 완전히 끝난 나라가 다시 제조업으로 역방향 주행하는, 금융의 순리를 거스르는 트럼프의 발상이 위험해 보이는 것이다. 돈 되는 일인지 아닌지는 돈이 가장 먼저 안다. 시장은 시장에 물어보면 된다. 트럼프 랠리를 즐기던 미국 증시가 속락했고, 트럼프 정책에 대한 불확실성에 대한 불안감은 날이 갈수록 높아지고 있다.

만약 이 추세로 4년을 가면 MAGA가 'Make America Never Great Again'이 될 가능성이 높고, 전 세계적인 반미감정을 불러 일으키면 'Make America Go Away'가 될 수도 있다.

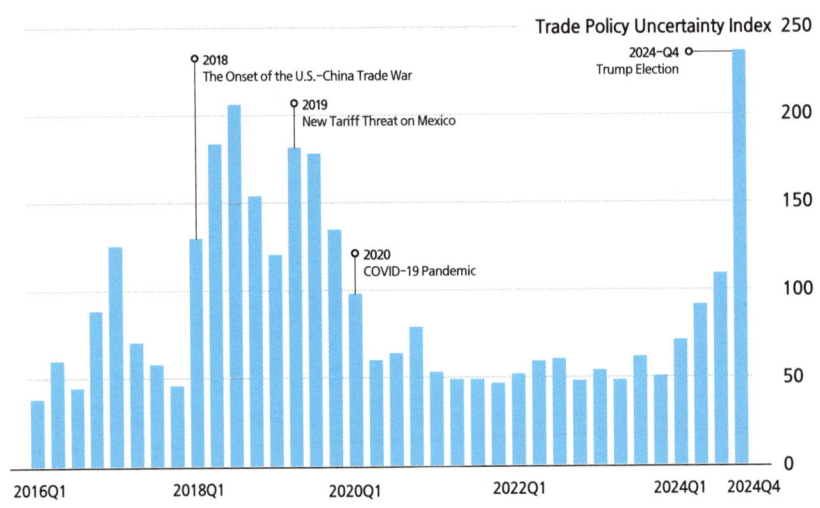

성을 쌓는 자 망한다

트럼프는 대선 중에 "이민자가 우리나라의 피를 오염시키고 있다"라고 떠들고 다녔다. 그런데 정작 자신도 독일계 이민자 가계 출신이다. 트럼프의 조카 메리 트럼프(55)가 〈이미 과한데 결코 만족을 모르는: 나의 가문이 전 세계에서 가장 위험한 사람을 어떻게 만들어냈는가(Too Much and Never Enough: How My Family Created the World's Most Dangerous Man)〉라는 제목의 책에서 '욕망의 이민 3대' 트럼프 가문이 독일 '아싸(아웃사이더)'에서 미국 '인싸(인사이더)'로 변신한 내용을 자세히 밝혔다.

트럼프의 조부 프리드리히 트럼프는 독일 출생으로 병역을 피해 16세에 병역 미필 상태로 미국에 불법 이민해 뉴욕에서 식당사업, 호텔사업을 하다가 다시 독일로 귀국했다. 그러나 결혼 후 불법 이민 때문에 독일에서 추방당해 미국으로 이민을 한 후 퀸즈에서 사망했다.

트럼프의 조부는 슬하에 딸 엘리자베스(1904~1961년)와 장남 프레더릭 크라이스트 트럼프(1905~1999)와 차남 존 조지 트럼프(1907~1985)를 남겼는데, 프레더릭 트럼프가 트럼프 대통령의 아버지이다. 삼촌인 존 트럼프는 메사추세츠 공대(MIT) 교수를 지내고 제2차 세계대전 중 레이더 개발과 개량에 나섰던 전기공학자. 트럼프의 조부는 숨지기 직전 부동산 개발에 투자한 상태였는데, 이것이 트럼프 가문의 부동산 사업의 모태다.

13살 때 아버지를 잃은 장남 프레더릭 크라이스트는 22살 때 부동산 개발과 건설업에 뛰어들어 성공했고, 제2차 세계대전이 시작되자 군함을 건설하는 조선소 인근에서 군인과 군무원을 위한 주택건설 사업을 시작했다. 전쟁이 끝나자 귀환 장병을 위한 주택건설 붐이 일었고 이때 돈을 벌었다.

그다음 인구가 밀집된 뉴욕시에 아파트 붐이 일었다. 이 아파트 건설은 트럼프 가문에 떼돈을 안겼다. 트럼프 집안은 건설·분양과 함께 임대사업도 함께 벌였다. 트럼프 그룹은 이때 세웠다. 1968년 아들 도널드가 회사에 들어와 사업을 함께했고 그가 바로 지금의 도널드 트럼프 대통령이다.

트럼프 대통령은 1946년 미국 뉴욕주 퀸스에서 독일계 이민 2세인 아버지 프레더릭 트럼프와 스코틀랜드 태생의 이민 1세인 어머니 메리 앤 매클라우드 트럼프 사이에서 3남 2녀 중 차남으로 태어났다.

아버지 프레더릭은 아들인 도널드에게 늘 '인생은 경쟁'이라고 강조했다. 트럼프가 '내게 가장 큰 영향을 준 사람은 아버지'라고 말하는 이유다. 지고는 못 사는 성격은 이렇게 대물림되었다. 어린 시절 트럼프는 문제아였다. 사고를 쳐 부모가 학교에 불려와 자녀교육 훈시를 들어야 했다. 초등학교 2학년 때는 음악 교사를 때려 눈에 멍이 들게 한 적도 있었다. 이유 불문하고 남에게 지고는 못 사는 성격으로 어린 시절부터 상당히 공격적인 성격이었던 것으로 전해진다.

그의 부모는 그런 말썽꾸러기 아들을 13살 때 뉴욕군사학교에 보냈다. 엄격한 규율과 남성다움을 강조하는 군사학교 문화가 사춘기의 트럼프를 지배했지만 군사학교가 트럼프의 적성에 맞았고 이는 트럼프의 일생에 큰 영향을 끼쳤다.

중·고교 시절을 군사학교에서 보낸 트럼프는 뉴욕 주에 있는 예수회 계열의 가톨릭 사립대학인 포덤 대학에 진학했다. 예수회에서 세운 대학에 다녔지만 가톨릭 신자는 아니었다. 장로회 소속의 개신교 신자다. 트럼프는 포덤대에서 4학기를 마치고 이후 펜실베이니아대에 편입하여 졸업했다. 트럼프는 펜실베이니아대의 와튼스쿨에서 학부를 마쳤다.

트럼프는 1987년 이전에는 민주당을 지지했으며 정치 자금도 기부했다. 1987년 공화당으로 말을 갈아탔지만 1999년 공화당에 등을 돌리고 개혁당을 지지했다. 2001년 다시 민주당으로 갈아타고 2009년까지 민주당을 지지 후원했다. 이후 정치 지원을 멈췄다가 2011년부터 이듬해까지는 독립당을 후원했다. 트럼프는 사업상이나 기분에 따라 지지 정당이 왔다 갔다 했다. 그가 다시 공화당원이 된 것은 2012년부터다. 당원 복귀 4년 만에 공화당 대선후보가 된 데 이어 당선과 재선까지 했다.

이런 성장과 가계 배경의 트럼프는 재집권 이후 이민자의 나라 미국이 이민을 돈으로 막는 제도를 만들었다. 2025년 2월 트럼프 대통령은 행정명령으로 영주권을 주는 투자이민 그린카드를 500만 달러(70억 원)로 올리고, 기존의 투자이민제도 EB-5카드는 폐지했다. 80만 달러를 투자하고 최소 10개 일자리를 창출하는 것이 EB-5카드의 조건이었다. 트럼프는 영주권을 얻을 수 있는 500만 달러짜리 골드비자를 도입했는데 100만 장 이상 미친듯이 팔릴 것이라고 장담했다.

전 세계 투자이민 골드카드의 금액을 보면 싱가폴이 744만 달러로 가장 높고 미국이 500만 달러로 다음이다. 홍콩이 386만 달러, 뉴질랜드가 285만 달러, 캐나다가 84만 달러 수준이다. 미국에 500만 달러 이상의 부자들만 이민 가면 헝그리 정신 넘치는 미국을 키운 천재 이민자들은 더 이상 없을 것이다.

애플의 스티브 잡스는 시리아 출신의 아버지에게서 태어났고, 구글의 세르게이 브린은 소련의 모스크바 출신이며, 테슬라의 일론 머스크는 남아공 출신이다.

미국 공화당은 2025년 3월 중국인 유학생들에 대한 비자를 전면 금지하는 법안도 준비 중이다.

불법이민자에 대한 무자비한 추방은 당장은 하류 이민노동자에게 도움이 되겠지만, 히스패닉과 아시아인에 대한 혐오 증가로 더 이상 미국이 아메리칸 드림을 제공하지 못한다고 판단되면 추가적인 이민도 없을 것이다.

문제는 미국의 저숙련 불법이민자들이 담당했던 농업, 건설, 식품가공, 청소, 요양서비스 등 미국인들이 기피하는 업종의 인력 대체가 안 되면 미국사회의 하류가 문제 되어 상류도 문제가 생길 수밖에 없다.

04 트럼프에게는 없고 시진핑에게는 있는 것

책사(策士)와 경험

시진핑과 푸틴에게는 있지만 트럼프에게는 없는 것이 있다. 바로 '책사'와 '경험'이다. 트럼프 2기 내각의 인선 기준은 '충상충하(忠上忠下)'다. 트럼프의 장남이 내각인선에 깊이 간여하면서 한 말이 있다.

"전문성과 경력 등을 앞세우며 트럼프 당선인과 '다른 목소리'를 낼 가능성이 있는 인사는 철저히 배제하겠다", "정당하게 선출된 대통령보다 자신이 더 잘 안다고 생각하지 않으며, 대통령의 메시지를 정확히 실현할 수 있는 진짜 선수인 사람들을 아버지의 내각에 기용할 것이다"였다.

40대 밴스 부통령은 우크라와 정상회담에서 젤렌스키 대통령에게 '감사하라'는 말을 강요하다 회담을 엉망으로 만들었다. 의회에서 계란값 폭등에 대책을 묻는 질문에 농무부 장관은 뒷마당에 닭을 키우라는 답변을 해 웃음을 자아냈다. 성소수자에 대한 제한조치를 냈지만 재무부장관은 성소수자(gay)다.

국방장관은 전신에 문신을 한 소령출신의 영관급 장교출신이다. 루비오 국무장관은 부활절에 얼굴에 검은 십자가를 그리고 폭스뉴스 방송에 출연했다. 마이클 월츠 백악관 안보 보좌관은 후티반군 공습작전을 논하는 채팅방에 언론인을 초대하여 미국 안보에 구멍을 내, 사퇴압력을 받고 있다.

한편 루비오 국무장관은 우크라협상에 대해 트럼프 대통령만이 협상을 가능하게 하는 유일한 대통령이라고 떠벌렸고, 밴스 부통령은 트럼프 대통령만이 대안이고 나라를 구할 유의미한 계획이 있는 유일한 사람이라며 트럼프 용비어천가를 불렀다.

트럼프 내각에는 돌쇠처럼 진격할 장비형의 장수만 뽑았고 '제갈공명' 같은 책사가 없다는 얘기이자 트럼프 자신이 책사라는 것이다. 결국 'B급(?)'이 'C급'들을 뽑은 것이다. 중국과의 대결에 강경파가 아닌 실력파가 필요한데 강경파만 보이고 실력파는 잘 보이지 않는다.

중국 주석들의 역대 방미일지와 성과

연도	중국 지도자	미국 대통령	장소/성격	주요 성과 요약
1979	덩샤오핑	지미 카터	워싱턴 D.C. / 국빈 방문	미·중 수교 직후, 경제·기술 협력 기반 마련
1997	장쩌민	빌 클린턴	워싱턴 D.C. / 국빈 방문	핵·무역 협력, 전략적 파트너십 강조
2002	장쩌민	조지 W. 부시	크로포드 농장 / 정상 회담	테러 대응, 북한 핵 문제 논의
2006	후진타오	조지 W. 부시	워싱턴 D.C. / 비공식 방문	대만 문제, 무역 분쟁 논의
2011	후진타오	버락 오바마	워싱턴 D.C. / 국빈 방문	기후변화, 위안화 환율, 인권 문제 협의

연도	중국 지도자	미국 대통령	장소/성격	주요 성과 요약
2012	시진핑 (부주석)	버락 오바마	백악관 / 정상 회담	미·중 미래 관계 기반 조율
2015	시진핑	버락 오바마	워싱턴 D.C. / 국빈 방문	사이버보안 협정, 기후 공동성명, 투자 협력
2017	시진핑	도널드 트럼프	플로리다 / 비공식 회담	북핵·무역 논의, '100일 계획' 착수
2022	시진핑	조 바이든	인도네시아 발리 / G20	첫 대면 회담, 충돌 방지·경쟁 관리 합의
2023	시진핑	조 바이든	샌프란시스코 / APEC 회담	군사소통 재개, 펜타닐·AI 협력, 긴장 완화

자료: 중국경제금융연구소

경험이 최고의 선생님이다. 트럼프는 대통령 되기 전에 시진핑이나 푸틴을 만난 적도 없고 러시아나 중국을 방문한 적도 없다. 그러나 시진핑은 1985년 허베이성 징딩현 당서기 시절부터 38년간 9차례나 미국을 방문했다. 또한 95년 장쩌민 주석부터 후진타오 시진핑 주석의 방미 전략과 대미 전략을 짠 '중남해의 쾌주머니(智囊)'라고 불리는 30년간 대미 전략을 막후에서 조정해 온 왕후닝 상무위원이라는 책사가 있다. 푸틴 역시 클린턴부터 부시, 오바마, 트럼프, 바이든에 이르는 5명의 미국 대통령과 24년에 걸친 협상 경험이 있다.

세상은 돌고 돈다. 사회주의 원조 할매집 소련은 망했고, 소련 사회주의를 프랜차이즈 한 중국이 세계 2위의 경제력을 가지면서 이젠 러시아를 대체한 사회주의 종주국이 되었다. 중국은 소련지도자들의 초상화는 걸어놓지만 이는 이미 철 지나간 영업허가증을 폼으로 걸어놓은 것일 뿐이다.

지금 사회주의 세계에서는 중국이 소련 되고 러시아가 중국 됐다.

미국은 70년대 소련을 약화시키기 위해 중국과 손잡고 소련을 갈라치는 데 성공했다. 미국은 중국과 수교하면서 소련과 중국을 분리하는 데 성공했고, 군비경쟁에서 국력을 소진한 소련은 갈기갈기 찢어져 러시아로 남았다. 러시아는 GDP 규모로 보면 세계 11위로, 12위인 한국만 한 나라로 전락했다.

중국의 부상을 막아야 하는 것이 급선무가 된 미국의 트럼프 대통령은 중·러의 사회주의 팀을 갈라치기 하는 전략을 구사하고 있다. 트럼프 대통령은 러시아와의 관계 개선을 추진하며, 중국과 러시아 간의 밀착된 관계를 분열시키려는 전략을 취하고 있다. 이는 1970년대 리처드 닉슨 대통령이 중국과의 관계 개선을 통해 소련을 견제했던 '역(逆) 닉슨' 전략과 유사한 접근법이다.

우크라를 무력 침공한 러시아를 미국이 두둔하면서 우크라를 패싱하고 종전협상을 서두르고 있다. 우크라를 지원했던 유럽과 미국의 동맹들, 그리고 전쟁 당사자인 우크라는 당혹해졌다. 트럼프 대통령은 유럽의 간여를 막기 위해 유럽 나토 동맹에게는 방위비 인상을 압박하며 우·러 종전을 미국이 주도하고 있다. 트럼프 대통령은 러시아에 우호적인 손짓을 보내면서 중국과 갈라치기를 할 생각이지만 산전수전 공중전까지 다 겪은 음흉한 푸틴이 선물만 받고 트럼프의 뒤통수를 칠 가능성이 높다.

중·러 관계는 사회주의 종주국을 두고 경쟁하는 관계지 군사동맹도 아니다. 중국은 힘이 없을 때 소련에 영토를 빼앗긴 원한이 있다. 그러나 미국이라는 상대를 앞에 두고 중국과 러시아는 서로 필요에 의한 전략적 협력이 필요하다. 미국 트럼프의 중·러 갈라치기 전략에 몸값을 올리려는 푸틴은 중국과 협력을 강화하겠다고 선언하고, 갑의 위치로 올라선 시진핑은 러시아에 전쟁물자지원과 협력을 하면서 실리를 챙기고 있다.

트럼프의 적(敵)은 중국이 아니라 시간

지금 트럼프의 대중 전략에서 아킬레스건은 월마트와 애플이다. 미국인들의 일상생활에 필요한 용품을 공급하는 월마트 매장의 60%가 중국산이다. 미국은 중국 수출시장의 15%일 뿐이다. 2005년 '사라 본지오르니' 가족의 '메이드 인 차이나 없이 살아보기' 실험의 실패에 답이 있었다. 중국산 제품을 쓰지 않고 살아 보기를 했지만 한 달도 못 돼 포기했다.

애플은 인도로 공장을 옮기네 마네 법석을 떨지만 여전히 95%의 스마트폰을 중국에서 만든다. 공장은 옮길 수 있지만 완벽하게 갖추어진 중국의 스마트폰 공급망을 1~2년에 걸쳐 옮길 수는 없었기 때문이다. 미국 시총 1위인 애플의 제품을 만들어주는 스마트폰 공장을 중국이 6개월만 영업 정지시키면 미국 나스닥이 난리 난다. 중국의 대미 수출 비중은 15%, GDP 비중은 2.8%다. 만약 대미 수출이 중단된다고 해도 중국이 GDP의 56%에 달하는 내수를 5%(GDP+2.8%)만 올리면 대미 수출(GDP-2.8%) 감소에 대응이 가능하다.

트럼프는 2년짜리 대통령이 될 가능성이 높다. 미국의 집단지성은 대선에서는 상하 양원을 모두 여당에 몰아주지만 2년마다 있는 중간선거에서는 반드시 상하 양원 중 하나는 야당에 주어 균형을 잡는다. 미국의 대통령은 4년 임기에 한 번 연임만 가능하다. 트럼프는 이번이 재선이기 때문에 4년 임기가 끝인데 만약 중간선거에서 야당이 승리하면 바로 2년 만에 레임덕이 와 식물 대통령이 될 가능성이 높다.

반면 중국의 시진핑은 2027년에 3기 임기가 끝나지만 현재로서는 시진핑을 대체할 인물이 등장하지 않고 있어 2032년까지 시진핑 체제로 갈 가능성이 높다. 트럼프는 4년 '전투에서 승리'를 목적으로 하고 시진핑은 10년 '전쟁에서 승리'를 목표로 한다. 시간은 트럼프가 아니라 시진핑의 편이 될 가능성이 높다.

미국의 고율관세는 아이러니지만, 중국의 내수시장 확대를 부르고 중국의 일대일로와 글로벌사우스(global south)로의 수출 확대를 부를 가능성이 높다. 트럼프의 약점을 알고 있는 중국은 트럼프의 관세 공격에 음흉하게 1단계(집권 1-2년 차)는 '로키모드', 2단계(3-4년 차) '배 째라 모드'로 트럼프 물 먹이기 작전의 가능성이 있어 보인다.

트럼프의 관세폭탄 작전, 무모한 베팅인지 실력인지는 시간이 지나면 안다. '위대한 미국'을 건설하겠다는 트럼프의 관세는 '위대한 도박'이다. 물가 상승이 미국인들이 민주당을 버리고 공화당의 트럼프를 선택한 진짜 이유로, 물가를 못 낮추면 또 실패다.

트럼프는 일시적 혼란이 있더라도 관세폭탄이 미국 제조업의 부활을 가져오고 외국기업이 미국으로 공장 이전해 일자리를 제공하며, 높은 임금이 물가 상승을 상쇄해 모두가 잘 사는 위대한 미국이 될 것이라고 믿는다. 하지만 대중은 인내심이 없다. 고임금의 일자리는 느리게 증가하고 물가가 먼저 상승하면 인내심은 바로 사라진다.

미국은 대중의 인기가 사라지면 대통령도 바로 '죽은 오리(Dead Duck)' 신세가 된다. 2년 뒤면 중간선거다. 2년 내에 제조업의 부활, 외국기업의 이전, 고소득 일자리 창출은 힘들어 보이고 마트의 물가가 먼저 튀어오를 것 같다.

그리고 또 하나의 트럼프의 숨은 적(敵)은 미국 기업이다. 중국의 반도체 굴기를 막으려면 반도체기업의 대중 수출을 완전히 통제하면 간단히 끝난다. 문제는 미국의 반도체제품, 장비업체들의 중국 매출 비중이다. 세계 최대의 반도체 소비와 장비 소비시장은 미국이 아니라 중국으로, 세계시장의 30% 이상을 차지한다. AI 칩 역시 미국을 제외하고는 중국이 최대 시장인데 미국 기업들이 이를 포기하면 매출감소와 이익감소, 장기적인 R/D 능력 감소로 이어진다.

그래서 미국 반도체기업 CEO들의 고민이 깊다. 돈을 따르자니 조국이 울고, 조국을 따르자니 목줄 쥔 주주들이 가만 둘 것 같지 않기 때문이다. 지금 미국 트럼프의 숨은 적은 미국 기업들이다. 트럼프가 범처럼 호령해도 기업이익 극대화에 목숨 건 기업들은 용의 굴로 쳐들어가겠다고 로비하고 안달할 것이다. 그리고 이를 완전히 중단시키면 나스닥에 상장된 반도체 기업들의 주가 폭락이 기다린다.

미국 반도체기업들의 대중국 매출 비중 추정

기업명	대중국 매출 비중	비고
퀄컴(Qualcomm)	약 60%~65%	스마트폰용 칩셋 수요로 인해 중국 시장 의존도가 가장 높음
텍사스 인스트루먼츠(TI)	약 40%~45%	아날로그 및 임베디드 반도체 분야에서 중국 시장 비중이 높음
브로드컴(Broadcom)	약 30%~35%	네트워킹 및 데이터센터용 반도체에서 중국 시장 의존도가 높음
Applied Materials (AMT)	약 30%~35%	반도체 제조 장비 분야에서 중국 시장 비중이 높음
KLA	약 25%~30%	반도체 검사 및 계측 장비 분야에서 중국 시장 의존도가 큼

기업명	대중국 매출 비중	비고
인텔(Intel)	약 25%~30%	PC 및 데이터센터용 반도체 수요로 중국 시장 비중이 높음
AMD	약 20%~25%	PC, 서버, 그래픽 카드 등 다양한 제품 라인에서 중국 시장에 의존
NVIDIA	약 20%~25%	게이밍 GPU 및 데이터센터용 GPU 수요로 중국 시장 중요
마이크론(Micron)	약 10%~15%	메모리 반도체 수출에서 중국 시장 비중이 있으나, 최근 제한 조치로 영향받음

자료: 언론보도 및 기업자료로 중국경제금융연구소 추정

정책의 최악은 샤워실의 바보 놀이

경제학에 '샤워실의 바보(Fool in the shower room)'라는 말이 있다. 1976년 노벨 경제학상 수상자인 밀턴 프리드먼이 처음 제시한 개념이다. 정부의 어설픈 경제 정책과 무능을 비판하기 위한 비유로 흔히 쓰이는 경제학의 경구이다.

샤워하기 전 적정한 물 온도를 맞추기 위해서는 다소 신중할 필요가 있다. 조금만 기다리면 딱 좋은 온도의 물이 나올 터인데 못 참고 손잡이를 반대로 돌렸다가는 너무 뜨겁거나 너무 차가운 물이 쏟아져 샤워실을 뛰쳐나오게 되는 이런 어설픈 정부의 행동을 프리드먼은 '샤워실의 바보'라고 비유적 표현을 했다.

미국의 대중국 정책은 오바마의 Pivot to Asia 정책 이후 4년마다 뒤집어졌다. 민주당 오바마 대통령은 중국을 '프레너미(frenemy)', 즉 친구이자 적으로 보았다. MAGA를 내세운 공화당의 트럼프 대통령 집권에 오바마

정부의 정책은 홀랑 뒤집혔다.

트럼프는 중국과 디커플링(Decoupling) 정책을 썼으나, BBB(Build Back Better)를 들고 나온 민주당의 바이든은 트럼프 정책을 홀랑 뒤집고 반도체와 첨단산업을 제외한 전통제조업에 협력하는 디리스킹(Derisking) 전략을 썼다. 그리고 재선에 성공한 트럼프 대통령은 MAGA를 다시 내세우며 중국과의 단절(Disconnecting) 정책을 쓰고 있다. 트럼프의 1호 행정명령은 바이든 정책 78개을 폐지하는 것이었다.

트럼프 대통령은 집권 후 캐나다와 멕시코에 25% 보복관세를 퍼부었는데, 한 달 사이에 관세부과, 관세유예를 세 차례나 반복했다. 당하는 캐나다와 멕시코도 당혹스럽지만 지켜보는 다른 나라들도 황당함을 감출 수 없다. 트럼프의 전략이라고 하기에는 너무 가볍고, 치밀하지 못한 과격한 정책에 예상치 못한 변수가 튀어나와 임기응변으로 대응한 것인지 알 수가 없다.

그러나 심판은 '돈'이 정확히 한다. 이런 트럼프의 '오락가락' 정책에 미국 증시가 일제히 속락했다. 트럼프의 들쑥날쑥한 정책의 결과다. 작은 생선을 구울 때도 자주 뒤집으면 살이 떨어져 먹을 게 없다. 미국은 정권 바뀔 때마다 전임자의 정책을 홀랑 뒤집는 바람에 대중국 정책에 일관성이 떨어지고 중국을 단칼에 제압하지 못하고 중국의 반발심과 저항력만 키우는 꼴이 되었다.

2012년 오바마의 Pivot to Asia 이후 중국 경제는 좌초되기는커녕 경제력을 더 키우고 있다. 2025년 중국 GDP는 2012년 대비 2.3배나 커졌고 미국 대비 GDP 비중도 53%에서 66%로 높아졌다. 2012년 이후 미국은 4명의 지도자가 통치했지만 중국은 시진핑이 집권했다.

2012년 오바마 정부 Pivot to Asia 이후 정권별 중국의 경제규모 비교

(억$)	미국 GDP	2012=1	중국 GDP	2012=1	중국/미국	대중 정책	대통령
2012	16,254	1.0	8,540	1.0	53%	Pivot to Asia	오바마
2017	19,612	1.2	12,265	1.4	63%	Decoupling	트럼프
2021	23,594	1.5	17,759	2.1	75%	Derisking	바이든
2025	29,840	1.8	19,790	2.3	66%	Disconnecting	트럼프

자료: IMF

05 트럼프노믹스 2.0에 대한 7가지 대예측

MAGA는 동맹을 모두 'Fence Sitter'로 만든다

트럼프의 트레이드 마크는 'MAGA(Make America Great Again)'인데, 집권 이후 트럼프 정부의 행태를 보면 MAGA 정책의 본질은 제조업 부활, 반세계화, 세계경찰 역할의 축소, 이민 규제다. 약소국을 강대국의 봉(鳳)으로 보는 트럼프의 MAGA는 사실상 제국주의다.

트럼프는 파나마운하와 덴마크 자치령인 그린란드를 얻기 위해 군사행동도 배제하지 않겠다고 했다. 2025년 2월 24일 우크라이나가 러시아의 침략을 규탄하는 결의안을 유엔 총회에 제출하자, 미국은 북한, 이란, 러시아와 함께 반대표를 던졌다. 안보리에는 러시아의 침공 사실을 뺀 결의안을 제출해 가결했다. 유엔 헌장 제2조 4항은 '침략전쟁을 범죄로 보고 금지한다'이다. 그런데 자유와 민주주의 수호자를 자처한 미국이 힘만 있으면 약한 놈의 것을 뺏고 죽여도 좋다고 한 것에 동의를 한 것이다.

지금 트럼프 대통령은 국제사회에 마구 쇠주먹을 휘두르고 있다. 미국의 난폭한 위세에 국제사회가 떨고 있다. 2024년 2월 28일, 젤렌스키 우크라이나 대통령은 트럼프의 거친 면박을 받고 쫓겨나듯 백악관을 떠났다. 트럼프는 캐나다 총리를 미국의 51번째 주지사라고 조롱하기까지 했다.

트럼프 재집권을 계기로 지구는 한 가족이고 인류운명공동체라는 '지구화' 시대가 저물고 약육강식의 '지정학' 시대가 도래했다. 약육강식 시대는 주먹이 유일한 권력이고 법이다. 부동산업자 출신 트럼프가 동맹을 보는 기준은 '민주주의라는 가치'가 아니라 '거래적 이익'이 있는지 없는지에 근거한 '쩐(錢)의 유무'다. 미국의 동맹들은 당황스럽다.

트럼프의 미국은 동맹을 도구화하고 있다. 57개 나라를 상호관세 대상으로 때려 놓고 한국, 일본, 영국, 호주, 인도 5개 우방부터 최우선협상국으로 지정하고 관세협상을 시도하고 있다. 미 재무장관은 먼저 협상하는 사람이 유리하다고 얘기하지만 그것이 액면대로 들리지 않는다. 만만한 우방을 먼저 손보고 다른 나라들이 기죽어서 바로 무릎꿇게 하는 전략이다. 미국의 전통우방들이 다른 나라들보다 더 불안해하는 최우선협상이 지금 트럼프식 우방 다루기다.

그러나 주먹으로 일어선 자 주먹으로, 칼로 일어선 자 칼로 망한다. 세계 패권국가는 힘만으로 안 된다. 리더십은 신뢰다. 말 위에서 나라를 세울 수는 있지만 다스릴 수는 없다. 미국은 지금 건국시기가 아닌데 말 위에서 약한 동맹들을 마구 짓밟고 달리면 나라 세우다 트럼프의 임기가 다 지나간다.

지금 트럼프의 행태는 미국의 모든 동맹들을 '펜스 시터(Fence Sitter)'로 만든다. 모든 동맹들이 담장 위에 앉아 눈치만 보는 것이다. 절대 리더의 힘의 약화가 불러온 현상이다. 1989년 탈냉전 이후 새로운 세계 질서를 구축해야 할 시기에 미국은 '테러와 전쟁'에 국력을 소모했다. 미국은 아프간과 이라크 두 전쟁에서 모두 패한 뒤 더 무기력해졌고, 2001년 9·11 테러 인식과 대응에도 심각한 문제가 있었다.

　2019년 코로나 창궐에 미국은 역사상 최대의 달러 프린팅을 했다. 코로나로 미국은 세계 최대의 사망자 수를 기록했지만 무지막지하게 풀어 놓은 유동성 덕분에 증시와 금융자산, 부동산은 천정부지로 올랐다.

　코로나 이후 경기는 K자 회복을 했고 이로 인해 발생한 극심한 양극화로 국민을 둘로 갈랐으며, 이는 정치적 양극화를 가져왔다. 편 갈린 의회와 정부의 충돌로 정책의 교착 상태가 반복되면서 미국의 힘이 계속 약화되고 있다. 2021년 미국 국회의사당 점거 폭동 현상이 적나라한 미국 민주주의의 민낯이다. 국민의 합의를 모아 문제를 풀어가는 것이 최대의 강점인 미국 민주주의에 재앙이 내린 것이다.

　정부가 정책을 시행하기 전에 정책을 철저히 생각해야 한다는 것은 당연하다. 그렇지 않으면 의도치 않은 두려운 결과의 법칙에 부딪힐 위험이 있다. 트럼프의 미국 우선주의 외교 정책은 미국 방위산업에 치명타를 가할 수 있다.

　유럽에 대해 GDP 대비 국방비를 올리지 않으면 나토에서 탈퇴시키고, 러시아와 친구 먹고 우크라이나 종전을 조기에 유도하는 트럼프의 외교 전략이 미국 방산업 주가를 폭락시키고 유럽의 방산업 주가를 폭등시키고 있다. 트럼프의 MAGA가 유럽에 'MEGA(Make EU Great Again)'를 부르고 있다.

　미국에 의존한 안보가 이젠 위험하다고 보고 미국산 대신 유럽산 무기를 대거 구매하기 시작했기 때문이다. 국가가 무기를 구매할 때, 장비, 제조사, 그리고 국가를 고려한다. 무기는 수년에서 최대 40년 동안 사용하는 장비이기에 중요도가 높기 때문이다. 그리고 미국의 해외 무기 판매는 미국이 안보 보장을 제공하는 데 크게 의존했다.

트럼프는 우크라이나 국유 천연자원 수입의 50%를 미국에 주는 협정에 서명하도록 강요하면서 "저는 매우 많은 것 이상의 '안보 보장'을 하지 않을 것입니다"라고 말했다. 트럼프는 "우리는 유럽이 그렇게 하도록 할 것입니다. 유럽은 바로 옆집 이웃이기 때문입니다"라고 덧붙였다.

안보 보장은 워싱턴이 역사적으로 대부분의 거래를 성사시키는 데 사용한 최고의 감미료였다. 유럽을 포함한 많은 국가가 미국의 안보 보장이 제공되기 때문에 미국 무기를 구매했다. 안보 보장은 사실 단순한 감미료가 아니라 무기 거래의 핵심이었다.

트럼프가 러시아와 푸틴 대통령을 공개적으로 편드는 듯한 모습을 보이면서, 미국의 무기를 가장 관대하게 구매한 유럽 국가들조차도 자신의 돈이 워싱턴의 보호로 이어질지 확신할 수 없게 되었다.

이러한 불확실성은 현대 무기가 지속적인 소프트웨어 업데이트를 필요로 하기 때문에 특히 문제가 된다. 즉, 이러한 극도로 비싼 방산무기의 구매자는 판매자인 국가가 협조적인 상태를 유지하고 소프트웨어 업데이트가 제공될 것이라는 완전한 확신이 필요하다. 트럼프가 군사무기에 대한 소프트웨어 업데이트를 차단하여 우호적인 정부에 해를 끼치기로 결정할 수 있다는 가장 작은 의심조차도 미국 무기를 사는 것에 대해 구매를 재고하기에 충분하다.

외교·안보 비용을 줄이고 거래를 통한 단기적 이익을 추구하는, 트럼프의 이른바 '미국 우선(America First)' 정책은 '민주주의 수호'와 '세계 경찰'을 자임해 왔던 미국의 과거 대외 정책과는 매우 다른 양상으로 미국을 끌고 가고 있다.

트럼프 대통령 집권 이후 미국은 세계보건기구(WHO)와 유엔인권이사회(UNHRC), 유엔 팔레스타인 난민구호기구(UNRWA) 등 국제기구 탈퇴, 파리 기후협정 등 국제협약 철회를 시작했고, 수틀리면 WTO도 탈퇴하겠다는 의지를 내비치고 있다. 심지어는 공화당을 중심으로 UN 탈퇴까지 논의되고 있는 판이다.

　미국이 주도하고 동시에 미국의 패권을 확장해 온 국제질서를 미국 스스로 흔들고 있는 상황이다. 패권국가인 미국의 돌변으로 인한 혼란과 불안정은 미국은 물론이고 전 세계에 큰 파장을 미치고 있다. 정말 아이러니인 것은 이런 판에 중국의 시진핑은 미국과 정반대로 가고 있다는 점이다.

　그간 중국이 다자주의와 규범에 입각한 국제질서를 위협한다는 '중국 위협론'이 심심치 않게 제기되었다. 그러나 트럼프 집권 이후 다자주의와 규범에 입각한 국제질서는 그것을 주도해 온 미국에 의해 위협을 받고 있으며, 그간 불안 요소로 지목되었던 중국은 오히려 그 질서의 수호자를 자처하고 있다. 시진핑만 어부지리 하고 있다. 미국이 하고 있는 것 반대로 하겠다고만 해도 표를 얻는 상황이다.

AF는 G를 A와 C로 분리한다

대국이 대국답지 않으면 그 위상은 저절로 사라진다. 주먹의 굵기가 아니라 강자의 관용 그리고 큰 형님의 포용력이 진짜 힘이다. 너그러운 큰 형님에게 존경심을 표시하지 밥주걱으로 동생의 볼을 치고 볼에 붙은 밥풀까지 떼가는 놀부형님을 존경하고 따르는 아우는 국가 간에는 없다.

　미국의 외교와 국격을 천박한 부동산업자 근성의 돈으로 환산하고 평가하는 트럼프의 패착은 미국의 권위와 힘을 스스로 파괴하는 격이다. 트럼프의 돈에 집착한 외교와 무역 정책은 거덜난 재정을 가진 미국의 민낯을 다시 전 세계에 각인하는 나쁜 상황을 몰고 올 수 있다. 트럼프는 취임 이후 무역적자를 메우기 위해 캐나다, 멕시코를 필두로 한 유럽 동맹에까지 관세폭탄을 퍼붓고 이어 군사, 안보 분야에까지 '어설픈 거래의 기술'을 적용하고 있다.

강대국인 미국이 주는 만큼 약소국 동맹도 같은 양을 미국에게 주어야 한다는 논리로 군사안보의 대가를 대놓고 요구하고 있다. 동맹국들 입장에서는 미국이 군사안보의 우산을 씌워준 것에 대한 감사의 표시로 미국에 굽실거리며 민주동맹, 우방, 국가조약을 맺고 불평등하더라도 감내하는 것이지, 안보비용을 같이 낸다면 미국 우방 동맹이 아니라 각자도생이 답이다.

2025년 1월 취임 후 관세 인상 등을 통해 거친 '미국 우선주의(America First)'로 동맹들에게 관세폭탄을 퍼부은 트럼프가 군사·안보 부문으로 압박의 반경을 넓혀가고 있다. 트럼프 대통령은 최대 우방인 일본과 유럽을 군사안보로 또 때렸다. 트럼프 대통령은 3월 6일 "우리는 일본과 매우 흥미로운(interesting) 조약을 맺고 있다. 우리는 일본을 보호해야 하는 반면, 일본은 우리를 보호할 필요가 없다"라고 했다. 1960년 체결된 미·일 안보 조약이 불공정하다며 드러낸 불만이다.

트럼프는 이날 2차 대전 이후 자유민주주의 진영의 강력한 군사 동맹으로 유지돼 온 나토(NATO·북대서양조약기구)에 대해서도 "회원국들이 돈을 내지 않으면 나는 그들을 방어하지 않겠다"라며 방위비 증액으로 이들을 압박했다.

미국이 동맹을 지켜주면 동맹도 미국을 지켜야 하는데, 힘이 없는 동맹들은 돈으로 지키라는 것이다. 이는 영업장을 다른 조폭으로부터 지켜주는 대가로 자릿세를 뜯어가는 동네 조폭들의 수법이나 다름없다.

트럼프의 이런 식의 압박은 미국 주요 동맹국들의 인기 없는 지도자들의 지지율만 높이고, 이들 정권이 정권수명을 연장하는 방안으로 친미 일변 도의 정책에서 반미로 정책전환을 하게끔 만든다. 이미 젤렌스키 우크라 대 통령, 미국의 조치에 반발한 캐나다 총리, 멕시코 대통령의 지지율 급등을 불러왔다.

　미국의 이런 행보에 화장실에서 웃고 있는 것은 중국이다. 트럼프의 푸 틴에 대한 러브콜에 중국은 자신감이 넘친다. 전략물자와 생필품에 굶주린 러시아에 이것들을 공급하는 것은 미국이 아니라 중국이기 때문이다. 배고 픈 병사는 전투에 관심 없다. 목구멍이 포도청이고 밥이 하늘이다.

　미국의 변심에 실망한 미국의 동맹들 중에서 중국의 경제력과 돈에 혹 한 동맹의 배반이 나왔는데, 대표적으로 미국의 변덕과 행태에 많이 당했던 글로벌 사우스(Global South)와 브릭스(BRICS)가 그러했다. 먼저 금융에서 작 은 조짐들이 나오고 있다.

세계 경제 비중에서 G7 제친 브릭스 (단위: %)

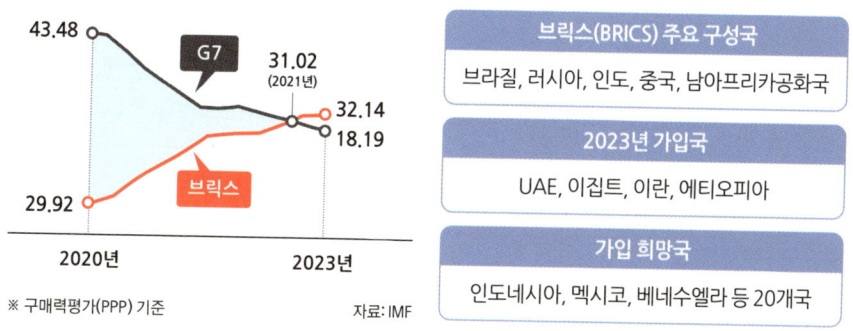

러시아·중국 주도의 신흥경제국 협의체인 브릭스(BRICS)는 미국 달러화가 지배하는 현행 국제 금융 결제망의 대안을 모색한다. 푸틴 러시아 대통령은 2024년 10월 러시아에서 개최된 브릭스 정상회담에서 암호화폐 같은 디지털 통화를 사용하는 '브릭스 화폐'를 제안했다. 미국이 특정 국가를 대상으로 자주 이용하는 '결제 메커니즘 스위프트(SWIFT) 결제망의 정치화·무기화'에 대항해 기존 국제 금융 틀을 보완·강화하는 게 목적이다.

브릭스 회원국은 '개방적·포용적 글로벌 경제'를 내세워 '탈달러화'를 추진해 미국 및 유럽이 주도하는 무역 질서와 경제 제재에 맞대응한다는 전략이다. 현재 글로벌 무역과 투자 지급·결제는 달러, 유로 등 서방국 통화를 중심으로 구축된 스위프트(SWIFT) 결제망에 절대적으로 의존하고 있다.

200개국의 1만 1,000여 개 기업이 연결돼 있어 미국의 지구 반대편에 있는 두 이웃 국가가 거래할 때도 인터넷망으로 미국을 거치도록 만들어졌다. 러시아는 2022년 우크라이나를 침공한 뒤 달러 결제망에서 퇴출돼 밀수출과 위안화 결제 등으로 버티고 있다. 브릭스의 암호화폐 플랫폼이 구축되면 스위프트를 우회할 수 있다.

블룸버그가 2024년 10월 우크라이나전쟁 관련 유엔총회 결의안 투표 이력을 기준으로 각국을 분류한 미국이 주도하는 친서방 블록과 러시아·중국이 이끄는 친중국·러시아 블록 사이에 있는 이른바 '신중립국'이 최소 101개국에 달했다.

이들 '신중립국'은 미·중 양쪽 진영에서 투자를 유치하고 있다. 인도와 멕시코가 대표적인 국가다. 멕시코는 서방의 보호무역 조치를 피하기 위해 중국 기업을 적극적으로 유치하고 인도는 중국을 밀어내고 글로벌 제조 기지로 올라서기 위해 서방의 투자를 받고 있다.

유엔무역개발회의(UNCTAD) 자료에 따르면 이들 신중립국이 받은 외국인 신규 직접투자는 2010~2019년 평균을 100이라고 보면 2020년엔 65였다가 2023년에는 세 배 수준인 192로 뛰었다. 친서방 블록 국가들의 투자는 같은 기간 102에서 192로 약 두 배가 됐고, 친중·러시아 블록은 53에서 우크라이나전쟁이 발발한 2022년 26으로 떨어졌다가 이듬해 64로 올라갔다. 아직은 미미하지만 미국의 반복적인 동맹 괴롭히기가 계속되면, 친중·러시아의 비중은 계속 높아질 가능성이 높다.

　미국의 군사력과 경제력 그리고 달러패권을 무기로 전 세계를 미국의 하청기지로 만들었던 미국의 글로벌화는 미국 경제력의 역화로 보호무역, 미국우선주의, 중상주의로 돌아서면서 그 수명이 다해가고 있다. 미국의 '내로남불'의 정책은 결국 세계를 미국편A(mericanization)/중국편C(hinaization)로 확실하게 분리할 판이다.

보편관세는 핑계, 본심은 환율을 매개로 한 금융전쟁

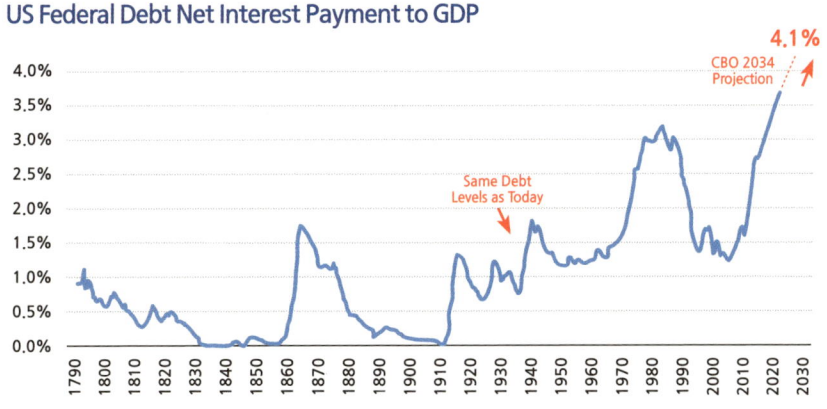

Source: Cato Institute; Annotations by Tavi Costa

미국의 재정적자는 리더들의 도덕성 문제다. 손자, 손녀들이 먹을 밥을 할아버지가 먹어치우는 일에 대해 미국 정치지도자들은 일말의 미안함이 없다. 미국의 통화 발권력에 의존한 방만한 국가경영의 결과다. 미국이 스스로 친 사고인 2008년 글로벌 금융위기와 2020년 중국발 코로나에 대한 트럼프의 오판으로 인한 코로나 대응 실패가 미국의 재정적자 급증을 불렀다.

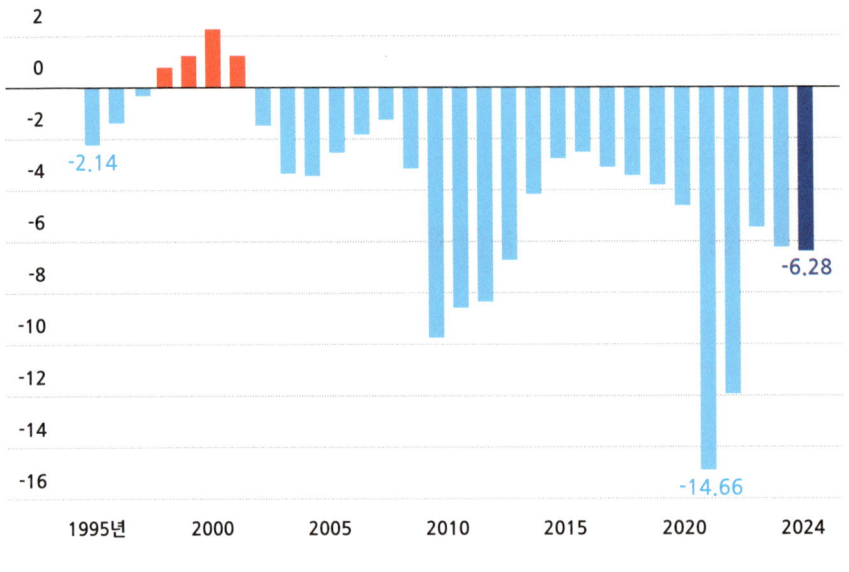

미국의 GDP 대비 재정적자비율 추이

자료: 미연준

두 차례 공황수준의 경제위기를 미국은 모두 무지막지한 통화증발과 재정지출의 조합으로 해결했다. 연방준비제도(Fed)는 양적 완화를 실시했고 정부는 대규모 보조금을 지급했다. 그 결과, 연방 재정적자는 천문학적인 수준으로 증가했다. 특히 코로나가 터졌던 2020년에는 3.1조 달러, 2021년에는 2.8조 달러, 2022년에는 1.4조 달러의 재정적자가 쌓였고, 2024년에도 1.8조 달러에 달했다.

제조업은 저기술 분야일수록 노동집약적이고, 첨단기술 분야일수록 지식, 자본집약적이다. 첨단으로 갈수록 GDP 단위당 고용유발효과는 줄어든다. 미국은 50년 전에 이미 노동집약적산업을 아시아로 넘겼다. 일본, 한국, 대만을 거친 제조업은 미국, 일본, 유럽을 합친 것보다 더 큰 인구의 중국에 도착해서 맹위를 떨치고 있다.

'기러기가 날아가는 형국(Goose Flying)'이었던 산업의 국제 이전이 이젠 '개구리가 풀쩍 뛰어올라가는(Leapfrogging) 도약형'으로 산업의 이전 형태도 바뀌었다. Leapfrogging 방식은 선발주자가 현재 지위에 이르기까지 다뤄온 구형의 기술에 투자하는 것을 우회해 후발주자가 단숨에 선발주자를 따라잡는 것을 의미한다.

중국은 80-90년대에는 저급기술산업에서, 2000년대에는 중급기술산업에서 압도적인 제조업 가성비를 가졌다. 2020년대 이후에는 고기술과 첨단기술산업에서 Leapfrogging 방식으로 미국, 일본, 유럽, 한국을 맹추격 중이거나 이미 뛰어넘었다. 미국에서 제조업 일자리가 사라지는 근본 원인은 경쟁국 중국과의 '가성비 경쟁'에서 밀렸기 때문이다.

중국은 민주당의 빌 클린턴 정부가 도와준 덕분에 2001년 11월 세계무역기구(WTO)에 가입했다. 중국의 WTO 가입 시점인 2001년에 미국 공업부분 일자리는 약 1,727만 명이었다. 중국의 WTO 가입을 계기로 미국 기업들은 공장을 중국으로 대거 이전했고 미국 제조업 일자리는 급속하게 사라졌다. 글로벌 금융위기 이후 2010년에 미국 공업부분 일자리는

1,143만 명으로 9년 만에 559만 개의 일자리가 미국에서 사라졌다.

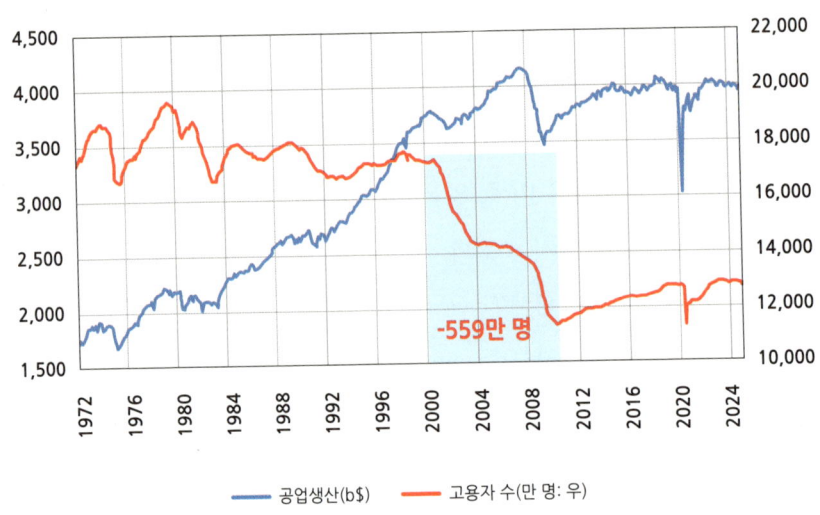

미국 공업생산과 고용자 수 비교

-559만 명

공업생산(b$) 고용자 수(만 명: 우)

자료: FRED

　트럼프는 막대한 재정적자와 이자 비용을 줄이는 '트럼프식 해법'을 진행 중이다. 연방정부 공무원의 대규모 해고, 세계의 보안관 역할 축소, 관세를 통한 세금 징수, 동맹국에 안보 비용을 떠넘기기와 시장과 지정학적 약점이 있는 대만과 한국을 압박해 반도체 기업의 대미국 투자를 적극적으로 유치하는 것이다.
　국방비 문제에 대한 트럼프식 해법은 우크라 종전과 나토 압박이다. 우크라이나에 무기 지원을 전면 중단하면, 유럽 국가들은 자동으로 국방비를 늘려 '유럽판 자주국방'을 추진해야만 한다. 아시아에서는 지정학적 약점과 중국의 위협을 무기로 일본, 한국, 대만에는 추가적인 '안보 비용' 부담과 무기 구매를 요구하는 것이다.

트럼프의 10% '보편관세' 전략은 닉슨 대통령이 써먹었던 것을 트럼프가 마치 자기 생각인 듯 포장해서 쓰고 있는 것이다. 1982년 6월 당시 36세였던 트럼프는 69세 닉슨에게 편지를 보낸 이후 11년간 닉슨의 펜팔친구가 되었다. 닉슨이 대선 경쟁 후보를 불법 도·감청한 워터게이트 사건으로 물러나고 8년 뒤인 1982년부터 시작됐다. AP통신에 따르면 트럼프와 닉슨은 1993년까지 11년간 수차례 편지를 주고받았다고 한다.

트럼프의 보편관세의 지재권은 닉슨에게 있다. 닉슨 집권기에 미국의 무역적자는 계속 확대되고 인플레가 발생했다. 그래서 닉슨은 관세를 '환율절하의 협상 무기화' 했다. 1971년 8월 15일 일요일 저녁, 닉슨 대통령은 역사에 '닉슨 쇼크'로 기록된 유명한 특별메시지를 발표한다.

당시 전 세계를 쇼크에 빠뜨린 핵심 내용은 금태환 정지였지만, 관세 인상도 있었다. 1971년 8월 15일 미국으로 수입되는 모든 상품에 10%의 추가 세금을 부과했다. 이는 '불공정한 환율'로 인해 미국 제품이 불이익을 받지 않도록 하기 위한 조치이고 '불공정한 대우'가 종료되면 수입세도 종료될 것이라고 발표했다.

관세 정책은 대중에게 인기 있었고 당시 여론조사에 따르면 미국인의 71%는 추가 관세에 찬성했다. 그러나 무역 상대국엔 엄청난 충격이 아닐 수 없었다. 관세부과에 이어 미국 재무부는 각국에 환율 조정 요구 사항을 들이밀었다. 미국 달러화를 18% 평가 절하하고, 특히 일본 엔화는 24% 평가 절상하라는 요구였다.

한마디로 미국은 다른 나라에 '10% 관세를 계속 얻어맞을 것인지 아니면 통화가치를 18% 이상 올릴 것인지 선택하라'는 식으로 협박한 것이다. 미국은 일본을 비롯한 각국의 거센 반발에도 불구하고 마침내 1971년 12월 18일, 미국 워싱턴DC 스미스소니언 박물관에서 10개국 재무장관이 모여 '스미스소니언 협정'을 맺었다.

금에 대한 미국 달러가치는 온스당 35달러 → 38달러로 7.9% 평가절하됐고, 일본 엔화는 달러화 대비 16.9%, 독일 마르크화는 13.5% 평가절상되었다. 버티던 일본 정부도 '10% 추가 관세보다는 차라리 엔화 평가절상이 낫다'는 자국 기업들의 아우성을 받아들일 수밖에 없었던 것이다.

환율절하 목표를 달성한 닉슨 대통령은 협정 체결 이틀 뒤인 1971년 12월 21일 10% 추가 관세를 폐지했다. 10% 보편관세를 협상 카드로 사용하는 모험이 4개월 만에 성공리에 막을 내린 것이다. '강한 미국, 약한 달러'로 무역수지 개선을 할 것이라는 기대감이 컸다. 일본은 미국의 엔화 절상 요구에 굴복했고, 미국은 그토록 소망하던 '싼 달러 시대'를 열었고, 닉슨 대통령은 이듬해 11월 압도적 표 차이로 재선에 성공했다.

하지만 문제는 그 이후다. 달러화 평가절하는 고스란히 미국 내 수입물가 급등으로 이어졌고 여기에 중동발 오일쇼크까지 닥치면서 1973년부터 미국 물가는 미친 듯이 상승해 경기침체와 고물가가 결합한 '스태그플레이션'이 펼쳐졌다.

또 잠시 흑자로 돌아서나 싶었던 미국의 무역수지는 1976년 다시 적자로 돌아서 해마다 적자를 보았다. 그 이후에도 미국은 1985년에 플라자 합의를 통해 약(弱)달러 정책을 폈지만, 무역적자에서 벗어나지 못했다.

닉슨의 보편관세를 베낀 트럼프의 보편관세전략은 이를 닉슨이 한 것처럼 '환율 절하용 무기'로 쓸 가능성이 있지만, 미국에 대한 세계의 영향력이 전과 같지 않은 상황에서 닉슨의 '스미스소니언 협정'이나, 레이건의 '플라자 합의'와 맞먹는 '트럼플라자 합의'를 만들어낼 수 있을지 의문이다. 또한 제조업이 집 나간 지 40~50년 지난 상황에서 무역적자 축소가 가능할지도 의문이다.

이번 트럼프의 관세전쟁은 실패 가능성이 높은 것이 달러 약세, 수입물가 상승으로 미국 국내의 인플레이션을 촉진하게 될 가능성이 크기 때문이다. 이렇게 되면 금리 인하, 달러 강세는 희망고문이 될 수 있다. 또한 상대 국가들의 보복관세는 미국 농산물 업자들의 수출 감소로도 연결돼 트럼프의 표밭이었던 농업지역에 정치적 불만을 발생시키게 될 것이다.

미국의 고관세 정책, Walmart가 또 다른 적(敵)이다. Walmart에 파는 물건의 60%가 중국산이다. 중국산 제품에 60% 추가관세를 부과하면 관세 비용을 미국 소비자가 부담해야 하는 불상사가 생길 수도 있고 이는 미국 서민들의 불만을 키울 수 있다.

트럼프 대통령 관세정책의 실패 시 리스크

영역	실패 리스크
환율	환율 상쇄 실패 → 인플레이션 유발
무역	보복관세 및 수출 둔화
소비자	물가 상승 → 실질 소득 감소
산업	공급망 혼란 → 제조업 원가 상승
시장	금융시장 불안정, 외자 유출
외교	동맹국 반발, 국제 고립

자료: 중국경제금융연구소

가상자산제국 만들기는 새 국채 판매처 발굴 전략

트럼프 정부가 가상화폐를 전략비축자산으로 하겠다는 것도 가상화폐를 사랑해서가 아니라 가상화폐시장이 커지면, 달러자산 즉 미국채를 기초자산으로 하는 스테이블코인 시장이 커지고, 그러면 재정적자를 메우는 국채 발행의 큰 수요자가 스테이블코인이 되기 때문이다. 가상화폐로 재정적자를 메우려는 심산이다.

　일반적으로 전략 비축은 국가 경제나 안보에 핵심적인 원자재를 쌓아두는 것을 말한다. 하지만 트럼프 대통령의 비트코인 전략 비축은 성격이 좀 다르다. 미국이 비트코인을 구하기 어렵지도 않고 그리고 비트코인 없다고 당장 큰 문제가 생기는 것도 아니기 때문이다.

　비트코인 비축은 미국의 정부부채 문제를 해결하려는 수단에 가깝다. 비트코인 가격이 오른다면 이를 팔아서 빚을 상환할 수 있다고 보는 것이다. 과거 달러와 금을 일정 비율로 바꿔줬던 제도(금 태환)와 마찬가지로 비트코인이 달러의 가치를 뒷받침하는 역할을 할 수 있다는 해석도 있다.

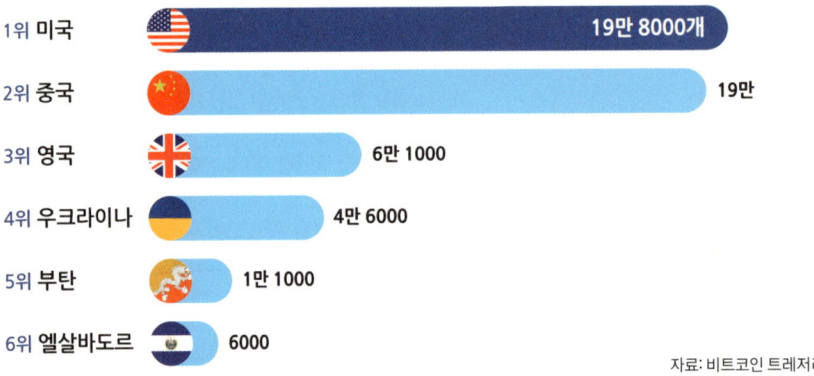

각국 정부의 비트코인 보유량(단위: 개)

- 1위 미국 — 19만 8000개
- 2위 중국 — 19만
- 3위 영국 — 6만 1000
- 4위 우크라이나 — 4만 6000
- 5위 부탄 — 1만 1000
- 6위 엘살바도르 — 6000

자료: 비트코인 트레저리스

트럼프는 정부 차원에서의 계획을 아직 내놓지 않았다. 다만 2024년에 가상화폐에 관한 법을 발의한 공화당의 루미스 의원은 법안에 "미국 재무부는 비트코인을 연간 최대 20만 개씩 5년에 걸쳐 사들여 총 100만 개를 보유한다"라는 계획을 담았다. 미국 정부는 이미 전 세계 정부 중 가장 많은 19만 8,000여 개의 비트코인을 보유하고 있는데 이는 대부분 범죄자로부터 압수한 것이다.

트럼프 대통령은 대선 중에 비트코인 제국 건설을 공약으로 내세우며 갑자기 백악관에 암호화폐담당 차르 신설, 정부가 취득한 비트코인 매도 금지, 국가 비트코인 비축 시스템 운영, 암호화폐 관련규제 철폐 등의 암호화폐 정책을 내놓으면서 암호화폐 가격을 폭등시켰다.

트럼프 대통령의 가상화폐 제국 건설, 진짜 속내는 국채 구매자 개발이다. 미국의 재정적자 확대는 필연적인데 과거 같으면 중국과 중동이 무역으로 벌어들인 흑자를 미국채를 사면서 달러 리사이클링을 하는 메커니즘이 작동되었지만, 미·중이 전쟁을 벌이고 미국이 코로나를 거치면서 천문학적인 달러를 발행하게 되어, 결국 세계 주요국 모두 미국채 매입을 축소하고 있다.

가상화폐의 현기증 나는 변동성에 대응하기 위해 가상화폐 중 달러자산, 주로 미국채를 기초자산으로 하는 스테이블코인이 등장했다. 가상화폐 시장의 확대에 힘입어 스테이블코인시장도 급속도로 커지면서 스테이블코인의 미국채 보유량이 2024년 7월 기준으로 한국의 미국채 보유량 다음 수준에 이르고 있다.

Stablecoins 시가총액(억$)

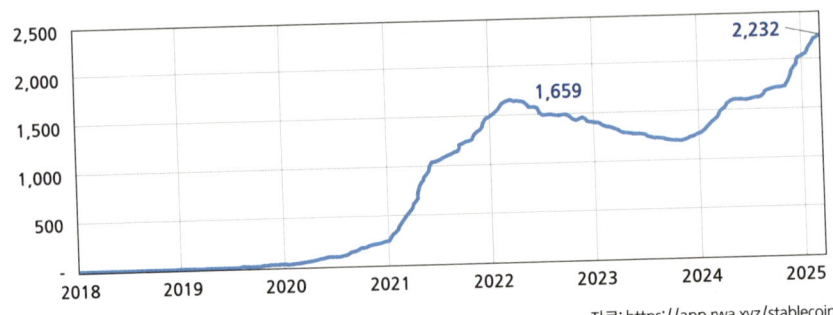

자료: https://app.rwa.xyz/stablecoins

　가상화폐시장 확대 → 스테이블코인시장 확대 → 미국채 편입 증가의 메커니즘이 형성되면 트럼프의 재정적자로 인한 국채발행의 대형 수요처가 발굴되는 것이고, 국채 수요 부족으로 인한 국채발행금리 상승도 막을 수 있다. 중국과 중동이 미국 재정적자를 메워주는 '봉(鳳)'의 역할을 더 이상 하지 않게 되자 가상화폐 투자자들을 '봉(鳳)'으로 잡으려는 트럼프의 묘수다.

국가별 미국채 보유량

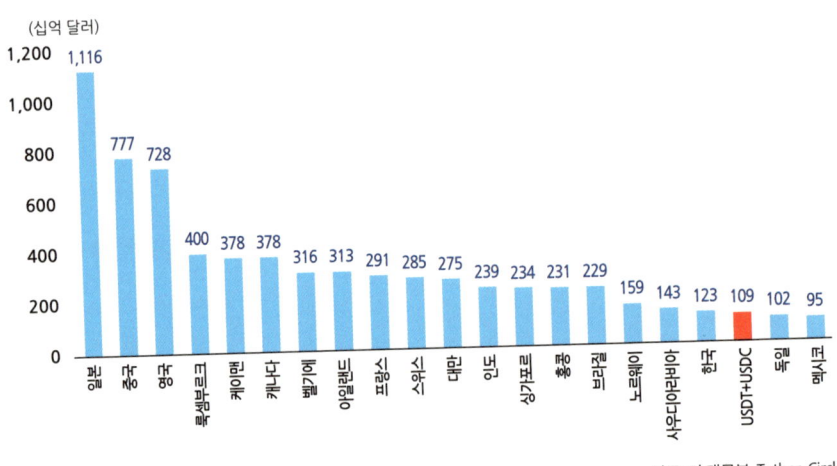

* 2024년 7월 기준

자료: 미 재무부, Tether, Circle

IRA, Chips법 폐지는 4년 후 한국의 기회로 돌아온다

트럼프 행정부의 바이든 지우기는 황당하다. 여야가 합의한 IRA, Chips법을 트럼프 대통령이 폐지하겠다는 것이다. 바이든 정부의 말을 믿고 미국에 투자한 반도체·배터리업계는 당황스럽다. 거기에 미국은 보조금 얘기는 싹 빼고 미국에서 팔려면 미국에서 만들든지 보복관세를 맞든지 선택하라며, 마치 닉슨이 했던 것처럼 행동한다.

'반도체 민주주의 공급망'이 민주주의 국가들 사이에서만 형성된다면, 그것은 중국을 없애는 것을 의미한다. 그러나 민주주의 국가 반도체 관련 기업들이 여전히 중국에 칩, 소재, 장비를 판매하고 있다면 베이징이 민주주의 국가 제품을 보이콧하기로 결정할 경우 오히려 베이징의 잠재적 대응 조치에 대비해야 한다. 왜냐하면 지금 반도체장비, 소재, 제품에서 중국은 최대 수입국이기 때문이다.

Definition of "Global Democratic Semiconductor Supply Chain Initiative"
– Taking Out China?

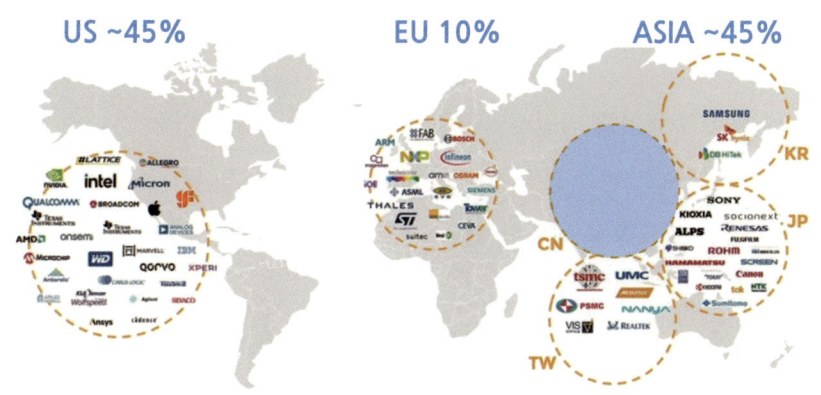

* Non exhaustive list of companies – Detailed figures in the report.

www.yolegroup.com | ©Yole Group 2025

반도체산업은 고급 칩이나 레거시 칩 중 하나만으로는 번창할 수 없다. 둘 다 중요하다. 그리고 반도체는 적어도 6-7개 이상의 나라의 공급망을 거쳐야 완성된다.

글로벌 반도체 공급망이 40년 만에 단일 국가에 의해 지배되는 대신 이런 식으로 각국의 분업시스템으로 진화한 데는 기업의 수익을 극대화하려는 자연스러운 동기가 있었다. 미국 기업이 반도체 팹에 일할 충분한 공장 엔지니어를 모집하기 어려운 상황이거나 더 나은 비용과 효율성으로 생산하기 어려울 때, 그들은 칩 설계와 제품 개발에만 집중하고 좋은 품질과 수율을 가진 해외 팹에 제조를 아웃소싱하기로 했다. 이것이 AMD가 번창하고 AMD가 인텔에 대한 경쟁력을 강화한 방식이다.

해외의 반도체 팹이 미국 고객에게 서비스를 제공하는 것을 비난할 수 없듯이 주주 자산을 최적화하고자 하는 미국 칩 회사를 비난할 수 없다. 그들은 고객과 주주의 이익을 위해 운영 효율성을 최적화하고 있을 뿐이다.

반도체는 매우 복잡한 산업이며 섬세한 노동 분담이 필요하다. 40년 이상 동안 어떤 단일 국가도 반도체 공급망의 모든 구성 요소를 한 지붕 아래에 유지하는 데 성공하지 못했다. 대만, 일본, 한국은 물론이고 미국도 마찬가지다.

따라서 그 진화를 역전시키려는 시도는 결국 실패할 가능성이 높다. 미국이 반도체 제조 팹을 다시 시작하고 싶다면, 최소 8시간 동안 방진복을 입어야 하는 단조롭고 정밀한 팹 작업을 할 의향이 있는 충분한 근로자가 미국에 있는지 확인해야 한다.

미래에는 로봇이 생산 라인 작업을 하는 인력을 대체할 수 있지만 여전히 해당 작업에 필요한 장비를 미세 조정하기 위해서는 인간 엔지니어가 필요하다. 반도체장비는 매우 민감하여 습도, 온도 같은 환경의 변화가 정밀도에 영향을 미친다.

반도체 제조의 핵심 공정인 포토리소그래피, 박막 증착, 에칭, 확산과 같은 공정은 모두 칩 수율을 결정하는 데 중요한 역할을 하는데 미국인들이 하루 8시간 3교대로 플라스틱 토끼 옷 같은 방진복을 입고 단조롭고 정밀한 작업을 반복적으로 할 의사가 없다면 미국으로 공장의 리쇼어링은 공장만의 리쇼어링이고 생산의 리쇼어링은 요원해진다.

인텔의 부도가 코앞으로 다가온 지금, 한국의 삼성전자와 대만의 TSMC가 생산성 확보가 안 되는 상황에서 미국의 반도체 보조금에 의지해 미국에 공장을 짓고 있는데 이를 무효화하면 대만과 한국 반도체기업은 미국에 공장을 지을 이유가 없다. 게다가 미국 칩 법안이 폐지되면 인텔은 더 큰 타격을 입을 것으로 보인다.

관세로 협박하지만 기업은 수익성이 없으면 무슨 핑계를 대서라도 빠져나간다. 미국 반도체기술은 지금도 한국과 대만보다 뒤져 있는데 보조금 지급철회로 대만과 한국이 투자지연, 건설지연, 가동지연을 하면 4년 뒤 미국의 첨단반도체산업의 경쟁력은 안 봐도 비디오다. 당장 한국의 기업들은 반도체, 배터리의 보조금철회로 타격이 불가피하지만 장기적으로는 미국의 추락으로 다시 더 큰 기회를 잡을 수 있다.

대기업이 몰락하는 것은 대개 새로운 기술이나 사업 모델에 적응하지 못했기 때문이지 다른 회사가 그들의 사업을 '훔쳤기' 때문이 아니다. 이는 디지털 카메라가 코닥을, 스마트폰에서 노키아 그리고 파운드리에서 인텔이 좋은 사례다.

중국과 지정학적 리스크에 그대로 노출된 대만은 도널드 트럼프 대통령이 대만이 미국으로부터 반도체 사업을 '훔쳤다'고 주장하자 TSMC를 팔 비틀어 미국이 반도체 보조금을 폐지한다는데도 1,000억 달러 투자계획을 발표했다.

그러나 이는 트럼프 달래기지 진짜 투자하겠다는 것이 아니다. 투자는 품목, 투자시기, 지역이 정해져야 하는데 TSMC의 발표는 2030년까지 투자한다는 총론만 있고 각론이 없는 투자다. 트럼프의 말폭탄에 립 서비스로 대응하는 것이다. 반도체 공장 하나 짓는 데 2년 반이 걸리는데 2년 반 뒤면 트럼프 정부 말기라서 어떻게 될지 모른다.

'시추하고 또 시추하자(Drill! Baby Drill!)'라는 구호로 대변되는 미국 에너지우선주의에 따라 도널드 트럼프 미국 대통령이 2025년 3월 5일 한국과 일본에 알래스카 액화천연가스(LNG) 프로젝트 참여를 요청하는 초대장을 보냈다. 이 프로젝트는 알래스카 최북단 프루도베이에서 태평양과 접한 남부 니키스키까지 1,300km에 달하는 가스관을 연결한 뒤 이를 액화해 한국, 일본 등 대규모 LNG 수요국가에 공급하는 사업이다.

한국은 미국 트럼프 정부의 알래스카 LNG 사업 투자요청에 약간의 흥분상태다. 그러나 조심해야 한다. 트럼프의 알래스카 LNG 프로젝트는 제2의 칩스법, IRA 신세가 될 수 있다. 투자성과가 나려면 10년 이상 걸리고 정권 바뀌면 공수표가 되거나 폐지될 가능성이 있다. 그리고 에너지 가격은 언제든 변하고 경제성도 왔다 갔다 하며, 토목업은 사후 관리가 안 되면 모두 부실이다.

지난 2013년 시작된 이 사업은 역설적이게도 트럼프가 본격적으로 불을 댕긴 셰일가스 혁명으로 유가가 급락하면서 엑손모빌 등 메이저 회사들이 사업성 부족을 이유로 철수한 뒤 표류해 왔다. 미국이 석유장사 중동이 되는 트럼프의 脫기후정책, 그린 역주행은 완전히 시대착오적인 생각이다.

전 세계가 기후재난으로 고통받고 있고 기후위기가 글로벌 리스크로 부상하는데 정작 세계의 리더 미국은 이를 뒤엎고 시대를 역행해 화석연료로 미국을 부활시키겠다는 시대착오적인 꿈을 꾸고 있다.

트럼프의 무역전쟁은 전 세계 성장률만 낮춘다

트럼프는 중국에 60% 관세를 때리겠다는 공약을 했지만 정작 취임하자 먼저 미국의 가장 가까운 우방이자 이웃인 캐나다와 멕시코에 25% 관세를 때리고 중국은 10%를 때려 동맹국들을 황당하게 만들었다. 지금 트럼프 시대는 키신저가 말한 미국의 '적'이 되는 것보다 '동맹'이 되는 것이 더 위험한 시대다.

미국의 관세부과의 방법

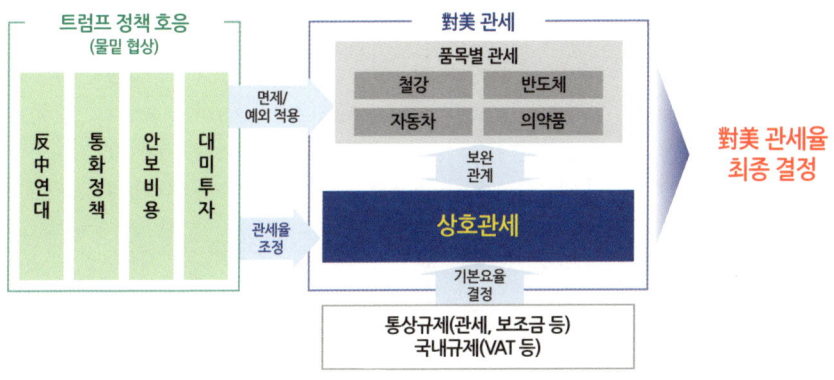

자료: POSRI, 트럼프 관세 초기 양상 및 향후 방향 점검 2025.3

중국은 UN Comtrade의 통계에 잡히는 5,000여 개의 제품을 전 세계에 공급하는 세계 제조 1위, 수출 1위의 나라이다. 지금 중국의 대미 수출 비중은 전체수출의 15%에 불과하다. 미국은 관세로 중국을 협박할 수는 있지만 중국의 목을 베기에는 역부족이다. 이미 1기 정부에서 보복관세 정책은 실패로 끝난 전략이다.

그리고 관세는 보호할 산업이 있을 때 효과가 있는 것이지 이미 40-50년 전에 집 나간 전통제조업이 관세 60% 때려준다고 미국으로 돌아올 리 만무하다. 생산인력과 인건비, 제조환경을 보면 전통제조업은 미국에서 살아남을 수가 없다.

중국의 대미 무역과 흑자 추이

정부	(억$)	대미국			전체			무역흑자	
		수출	수입	무역흑자	수출	수입	무역흑자	대미	전체
트럼프	2017	4,298	1,539	2,758	22,633	18,438	4,196	2,758	4,196
	2018	4,784	1,551	3,233	24,867	21,357	3,509	5,991	7,705
	2019	4,187	1,227	2,960	24,995	20,784	4,211	8,951	11,916
	2020	4,518	1,349	3,169	25,900	20,660	5,240	12,120	17,156
바이든	2021	5,761	1,795	3,966	33,571	26,867	6,704	3,966	6,704
	2022	5,818	1,776	4,041	35,444	27,065	8,379	8,007	15,083
	2023	5,003	1,642	3,361	33,790	25,569	8,221	11,369	23,304
	2024	5,247	1,636	3,610	35,772	25,851	9,922	14,979	33,226

정부		대미국 비중			대미국 증가율			무역흑자	
		수출	수입	무역흑자	수출	수입	무역흑자	누계비중	배수
트럼프	2018	19%	7%	92%	11%	1%	17%	78%	184%
	2019	17%	6%	70%	-12%	-21%	-8%	75%	284%
	2020	17%	7%	60%	8%	10%	7%	71%	409%
바이든	2021	17%	7%	59%	28%	33%	25%	59%	100%
	2022	16%	7%	48%	1%	-1%	2%	53%	202%
	2023	15%	6%	41%	-14%	-8%	-17%	49%	287%
	2024	15%	6%	36%	5%	0%	7%	45%	378%

자료: 중국 해관통계자료로 중국경제금융연구소 작성

대중 무역흑자를 줄이겠다고 했지만 미국의 대중 흑자는 2019년에만 줄어들었고 이후 계속 증가했다. 트럼프 정부 4년간 중국의 대미 흑자 누계는 12,120억 달러였고 바이든 정부 4년간은 14,979억 달러로 더 증가했다.

그리고 중국의 전체 무역흑자는 2018년 미·중 무역전쟁 이후 계속 증가했고 2024년에는 2018년 무역흑자 3,509억 달러의 2.8배인 9,922억 달러에 달했다. 중국의 대미 무역흑자 비중도 2018년 92%에서 2024년에는 36%로 낮아졌다.

트럼프는 관세로 9만 개의 기업을 불러오겠다고 큰소리치지만 트럼프의 관세전쟁은 1기 때 못 이룬 복수혈전일 뿐이다. 미·중은 이미 서로 얽힌 게 많아 적 100명을 죽이려면 아군 70-80명도 죽어야 하는 전쟁인데 이는 4년짜리 대통령 트럼프가 감내할 수준이 아니다.

관세 정책의 부정적 영향에 관한 주장

연구/자료	주요 내용
Cavallo et al.(2021)	관세가 소비자 가격에 완전히 반영되어 실질 구매력 하락을 유발함을 보여줌
Amiti, Redding, Weinstein(2019)	무역전쟁은 기업 수익성 저하 및 고용 위축으로 이어졌으며, 대체 시장 확보에 시간 소요
Fajgelbaum et al.(2020)	미국의 대중 관세는 정치적으로 중요한 지역에 역효과 발생. 오히려 농촌 지역 경제가 타격받음.
IMF(2023 보고서)	일방적 환율 조정은 글로벌 금융시장 불안의 주요 원인이며, 협력 없이 지속 불가능하다고 경고
Bloomberg(2024)	중국 부채가 GDP의 350%를 초과한 상태에서 환율 충격이 발생할 경우, 세계적 금융위기 촉발 위험 내포

자료: 중국경제금융연구소

트럼프의 관세폭탄 전략은 마치 일시적으로 증상을 완화하는 '스테로이드' 같다. 당장은 지지자들과 일부 산업에 도움될지 모르지만 미국 전체 경제를 위축시키고 공급망을 망가뜨릴 뿐이다. 지금은 전 세계가 40년 글로벌화로 공급망이 분업의 원리에 의해 여러 국가를 거치는 '공급망 다국적화 시대'다. 반도체만 해도 원자재에서 완제품까지 적어도 5-6개 나라의 공급망을 거쳐야 완성된다.

미국이 세계 최대의 소비 국가였을 때는 수입을 통제하면 악 소리 났지만 지금 미국의 소비는 세계수입시장의 13%에 불과하다. 자유민주 자본주의 미국은 보호무역주의를 외치고, 사회주의 중국은 자유무역주의를 부르짖는 지금 상황은 아무리 봐도 아이러니다. 트럼프의 보복관세와 무역전쟁은 전 세계의 성장률만 낮추고 중국을 좌초시키기에는 실패할 것으로 보인다.

트럼프의 정책이 대중국 경제에 미칠 영향은 Mr. Money가 알고 있다. 주가 금리 환율을 보면 안다. 한국의 경우 245% 보복관세를 맞았다면 주가 폭락하고 외국인은 다 떠나고 환율이 급등할 판인데 중국의 금융시장 별 무덤덤하고 증시는 오히려 상승하고 있다.

이미 4년 전에 예방주사를 한 번 맞은 중국에게는 백신 효과가 있었고, 새부대에 담긴 낡은 술이 어떤 맛인지 이미 알고 있다. 그래서 4년 전과 같은 전략은 실효성이 없다. 이미 중국의 대미 의존도, 대미 흑자 비중이 대폭 줄어 그때와 상황이 다르다.

역사는 후퇴가 아닌 전진을 해야 한다. '정의가 힘보다 우선하는가, 아니면 힘이 정의를 만드는가?'라는 질문을 다시 트럼프 시대에 하게 된다. 서양의 속담에 "영원한 친구는 없고, 영원한 이익만 있다"라는 말이 있다.

어제의 태양으로 오늘의 옷을 말릴 수 없고, 오늘 밤 달빛으로 어젯밤 그림자를 비출 수 없다. 달라진 상황에서 8년 전과 같은 처방을 써서는 약효가 날 수 없다. 지금 트럼프의 무역전쟁 결과는 안 봐도 비디오다. 보호할 자국산업도 없는데 전 세계를 상대로 관세폭탄을 던지는 트럼프 관세정책은 중국을 무너뜨리는 것이 아니라 미국 소비자들에게서 먼저 터지는 '자폭'이 될 수 있다.

관세전쟁과 보호무역주의는 당연히 세계의 총수요를 위축시킨다. 불확실성과 비용의 증대, 정책 불확실성으로 인해 글로벌 교역 규모를 줄여 세계의 모든 생산자에게 '더 작은 시장'을 제공하는 결과를 초래해 세계 경제 성장률을 둔화시킬 수 있다.

트럼프의 땅 욕심은 '제2의 9.11'을 부른다

트럼프는 3T, Tariff(관세), Trade(무역), Territory(부동산) 대통령이다. 트럼프 대통령은 천박한 부동산업자 출신의 습관을 못 버리고 앞으로 협박하고 뒷거래로 돈 챙기는 수법을 '거래의 기술'로 포장해 그린란드, 캐나다, 파나마, 가자지구의 땅을 탐낸다.

트럼프 대통령은 2025년 2월 4일 네타냐후 이스라엘 총리와 가진 기자회견에서 미국이 가자지구를 '소유'해서, 미국이 폭발물과 무기, 건물 잔해를 책임지고 치우고 이곳에 전 세계인들이 찾아오는 아름다운 지중해 리조트를 건설하겠다고 말했다. 220만 명으로 추정되는 가자지구의 전쟁 난민들은 이집트와 요르단과 같은 중동의 인접국가들로 보낸다는 얘기다.

40년 부동산업자의 눈에는 모든 것이 돈으로 보인다. 가자지구를 인종청소하고 레저타운을 만든다는 발상은 2024년 3월 8일 트럼프의 사위 쿠슈너가 하버드대 케네디스쿨에서 열린 좌담회에서 가자지구의 '경제적 가치'를 평가하는 과정에서 나왔다.

220여만 명의 난민을 강제 이주시키면서까지 가자지구를 지중해 휴양지로 개발하겠다는 트럼프의 발상은 사우디와 요르단, 이집트에게 제대로 된 이스라엘·팔레스타인 평화안을 가져오지 않으면, 미국식으로 하겠다는 협상용 협박이다. 또 하마스에게는 가자지구에 대한 통제권을, 사우디에게는 팔레스타인 독립국가 건설을 포기하라는 압력이다.

'중동 평화'를 만들어냈다는 업적 욕심과 부동산업자의 사업 본능이 합쳐져 만들어낸 무리한 정책이다. 긍정적으로 해석하자면 중동의 평화안에 대해 소극적인 사우디 등 중동 국가들을 자극하려는 고도의 협박 전술이라고 볼 수도 있지만 만약 실행한다면 중동의 극우 단체들의 AI드론에 의한 '제2, 제3의 9.11 사태'를 불러올 것이다.

PART 03

25년간 지속되어 온 '중국 위기론'의 진실

01 '중국 위기론'에서 '탈(脫)중국론'까지 25년

2001년 고든 창(Gordon Chang)이 'The Coming Collapse of China'에서 중국이 10년 내 붕괴할 것이라는 전망을 내놓은 이후 2015년 데이비드 샴보(David Shambaugh)도 중국 공산당 통치의 '끝이 시작되었다'고 주장했다. 그 이후 서방세계에서는 중국 위기론, 중국 붕괴론이 넘쳐났다.

2022년 중국 인구가 61년 만에 감소세로 돌아서면서 '중국 경제 피크론(Peak China)'도 등장했다. 할 브랜즈 존스홉킨스대 교수와 마이클 베클리 터프츠대 교수가 2022년에 출간한 「중국은 어떻게 실패하는가」에서 중국 경제 피크론(Peak China)을 처음 주장했다.

중국이 2022년 GDP 성장률 실적치를 3%로 발표하자 미국을 중심으로 한 서방세계에서는 지난 40여 년 동안 지속적으로 부상해 온 중국이 이제 성장 한계에 다다랐다는 '피크 차이나(Peak China)론'이 터져나왔고 미국을 추월해 세계를 주도하고자 하는 꿈은 물 건너갔다는 주장도 대거 등장했다. 중국 경제가 피크를 친 만큼 자금을 빼는 '탈(脫)중국'을 서둘러야 한다는 주장도 덩달아 넘쳐났다.

영국 경제주간지 이코노미스트가 「2023년 세계대전망(The World Ahead 2023)」에서 중국의 성장이 정점에 달했다는 '피크 차이나(Peak China)' 론을 다시 제기했다. 중국 경제가 구조적 한계로 인해 정점에 도달했고, 이 때문에 미래에 중국이 미국을 경제적으로 추월하는 일은 없을 것이라는 것이 요지다.

'피크 차이나'론은 '중국의 성장둔화'와 '미국의 대중(對中) 포위 전략'에 근거한다. 미국 주도의 인도·태평양 경제프레임워크(IPEF)와 반도체 공급망 협력체(칩4) 등으로 민주주의 가치 동맹국가들이 중국을 압박하는 바람에 중국 경제성장에 제동이 걸렸다는 주장이다. 그러나 트럼프 대통령 재집권으로 바이든 정부의 IPEF와 반도체 공급망 협력체(칩4) 역시 흐지부지될 가능성이 커졌다.

중국 위기론의 주장과 반론

위기론 유형	주장	근거	반론
정치적 붕괴	공산당 독재 붕괴	내부 부패, 민주화 요구 증가, 감시 사회 피로	강력한 통제력, 민족주의 강화
경제적 붕괴	경제 성장 둔화로 국가 붕괴	부동산 위기, 부채 증가, 인구 감소	정부 개입, 기술 혁신 가능성
사회적 붕괴	청년 실업, 빈부격차로 체제 붕괴	고령화, 도시-농촌 격차 확대	복지 정책 강화, 내수 경제 육성
국제적 붕괴	미국과 갈등으로 중국 고립	패권 경쟁, 공급망 변화	신흥국 협력, 자체 기술 개발

자료: 각종 언론 보도자료로 중국경제금융연구소 정리

중국 내부적으로는 인구 감소와 고령화문제가 심각하고, 높은 부채 비율도 문제라고 한다. 그러나 이것도 다른 나라와 비교를 해보면 좀 과장이 있다. 중국의 인구고령화 비율은 미국, 일본, 영국, 한국보다 낮다. 출산율은 한국, 일본, 영국보다 높고 미국과 비슷한 수준이다. 중국의 국가부채 비율은 일본, 영국, 프랑스보다 낮다. 기업 부채 과다도 위기론의 근거로 삼지만 중국 기업 부채 비율은 프랑스보다 낮다.

중국 위기론이 등장한 2001년 이후 주기적으로 중국 위기론과 피크론이 등장했지만 중국의 성장률은 코로나 발생이라는 특수상황을 제외하고 세계 평균이나 미국보나 낮았던 적이 없다. 2024년 GDP 성장률 5%는 중국으로 보면 코로나 시기를 제외하고 역대 최저 성장률이지만 전 세계 주요 국가중 인도를 빼고는 가장 높은 성장률이다.

중국 위기론 등장과 주요국 성장률 비교(1995~)

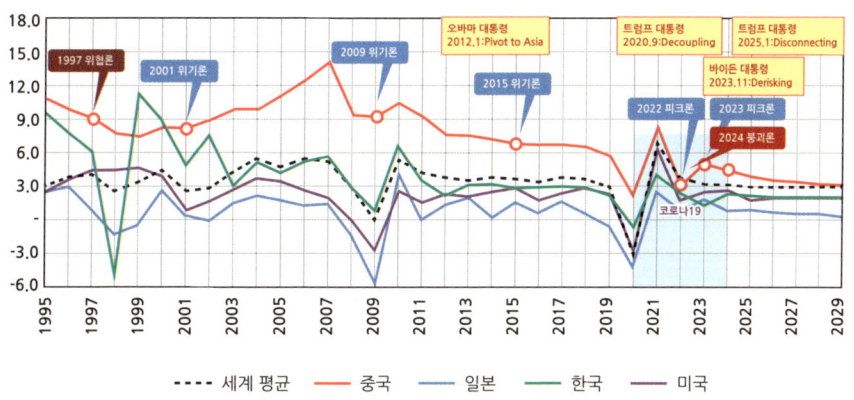

자료: IMF, 중국경제금융연구소

2024년 중국 GDP 성장률 5% 증가분의 규모는 한국 전체 GDP의 68%에 달하는 규모다. 서방세계는 중국의 성장률이 5%대로 떨어졌다는 이유로 중국 경제 위기론을 얘기하지만, 중국에서는 2년이면 세계 12위 경제권의 한국만 한 나라가 하나씩 탄생한다.

02 중국, 절대성장률이 아닌 상대성장률로 봐야 한다

중국 GDP가 90년대 두 자릿수 성장에서 2001년 8.3%로 성장률이 둔화되자 '중국 위기론'이 등장했고 2007년 14.2%에 달했던 성장률이 한 자릿수 성장으로 하락하자 '중국 붕괴론'이 나왔으며, 2022년 코로나의 영향으로 3.1%로 추락하자 '중국 피크론'이 등장했다. 그러나 중국 GDP 성장률은 2023년과 2024년에 다시 5%대로 회복했다.

2007년 14%에서 2024년 5%로 성장률이 낮아진 것을 두고 중국 위기론과 피크론을 얘기하는 것은 과하다. 중국의 성장률은 절대성장률이 아닌 상대성장률을 봐야 한다. 2024년 중국의 성장률이 5%로 떨어졌지만 중국의 성장률과 세계 평균 성장률을 비교하면 중국의 성장률은 세계 평균보다 1.5배, 미국보다 1.7배 높은 성장이다. 중국의 2024년 GDP는 2004년 GDP의 9.8배, 2014년 GDP의 1.8배다. 2024년의 GDP 1%는 2004년의 9.8%와 맞먹는 규모다.

중국의 GDP 규모 비교(2004=1)

	2001	2004	2011	2014	2021	2024
GDP(b$)	1,334	1,949	7,492	10,524	17,759	19,035
2004=1	0.7	1.0	3.8	5.4	9.1	9.8
성장률(%)	8.3	10.1	9.6	7.4	8.4	5.0

자료: IMF, 중국경제금융연구소

　중국 GDP는 서방세계의 GDP와 다르게 해석해야 한다. 중국은 국유기업 매출이 국내총생산(GDP)의 63%를 차지하는 공유경제다. 공유경제에서 기업의 목적은 이익 극대화가 아니다. 사회주의 공유경제에서는 고용이 가장 중요하다. 중국 경제의 중추를 차지하는 국유기업이 주도하는 '중국 GDP는 고용지표'라고 보는 것이 좋다.

　서방은 중국이 경제 성장 목표로 10% 성장은 반드시 지킨다고 했다가 8%, 6%, 5%로 계속 낮춘 것을 두고, 중국 정부의 정책 실패 혹은 능력의 한계로 해석하는 경향이 있다. 하지만 이는 잘못된 판단이다. 중국의 성장률 목표 하향은 중국의 산업 구조 고도화로 GDP 1%당 고용유발계수가 높아졌기 때문이고, 중국 경제 규모 확대에 따른 성장률의 감속 때문이다.

　모든 나라에 대졸 '먹물 실업자' 수가 증가하면 사회 불안정성이 커진다. 2023년 중국의 GDP 1%당 고용유발계수는 242만 명이었다. 2024년 중국의 대졸자 수는 1,179만 명이었고 이를 고용하기 위해서는 적어도 4.9%의 성장을 달성해야 한다. 그래서 중국의 2024년 GDP 성장목표는

5%였고 이를 달성하기 위해 3분기 말부터 대대적인 부양책을 썼던 것이다.

GDP 1%당 고용유발계수(만 명)

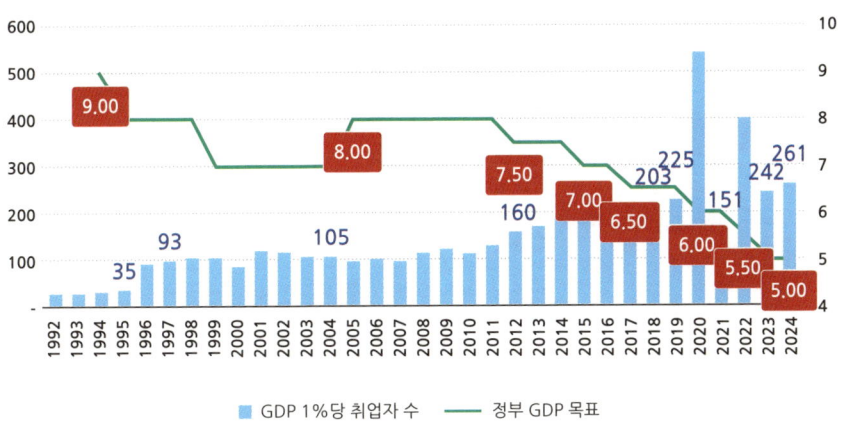

자료: 국가통계국, 중국경제금융연구소

미국 피터슨연구소(PIIE)가 서방세계의 일반적인 견해와 다른, 중국 성장률에 관한 연구결과를 발표했다. 2012년 오바마의 'Pivot to Asia' 선언 이후 미국의 대중국 견제가 시작되었지만 미국의 대중 정책은 중국의 성장을 좌초시키지 못했다는 것이다.

2012년 GDP를 100으로 놓고 전 세계, 미국, 중국의 2024년까지 GDP 규모를 비교하면 중국은 214% 증가했지만 미국은 179%, 전 세계 평균은 146% 증가에 그쳤다는 것이다. 코로나봉쇄가 있었던 2021년부터 중국의 상대성장률이 미국에 비해 낮아지기는 했지만 중국의 성장이 좌초되었다고 보기는 어렵다는 것이다.

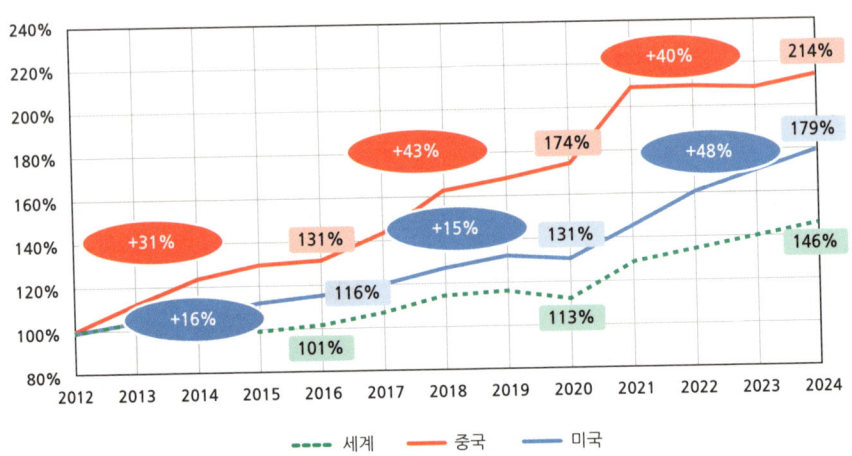

미·중의 경제성장 규모 비교(2012=100%)

자료: IMF, PIIE

　세계경제 규모 2위인 중국이 세계 3위~6위 경제 대국의 합보다 경제 규모가 더 큰데도 미국을 추월하지 못해서 실패했다고 생각하는 것은 중국을 과소평가하는 것이다. 2017년 이후 이들 빅 4와 상대비교를 해보면 중국의 경제는 계속 커졌다.

　미·중전쟁이 시작된 2018년 중국의 GDP 규모는 세계경제 규모 3-7등 하는 국가 GDP 합계의 77%였다. 이후 코로나와 경기부진, 위기설에도 불구하고 2024년에는 94% 수준으로 2018년 대비 17%p나 높아졌다.

중국의 상대 GDP 규모 비교

		2위	3위	4위	5위	6위	7위	3-7위 계
2017		중국	일본	독일	프랑스	영국	인도	
		100%	41%	29%	22%	22%	21%	**134%**
2018		중국	일본	독일	영국	프랑스	인도	
		100%	37%	30%	21%	21%	20%	**129%**
2019		중국	일본	독일	인도	영국	프랑스	
		100%	22%	28%	21%	16%	15%	**101%**
2020		중국	일본	독일	영국	인도	프랑스	
		100%	34%	26%	18%	18%	18%	**114%**
2021		중국	일본	독일	인도	영국	프랑스	
		100%	28%	25%	18%	18%	17%	**105%**
2022		중국	일본	독일	인도	영국	프랑스	
		100%	23%	23%	19%	17%	15%	**97%**
2023		중국	독일	일본	인도	영국	프랑스	
		100%	25%	24%	21%	19%	17%	**106%**
2024		중국	독일	일본	인도	영국	프랑스	
		100%	26%	22%	21%	20%	17%	**106%**
2025		중국	독일	일본	인도	영국	프랑스	
		100%	25%	22%	22%	19%	17%	**105%**

자료: IMF

중국 대비 세계 GDP 3-7위 국가의 경제 규모 비교

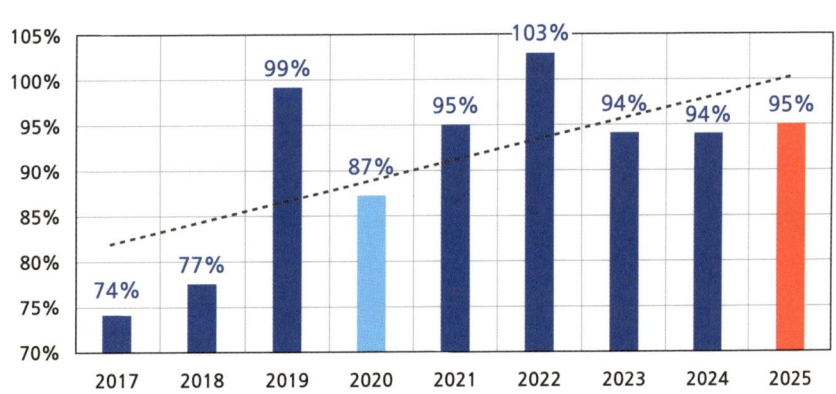

자료: IMF

03 중국 굴기의 7할은 미국의 헛발질 때문

2000년 이후 중국 굴기의 원인을 자세히 들여다보면 중국의 노력도 있었지만, 정작 중국 부상의 7할은 미국의 헛발질이 만든 것이다. 2001년 닷컴 버블, 2008년 글로벌 금융위기, 2020년 코로나19 위기에서 미국의 세 번의 실수가 중국 경제 규모를 상대적으로 키웠다.

미국은 세계 넘버 2가 미국 GDP의 40%를 넘어서면 예외 없이 좌초시켰다. 그런데 GDP 규모가 미국의 40%대로 무릎 아래에 있어야 할 중국이 70%대의 가슴까지 차올라버린 상황에서 미국 바이든 정부는 중국에는 없고 미국에는 있는 단 하나의 무기로 중국을 좌초시키려 했다. 바로 '동맹'이다. 미국은 기술 동맹과 공급망 동맹을 통해 중국을 좌초시키는 전략을 구사했다.

일본과 중국의 미국 GDP 대비 비중 추이

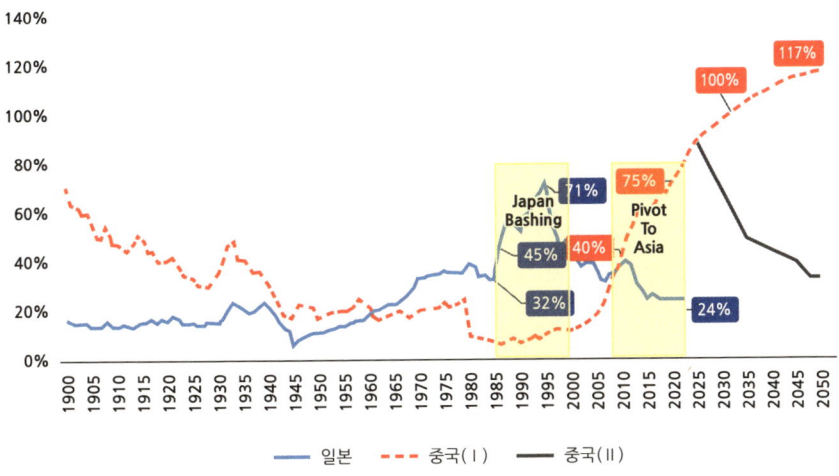

자료: 중국경제금융연구소

하지만 세계 최대 규모의 외환 보유고를 지닌 중국은 '일대일로'와 '역내포괄적경제동반자협정(RECEP)' 등을 통해 미국의 동맹 그물망에 구멍을 내고, 경제봉쇄를 탈피하는 맞대응 전략을 폈다. 중국이 미국 GDP의 60-70% 수준인 상황에서도 이런데, 만약 중국이 미국 GDP의 90%를 넘어선다면 중국의 돈과 시장에 혹한 미국 동맹의 배반이 나올 가능성이 매우 크다.

이미 북대서양조약기구(NATO) 동맹의 독일과 쿼드 동맹의 인도, 그리고 중동의 맹주 사우디아라비아가 미국의 동맹 전략에 구멍을 냈다. NATO 동맹의 중국 봉쇄 전략에도 불구하고 시진핑 3기 집권이 확정된 뒤 방중한 첫 번째 서방 정상은 올라프 숄츠 독일 총리였고, 독일은 중국과 경제협력을 강화했다.

더불어 미국의 대(對)러시아 봉쇄 전략에도 인도는 미국의 요구를 무시하고 러시아에서 에너지를 계속 구입해 가공하여 유럽으로 수출해 돈은 챙기면서 달러가 러시아로 흘러들어가게 만들었다. 사우디아라비아는 바이든 방문은 찬밥으로 대우한 대신 시진핑은 황제로 대우하고 석유의 위안화 결제까지 들먹이고 있다.

2025년 미국 트럼프 대통령의 재등장 이후 기존 세계 경제질서에 반하는 트럼프노믹스가 등장해 세계를 당혹스럽게 하고 있다. 내부적인 모순으로 가득 찬 트럼프노믹스가 성공한다면 기존 경제학자와 무역학자는 다 굶어 죽는다. 트럼프노믹스가 성공한다면 1776년부터 249년간 자본주의의 교본으로 쓰인 애덤 스미스의 '국부론'과 1817년에 나와 208년간 세계무역이론으로 쓰인 데이비드 리카도의 '비교 우위론'은 쓰레기통에 들어가야 한다.

그러나 이미 트럼프 취임 1분기 만에 미국의 성장률은 곤두박질치고 물가는 들썩인다. 트럼프노믹스의 기대치는 현실과 괴리가 있다. 만약 중국에 대한 미국의 네 번째 헛발질(WTO, WFC, WLC, Trump Crisis)이 또 나온다면 미국은 중국을 다시는 못 잡을 가능성이 크다.

04 중국의 미국 추월은 진행 중

　미국은 2등 죽이기로 이골이 난 나라다. 미국은 넘버 2의 경제 규모가 미국 GDP의 40%대를 넘어서면 반드시 죽이거나 좌초시켰다. 1970년대 소련이 미국 GDP의 40%가 되자 페레스트로이카(Perestroika)를 통해 소련을 붕괴시켰으며, 일본이 1985년 40%를 넘어서자 플라자 합의(Plaza Accord)를 통해 10년간 일본을 압박해 결국 좌초시켰다.

　반면 중국은 2010년 미국 GDP의 40%를 넘었지만, 미국은 2018년 중국이 미국 GDP의 68%까지 커지도록 내버려뒀다가 도널드 트럼프 대통령이 부랴부랴 중국 때리기에 나섰다. 미국이 2등 죽이기에 지각한 것은 2009년 미국발 글로벌 금융위기 때문이다. 미국은 금융위기를 수습하는 데 8년이 걸렸다. 불을 다 끄고 보니 40%대 아래에 있어야 할 중국 GDP가 68%까지 커져 서둘러 봉쇄에 나섰지만 이미 차는 지나가 버렸다.

　미국은 커진 중국을 혼자 막기 힘들어지자 쿼드(미국·호주·일본·인도 안보협의체), IPEF, Chip4 동맹 등을 만들었다. 우방국들을 동원해 공동으로 그물을 쳐 중국을 봉쇄하는 전략을 쓰고 있지만 아직 어느 하나 성공한 것이 없다. 미국의 중국 때리기는 2018년부터 계속 강화됐지만 중국은 좌초되기는 커녕 미국 대비 GDP 규모가 계속 커졌다.

중국의 미국 대비 GDP 비중

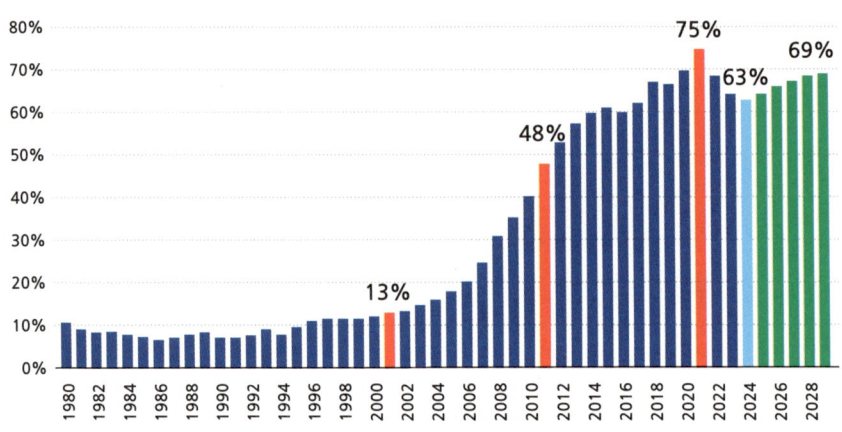

자료: IMF, WEO 2024.10

2022년 이후 2024년까지 중국의 대미국 대비 GDP 비중은 8%p 하락한 63%까지 하락했다. 그래서 많은 서방의 언론과 기관들이 중국 피크론을 얘기하지만 이것도 냉정하게 봐야 한다. 2020년 이후 3년간 코로나봉쇄가 있었고 그 이후 1년간 봉쇄 후유증이 있었다. 그러나 이 기간 중에도 중국의 GDP는 감소한 적이 없었다. 미국의 성장률이 상대적으로 높았기 때문이고 동기간 중에 위안화 절하가 있었기 때문이다.

IMF의 GDP 규모는 달러로 환산한 것이다. 중국의 위안화 환율은 2018년 6.3에서 2024년 7.2로 14%가량 절하되었다. 중국의 달러 표시

GDP가 마이너스처럼 보이는 것은 환율절하로 인한 것이고 위안화 표시 GDP는 감소한 적이 없다. 만약 미·중의 경제전쟁이 환율전쟁으로 옮겨붙어 과거 일본의 사례처럼 환율이 대폭 절상 된다면 이번엔 반대로 '달러기준' 중국 GDP 규모가 커져 미국 대비 GDP 비중은 환율절상 효과만큼 커진다.

2024년 미국 대비 달러 기준 중국 GDP가 63% 수준이지만 GDP 성장 속도가 미국의 1.7배 수준을 그대로 유지하고 환율이 일정한 정도로 절상추세를 유지한다면 미국 컨퍼런스보드나 골드만삭스의 예측처럼 2031-2035년 즈음에 중국이 미국 GDP를 추월하는 불상사가 발생할 수도 있다.

골드만삭스 국가별 장기 경제 전망

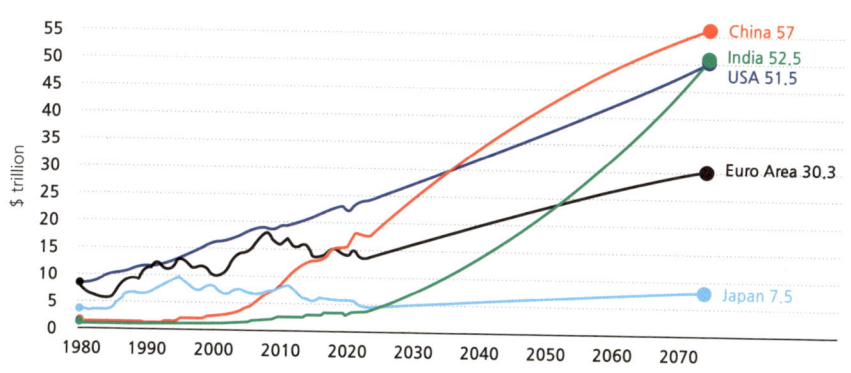

출처: Goldman Sachs, The Global Economy in 2075, 2022

그래서 미국은 이를 반드시 막아 중국을 추락의 길로 보내야 하는 반면, 중국은 이 같은 성장률로 10년 이상을 버티면 미국 추월의 길로 갈 수 있다. 그래서 2025년 이후 향후 10년 동안 중국은 추락이냐 추월이냐를 두고 미국과 피할 수 없는 한판 승부를 벌일 수밖에 없다.

주요 기관별 중국의 미국 추월시점 추정

기관명	추월 여부	중국의 미국 추월시점
컨퍼런스보드	○	'31년
골드만삭스	○	'35년
블룸버그	○	'40년대
영국 경제경영연구소	○	'37년
일본경제연구소	×	'35년 이후에도 추월 불가
캐피털 이코노믹스	×	'30년 미국의 87% 이후 하락

자료: 국제금융센터, 피크 차이나(Peak China)론의 배경 및 시사점, 2023. 9. 14.

그러나 GDP 규모가 미국을 넘었다고 중국이 미국을 제치고 세계 최강대국이 되는 것은 아니다. 국력은 축적의 힘이다. 1960년 이후 누적 GDP 규모를 보면, 미국을 100%로 할 때 중국은 41%에 그친다. 중국의 한 해 GDP 규모가 미국을 넘어서더라도 아직 축적의 힘이 부친다. 적어도 추가적으로 20-30년 이상의 축적이 더 돼야 누적 기준 GDP가 미국을 넘어서는 진정한 미국 추월을 할 수 있다.

세계주요국 GDP 누계(1960~2024)

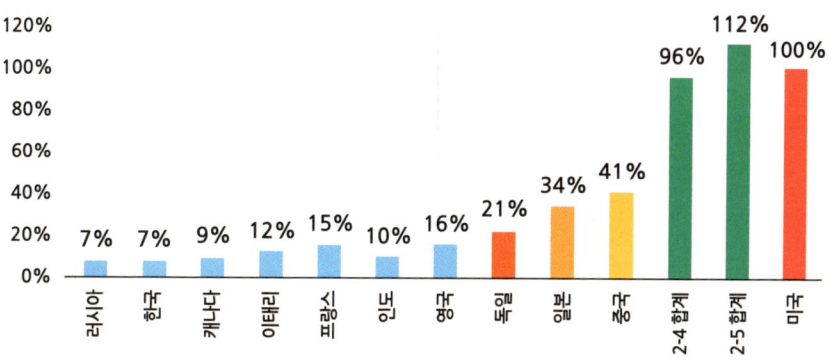

자료: WB, IMF

05 가게가 커지면 종업원이 손님을 낮게 본다

한국은 한 번도 중국과 이념의 친구, 사상의 동지였던 적이 없다. 유엔군이 6.25전쟁 때 압록강까지 밀어붙여 한반도 통일을 목전에 두었지만 중국이 30-40만 명의 사상자를 내면서까지 중공군을 대거 투입해 한국의 통일을 가로막았다. 중국은 지금까지도 인민해방군의 6.25전쟁 참전을 항미원조 (抗美援朝: 미제에 맞서 조선을 도움) 보가위국(保家衛國: 가정과 국가를 지킴)이라고 교육하며 애국, 민족주의 및 사상 교육의 소재로 이용하고 있다.

한국도 원래 중국이라고 부른 것이 아니라 중공이라고 불렀다가 1992년 수교 이후 중국이라고 부르고 있다. 서로 총부리를 맞대고 전쟁을 한 한국과 중국이 수교 이후 가까운 이웃, 친구로 33년간 지내온 것은 철저한 이해관계 때문이다. 중국은 한국의 기술과 자본이 필요했고 한국은 공장과 시장이 필요했기 때문에 서로 '돈 버는' 친구로 다시 맺어졌을 뿐이다.

한·중 간의 경제력과 외교 관계

	세계순위			세계점유율			중국/미국 비중	한국/중국 비중	한·중 외교 관계	한국 대통령	중국 주석
	중국	한국	일본	중국	한국	일본					
1992	10	14	2	1.9%	1.4%	15.7%	7.5%	72.2%	우호협력관계	노태우	장쩌민
1994	8	12	2	2.0%	1.7%	17.8%	7.7%	85.5%			
1998	6	14	2	3.2%	1.2%	12.9%	11.3%	37.4%	협력 동반자 관계	김대중	
1995	8	11	2	2.3%	1.8%	17.7%	9.6%	77.5%			
2000	6	12	2	3.5%	1.7%	14.6%	11.8%	47.8%			
2003	7	11	2	4.2%	1.8%	11.5%	14.5%	42.4%	전면적 협력 동반자 관계	노무현	후진타오
2005	5	10	2	4.8%	2.0%	10.1%	17.6%	40.8%			
2008	3	15	2	7.1%	1.6%	8.0%	31.0%	22.9%	전략적 협력 동반자 관계	이명박	
2010	2	14	3	9.1%	1.7%	8.7%	40.1%	19.0%			
2013	2	14	3	12.4%	1.8%	6.7%	57.1%	14.2%	전략적 협력 동반자 관계 -심화	박근혜	시진핑
2015	2	11	3	14.8%	2.0%	5.9%	61.0%	13.2%			
2017	2	11	3	15.1%	2.0%	6.1%	63.0%	13.2%	전략적 협력 동반자 관계 -실질적	문재인	
2020	2	10	3	17.4%	2.0%	5.9%	69.6%	11.7%			
2021	2	11	3	18.2%	2.0%	5.2%	75.0%	10.9%			
2022	2	13	3	17.6%	1.8%	4.2%	68.6%	10.1%	전략적 협력 동반자 관계 -실질적	윤석열	
2023	2	13	4	16.8%	1.7%	4.0%	64.1%	10.4%			
2024	2	12	4	16.6%	1.7%	3.7%	62.6%	10.2%			
20-24	0	-2	-1	-0.8%	-0.3%	-2.2%	-7.0%	-1.5%			
24-17	0	-1	-1	1.5%	-0.3%	-2.4%	-0.3%	-3.0%			
24-94	-6	0	2	14.6%	0.0%	-14.1%	54.9%	-75.3%			

자료: IMF, 중국경제금융연구소

    2023년부터 한국의 대중 무역은 적자로 돌아섰다. 그래서 한국이 중국에서 기술만 다 털리고 나왔다는 얘기가 넘쳐나지만 이것도 팩트체크를 제대로 할 필요가 있다. 한국은 1992년 수교 후 2024년까지 대중 무역흑자 6,826억 달러를 냈고 홍콩까지 포함하면 1조 3,306억 달러의 무역흑자를 냈다. 동기간 중 한국의 총무역흑자는 8,155억 달러였고 대미 무역흑자는 4,170억 달러로, 한국은 미국에서 번 것의 3.2배를 중국과 홍콩에서 벌었다.

한국의 무역수지 누계(93-2024)

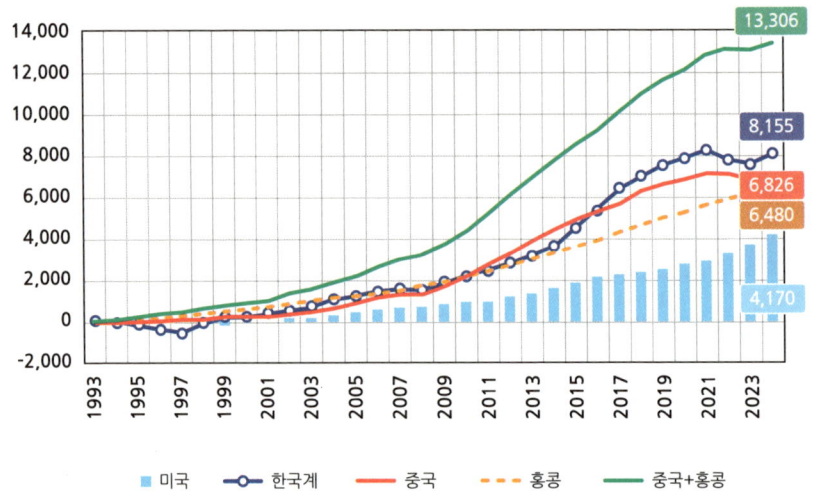

자료: 무역협회, 무역통계

한·중 관계는 2017년 사드사태와 2020년 코로나사태를 겪으면서 완전히 멀어졌고, 중국 주석의 한국 방문은 2014년 이후 중단되었다. 외교문제를 떠나 한·중 관계가 철저한 이해관계라는 점을 염두에 두고 보면 중국이 한국을 대하는 태도가 달라진 것은 추락한 한국의 위상에 있다. 가게가 커지면 종업원이 손님을 깔보는 것이다.

인구는 중국의 1/28, 국토면적은 1/98에 불과한 한국은 1994년에 중국 GDP의 85%, 중국 GDP 상위 18개 성을 합한 것보다 경제규모가 큰 나라였다. 그러나 2022년의 한국은 중국 광둥성 한 개 성의 GDP 규모에도 못 미치는 수준으로 그 위상이 떨어졌다. 중국의 시진핑 주석이 왜 방한하지 않느냐고 하지만 경제규모로 보면 한국은 광둥성 하나 수준으로 그 위상이 낮아졌다. 중국의 주석이 몇 년에 한 번 광둥성을 방문하는지에 답이 있다.

중국의 지방성 GDP와 비교한 한국의 대중 GDP 비중

한국비중	연도	广东	江苏	山东	浙江	四川	河南	湖北	福建	湖南	上海	安徽	河北	北京	陕西	江西	辽宁	重庆	云南	广西	山西
22%	1980	6%	13%	20%	24%	29%	34%	39%	41%	45%	52%	55%	60%	64%	66%	68%	75%	77%	78%	81%	83%
28%	1982	6%	14%	21%	25%	31%	36%	40%	42%	47%	53%	56%	61%	64%	66%	69%	75%	76%	79%	81%	84%
31%	1984	6%	14%	22%	26%	31%	37%	41%	43%	47%	53%	57%	61%	64%	66%	69%	75%	77%	79%	81%	84%
39%	1986	7%	15%	22%	27%	32%	37%	42%	44%	48%	53%	57%	62%	65%	67%	69%	76%	77%	79%	82%	84%
49%	1988	8%	16%	24%	29%	34%	39%	43%	46%	50%	54%	58%	63%	66%	68%	70%	76%	78%	80%	82%	84%
71%	1990	8%	16%	24%	29%	34%	39%	44%	46%	50%	55%	58%	63%	66%	68%	70%	76%	78%	80%	82%	85%
72%	1992	9%	18%	26%	31%	36%	41%	45%	48%	52%	56%	59%	64%	67%	69%	71%	77%	79%	81%	84%	86%
83%	1994	10%	19%	28%	34%	38%	43%	47%	50%	54%	58%	61%	66%	69%	70%	73%	78%	80%	82%	85%	87%
71%	1996	10%	19%	28%	34%	38%	44%	47%	51%	54%	59%	62%	67%	70%	72%	74%	78%	80%	83%	85%	87%
37%	1998	10%	19%	28%	34%	38%	43%	47%	51%	55%	59%	62%	67%	70%	72%	74%	79%	81%	83%	85%	87%
48%	2000	11%	20%	28%	34%	38%	44%	47%	51%	55%	60%	63%	67%	71%	73%	75%	79%	81%	83%	85%	87%
43%	2002	11%	20%	29%	35%	39%	44%	48%	51%	55%	60%	63%	68%	71%	73%	75%	80%	82%	84%	86%	88%
41%	2004	11%	21%	29%	36%	40%	45%	48%	52%	55%	60%	63%	68%	72%	74%	76%	80%	82%	84%	86%	88%
38%	2006	12%	21%	30%	37%	41%	46%	50%	53%	56%	61%	64%	69%	72%	74%	77%	80%	82%	84%	86%	88%
23%	2008	11%	21%	30%	36%	40%	46%	49%													
19%	2010	11%	21%	29%	36%	40%	45%	49%													
15%	2012	10%	20%	28%	35%	39%	44%	49%													
14%	2014	11%	21%	28%	35%	39%	44%	49%													
13%	2016	11%	21%	29%	35%	40%	45%	50%													
12%	2018	11%	21%	28%	35%	40%	45%	50%													
11%	2020	11%	21%	28%	35%	40%	45%	49%													
9%	2022	11%	21%	28%	35%	39%	44%	49%													
10%	2023	11%	21%	28%	35%	40%	45%	49%													

자료: 중국경제금융연구소

한·중 간의 많은 문제에 대한 대응과 해법은 결국 외교력이다. 한국은 어업분쟁부터 마늘분쟁, 김치분쟁까지 수많은 대중국 이슈가 있었지만 속 시원하게 중국에게 사과받거나 해결을 한 기억이 별로 없다.

2010년 이후 한·중 간 주재 대사들을 보면 한국은 8명의 대사를 보냈고 평균 재임기간이 27개월인 반면 중국은 4명의 대사에 재임기간이 48개월이었다. 한국의 대사 중 외교관은 1명에 불과했고 모두 중국과는 거리가 있는 정치인이나 정치권과 연관된 인사들이었다. 중국은 4명 모두가 전문 외교관이었다. 모략과 전략의 나라 중국에서 한국은 정치를 했고 중국은 한국에서 외교를 했다.

"피는 물보다 진하다"라고들 한다. 국제 관계에서는 '피보다 진한 것이 돈'이다. 돈이 되면 적과 동침하지만 돈이 안 되면 우방이라도 뒤도 안 돌아보고 버리는 것이 국제 관계다. 유럽의 맹주 독일, 인도양의 맹주 인도, 중동의 맹주 사우디아라비아의 행태가 '안미경중(安美經中)'은 끝났고 이젠 미국에 올인해야 한다는 주장이 범람하는 한국의 외교 전략에 중요한 시사점을 주고 있다.

중국과 미국을 보는 데 있어 냉전 시대 사고로 승리를 하기는 어렵다. 세상의 변화가 있다. 트럼프의 "퍼팅은 할 때마다 달라진다"라는 말이 명언이다. 상황 변화에 유연하게 대처해야 한다는 것이다.

한국은 미·중 관계에서 균형감각, 즉 제조와 금융, 첨단과 레거시의 균형점을 제대로 잡아야 할 필요가 있다. 80년대 일본이 지금 중국보다 더 잘나갈 때 미국이 일본을 잡은 것은 무역이 아니라 금융이었다. 나그네의 옷은 바람이 아니라 햇빛으로 벗기고 중국은 무역이나 관세가 아니라 금융으로 벗겨야 한다.

하수는 큰소리로 말하고 작은 막대를 들었다면, 고수는 부드러운 목소리로 큰 막대기 들고 다닌다. 미국에도 중국에 관해 과도한 슈퍼 호크들이 있다. 예들 들면, 성조기가 그려진 미국 지도에 중국의 칼이 꽂혀 피가 흘러 내리는 영상을 제작해 중국 위협론을 강조하는 '피터 나바로' 같은 이들인데, 중국의 실력을 정확히 보고 급소를 눌러 제압하는 것이 아니라 미디어와 매체를 동원해 중국 위기론, 위협론의 과도한 강조만 하고 있다. 이런 식이면 오히려 중국을 오판하게 만든다.

　중국을 이기려면 '독수리의 눈'이 아닌 '용의 머리'로 생각해야 한다. 중국이 고양이 모습을 한 호랑이인지 고양이 속에 들어 있는 호랑이인지 정확히 봐야 한다. 그리고 미국은 디리스킹(Derisking)을 생각하지만 중국은 디보싱(divorcing), 결별을 생각한다. 무역의 창과 기술의 검으로 중국을 찔렀을 때 중국의 방패는 무엇인지를 생각해 보지 않고 중국이 단순히 미국의 창과 검에 찔려 죽을 것이라는 추론은 맞지 않다.

　트럼프 2기 정부에 들어서면서 한국은 '현금인출기'이고, 대만은 모든 '미국의 chip을 가져갔다'는 트럼프의 발언만 봐도 미국은 적 아니면 친구지 중간은 없다는 걸 알 수 있다. 제조업에서 반도체 빼고는 한국을 다 따라잡은 중국이다. 중국은 넓고 돈 벌 곳은 많다. 중국은 외국기업을 집 앞마당에 들어온 닭으로 본다. 중국은 앞마당 먹이에 혹해 들어온 닭을 어떻게 요리할 것인지 계획이 있다. 당장 잡아먹을 것인지, 알을 낳아 먹을 것인지, 병아리를 칠 것인지, 영계 백숙을 할 것인지. 중국의 앞마당에 들어간 닭들은 중국의 생각을 읽고 미리 대비하지 않으면 당할 수밖에 없다.

06 중국의 '진짜 위기'와 '가짜 위기'의 구분

　최근 20여 년간 중국의 위기론, 붕괴론의 단골 메뉴인 중국의 부동산위기, 지방정부 부채위기, 기업부채위기, 국유기업 부도위기, 지방은행 부도, 소수민족들 반란 위기, 인구감소, 노령화 위기는 모두 가짜 위기다.

　진짜 위기는 디지털 위기, 성장률 위기, 투키디데스 함정으로 불리는 국가 간 경쟁 위기다. 만리장성도 구멍 하나 때문에 무너진다. 세계에서 가장 빠른 디지털화는 중국 공산당의 통치력을 역사상 최대로 강하게 만들고 경제를 발전시키는 데 결정적으로 중요한 요소지만 이는 해킹 하나로 바로 끝장날 수도 있다.

　부동산에서 중국이 서방과 다른 점은 중국의 도시화율은 아직 65% 선으로 실수요가 충분히 대기하고 있고 땅이 정부 소유이기 때문에 언제든지 부동산 투기를 잡을 수 있다는 것이다. 중국은 중앙집권제 국가다. 서방의 지방자치제 국가들도 지방정부 부도는 중앙이 최종적으로 부담해 해결하는데 중앙집권제의 나라에서 지방정부가 부도나서 나라 망한다는 것은 엉터리다. 소수민족들의 반란의 가능성도 희박하다. 전체인구의 8.5%에 불과한 소수민족이 91.5%를 넘어뜨리려면 강력한 지도자, 야당, 여론이 있어야 가능한데 소수민족은 이 조건을 만족시키지 못한다.

국유기업과 지방은행 부도로 인한 위기설도 서방세계에 심심하면 나오는 단골 메뉴지만 국유기업은 나라가 망하기 전에는 부도날 수 없다. 한국도 많은 공기업들이 적자지만 큰 문제없는데 중국이 문제된다는 것은 서방식 해석일 뿐이다. 지방은행 역시 모두 정부가 대주주다. 한국도 지방은행 부도가 있었지만 시중은행이 인수해서 정리했다. 중국의 지방은행 역시 문제가 되면 시중은행이나 국유은행이 인수해서 해결할 것이다.

기업부채 비율은 프랑스가 중국보다 높지만 프랑스가 기업부채 때문에 망한다는 얘기는 없다. 중국의 기업부채는 60% 이상이 국유기업 대출이고 중국의 4대은행 포함 대부분의 은행은 정부가 대주주인 국유다. 국유은행은 부도날 수가 없다.

인구감소, 노령화 위기도 항상 등장하는 메뉴지만 중국보다 인구감소를 먼저 경험하고 있는 일본과 한국은 멀쩡한데 중국은 망한다는 것도 과하다. 인구출생률은 한국이 중국보다 더 낮고 인구고령화율도 일본과 한국이 중국보다 더 높다. 중국은 생물학적 인구는 감소하는 '인구 보너스' 시대는 갔지만 1억 9천만 명의 대졸자와 매년 1,200만 명에 달하는 대학신규 졸업자들이 만들어내는 '인재 보너스' 시대에 진입했다.

사이버 보안이 '디지털 중국'의 최대 리스크다. 시진핑이 2025년 민영기업 좌담회에 중국 1위의 사이버 보안회사를 참석시킨 것도 이 때문이고 세계에서 가장 먼저 중앙은행 가상화폐(CBDC)를 만들어놓고도 중국이 이를 전면적으로 사용하지 않는 것도 이 때문이다.

'잘 살면 쇼핑이고 못 살면 혁명'이다. 중국의 부채문제는 그 자체보다는 부채비율의 상승이 필연적으로 성장률 하락으로 이어진다는 것이다. 세계인구의 1/5에 달하는 거대한 인구가 성장둔화로 일자리와 소비가 부족해지면 심각한 사회문제가 생기고 체제의 위협으로 다가온다. 황하강이 범람하면 왕조가 바뀌던 나라가 중국이다. 경제성장이 사회가 감내할 수 없는 수준으로 떨어지면 필연적으로 혁명이 일어난다.

'돈과 권력은 결코 나누어 쓸 수 없다'. 최근 500년간 대국의 굴기의 역사적 패턴을 보면 제조대국으로 일어서고, 무역대국으로 융성하고 다음은 군사대국과 금융대국으로 패권국의 자리에 올라선다. 대국은 군사충돌 아니면 재정악화로 통화가치가 급락하면서 망하는 것이 역사의 사례. 대만해협을 두고 미국과의 지정학적 리스크가 미·중전쟁은 물론이고 세계 3차대전의 발화점이 될 수도 있다.

그리고 금융패권이 진짜 패권이다. 달러패권과 위안화패권의 쟁탈전이 진짜 전쟁이고 승리하면 기축통화국이 된다. FRB 지하실에서 프린터로 돈 찍어(세뇨리지 효과) 전 세계 모든 물건을 공짜로 쓰는, 모든 것을 누리는 미국이지만 패하면 망하는 것이다. 제조가 아무리 강해도 제조는 금융의 머슴일 뿐이다.

권불십년(權不十年)이라고, 10년이면 강산도 변한다. 2015년 중국의 'Made in China 2025' 이후 중국은 10년 동안 칼 한 자루만 간다(十年磨一劍)는 심정으로 7개의 첨단기술개발에 올인했다. 그 결과 전기차, 배터리, 드론, LCD, 태양광 등의 산업에서 세계 1위를 석권하고 이제 마지막 남은 반도체에서 세계 석권을 꿈꾸고 있다. 중국이 서방의 붕괴론, 회의론에 상관 않고 초지일관 기술개발과 투자를 한 결과이다. 이미 중국은 자동차, 철강, 화학, 조선, 기계 같은 전통산업에서는 한참 전에 세계 1위 자리를 꿰어 찼다.

한국은 여전히 중국의 불투명한 정책, 정치체제, 사회통제를 중국 발전의 치명적인 아킬레스건이라고 믿고 얘기한다. 그러나 물이 맑으면 고기가 없다. 무질서하고 무데뽀인 중국은 한국에 기회지만 중국이 한국처럼 투명해지고 부정부패가 사라질 정도로 투명해지면 먹을 게 없다.

　습관이 제일 무섭고 편견과 선입견이 항상 사고를 친다. 선진국의 기술과 자본을 빌려와 제품을 만들던 '머슴 중국'이 더 이상 선진국의 기술과 자본이 필요 없을 정도가 되어가면서 판이 엎어졌는데 서방은 이를 인정하거나 인식하지 못한다. 서방의 대중국 제재나 전략의 실패는 '도광양회'를 버린 중국을 여전히 '40여 년 전 덩샤오핑 시대'로 인식하는 오류에서 출발한다.

PART 04

차이나 퍼즐,
중국이 과학기술에
강(强)한 이유

01 '니덤 퍼즐'과 야성황 교수의 '중국 필패론'

캠브리지대학의 조지프 니덤(Joseph Needham) 교수와 MIT 슬론 경영대학원의 야성황(黃亞生: Yasheng Huang) 교수는 중국의 과학기술 발전과 정치구조에 대한 중요한 통찰을 제공했다.

1960년생으로 북경 출생인 야성황 교수는 하버드에서 박사를 받고 MIT의 중국과 인도랩에서 중국과 인도 연구를 하고 있다. 야성황 교수는 저서 「The Rise and Fall of the EAST」에서 시험제도, 독재, 안정성, 기술(EAST)이 중국의 성공을 이끌었지만, 시험제도와 독재가 창의성과 다양성을 억압하여 장기적인 쇠퇴를 초래할 수 있음을 지적한다. 이 책에서 말하는 EAST는 중국과 동양을 의미하기도 하지만, 중국의 특성인 Exam, Autocracy, Stability, Technology의 약자다. 한국에서는 이 책을 '중국 필패론'으로 번역했다.

조지프 니덤은 1900년 12월 9일 런던에서 태어난 영국의 박물학자이자 과학사회학자로 캠브리지대학의 교수였다. 화학으로 학위를 받아 영국의 생화학자로서 발생학 분야에 의미 있는 기여를 했지만 니덤의 정말 중요한 업적은 1954년부터 오랜 시간에 걸쳐 발간한 중국의 과학과 문명 「Science and Civilization in China」이라는 제목의 저술이다.

중국은 고대에 종이, 인쇄술, 화약, 나침반이라는 4대 발명을 통해 세계 과학기술 발전에 큰 기여를 했던 과학기술의 나라였지만, 중세 이후 과학기술 분야에서 서구에 뒤처지게 된 이유에 대한 해답을 푸는 유명한 '니덤 퍼즐'을 제기했다. 니덤 교수는 이 퍼즐의 답을 다섯 가지로 제시했다.

첫째, 과거제도의 영향과 사상적 경직성이다. 중국의 과거제도는 관리 선발에 있어 유교 경전 암기와 문학적 능력을 중시했다. 이는 실용적이고 혁신적인 과학기술보다는 학문적 보수성을 강화시켰고 결과적으로 과학적 탐구와 실용기술 개발이 억제되었다는 것이다.

둘째, 중앙집권적 정치체제와 보수적 사회구조다. 중앙집권적 왕조체제는 정치적 안정을 위해 변화를 꺼렸고 권력자들은 기술혁신이 사회질서를 위협할 수 있다고 보고 이를 제한하거나 통제했다. 이러한 보수적인 분위기가 기술발전을 저해했다고 본다.

셋째, 상공업과 기술에 대한 경시다. 유교 사상은 농업은 중시하고 상업과 기술직은 경시했는데, 이는 상공업과 기술직 종사자들의 사회적 지위와 경제적 지원을 낮추어 기술 발전의 동력을 약화시켰다고 본다.

넷째, 해외 탐험과 교류의 중단이다. 명나라의 해금정책(해상교역 금지)과 정화장군의 대원정 중단은 중국의 해외와의 교류를 제한하고, 새로운 기술과 문물의 유입을 막았다. 하지만 유럽은 적극적으로 신항로를 개척하며 과학기술을 발전시켰다.

다섯째, 산업혁명의 부재다. 유럽은 과학혁명과 산업혁명을 통해 기술혁신과 대규모 생산체계를 구축했지만, 중국은 이를 경험하지 못했다. 전통적인 수공업과 농업 중심의 경제구조가 지속되면서 산업화와 기술 발전이

지연되었다는 것이다.

　　두 학자의 중국의 발전과 한계에 대한 견해는 중국의 시험제도와 관료제가 초기에는 국가의 통합과 안정에 기여했으나, 장기적으로는 혁신과 창의성을 제한하여 과학적 발전을 저해했다는 공통된 인식을 보여준다. 니덤은 이러한 구조적 요인들이 근대 과학혁명의 부재로 이어졌다고 보았으며, 황 교수는 현대 중국에서도 유사한 요인들이 지속되어 사회주의 독재국가 중국은 경제적 및 기술적 쇠퇴를 초래할 수 있다고 경고한다.

02 사회주의는 '창의성의 지옥'이라는 오해

2012년 중국은 시진핑이 집권했고, 2018년 헌법을 개정해 국가 주석 임기 제한이 폐지되면서 사실상 시진핑 1인 독재 체제로 돌입했다. 야성황 교수와 니덤 교수의 지적을 현재의 중국에 대입하면 중국은 '창의성과 기술혁신의 지옥'으로 가고 있어 중국 필패(必敗)가 불가피하다.

그러나 2012년 이후 중국은 일당독재, 일인독재가 강화되었지만 '필패(必敗)'가 아닌 미국과 패권 장악을 다투는 '필패(必覇)'권의 길로 들어서고 있다. 서방에서는 중국 위기론, 붕괴론, 피크론이 넘쳐났지만 중국의 부상은 멈추지 않고 있다.

중국은 대부분의 과학기술과 전략산업 분야에서 미국 다음 부동의 2위이고 그 격차를 계속 좁히고 있다. 중국이 '필패(必敗)'의 길로 들어갔다면 미국이 오바마 대통령 이후 현재 트럼프 2기 정부까지 중국을 전방위로 압박할 이유가 없다. 미국의 시선을 빌리자면 미국이 대중 통제와 압박을 강화하는 것은 중국이 '필패(必敗)'가 아닌 '필패(必覇)'권의 길로 들어서고 있다는 방증이다.

두 교수의 견해로 본다면 사회주의 독재국가인 중국은 신기술, 창의산업에서 제도적 한계로 발전이 아니라 후퇴해야 되는데 지금 중국은 신기술산업에 있어 논문, 특허, 기술, 생산에서 미국을 추월한 분야가 속출하고 있다. 중국이 민주주의가 아닌데도 이런 일이 벌어지는 것을 도대체 어떻게 봐야 할까?

결국 체제가 아니라 사람의 문제다. 중국은 역사 이래 한 번도 민주주의였던 적이 없다. 영국의 인류역사에 새로운 획을 그은 산업혁명도 빅토리아 여왕이 통치하는 왕정 시대였지만 대영제국을 이루었다.

한국의 경우도 조선왕조, 세종대왕 시대에 수많은 창의적인 발명이 있었지만 민주주의 시대가 아니었다. 사회주의는 '창의성의 지옥'이고 민주주의는 '창의성의 천국'이라는 것은 미국이 강대국으로 부상하면서 실리콘밸리가 등장하고 이를 벤치마킹하면서 나온 것으로 봐야 할 것 같다.

사회주의 일당독재국가인 중국에서 혁신과 창의성은 도대체 어떻게 나온 걸까? 중국이 혁신산업에서 성공한 이유는 다섯 가지다.

첫째, 미국, EU, 일본 인구를 합한 것보다 더 큰 '거대한 인구의 다양성이 만들어내는 혁신'이다. 14억이 박 터지게 경쟁하면서 무림고수만 살아남는 최고의 경연장이 중국이고, 이 경연장에서는 최강자만 생존한다. 독보적, 독창적인 세상에 없던 제품과 기술이 없으면 바로 죽음이다.

둘째, 세계정상 수준의 기업들과 처절한 경쟁 속에서 '치열한 생존 경쟁'이 만들어내는 혁신이다. 포춘 500대 기업이 다 들어와 경쟁하는 시장이 지금 중국이다. 포춘 500대 기업들이 만들지 않은, 세상에 없던 것을 만들어야 살아남는다. 바로 '세상에 없는 것을 찾는 것'이 만든 혁신이다.

셋째, 분노 게이지 상승이 만든 '생존 본능이 만든 혁신'이다. 미국과 서방세계의 제재의 역설이 만든, 서방에 없던 것을 만들어 살아남아야 한다는 필사적인 노력이 만든 혁신이다.

　넷째, 정부의 파격지원, '쩐(錢)이 만들어내는 혁신'이다. 적자가 나도 정부가 부담하고 기술혁신에 투자해 실패해도 정부가 부담하는 시스템이 만들어낸 혁신이다. 이런 식으로 맨땅에 헤딩해서 만들어낸 것이 중국의 원자폭탄, 인공위성, 반도체다.

　다섯째, 10억 명의 인터넷 가입자, 17억 명의 핸드폰 가입자가 만든 모든 일상과 사회 시스템의 디지털화, 스마트폰화가 만들어내는 '4차 산업형 혁신'이다. 세계 최대의 디지털국가로 변신한 중국은 지금 거대한 4차 산업혁명 실험실이다. 중국은 코로나봉쇄 3년간 어느 국가도 가보지 않은 완전한 캐시리스(Cashless)사회, 비대면(Contactless)사회, 디지털(Digital)사회로 진입했고 이 과정에서 어느 나라도 생각하지 못한 서비스와 모델들이 튀어나오고 있다.

03 세계 10대 전략핵심산업 중 7개 산업, 중국 1위

중국의 경제적, 기술적 도전과 관련하여 가장 중요한 질문은 중국이 진정한 혁신자가 될 수 있는지 여부다. 중국이 혁신자가 되는 데 어려움을 겪고 그냥 모방자로 남는다면 미국과 다른 동맹들의 기술에 대한 위협은 줄어들 것이다.

그러나 중국이 미국과 동맹국보다 앞서거나 거의 동시에 세계에 새로운 혁신을 개발할 수 있다면 미국의 기술 기반 기업과 역량을 대체할 가능성이 훨씬 더 커진다. 규모의 경제성과 경쟁력을 키우기 위한 세계 최고 수준의 '정책 집중력'을 정부가 가지고 있기 때문이다.

사회주의에서는 창의성이 없어 '중국은 혁신할 수 없다'는 서방의 관념은 맞지 않다. 중국은 공산당의 통치지배를 받고 있지만, 중국은 소련이 아니다. 중국 기업은 중국 정부가 세계 혁신 리더로 만드는 목표를 달성하기 위해 노력하는 한 기업의 혁신활동에 상당한 수준의 행동의 자유가 있다.

중국 기업들은 20년 전의 '아시아 네 마리 호랑이' 홍콩, 한국, 싱가포르, 대만의 상황과 비슷하지만 다른 점은 중국은 호랑이가 아니라 정부가 투여한 강력한 스테로이드제를 처방받은 '불을 뿜는 용'이라는 것이다.

중국의 과학기술이 구현된 산업에서 실력은 어느 정도일까? 미국 정보기술혁신재단(ITIF)은 워싱턴 D.C.에 본사를 둔 미국의 비영리 공공정책 평가를 전문으로 하는 싱크탱크로, 산업과 기술에 대한 정책 연구에 초점을 맞추고 있다. 2019년 펜실베니아대학은 ITIF를 세계에서 가장 권위 있는 과학기술 정책 싱크탱크로 평가했다.

미국 정보기술혁신재단(ITIF)의 평가에 따르면 지난 10년 동안 중국은 통신장비, 공작기계, 컴퓨터, 태양광 패널, 고속철도, 선박, 드론, 위성, 중장비, 의약품과 같은 기술산업에서 글로벌한 경쟁력 있는 최대공급자가 되었음을 확인했다. 그리고 이들 산업 외에도 중국은 로봇공학, AI, 양자 컴퓨팅, 바이오 기술과 같은 신흥산업에서도 빠르게 선진국을 추격하고 있다.

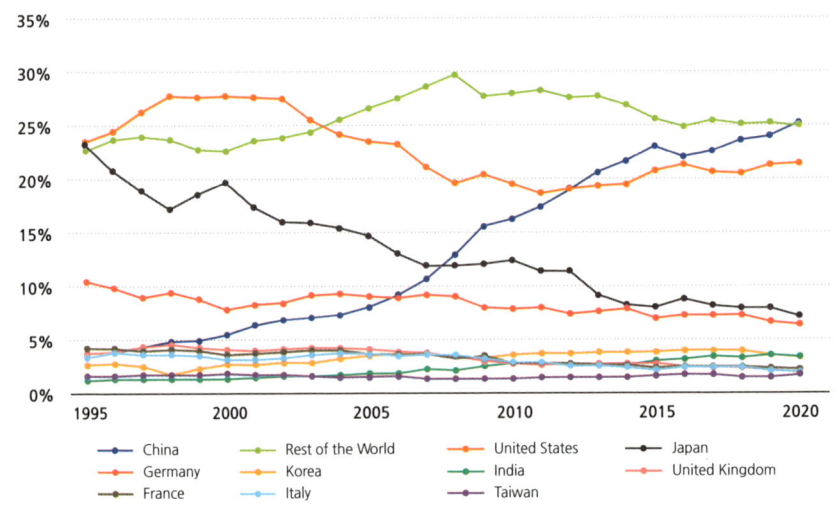

자료: https://itif.org/publications/2023/12/13/2023-hamilton-index/

ITIF의 해밀턴 지수(Hamilton Index)는 한 국가의 GDP가 글로벌 GDP에서 차지하는 비중을 감안하여 주요 전략핵심산업 부문에서의 미국, 중국, 유럽연합 등 10개 국가·지역의 1995년, 2006년, 2018년 글로벌 특성화 정도를 평가했는데 중국의 주요 전략핵심산업 글로벌 점유율은 지난 25년 동안 극적으로 증가했다.

중국은 대부분의 전략핵심산업에서 기술개발과 혁신노력은 물론이고 자국산업보호와 규모 경제의 이점, 그리고 중국 기업에 대한 정부 보조금을 결합하여 높은 시장 점유율을 확보할 수 있었다. 2020년에 ITIF가 조사한 자료에 따르면 세계 주요 10개 전략핵심산업 중 7개 산업에서 중국이 선두를 차지했고 미국은 3개에서 선두를 지켰다.

Hamilton index industry leaders, 2020

Industry	Global Output (Billions)	Leading Producer	Leader's Share	Relative Leader	Leader's LQ
IT and Information Services	$1,900	USA	36.4%	Israel	2.89
Computers and Electronics (1)	$1,317	China	26.8%	Taiwan	8.79
Chemicals (2)	$1,146	China	29.1%	Saudi Arabia	2.41
Machinery and Equipment (3)	$1,135	China	32.0%	Germany	2.02
Motor Vehicles (4)	$1,093	China	24.3%	Mexico	3.14
Basic Metals (5)	$976	China	45.6%	China	2.64
Fabricated Metals (6)	$846	China	25.6%	Poland	2.12
Pharmaceuticals	$696	USA	28.4%	Switzerland	7.26
Electrical Equipment (7)	$602	China	36.1%	Vietnam	2.36
Other Transportation	$386	USA	34.5%	Singapore	3.52
Composite Hamilton Index	$10,097	China	25.3%	Taiwan	2.10

자료: https://itif.org/publications/2023/12/13/2023-hamilton-index/

04 중국이 과학기술산업에서 강한 이유는 '7s'

중국이 세계 10개 전략핵심산업 중 7개 산업에서 세계리더 자리를 꿰찰 정도로 과학기술산업에서 강한 데에는 7가지 이유가 있다. 공대 출신 리더들의 공부('S'tudy), 일관성 있는 과학기술 정책('S'trategy), 강력한 연구개발 투자('S'trong R/D), 파격적인 보조금 지원('S'ubsidy), 거대한 시장('S'ize), 중국식 공급망 생태계('S'ystem), 그리고 과학기술 인재들의 육성('S'cience)이다.

공대 출신 리더들의 공부('S'tudy)

중국의 역대 국가지도자들을 보면 창업자 마오쩌둥을 제외하고 덩샤오핑, 장쩌민, 후진타오, 시진핑 모두 공대 출신이다. 덩샤오핑은 1920년대 근검공학(勤儉攻學) 프로그램으로 프랑스에서 유학했고 당시 르노 자동차 공장에서 기계공으로 일하면서 공부했다. 장쩌민은 상하이교통대 전기과를 졸업했고, 후진타오는 칭화대 수리공정과를, 시진핑은 칭화대 화학과를 졸업했다. 중국의 역대 지도자들은 모두 과학기술을 아는 리더들이었다.

중국의 공산당을 지도하며 정책을 토의, 결정하는 핵심기관은 중앙정치국(中央政治局)이다. 중앙정치국 위원은 25명인데, 중국 권력의 핵심 중의 핵심이라 할 수 있는 주석과 총리를 포함한 중앙정치국 상무위원은 이 25명의 정치국원 중에서 7명을 선출한다.

2002년 후진타오 시절부터 정치국원 25명은 평균 45일 간격으로 단 한 명의 결석 없이 공부를 한다. 집체학습(group study)이라고 불리는 이 공부모임은 2002년부터 2024년 12월까지 총 179회를 실시, 후진타오 집권기에 77회, 시진핑 집권기에 102회를 했다.

주요 주제는 국가를 통치하는 데 필요한 국가통치, 세계변화, 역사, 당건설, 경제, 금융, 기술 분야로 중국 당대 최고의 고수를 초빙해 공부한다. 중국의 최고의 고수는 CCTV나, 인민일보에 나오는 전문가가 아니라 정치국 상무회의 집체학습에 초대된 사람이다.

주목할 것은 과학기술 분야의 공부다. 18대 이후 20대까지 집체학습에서 공부한 주요 주제를 보면 21세기의 모든 첨단 신성장산업을 망라하고 있다. 중요한 것은 단순히 지도자들이 공부하고 끝나는 것이 아니라 집체학습 이후 반드시 정책으로 구현한다는 것이다. 알고 정책을 시행하는 것과 모르고 하는 것은 다르다.

중국 정치국 집체학습(Group Study)의 과학기술 관련 강의

시기	차수	개최시기	학습주제	분야	강의한 전문가
18대	6	2013년 5월 24일	大力推进生态文明建设	생태문명	清华大学环境科学与工程研究院教授
	8	2013년 7월 30일	建设海洋强国研究	해양강국	中国海洋石油总公司副总工程师、曾恒一
	9	2013년 9월 30일	实施创新驱动发展战略	혁신주도	参观中关村科技创新企业、科技部部长万钢
	36	2016년 10월 9일	实施网络强国战略	인터넷강국	清华大学微电子与纳电子学系主任 魏少军教授
	41	2017년 5월 26일	推动形成绿色发展方式和生活方式	녹색발전	何立峰、姜大明、陈吉宁、陈政高、陈雷

시기	차수	개최시기	학습주제	분야	강의한 전문가
19대	2	2017年 12月 8日	实施国家大数据战略加快建设数字中国	빅데이터	北京理工大学副校长、中国科学院院士梅宏
	9	2018年 10月 31日	人工智能发展现状和趋势	인공지능	北京大学教授、中国工程院院士高文
	12	2019年 1月 25日	全媒体时代和媒体融合发展	매체융합	人民日报社新媒体大厦
	18	2019年 10月 24日	区块链技术发展现状和趋势	블록체인	浙江大学教授、中国工程院院士陈纯
	24	2020年 10月 16日	量子科技研究和应用前景	양자기술	清华大学副校长 中国科学院院士薛其坤
	25	2020年 11月 30日	加强我国知识产权保护工作	지재권보호	北京大学国际知识产权研究中心主任易继明教授
	29	2021年 4月 30日	新形势下加强我国生态文明建设	탄소중립	生态环境部环境规划院院长王金南
	33	2021年 9月 29日	加强我国生物安全建设	생물안전	中国工程院院士、中国农科院副院长吴孔明
	34	2021年 10月 18日	推动我国数字经济健康发展	디지털경제	中国科学院院士、南京大学校长吕建教授
	36	2022年 1月 24日	努力实现碳达峰碳中和目标	탄소중립	自学并交流工作体会、刘鹤、李强、李鸿忠、胡春华
20대	3	2023年 2月 21日	切实加强基础研究 夯实科技自立自强根基	기초기술확보	北京大学校长、中科院院士龚旗煌 教授
	11	2024年 1月 31日	扎实推进高质量发展	미래기술	马兴瑞、何立峰、张国清、袁家军
	12	2024年 2月 29日	新能源技术与我国的能源安全	신에너지	中国工程院院士、新能源电力实验室主任 刘吉臻教授

자료: 중국정부망

일관성 있는 과학기술 정책('S'trategy)

중국은 일당독재 국가라서 많은 약점도 있지만 정책의 일관성 측면에서는 큰 강점이 있다. 서방세계는 4-5년 주기로 지도자가 바뀌면 모든 장관들이 교체되어 정책의 일관성을 기대하기 어렵다. 특히 집권정당이 바뀌면 전 정권의 정책을 홀랑 뒤집어엎는 것이 다반사다. 미국의 경우 트럼프 2기 정부 집권 후 트럼프의 1호 행정명령은 바이든 정책 78여 개를 모두 폐지하는 것이었다.

반면 중국의 과학기술정책을 보면 정권이 바뀌어도 정책기조를 그대로 유지한다는 것이 특징이다. 중국은 2010년에 차세대정보기술, 첨단장비제조, 신소재, 바이오, 신에너지, 에너지절감 환경보호, 신에너지 자동차 7개를 '7대 전략 신흥산업'으로 지정하고 정책지원을 시작했다.

그 이후 2012년의 12차 5개년계획, 2016년의 13차 5개년계획,

2021년의 14차 5개년계획과 2022년 당대회 첨단산업 보고에 7대 첨단산업육성을 그대로 유지했다(2022년에는 신에너지 자동차를 제외하고 인공지능이 추가되었다).

중국의 7대 전략 신흥산업의 현황

	차세대 정보기술	첨단장비 제조	신소재	바이오	신에너지	에너지절감 환경보호	신에너지 자동차		
국무원 전략신흥산업결정 (2010.10)	차세대 정보기술	첨단장비 제조	신소재	바이오	신에너지	에너지절감 환경보호	신에너지 자동차		
12.5 계획 (2012.07)	차세대 정보기술	첨단장비 제조	신소재	바이오	신에너지	에너지절감 환경보호	신에너지 자동차		
13.5 계획 (2016.11)	차세대 정보기술	첨단장비 제조	신소재	바이오	신에너지	에너지절감 환경보호	신에너지 자동차	디지털 창의	
14.5 계획 (2021.03)	차세대 정보기술	첨단장비 제조	신소재	바이오	신에너지	녹색 환경보호	신에너지 자동차	우주항공	해양장비
20대 당대회 보고 (2022.10)	차세대 정보기술	첨단장비 제조	신소재	바이오	신에너지	녹색 환경보호		인공지능	

자료: 중국정부망 자료로 중국경제금융연구소 작성

특기할 사항은 정권이 바뀌어도 첨단기술을 담당하는 과학기술부 장관은 바꾸지 않았다는 것이다. 1988년 이후 26년간 한국은 과학기술정통부가 명칭만 4번이 바뀌었고 장관은 18명이 바뀌었다. 장관의 평균 재임기간이 2년이 못 된다.

그러나 중국은 26년간 5명의 장관이 평균 5년 이상을 근무했다. 2007년에 임명을 받은 완강(萬鋼) 장관의 경우는 2018년까지 11년을 근무했는데 이 기간 중인 2013년에는 후진타오 주석과 시진핑 주석의 정권교체가 있었음에도 과학기술부 장관은 그대로 직을 유지했다.

중국의 전기차산업에서 '중국 전기차의 아버지'로 불리는 완강은, 현재는 중국인민정치협상회의 부주석이다.

완강은 상하이 출신으로 문혁시기 연변조선족 자치구로 하방당했던, 반혁명분자의 아들이었지만 1975년 공농병학생으로 동북임업대학에 들어갔고 1979년 상하이 동지대에서 석사 과정을 마쳤으며, 1984년 세계은행 장학금으로 독일 클라우스탈 공대로 유학해 자동차공학 박사를 받았다.

그의 자동차 저소음 관련 박사논문 연구 결과는 폭스바겐이 그대로 채용해 폭스바겐 차량 3,500만 대를 만드는 데 적용되었고 그 공로로 니더작센주 정부로부터 철십자 훈장까지 받았다. 완강은 1991년 독일 아우디에 엔지니어로 입사해 승승장구했고 1998년에는 독일 자동차 업계가 뽑은 10인의 엘리트에 선정되는 등 독일에서도 알아주는 촉망받는 자동차 엔지니어가 되었다.

2000년 주룽지 총리의 요청으로 귀국한 완강은 중국 최초로 수소연료차를 개발했고 동지대 총장을 지냈다. 그는 귀국하면서 해외 화교 엘리트들이 주로 가입하는 치공당(中國致公党)에 입당했고 2007년에 공산당원이 아닌 비당원으로는 35년 만에 중국 과기부 장관에 취임했다.

완강은 중국 자동차산업의 획기적 발전을 위해 친환경 자동차 개발에 집중할 것을 정부에 제안했다. 내연기관 자동차로는 미국, 독일, 일본, 한국 등 자동차 강국들을 추격하는 것이 불가능했기 때문에 선진국이 아직 못한 전기차로 '월반'을 하자는 전략이었다.

장관이 된 후 완강은 매년 10개 도시를 선정해 1,000대의 전기차를 보급하는 '십성천량(十省千輛)' 정책부터 시작해 전기차시장을 육성해 중국 전기차를 미국과 유럽이 두려워하는 단계로 끌어올렸다.

중국 정치 지도자는 바뀌어도 주무장관은 유임시켜 정책을 밀어붙인 중국 지도자들의 사람 보는 눈과 뚝심, 자동차 강국 독일의 아우디에서 보장된 꽃 길을 미련 없이 버리고 중국으로 돌아온 완강의 전기차에 대한 열정은 오늘날 중국이 전기차 제국으로 부상하는 데 결정적인 한 요인이 되었다.

강력한 연구개발 투자('S'trong R/D)

세계 주요국의 과학기술 수준을 달을 기준으로 분류하면 3부류로 나눌 수 있다. 달 보고 기도하는 나라, 달에 올라가는 나라, 달 뒷면에 올라가 흙을 퍼오는 나라다. 한국은 달 보고 기도하는 나라고, 미국은 달에 올라가는 나라고, 중국은 달 뒷면에서 퍼온 흙을 가지고 '달 토양 샘플'을 외교 선물로 쓰는 나라다.

기술로 미국 뒤통수를 치는 이런 중국을 한국은 여전히 한국 기술이나 베끼는 짝퉁의 나라, 한국의 OEM 공장이 있는 가난한 노동자의 나라로 본다. 중국을 피크 친 위기의 나라, 망한 나라로만 보는 한국의 대중국 시선과 판단을 빨리 수정하지 않으면 실수한다.

돈과 사람의 투자 없는 과학기술에 발전은 없다. 세계의 기술을 베끼고 짝퉁을 만들던 중국이 미국의 뒤통수를 칠 정도로 과학기술의 발전을 이룬 것은 강력한 투자의 힘이다. 중국은 경제규모가 세계 2위지만 R/D 투자금액도 부동의 세계 2위다.

세계 15대 R/D 투자 상위국 순위(bEU$:2023)

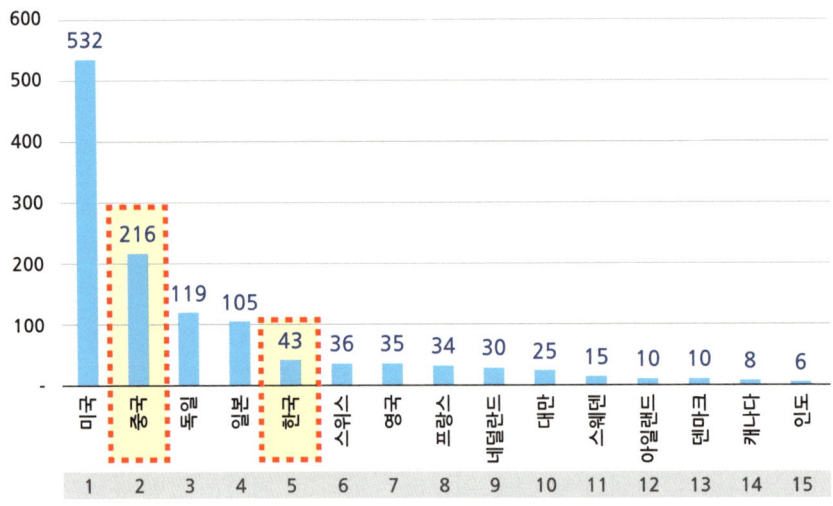

자료: The 2024 EU Industrial R&D Investment Scoreboard

 2024년 EU의 조사보고서에 따르면 2023년 세계 15대 R/D 투자 상위국 중 2위가 중국이다. 전 세계 투자금액 대비 비중을 보면 미국이 42.3%, 중국이 17.1%이고 한국은 3.4%로 중국의 1/5 수준에 그치고 있다.

 한국과 중국을 비교해 보면 전 세계 R/D 투자 상위기업 20위 기업 안에 중국은 화웨이와 텐센트가 각각 6위, 19위인데 한국은 삼성전자 1개 기업만 랭크되어 있고 순위는 화웨이보다 낮은 7위다. 세계 2000대 기업 안에 들어가는 기업 중 한·중 양국의 상위 15개 기업의 R/D 투자금액을 비교해 보면 한국은 중국 15대 기업의 50% 수준에 불과하다.

파격적인 보조금 지원('S'ubsidy)

후발자가 선발자를 따라잡으려면 가장 큰 문제가 투자자금과 연구개발 자금이다. 그래서 개도국의 경우 민간기업의 취약한 자금력을 보완하기 위해 전략적으로 키워야 할 산업에는 국가가 보조금을 주고 각종 세금을 감면하고 법인세를 깎아주는 등의 다양한 지원을 한다.

미국은 개도국들에게 보조금은 공정경쟁을 해치는 나쁜 것이고 해서는 안 된다고 하며 보조금지급에 대해 쌍심지를 켜고 패널티를 주었지만, 지금은 미국도 미국이 취약한 반도체와 배터리산업 육성에 파격적인 보조금을 지급하고 있다. 결국 보조금도 강대국이 하면 경제안보, 로맨스이고 약소국이 하면 나쁜 짓이라고 하는 전형적인 '내로남불'인 것이다.

주주이익 극대화에 목맨 ROE 경영을 하는 서방기업들은 돈 안 되면 투자 안 하고 적자 나면 투자 안 한다. 사회주의 국가인 중국은 '국가자본주의'다. 그래서 수익이 아니라 기술이고, 양산이 아니라 제품만 확보할 수 있으면 적자가 나도 정부가 보조금을 주어 투자하게 한다.

중국의 반도체와 LCD 기업의 투자를 보면 총투자금액의 6~30%만 기업이 부담하고 나머지는 정부와 지방정부 그리고 관련사회기금이 투자한다. 그래서 사업이 실패하거나 적자가 나도 기업의 부담은 최소화된다. 서방세계가 보기에는 무모한 투자를 하는 것으로 보이지만, 결국 이 무모해 보이는 투자가 궁극적으로 기술확보와 시장확보를 가능케 해 서방기업을 위협하는 수준이 된다.

대표적인 사례가 전기차(EV)산업이다. 중국은 2009년 이후 2023년까지 전기차산업에 총 2,309억 달러의 각종 보조금을 지급했다. 이 규모는 미국이 반도체산업 육성을 위해 역대 최대 규모의 보조금을 지급한다는 반도체 'Chips법'의 보조금 527억 달러의 4.4배에 달하는 금액이다.

중국의 전기차 보조금 연도별 지급액과 누계(십억 $)

Type of Support	2009-2017	2018	2019	2020	2021	2022	2023	Total
Rebate	37.8	4.3	3.3	3.5	7.4	9.2	0.0	65.7
Sales Tax Exemption	10.8	7.7	6.4	6.6	16.4	30.3	39.6	117.7
Infrastructure Subsidies	2.3	0.2	0.2	0.3	0.3	0.6	0.6	4.5
Research & Development	2.0	3.6	3.4	3.5	4.3	3.9	4.3	25.0
Government Procurement	7.8	1.6	1.4	2.9	1.7	1.8	0.8	18.0
Total	60.7	17.4	14.8	16.8	30.1	45.8	45.3	230.9
Spending as Share of Total Sales	42.4%	22.7%	23.3%	25.4%	18.3%	15.1%	11.4%	18.8%
Subsidy per Vehicle(US$)	-	13,860	12,311	12,294	8,538	6,656	4,764	-

자료: CSIS_ TRUSTEE CHAIR IN CHINESE BUSINESS & ECONOMICS

그 결과 전통내연기관 자동차시장에서의 중국은 전 세계 자동차산업의 봉(鳳)이었지만 전 세계 전기차시장에서는 월 판매 대수 기준으로 2024년 12월 전 세계 전기차 시장의 75%를 장악했다. 유럽은 13%, 미국은 7% 수준에 그쳤다.

세계 전기차시장 점유율

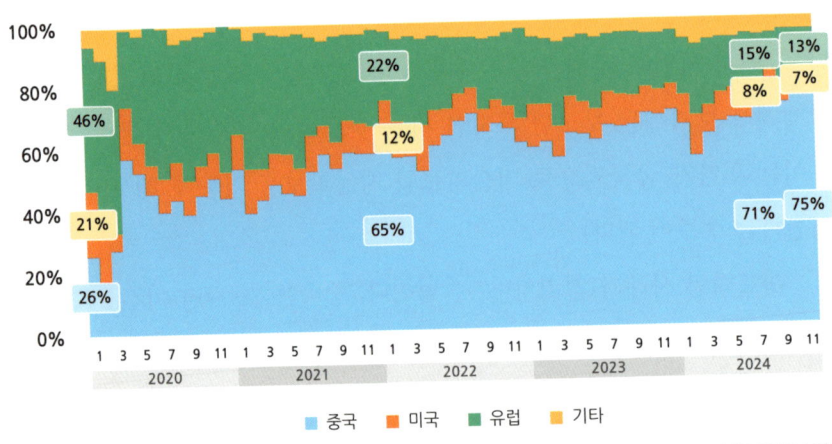

자료: 중국자동차협회 자료로 중국경제금융연구소 작성

거대한 시장('S'ize)

코로나 이후 한국은 중국이 경제위기에 빠져 망했다고 보는 시각이 일반적이다. 이유는 스마트폰시장에서 세계 1위 하는 삼성이 중국에서 스마트폰 사업을 접었고, 세계 3위 하는 현대차가 중국에서 자동차사업을 접었기 때문이다. 화장품도 중국에서 철수했고 커피 프랜차이즈업체인 카페베네, 롯데마트, 이마트 같은 한국대표 유통업체들도 중국에서 철수했다.

그러나 세계 2위 스마트폰 업체인 애플은 여전히 중국에서 1, 2위 점유율을 다투며 장사하고 있다. 미국의 GM, 포드, 테슬라 같은 자동차회사들도 중국에서 공장 뺀다는 얘기가 없다. 미국의 화장품 회사 에스티로더도 중국에서 장사 잘하고 있고, 스타벅스도 퇴출한다는 얘기가 없으며, 월마트도 중국에서 문 닫았다는 얘기가 없다.

전쟁은 미국과 중국이 하고 있는데 미국 기업들은 중국에서 공장 빼고 문 닫고 나온다는 얘기가 없고, 미국의 기업 CEO들은 뻔질나게 중국을 드나든다. 그리고 테슬라, 구글 등의 미국기업 CEO들은 입만 열면 중국 용비어천가를 부른다.

미국이 중국에 대해 반도체 규제를 더 강화하려고 하자 아이러니하게도 미국 반도체업체들이 나서서 반대하는 해프닝까지 벌어졌다. 미국 반도체기업들의 대중국 매출 비중이 20%~70%에 달하기 때문이다.

대통령이 나서서 첨단기술을 중국에 가져가지 말고 공장 짓지 말라며 탈중국 할 것을 외치는데 미국 CEO들은 들은 척도 않고 있다. 이유는 '기술은 시장을 못 이기기 때문'이다. 지금 반도체, 자동차, 스마트폰, 반도체장비, 전기차, 배터리 등 첨단제품의 세계 최대 시장은 미국이 아니라 중국이다.

결국 필요는 발명의 어머니고 수요는 공급의 어머니다. 중국의 거대한 내수시장이 세계의 1류 기업들을 불러들이고 이들 일류기업의 기술의 낙수효과로 중국기업들의 실력이 올라가고, 중국 시장을 지키려고 세계 1류 기업들을 넘어서려는 중국 기업들의 노력이 혁신을 만들고 있는 것이다.

중국/미국 시장규모 비교(중국 = 100%)

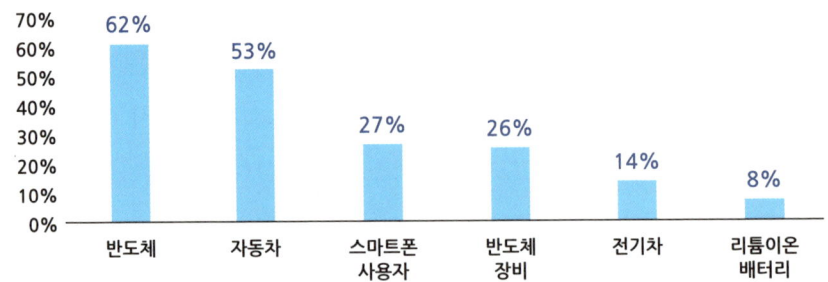

	(단위)	중국	미국	미국/중국	기준일	출처
반도체	(십억$)	188.3	117.2	62%	2021	WSTS
자동차	(만 대)	2,686.0	1,429.0	53%	2022	Marklines
스마트폰사용자	(백만 명)	910.1	249.3	27%	2022	Newzoo.com
반도체장비	(십억$)	29.6	7.6	26%	2021	J-SEMI
전기차	(만 대)	689.0	99.0	14%	2022	EV-Sales
리튬이온배터리	(세계점유율)	79%	6.20%	8%	2021	Statista

중국식 공급망 생태계('System)

서방의 시스템은 시장원리에 따른 비교우위를 통한 '수익창출'이 목표지만 중국은 첨단기술 리더십 확보를 통한 '글로벌 경쟁에서의 승리'가 목표다. 중국은 기술개발을 전쟁하듯이 한다. 이를 위해 중국은 국가주도로 산업의 공급망 생태계를 구축하여 서방세계를 뛰어넘는 전략을 구사하고 있다.

미국 시스템은 기초 분야에 자금을 지원하지만 중국은 기초부터 응용까지 광범위한 분야를 지원하고 투자의 원칙 자체가 미국은 '수익률'을 중시하지만 중국은 '시장점유율' 확보가 목표다. 미국은 기술개발이나 육성을 대부분 민간기업을 중심으로 하지만, 중국은 국유기업을 중심으로 하는 첨단기술 선도가 목표이고 국가가 선정한 전략육성산업에 집중투자한다.

서방은 신산업, 신기술산업에서 규제 샌드박스를 허용한다고 하지만 정작 실행단계에서는 많은 행정제약과 이해관계자 집단의 반발로 쉽지 않다. 그러나 중국은 애초부터 신산업, 신기술이 없었기 때문에 규제 자체를 안 하고 이름 그대로 규제 샌드박스를 실시한다.

또한 정부보조금을 사용해 많은 기업들이 참여하게 해 시장을 키우고 생태계를 완성한다. 그렇게 완전경쟁시장이 되면 치열한 경쟁을 유도해 기술개발과 발전을 이루는 동시에 경쟁력 없는 기업들을 도태시킨다.

생존한 기업들은 시장의 과점화로 '살아남은 자의 축제'를 즐기고 여기서 투자회수와 자금축적을 통해 생산 규모를 확장해 '규모의 경제'를 달성, 세계적 원가경쟁력을 확보하게 만든다. 그리고 나서 이를 기반으로 세계시장으로 진출한다. 중국이 전기차, 태양광, 배터리에서 세계적인 경쟁력을 갖춘 세계 1위로 부상하게 된 비밀이 바로 이것이다.

미·중의 Tech-Economy Leadership의 차이

	항목	미국 시스템	중국 시스템
1	총체적 목표	시장 원리에 기반한 비교우위 활성화	첨단 기술 리더십을 위한 글로벌 경쟁 승리
2	현실적 목표	소비자 복지 (또는 좌파의 경우 노동자 복지)	국가 권력
3	프로세스	자원 배분 효율성	역동적이고 생산적인 효율성
4	무역 유형	자유 무역(또는 일부 보호주의)	권력 무역
5	기술 발전 도구	기초 과학 분야 자금 지원	광범위한 응용 기술 분야 자금 지원
6	투자 원칙	수익률을 위한 투자	시장 점유율을 위한 투자
7	수단	소비(완전 고용 유지)	투자
8	기술 방향	특정 방향 없음	첨단 기술 선도 목표
9	산업 초점	특정 산업에 무관심	전략적 산업 우선
10	정치 구조	경쟁적인 사적 이익의 집합체, 일관성 부족	국가 이익 중심, 일관성 유지

자료://itif.org

과학기술 인재들의 육성('S'cience)

니덤 교수와 야성황 교수는 중국 쇠락의 중요한 이유로 교육제도, 과거제도와 관료제를 꼽는다. 유생들의 과거제도가 과학기술 발전에 치명적인 제약이 되었다고 보았지만 아이러니하게도 지금 미국을 추격하는 과학기술의 발전은 중국의 대학교육 때문이다.

　서방의 많은 예측기관과 전문가들은 중국의 인구감소를 중국 위기론의 전조로 얘기하지만 이는 틀렸다. 중국보다 먼저 인구가 감소한 일본과 한국이 방증이다. 중국의 생물학적 인구 즉 '인구 보너스'는 끝난 것이 맞지만 대졸자들이 만들어내는 '인재 보너스' 시대가 열리고 있다는 점을 간과

하면 실수한다.

한국이 인구 정체와 감소 속에서도 성장세를 이어가는 것은 고부가가치를 창출하는 고급 인재들의 기여 덕분이다. 40년 전 초·중학교를 겨우 마친 시골 청소년들이 봉제, 가발, 전자부품, 가전제품을 만들던 한국과 연간 60만 명의 대졸자가 반도체, 스마트폰, LCD, 자동차, 조선, 기계, 정밀화학 제품을 만드는 지금의 한국은 천지 차이다.

중국 역시 1978년 이후 지난 30여 년간의 성장은 시골에서 중학교를 졸업한 2억 9,000만 명의 농민공의 손과 서방자본의 화학적 결합이 만든 것이다. 그런 화학적 결합이 미국 GDP의 73%에 달하는 '세계 넘버 2'를 단숨에 만들어냈다. 중국의 2023년 대졸자 수는 1,158만 명으로 미국의 2배, 한국의 22배나 된다. 그리고 이런 추세는 적어도 10년 이상 지속될 전망이다. 이 중 절반이 이공계라고 보면 매년 580만 명의 엔지니어가 쏟아져 나오는 셈이다.

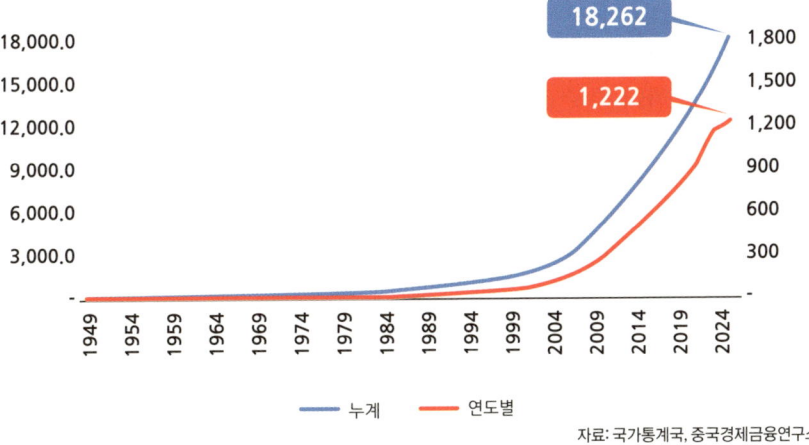

중국의 대학 졸업자 수(만 명)

자료: 국가통계국, 중국경제금융연구소

지금 중국 농민공 수는 정체 상태이고, 이를 대체하는 것이 고학력 엔지니어들이다. 과거 경공업제품 생산을 담당했던 저임금 농민공 전체 숫자의 49%에 달하는 고급 인력이 중국의 첨단산업에 진입하고 있다. 중국은 지금 화성과 달에 가는 우주선을 만든다. 우주정거장을 건설하고, 항공모함을 만들며, 스텔스기를 제작한다. 중국은 지금 전기차와 배터리, 5G 통신장비 분야에서 세계 1위다.

단순한 인구가 아닌, 교육받고 훈련된 인재의 수가 진짜 국력이다. 중국의 인구 감소만 보고 위기가 왔다고 하기보다 중국이 배출한 대졸자 1억 8,000만 명에 주목해야 한다.

국가 간 경쟁은 결국 인재의 싸움이다. 한국이 중국 현지에서 밀리는 이유가 한국 기업의 경쟁력이나 한국의 인재 경쟁력 때문인지, 아니면 중국의 단순 보복 때문인지 냉철하게 볼 필요가 있다. 세계 대학 랭킹 평가 기관인 'CWCU'의 세계 1000대 대학 순위를 보면 랭킹에 오른 대학 수에서 중국은 한국과 일본을 벌써 넘어섰고, 미국의 자리를 넘보고 있다.

글로벌 대학 평가 사이트인 'THE'가 매년 평가하는 글로벌 대학 랭킹을 보면 한국이 왜 중국에 밀리는지 그 이유가 선명하게 나온다. 한국은 중국 대학들의 수준을 물로 보지만 이미 'THE' 아시아 내 대학 평가 순위를 보면 10년 전 한국 수준과 2024년 현재 중국의 수준은 상전벽해다. 한국 톱 3 대학의 순위와 중국 톱 3 대학의 순위를 보면 10년간 한국의 수준이 상대적으로 얼마나 하락했는지 간단히 알 수 있다. 아시아 1·2위 대학은 모두 중국 대학이고 한국의 1위 대학은 아시아 8위 수준에 그치고 있다. 중국의 톱 6 대학 순위가 한국 톱 3 대학보다 높다.

중국의 생물학적 인구 감소만을 가지고 이를 중국의 위기로 보면 실수한다. 중국보다 20~30년 먼저 산업화한 경험과 사회구조의 변화를 경험한 한국과 일본의 사례를 되씹어 보면 답이 나온다. 중국은 이제 '저임금의 인구는 디플레 시대'로 돌입한 동시에 '고학력 고급 엔지니어의 인플레 시대'로 들어가고 있다.

과학 분야 세계 최상위권을 점령해 가는 중국 대학교

■ 미국　■ 영국　■ 일본　■ 스위스　■ 중국

순위	2016	17	18	19	20	21	22	23	24년
1	하버드대	하버드대	하버드대	하버드대	하버드대	하버드대	하버드대	하버드대	하버드대
2	스탠퍼드대	스탠퍼드대	스탠퍼드대	스탠퍼드대	스탠퍼드대	스탠퍼드대	스탠퍼드대	중국과학원대학	중국과학원대학
3	MIT(매사추세츠공대)	MIT	MIT	MIT	MIT	MIT	MIT	스탠퍼드대	중국과학기술대
4	도쿄대	옥스퍼드대	도쿄대	도쿄대	옥스퍼드대	도쿄대	중국과학원대학	중국과학기술대	베이징대
5	옥스퍼드대	케임브리지대	케임브리지대	케임브리지대	중국과학기술대	옥스퍼드대	중국과학기술대	난징대	난징대
6	케임브리지대	도쿄대	UC버클리	ETH(취리히연방공대)	베이징대	케임브리지대	베이징대	베이징대	저장대
7	UC버클리	베이징대	옥스퍼드대	베이징대	도쿄대	중국과학기술대	칭화대	칭화대	칭화대
8	ETH	UC버클리	베이징대	옥스퍼드대	칭화대	베이징대	난징대	MIT	중산대
9	베이징대	ETH	ETH	칭화대	난징대	중국과학원대학	옥스퍼드대	저장대	상하이교통대
10	미시간대	예일대	칭화대	UC버클리	케임브리지대	난징대	도쿄대	상하이교통대	MIT

※ 네이처 인덱스(연구 성과 평가) 순위　　자료=네이처

또 하나 중국의 과학기술인재 전략에서 주목할 것은 '영재와 고수의 만남'이다. 중국은 전국 62개 대학에서 국가급 영재교육프로그램을 운영하여 영재를 조기에 발굴하고 교육한다. 인재를 발굴하면 중국의 기술 분야 최고수라고 칭할 수 있는 '원사(院士)'들에게 맡겨 영재교육을 하는데, '원사(院士)'는 과학기술 분야의 최고 권위자에게 부여되는 종신직책으로, 원사는 중국 정부의 차관급 대우와 예우를 받는다.

전반산업이 낙후되었던 중국은 중국 산업을 일으킨 인물에게 '산업의 아버지'라는 칭호를 붙이기 좋아한다. 중국의 핵폭탄을 개발한 '핵무기 개발의 아버지'로 통하는 덩자셴(鄧稼先)은 미국 듀크대에서 공부, 1960~1970년대 원자폭탄과 대륙간탄도미사일(ICBM)까지 독자 개발한 주역이다. 중국 '인공위성의 아버지' 첸쉐썬(錢學森)은 미국 MIT에서 공부하고 중국으로 돌아와 중국 인공위성 독자 개발의 주역이 되었다.

중국 '핵폭탄의 아버지'로 불리는 주광야(朱光亞)는 미국 미시간대에서 핵물리학을 전공하고 중국에 돌아와 원자폭탄과 수소폭탄을 개발하였으며, 중국 '희토류의 아버지'로 통하는 쉬광셴(徐光憲) 박사는 미국 콜롬비아대학을 나와 희토류 분야에서 최고의 권위자로 중국 희토류산업을 세계 1위로 올려놓는 데 결정적 기여를 했다.

대학 순위는 보통 서방의 대학평가 기준으로도 보지만, 중국에서는 원사급 교수를 몇 명이나 확보하고 있는지가 명문대의 순위다.

중국 영재 교육 시스템 종합표

구분	대상 연령/학력	주요 내용	대표 사례
초중등 교육	초등 4학년 ~ 고등학생	• 조기 발굴: 과학·수학 올림피아드, 창의력 평가	中国科学院附属中学 (과학원 부속중학교)
		• 특목중/고 설립(과학·기술 특화)	江苏省少年科学院 (장쑤성 소년과학원)
		• 지역별 영재학급 운영	
고등 교육	대학생~ 박사과정	• 전문 분야 특화: 첨단과학기술·인문 융합	清华大姚班(컴퓨터과학)
		• 대학별 엘리트 프로그램(학사·석사·박사 통합)	北大元培学院(자유전공)
		• 글로벌 연구 네트워크 구축	中国科大少年班(과학·공학)
		• 전국 62개 대학에서 국가급 영재 교육 프로그램운영 중	
국가 전략	전 연령층	• 국가급 프로젝트: AI, 양자컴퓨팅, 신소재 분야 집중 투자	强基计划(STEM 인재 양성)
		• 농촌·저소득층 영재 지원 확대	拔尖计划2.0(혁신인재 플랫폼)
		• 국제 경쟁력 강화를 위한 해외 연계 프로그램	
지원 정책	-	• 영재 전용 장학금 및 연구 기금 지원	英才计划(중학생-대학생 멘토링)
		• 대학·연구소·기업 협력 체계 구축	青少年科技创新大赛 (창의력 경진대회)
		• 교육부 주관 전국 영재 데이터베이스 운영	

자료: 《中国教育部英才教育白皮书》(2023年), 中国教育部官网(http://www.moe.gov.cn)

4차 산업혁명의 AI 시대에는 괴팍한 천재 한 명이 나라 전체를 먹여 살리는 시대다. 미국의 시가총액 1위는 애플이다. 애플의 스티브 잡스 같은 천재 1명만 길러내면 온 나라가 먹고산다. 드론 분야 세계 1위인 DJI의 왕타오, 숏폼 비디오 세계 1위인 틱톡의 장이밍, 오픈 AI를 뒤통수 친 딥시크의 양원펑, 엔비디아의 젠슨황이 칭찬한 중국 휴머노이드 로봇 CEO 왕싱싱 등 모두 20대에 창업한 천재들이다.

성적이 우수한 천재와 영재들이 공대로 몰리고 대학의 영재반에서 집중 교육받고 중국의 첨단산업과 신성장산업에 불나방처럼 모여들어 52시간이 아니라 104시간을 일하면서 열정을 불태우고 있다.

이들의 실력과 노력으로 중국의 전기차, 태양광, 배터리, 반도체, 드론, 로봇, AI산업이 세계정상에 올라서는 것이 눈에 보인다. 중국의 영재교육과 당대 최고의 고수 원사들과의 일대일 교육이 '제2의 딥시크', '제3의 딥시크'를 얼마나 더 쏟아낼지 모른다.

PART 05

미·중 기술패권 전쟁의 승자는?

01 트럼프가 중국을 맹수처럼 공격하는 이유는 '공포'

앞이 안 보이면 '역사책'에 물어보라

중국에서 천 년에 한 번 나올까 말까 한 황제라고 하는 천고일제(千古一帝), 당태종은 643년 신하 위징(魏徵)이 세상을 떠나자 몹시 슬퍼하면서 이런 말을 했다. "구리로 거울을 만들면 의관을 단정하게 할 수 있고, 역사를 거울로 삼으면 천하의 흥망성쇠를 알 수 있으며, 사람을 거울로 삼으면 자기의 득실을 명확히 할 수 있소"라고 말이다. 당태종의 정관정요 위징 편에 나오는 구리거울, 역사거울, 사람의 삼감지계(三鑒之戒)다.

이미 7년 전에 미국 트럼프 대통령과 중국 시진핑 주석이 무역으로 한판 붙었다. 덕분에 세계 주가가 폭락하자 언론 매체에는 말의 홍수가 쏟아졌다. '70년 자유무역의 붕괴', '1930년대 대불황의 도래', '미·중 간의 무역전쟁', '관세폭탄' 등 흉흉한 단어가 마구 쏟아졌지만 트럼프의 낙마로 별일 없이 바이든 4년이 지나갔다.

지금 다시 미·중 양국의 무역전쟁으로 세계경제의 앞날이 잘 보이지 않는다. 불확실성의 먹구름이 온 세계를 뒤덮고 있다. 이럴 때는 역사에 답이 있다. 1375년 전 당태종을 다시 불러 물어보면 답을 준다. '역사'를 거울로 삼으라고...

이번 미·중 통상전쟁에서 먼저 싸움 건 미국 측 장수들을 보면 앞으로 전개될 상황의 시나리오가 나온다.

미국과 중국의 통상전쟁에 앞서 '트럼프' 대통령은, 1985년 '플라자 합의'로 엔고를 유도해 일본을 30년간 초저성장 국가로 만들었던 당시 무역대표부 부대표였던 미 무역대표부의 '로버트 라이트하이저'의 비서실장인 제이미슨 그리어를 미 무역대표부(USTR) 대표로 임명했다. 그리고 골수 반중 파 '피터 나바로' 전국가무역위원회 위원장이 다시 백악관 대통령 무역 고문으로 등장했다.

이들을 보면 1985년부터 1995년까지 엔고로 G2 일본을 핫바지로 만든 그 시나리오가 배경음악처럼 들린다. 미·중의 무역전쟁, 이것이 세계경제 불황의 시발점이 될지, 중국을 잡는 단초가 될지는 더 두고 봐야 하겠지만 그 근본 배경을 보면 단순한 무역흑자 축소전쟁이 아니다. '역사'가 이야기하는 답은 '패권' 가진 자의 불안이 만든 공포다. 바로 '투키디데스 함정'이다.

스파르타가 가만히 있는 아테네를 공격해 전쟁을 일으켰다. 1등은 2등의 부상을 두려워한다. 바로 '투키디데스 함정'에 빠진 것이다. 1등이 2등의 부상을 저지하기 위해 2등을 공격해 사고를 치는 것이다. 지금 미국과 중국의 무역전쟁은 2등의 부상에 대한 1등의 공포가 나타난 것이고 미국이 중국을 상대로 무역전쟁을 벌이는 이유다.

미국은 1900년 이후 세계의 패권국의 지위를 100여 년간 지켜오고 있다. 패권국 미국은 넘버 2인 2위 국가를 다루는 '룰(Rule)'이 있었다. 바로 '40%의 룰'이다. 미국은 G2 국가의 부상을 결코 용납하지 않았다. G2 국가의 GDP가 미국 GDP의 40%를 넘어가는 순간 무역전쟁, 외교전쟁, 금융전쟁 등 수단과 방법을 가리지 않고 G2를 좌초시켰다.

 냉전 시대 G2였던 소련이 미국 GDP의 40%를 넘어서는 순간 소련의 해체를 감행했다. 그리고 1985년 일본의 GDP가 미국의 40%을 넘어서자 플라자 합의를 통해 1995년까지 두 차례에 걸친 엔고 전략으로 일본을 30년간 초저성장 국가로 전락시켰다.

미국이 G2를 다루는 방법: 40% Rule

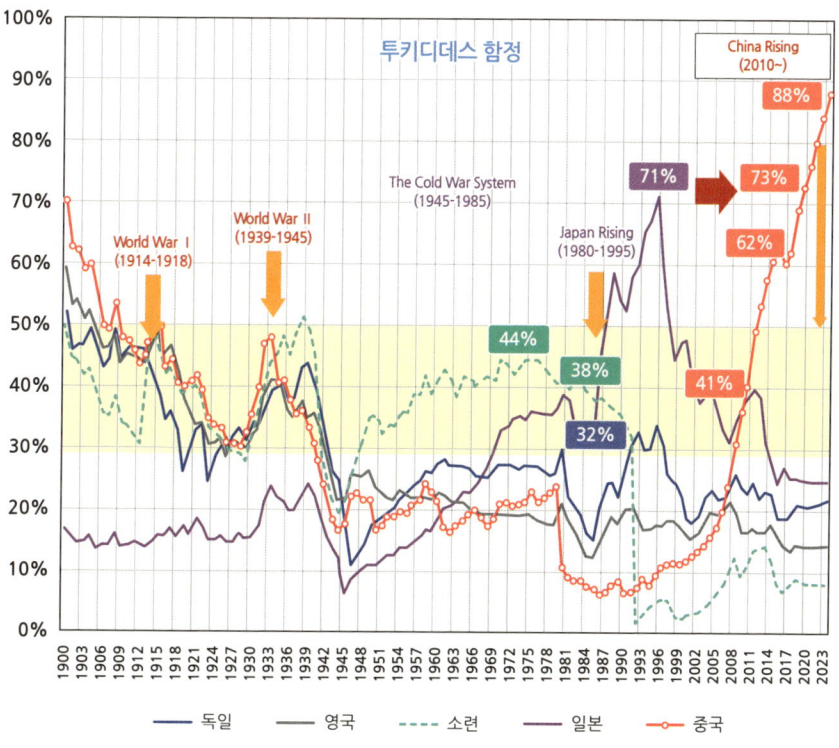

PART 05 | 미·중 기술패권 전쟁의 승자는? **209**

'투키디데스 함정(Tuchididdes Trap)'은 기존 패권국가와 빠르게 부상한 신흥 강대국이 부딪치게 되는 상황을 의미한다. 투키디데스는 〈펠로폰네소스 전쟁사〉를 저술한 고대 그리스의 역사가이다. 그는 급격히 부상하던 아테네와 이를 견제하려는 스파르타 사이의 긴장 관계로 인해 펠로폰네소스전쟁이 빚어졌다고 설명했고 이러한 상황을 '투키디데스 함정'이라고 명명했다.

미국 하버드대 국제문제 연구소 그레이엄 앨리슨 교수는 〈예정된 전쟁(Destined for War)〉이라는 저서에서 이 '투키디데스 함정'을 언급했다. 그는 지난 500년간 지구에서 투키디데스 함정이 발생한 것은 16번이었고 이 중 12번이 전쟁으로 이어졌다고 분석했다.

소련, 일본에 이어 세 번째는 중국이다

중국 GDP는 2021년에는 미국 GDP의 75%에 달했다가 코로나로 미국의 상대성장률이 높아져 65%로 낮아졌다. 2021년의 중국 GDP는 과거 일본의 최고치였던 71%를 넘어섰다. 미국은 일본이 미국 GDP의 40%를 넘어선 1985년부터 71%에 도달한 1995년까지 일본에 대해 두 차례의 엔화절상을 유도해 일본을 좌초시켰다.

엔달러 환율을 1985년 238엔에서 1988년 128엔으로 49% 절상시켰고, 1990년 145엔이었던 환율을 1995년 94엔까지 35% 추가 절상시켰다. 이 바람에 세계 최강이었던 일본의 가전, 반도체, 기계, 조선산업이 무너졌다. 한국의 삼성이 소니를 이긴 것도 대단하지만 그 배경에는 1985년 이후 10년간 63%나 되는 엔화절상이 있었다.

한국의 삼성과 현대차가 현재 1,465원인 원달러 환율이 63% 절상되어 542원이 된다면 과연 살아남을 수 있을까? 일본의 도요타 자동차가 대단한 것은 그 63%의 엔화 절상을 극복하고 살아남아 세계 최고의 자동차회사가 된 것이다. 하지만 엔고를 극복하지 못한 일본 전자회사는 모조리 몰락의 길을 걸었고 가전, 반도체, LCD를 차례로 한국에 물려주었다.

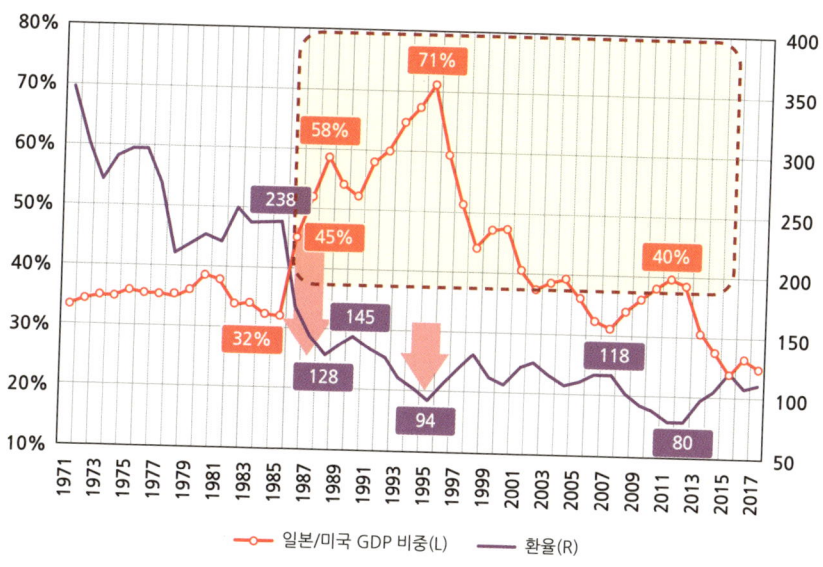

일본의 2차례 엔고와 미국 대비 일본 GDP 비중

* 미국 GDP를 100으로 했을 때 주요국 GDP의 비중을 표시

자료: 중국경제금융연구소, IMF

과거 소련과 일본의 사례로 비추어 본다면 미국은 중국의 부상을 너무 방치했다. 2009년 오바마 1기 시기, 중국이 미국 GDP의 35% 선일 때 소련과 일본에 썼던 방식대로 중국을 죽여 없애야 했는데 타이밍을 놓쳤다. 미국이 실기(失機)하고 싶어 한 것이 아니라 미국발 글로벌 금융위기가 발생하는 바람에 자기 코가 석 자라 경쟁자인 중국을 두드려 팰 여유가 없었다.

미국 주요 대통령 재임기간 중국의 미국 GDP 비중 비교

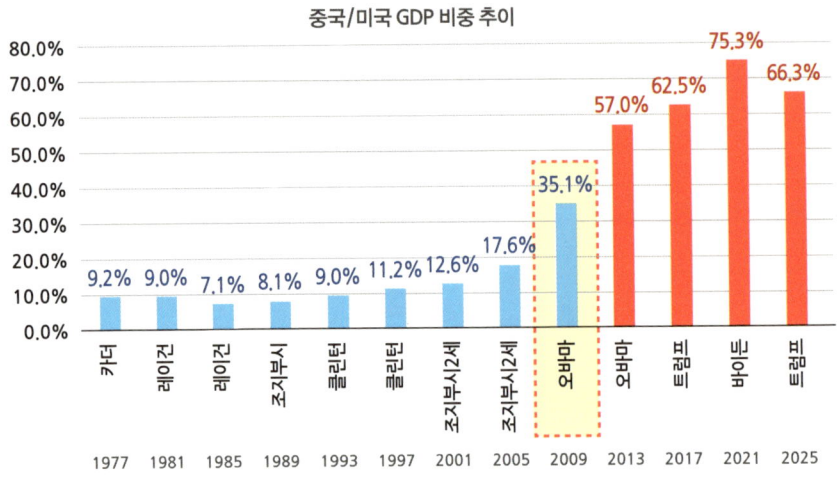

중국, 미국의 관세협박에 떨지 않는 이유

무소불위의 패권국 미국, 요즘 하는 일을 보면 예전 같지 않다. 국방을 오로지 미국에 의존하는 일본을 제외하고는 미국에 고분고분한 나라가 없다. 미국, 유럽과 무역전쟁 중이고, 중동에서도 전투 중이고, 캐나다 중남미 파나마와도 냉전 중이다. 아시아에서 중국과도 한판 세게 붙고 있다.

그런데 전 세계 어느 지역에서도 미국이 화끈하게 이긴 전쟁이 없다. 말만 많고 시끄럽기만 하지 미국의 완승으로 끝난 지역이 없다. 전 세계가 겉으로는 미국에게 죽는 시늉하지만 뒤로는 전부 호박씨 까고 있다. 이란과 이라크 사우디문제, 미국이 화끈하게 정리한 것처럼 보였지만 남은 잔불이 다시 타오르고 있다.

트럼프 행정부 관세

장점	VS	단점
세수 확보		물가 영향
무역 불균형 조정		수출국 부담
외교적 지렛대		무역 관계 긴장
시장 충격 완화		조건부 시장 접근
국가 안보		잠재적 보복

자료: 중국경제금융연구소

    과거 2010년까지 세계의 G2였던 일본은 단 한 번도 미국에 대든 적이 없었다. 그런데 일본의 자리를 꿰찬 G2 중국은 시진핑이 집권하고 난 최근 13년간 미국이 하는 일 모두에 사사건건 시비 걸고 반대한다. 과거 일본 같았으면 바로 한 방 쥐어박았을 텐데 미국은 단 한 번도 중국을 속 시원하게 응징해 본 적이 없다. 미국은 관세부과, 지재권 보호, 양안관계, 남사군도, 위안화 절상 등에 있어서 말만 많았지 화끈하게 중국 제재를 실행해 중국을 꼼짝달싹 못 하게 한 게 없다.

    이게 지금 세계패권국 '미국의 맨얼굴'이다. 그럼 중국은 왜 미국을 두려워하지 않는 것일까? 바로 '10배의 법칙' 때문이다. 한·중 관계를 봐도 2015년까지 한국은 중국을 물로 봤다. 그러나 사드사태가 터지고 나서 중국에 대한 공포가 생겼다. 사마천(史馬遷)의 사기 '화식열전(貨殖列傳)'에 보면 이런 말이 나온다. 재산이 나보다 "10배 이하면 욕하지만 100배면 두려워하고 1,000배면 고용당하고 10,000배면 노예가 된다".

    미·중 간의 경제규모, 한·중 간의 경제규모를 보면 답이 있다. 중국이 미국을 두려워했던 시기는 중국 GDP가 미국 GDP의 1/10이 안 되었던 2002년까지다. 지금 중국은 미국의 66%대에 달하는 GDP를 가져 두려움의 단계는 벌써 지나갔고 오히려 미국을 추월하는 꿈을 꾸는 시기다. 반대로 한국은 90년대 초중반 중국 GDP의 80%를 넘어서 기고만장했지만 2013년 이후 중국 GDP의 1/10 수준으로 추락하면서 중국에 대한 공포가 시작된 것이다.

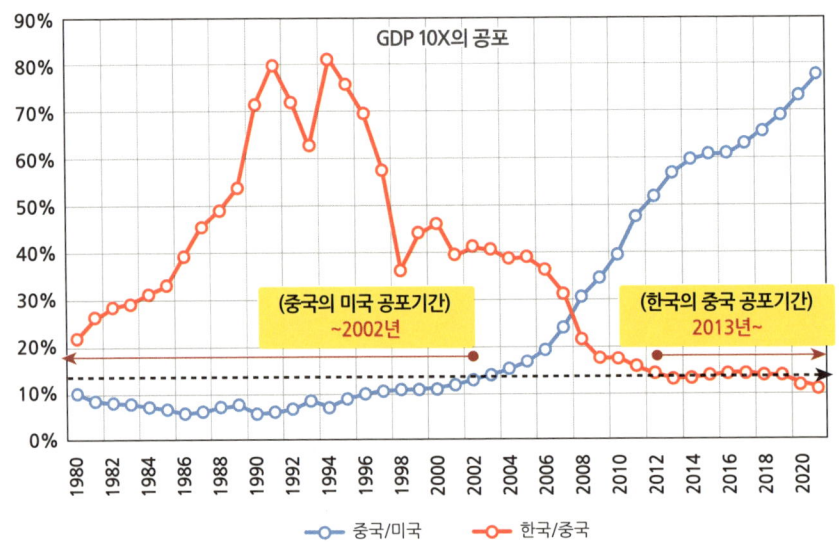

미국의 중국과 유럽 그리고 캐나다 멕시코를 상대로 한 무역전쟁, 어떻게 결판날까? 세상 일은 하느님 말고는 누구도 모른다. 그러나 역사의 경험이 주는 진리는 '번 것보다 많이 쓰면 언젠가는 망하고, 기술은 죽었다 깨어나도 시장을 못 이긴다'는 것이다.

미국의 2008년 금융위기 극복의 비밀, 그리고 금융위기 이후 성장, 고용 등에서 FRB의 개선 비법은 단 하나다. FRB 지하실의 프린터가 끝없이 달러를 찍어 돌린 결과다. 바로 화폐주조권이익(세뇨리지 효과)이다. 전 세계 외환보유고의 58%를 차지하는 달러의 힘이 미국이 재정적자가 나든 무역적자가 나든 상관없이 세계의 패권국으로 유지하게 한 비밀이다.

그러나 빚으로, 무한정 프린터를 돌려 생산한 종이돈으로 만든 경제는 언젠가 터지고 만다. 유럽의 천 년 제국 로마가 망한 것도 금융의 측면에서 보면 재정파탄으로 화폐가치 폭락 후 주변국이 더 이상 로마의 돈을 사용하지 않자 소비국으로 전락한 로마가 더 이상 물건 구매를 할 수 없었기 때문이다.

달러가치의 하락 속도

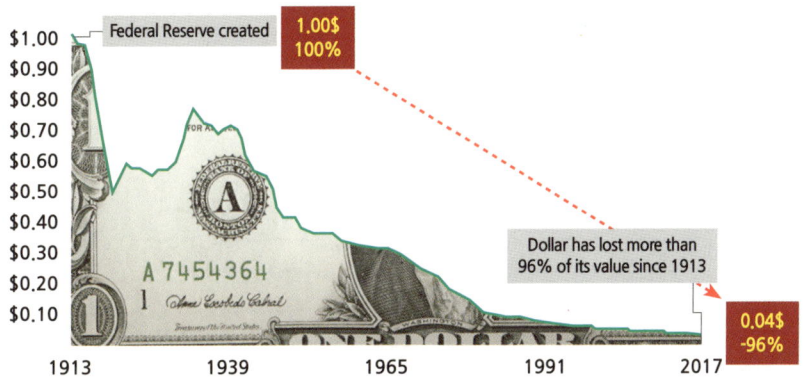

자료: BLS

미국의 FRB가 설립된 1913년 이래로 이미 2017년까지 달러가치는 96% 하락했다. 무한정 찍은 달러가치가 이제 4%만 더 하락하면 미국의 운명도 끝난다. 로마제국의 화폐 데나리온이 95% 하락하는 데 200년이 걸렸지만 달러는 95% 하락하는 데 100년밖에 걸리지 않았다. 미국이 잘나가는 것처럼 보여도 고대 로마보다 2배 속도로 빨리 쇠락하고 있는 것이다.

거의 막가파 수준인 트럼프, 상대를 가리지 않고 싸움을 건다. 미국에 이익이 된다고 보면 적도 동지도 이웃도 없다. 이번 무역전쟁은 중국에게만 건 게 아니라 유럽과 캐나다 멕시코에도 걸었다. 트럼프의 승리일지, 반 트럼프연맹의 승리일지는 두고 봐야 한다.

그러나 기술은 시장을 못 이기고 정부도 결국 시장을 못 이긴다. 단기적으로는 기술이 시장을 리드하고, 정부가 시장을 이기는 것 같지만 길게 보면 항상 시장의 승리다. 미국 vs [중국+EU+캐나다+멕시코]의 무역전쟁이지만 세계경제 규모에서 차지하는 비중으로 보면 미국: [중국+EU+캐나다+멕시코] = 27% : 35%다. 27%의 시장을 가진 이가 35%의 시장을 가진 이와 전쟁하면 누가 이길까? 트럼프 대통령은 매일 기고만장 자화자찬이지만 벌집을 마구 쑤시다 보면 벌에 쏘일 수 있다.

미국과 유럽+ 중국+ 캐나다+멕시코의 경제규모 비교

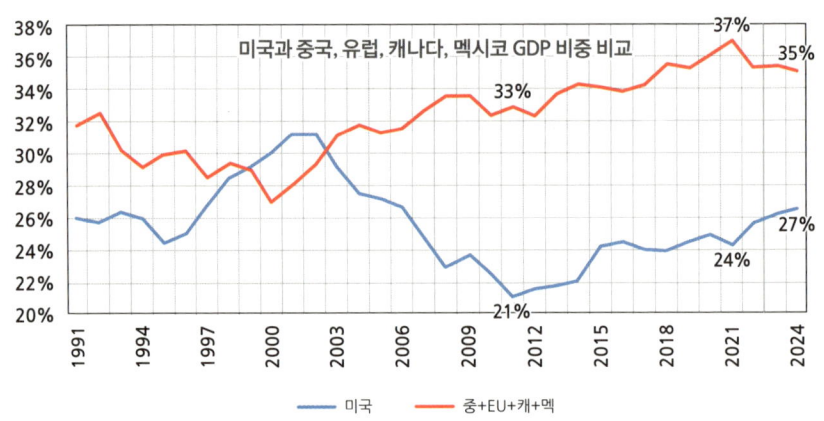

정치꾼 시진핑과 장사꾼 트럼프의 수싸움은 시진핑과 트럼프가 읽는 책에서 차이가 난다. 미·중전쟁에서 트럼프는 자신의 책 〈거래의 기술(Art of Deal)〉을 교과서로 쓰지만 시진핑은 손자가 쓴 손자병법(Art of War)을 교과서로 쓰고 있다.

시진핑과 트럼프의 전략의 관점 차이

구분	시진핑의 관점	트럼프의 관점
책	'Art of War'(전쟁의 기술), 병법(전쟁 중심)	'Art of Deal'(거래의 기술), 상술(비즈니스 중심)
적용 분야	전쟁	비즈니스
목적	승리(적 소멸) - 생사	수익성 - 손익
결정 요인	군사력, 자연적 요인, 정치적 배경	시장 수요, 소비자 행동, 경쟁사, 기술
최악 결과	사망	도산
항목	시진핑(생사)	트럼프(손익)
개념	생명의 자연법칙(순환)	경제에서의 재무 상태(손익 차이)
측정 방식	활력의 정도	음수(손실), 양수(이익)
영향 요인	자연, 인적 요인	시장, 관리, 비용 요인
결과 특성	불가역성(재생 불가)	가역성(구조조정, 부활 가능)

자료: 중국경제금융연구소

상술과 병법의 차이는 크다. 4년짜리 어공 트럼프는 전투에 목숨 걸지만 임기제한 없는 늘공 시진핑은 전쟁에 목숨 건다. 트럼프는 단 한 번의 전투에서라도 패하는 순간 바로 끝이지만 시진핑은 첫 전투에서 지더라도 마지막 전투에서 이기면 승리한다. 이것이 지금 공격우위에 있는 트럼프는 조급하고 시진핑은 느긋한 이유다.

장사는 한 번 망해도 재기해서 다시 시작할 수 있지만 생사를 거는 전쟁은 한 번 패하는 순간 끝이다. 그만큼 절박하기 때문에 전쟁에 목숨을 건다. 따라서 어지간한 고통은 숙명으로 참아낸다. 장사는 가역적이지만 생사는 불가역적이기 때문에 온 국민이 똘똘 뭉쳐 내핍하고 기술개발 하며 싸운다. 중국이 트럼프의 관세폭탄에 "항복은 없다. 끝까지 간다"라는 얘기를 대놓고 하는 이유다.

약하지만 목숨 걸고 대드는 사람과 손해 보면 손 떼는 사람이 붙으면 누가 이길까? 손 떼도 먹고사는 데 지장 없는 이는 치킨게임(겁쟁이 놀이) 흉내는 낼 수 있지만 전쟁이 시작되면 끝까지 가기 어렵다. 관세를 무기로 한 미·중전쟁에서 트럼프의 완승, 시진핑의 완패를 단언하기 어려운 이유다.

미국과 중+EU+캐+멕, 세계수입 비중

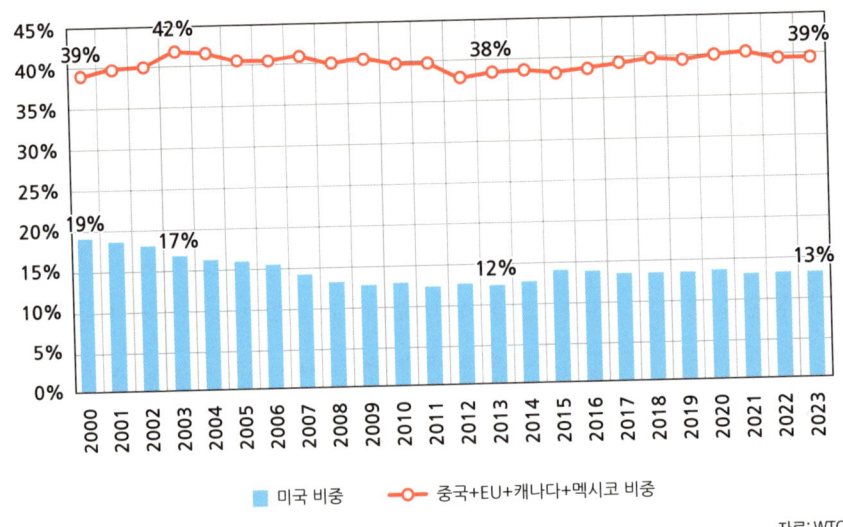

공급망은 관리하는 것이지 소유하는 것이 아니다. 애덤 스미스의 국부론 이후 세계 어느 나라도 모든 공급망을 소유한 나라는 없다. 미국의 제조력이 약화되고 금융력으로 경제를 지탱하지만 이젠 세계 수입시장에서의 미국 비중이 절대적이지 않다. 세계 수입시장 비중을 보면 미국은 13%에 불과하고 미국과 관세전쟁 중인 국가(중국+EU+캐나다+멕시코)의 비중은 39%로 미국의 3배다.

미국 수출에 목을 매야 하는 멕시코, 캐나다 같은 나라는 미국의 폭탄관세에 죽어나지만 중국은 대미국 수출 비중이 15% 선에 불과하다. 트럼프 대통령은 관세부과로 중국을 잡겠다는 계획이지만 중국은 못 잡고 주변국과 동맹국의 반발과 역풍만 맞을 가능성이 높다.

주요국 무역/GDP 비중(2023)

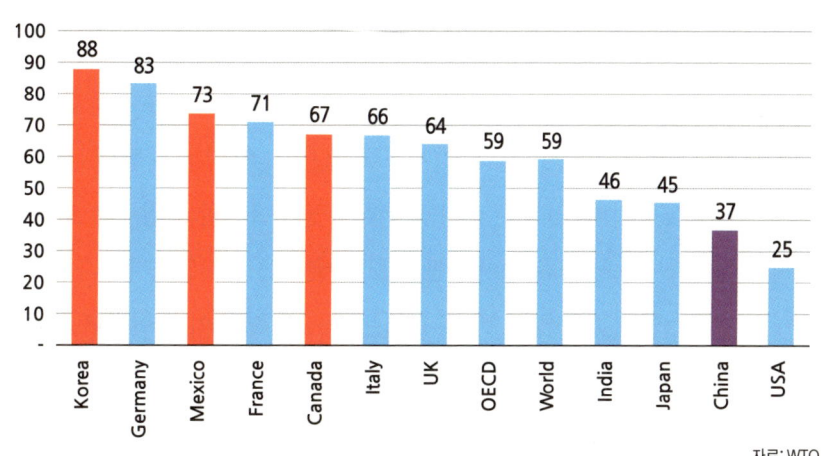

자료: WTO

그리고 당장 미국의 상징인 '코맥스테(코카콜라, 맥도날드, 스타벅스, 테슬라)' 제품의 불매운동에 봉착할 가능성이 있다. 이는 미국 소비재기업의 주가 하락으로 이어져 증시 충격으로 올 수 있고 금융소득 비중이 큰 미국 소비자들의 소득을 줄이는 결과가 나올 수도 있다.

또한 중국의 일대일로와 제조력을 기반으로 한 세계 원자재, 특히 희토류와 광물시장에서의 장악력은 미국을 월등히 넘어선다. 미국의 관세전쟁에 중국은 자원전쟁으로 맞선다. 자원전쟁으로 중국이 미국을 죽이는 것은 어렵지만 중요 핵심산업과 첨단산업에 필요한 핵심소재의 구득난으로 생산차질을 불러올 수는 있다. 중국은 전 세계 희토류 생산의 60% 이상을 장악하고 있고 특정 품목의 경우 90% 이상이다.

또한 희토류 등의 광물은 생산이 제한적이어서 가격탄력성이 매우 높아, 희토류 시장의 물량통제는 바로 가격폭등으로 이어지고 그 피해를 전 세계 첨단산업이 다 같이 입게 되는 불상사가 생기게 한다.

이미 중국이 미국의 관세폭탄에 대응해 발동한 텅스텐 등 5가지 희토류 금속에 대한 수출통제로 비스무트, 안티몬, 인듐의 가격은 폭등했다. 비스무트는 반도체와 방탄유리, 탄약제조에 쓰이고 안티몬은 탄약, 미사일, 포탄 제조에 사용되며, 인듐은 태양광과 디스플레이산업의 필수 소재다.

미 의회조사국의 자료에 따르면 희토류 금속은 F-35 스텔스 전투기에 417kg, 이지스함에 2,358kg, 버지니아급에는 4,172kg이 들어간다. 스텔스기에는 전파를 흡수하는 데 필요한 인듐이, 대륙간탄도미사일에는 탄두 보호재로 베릴륨이 쓰인다.

02 중국, 미국에 장단은 맞추지만 춤을 추진 않는다

중국인 잡은 미국의 인질, 월마트와 애플

다른 나라 같으면 245% 보복관세를 맞는다고 하면 주가가 대폭락하고 온 나라가 대응책 마련에 야단법석일 것이다. 그런데 중국은 무덤덤하다. 중국이 도널드 트럼프 2기 정부의 관세폭탄 예고에 태연자약한 이유는 두 가지다.

첫째, 경험이 최고의 스승이다. 트럼프 1기 정부 시절에 25% 보복관세를 적용하고, 화웨이(華爲)를 비롯한 통신기업들과 SMIC 등 반도체기업들이 제재를 받았다. 하지만 4년이 지난 지금 중국의 대미 무역흑자는 오히려 늘어났고, 제재를 받은 화웨이와 SMIC는 좌초하기는커녕 멀쩡하게 살아 있다.

둘째, 미국의 적은 미국이라고 보기 때문이다. '월마트 효과'와 '애플 효과'를 보면 안다. 미국 슈퍼마켓 업체인 월마트에서 파는 공산품의 원산지를 보면 60%가 중국산이다. 보복관세 60%를 때리면 중국의 대미 수출은 불가능하겠지만, 당장 미국 인구 3억 2,000만 명이 매일 쓰는 일상용품을 최저가격으로 공급해 줄 대체 공급선이 보이지 않는다. 고율관세로 중국을 잡을 수는 있지만, 이것이 부메랑이 되어 미국 소비자 물가를 올리는 자충수가 될 수 있다. 트럼프가 던진 관세폭탄은 중국에서 터지는 것이 아니라 그보다 먼저 미국인의 식탁에서, 미국인의 일상생활에서 터질 수 있다는 게 문제다.

미국 1위인 애플의 스마트폰 역시 95% 이상이 여전히 중국에서 생산된다. 중국이 미국의 고율관세에 맞서 애플의 중국 공장을 제재하면 제품 공급에 차질이 생길 것이다. 그로 인해 나스닥 시총 1위 기업의 주가에 가해질 타격, 미국 증시에 가져올 파장을 가늠하기 어렵다.

중국에 인질로 잡힌 3기업의 시총

(억$)	시가총액	중국비중	기준	시총감소	GDP	시총감소
Apple	26,780	95%	생산비중	25,441	291,700	9%
Tesla	7,412	40%	생산비중	2,965	291,700	1%
Walmart	6,809	60%	수입비중	4,085	291,700	1%
합계	41,001			32,491	291,700	11%

자료: 중국경제금융연구소(25.4.10 기준)

트럼프의 관세폭탄 치킨게임에 처음 당하는 다른 나라들은 혼비백산이지만 중국은 태연하다. 이미 4년 전에 한 번 당해봤기 때문에 면역이 생긴 것이다. 글로벌한 관세보복의 악순환이 이어지면 미국도 EU도 아시아도 글로벌 경기침체 위험구간으로 들어갈 수 있다. 미국이 '중국을 적(敵)'으로 규정하고 중국 잡겠다고 우방과 동맹에 퍼부은 관세폭탄의 후유증은 우방들이 중국을 적으로 보는 것이 아니라 '미국을 적(敵)'으로 보게 만든 것이다.

그리고 전 세계 무역에서 미·중의 지배력을 2000년과 2024년을 비교해 보면 중국의 지배력이 절대적으로 커진 걸 알 수 있다. 미국의 무역규제는 중국에도 영향은 있겠지만 이미 중국은 세계 무역시장에서 다변화와 확장이 이루어져 그 충격이 과거처럼 크지 않다.

Global Trade Dominance: U.S. vs China

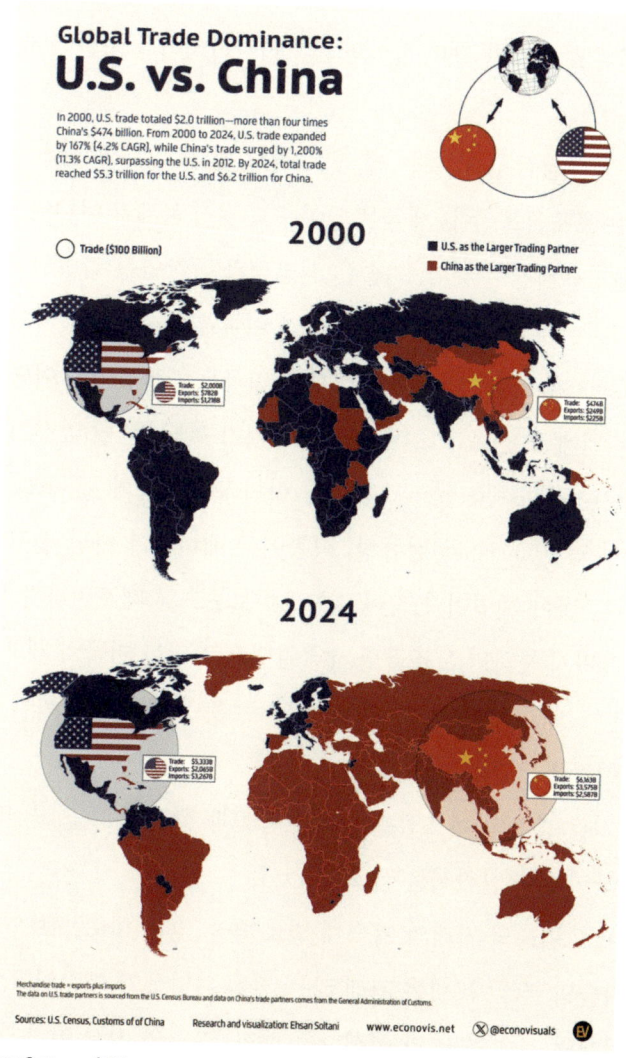

Sources: U.S. Census, Customs of China

www.econovis.net

트럼프의 관세의 창에 맞서는 중국의 8가지 방패(防牌)

트럼프 대통령의 미국 제조업 부활과 무역적자 해소 정책을 어떻게 봐야 할까? 1인당 소득 8만 2,000달러 국가에서 50년 전 집 나간 전통제조업이 60% 보복관세로 리턴할 수 있을까? 석유 증산으로 제조원가를 낮춰 제조업의 리턴을 유도한다고 하지만 그런 식이면 사우디아라비아나 이란이 제조업의 메카가 돼야 한다.

공장은 보조금을 많이 주는 데 짓는 것이 아니고, 시장 가까이에 지어야 한다. 미국은 보조금을 주고 세금을 깎아주는 것이 문제가 아니라 숙련공, 노조, 임금, 환경규제가 문제다. 기술은 시발점과 종착역이 같았던 적이 없다. 철강, 화학, 자동차, 가전에서 반도체까지 미국·일본·한국·대만을 거쳐 중국과 동남아로 간 제조업을 역주행시켜 다시 미국으로 돌리기는 어렵다.

미국은 뒤에 오는 놈 발 걸어 넘어뜨리기가 아닌, 한 발 앞서가기 전략을 사용해야 한다. 반도체(Semiconductor)가 아니라 초전도체(Superconductor), 컴퓨팅이 아닌 양자(Quantum)컴퓨팅, 리튬이온 배터리가 아닌 전고체 배터리로 먼저 가는 것이 해법이다. 인공지능(AI) 로봇으로 제조원가가 중국, 동남아보다 낮아지지 못하면 보조금과 세금감면으로 인한 미국의 제조업 리쇼어링은 '언 발에 오줌 누기'이고, 휴머노이드 로봇이 나오기 전까지 미국의 제조업 리쇼어링은 '정치쇼'에 불과하다.

세계 최강 중국의 제조업은 심장(반도체)과 혈관(금융)을 끊어야지, 보복관세로 팔다리 하나 잘라서는 죽일 수 없다.

중국이 트럼프의 거래의 기술에 별로 쫄지 않는 태도를 보인다. 트럼프의 거래 기술의 본질이 '뒷돈 거래'라는 것을 파악했기 때문이다. 그리고 트럼프의 '거래의 기술'은 남의 어젠다를 베낀 '카피의 기술'이었고 남들이 이긴 선거 어젠다를 베껴 선거는 이길 수 있지만 경제는 그렇지 못하다는 것을 알고 있다.

미·중은 결국 협상하지만 미·중의 협상테이블에 앉는 미국의 외교 초보들의 패기와 중국 관료들의 경륜의 대결에서 승자는 중국이라고 본다. 미국의 국무장관 백안관 안보담당 모두 충성심과 패기가 넘치지만 묘기는 보이지 않는다. 강경파가 아니라 실력파가 필요한데 데뷔전에서 이미 실력을 읽혔다.

논리가 안 맞으면 내부충돌이 먼저 일어난다. 지도자의 가벼운 입이 설화를 부른다. 트럼프 정부의 정책은 논리가 뒤죽박죽이고 그 중심에는 트럼프의 입이 있다. 지금 미·중전쟁은 체스와 바둑의 게임이다. 미국은 하도 떠들어서 체스판의 말이 어디로 갈지 세상이 다 안다. 하지만 중국은 신중하게 바둑을 둔다. 한수 한수 두기 때문에 대마가 죽었는지 살았는지는 끝까지 가봐야 안다.

트럼프의 거래의 기술에는 '아부의 기술'이 먹힌다. 하지만 중국은 일본처럼 '아부의 기술'을 쓸 생각이 없다. 중국, 트럼프의 박자에 장단은 맞추지만 춤은 추지 않는다. 트럼프는 중간선거에서 잘못되면 바로 레임덕이 오는 2년짜리 대통령이고 1기 스태프들을 홀랑 물갈이해서 트럼프의 중국 책은 부피가 얕다.

중국은 이미 '맞아본 게 힘'이다. 그리고 트럼프, 전선을 넓히면 구멍도 많다. 중국은 미국의 '3명의 인질'을 잡았다. 애플, 테슬라, 월마트다. 그리고 지난 8년간 미국의 대중국 제재는 아이러니지만 '제재의 역설'이 중국을 키웠다.

딥시크(Deep Seek)로 대표되는 중국의 첨단기술 국산화, 8년간의 미국의 봉쇄가 이미 구멍이 뚫렸다. 제조 1위, 수출 1위국을 2위국이 관세로 잡는다는 것은 난센스다. 트럼프의 관세는 '조 자룡의 헌 칼'이다. 헌 칼로 '겁은 줄 수 있지만 목을 벨 수는 없다'. 전쟁은 강한 것으로 싸우는 것이지 약한 것으로 협박하는 것이 아니다.

미국이 휘두르는 '관세의 창(槍)'에 맞서는 중국은 8가지 방패(防牌·방어카드)를 준비하고 있다. ① 관세 인상 맞불 작전을 쓰고, ② 환율 절하로 관세를 상계하고 수출환급금 확대로 관세 효과를 완화한다. ③ 지난 12월 중국이 반도체산업에 사용되는 갈륨·게르마늄의 수출을 통제한 것처럼 희토류 등 핵심광물의 수출을 통제해 미국의 첨단산업에 충격을 준다.

④ 수출 부진을 만회할 내수 확대에 올인한다. 정부보조금, 세금감면, 현금쿠폰, 국산제품 우선구매 등의 패키지 정책을 실시한다. ⑤ 중국에 진출한 미국기업을 제재한다. 중국에 진출한 애플·테슬라·퀄컴·스타벅스·월마트·맥도날드를 제재한다. 중국은 미국 시총 1위 업체인 애플, 전기차 1위 업체인 테슬라를 제재하는 순간 미국 증시를 폭락시킬 수 있다고 본다.

⑥ 유럽·한국·일본 등 미국 아닌 국가의 기업을 우대한다. ⑦ 우회 수출 기지를 개척한다. 기존에는 멕시코를 통해 우회 수출했다면 앞으로는 중남미·아세안·유럽을 통해 새로운 우회로를 만든다. ⑧ 중국의 일대일로(一帶一路) 참여국, 글로벌 사우스(Global South) 국가들, 역내포괄적경제동반자협정(RCEP) 국가들로 수출을 확대해 대미 수출 감소를 벌충한다.

미국의 보복관세에 중국이 제시할 수 있는 4가지 대안

트럼프 미국 대통령 1기 때 관세는 중국에 대한 '전략적 경쟁'의 도구에 가까웠으며, 당시 관세 정책은 중국 상품만을 대상으로 한 것이었지만 2기 때의 관세는 미국 정부가 전 세계 국가와 '국가 간의 이해관계'를 다루는 데 있어 보편적인 협상수단이 되었다.

관세부과는 세 가지로 첫 번째는 캐나다, 멕시코, 중국 본토 등 특정 국가에 대한 관세이다. 두 번째는 자동차, 철강 등 특정산업에 대한 관세다. 세 번째는 세계에서 무역흑자를 기록한 다른 국가에 부과되는 소위 '상호' 관세로, 미국과 무역흑자를 기록한 일부 국가에 부과된다.

트럼프 대통령은 관세를 '그물'처럼 짜서 어떤 나라도 경제 및 무역 분야에서 미국을 이용하지 못하도록 하려 한다. 미국이 주장하는 이른바 '공정성, 동등성'의 추구에는 미국의 주관적인 면이 너무 많이 들어가 있다. 사실 다른 관점에서 보면 중국과의 무역적자는 미국의 높은 소비와 낮은 저축이라는 경제구조에서 비롯된 것이다. 미국은 중국과의 상품 무역에서 적자를 보이나, 서비스 무역에서는 흑자를 기록하고 있다.

그리고 미국이 국가안보를 목적으로 중국에 수출통제를 시행하여 많은 첨단기술과 고부가가치 제품의 중국 수출을 제한하고 있기 때문에 미국의 정책은 양측 간의 보완적인 무역구조가 불가능하고 중국은 미국으로부터 원하는 것을 살 수 없으므로 미국이 무역적자가 발생할 수밖에 없는 구조적인 면도 있다.

중국은 미국의 보복관세에 대응해 미국에서 배운 방법인, 수출통제 규정, 신뢰할 수 없는 기업목록, 반독점법, 반외국제재법 등의 법적 도구를 만들어 대응하고 있다. 미국의 친구에서 적으로 부상한 유럽 기업과의 양방향 투자 및 무역협력을 추진하고 있어 트럼프의 유럽 때리기가 중국과 유럽을 더 밀착시키는 후유증이 나올 수도 있게 되었다.

그러나 중국은 근본적으로 미국과의 협상을 지속해야 하는 입장이고 트럼프의 가속화되는 관세공격에 중국이 트럼프를 달랠 수 있는 대안은 4가지다.

첫째, '묻고 더블' 정책이다. 트럼프 1기 정부 때 무역합의에서 1단계 합의 미이행분 43%에 2,000억 달러 추가 총 3,000억 달러 구매 패키지를 제시하는 것이다. 미국은 트럼프의 체면이 살고 중국은 실리를 챙긴다. 2024년 중국은 대미 흑자가 3,610억 달러. 보복관세 85%를 맞아 대미 수출이 중단되는 것보다는 3,000억 달러를 써서 중동에서 구매하던 석유를 미국에서 사오면 무역흑자는 줄고 에너지는 그대로 구할 수 있다.

둘째, 미국 국채 재매입이다. 2021년부터 그간 계속 순매도했던 미국채를 재매입해 주는 것이다. 중국은 2024년에만 무역흑자가 9,900억 달러가 발생했다. 어디든 무역흑자를 굴려야 하는데 미국 국채 재매입은 국채구매자의 감소로 금리인상을 우려하는 트럼프에게 좋은 선물이 될 수 있다.

셋째, 미국 현지투자를 하는 것이다. 배터리 등 미국이 필요한 산업에 대해 미국에 직접투자를 하는 것이다. 중국은 글로벌화를 하는 것이고 트럼프는 외자유치를 통해 고용도 늘리고 반드시 사야 하는 배터리를 자국영토 내에서 생산하는 이점도 있다.

넷째, 펜타닐 통제 강화이다. 미국 트럼프 대통령이 민감하게 생각하는 펜타닐 전구체 생산 및 수출에 대해 강력한 통제를 실시하는 것이다. 정부의 힘이 강한 중국의 특성상 정부가 마음만 먹으면 바로 실시할 수 있다.

2000년 중국의 대미 수출 비중은 21%였는데 2024년에는 15%로 줄었다. 2024년 기준 중국의 수출이 국내총생산(GDP)에서 차지하는 비중은 19.6%다. 만약 미국의 60% 보복관세로 중국의 대미 수출이 제로(0)가 된다면 중국 GDP는 2.9% 포인트 하락할 수 있다.

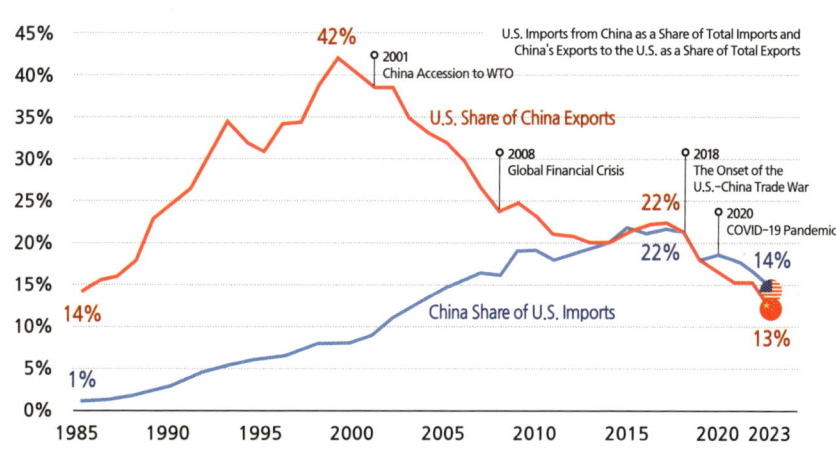

중국은 대미 수출 감소에 따른 충격을 내수 활성화와 미국 이외 지역으로 수출선을 다변화해 풀 수 있다. 2024년 중국 GDP에서 소비 비중이 56%였으니, 소비를 5% 포인트만 늘리면 GDP가 2.8% 포인트 증가한다. 따라서 미국의 대중 수출 보복관세로 인한 수출 감소가 중국 경제에 치명적인 영향을 주기는 어렵다. 2024년 12월 12일 중앙경제공작회의에서 올해 중국은 역대 최대 규모의 재정금융 정책으로 내수 확대에 올인하겠다고 발표했다. 중국의 대미국 무역흑자 비중도 많이 줄어들어 대미 수출이 전면 중단된다고 해도 이젠 중국의 타격이 그리 크지 않다.

트럼프의 죄수의 딜레마, 중국의 '팃포탯(Tit-for-tat)' 전략

트럼프 대통령 집권 이후 미국은 중상주의 보호무역으로 가고 중국은 자유무역으로 가는 아이러니가 생길 판이다. 트럼프와 반대로 하기만 하면 시진핑은 자동으로 이득을 얻는다. 그래서 여차하면 트럼프의 '위대한 미국의 건설'이 아니라 트럼프가 '위대한 시진핑'을 만들어주는 상황이 올 수 있다.

트럼프의 100% 이상의 보복관세는 결국 헛발질로 끝날 가능성이 있다. 공급망 시대의 초기에는 소비자가 왕이지만 시간이 지나 재고가 떨어지면 공급자가 왕으로 전세가 자동 역전된다. 245% 관세로 3개월 뒤 월마트에 중국산 생필품 60%가 사라지면 타격은 중국 생산자 다음에는 미국 소비자가 받을 것이다.

트럼프 정부는 대중국 수입이 중국의 대미 수입의 3.2배가 되기 때문에 중국이 먼저 손들 거라는 생각이지만 이는 트럼프식 생각일 뿐이다. 중국의 대미국 수출은 15%에 불과하고 85%는 다른 나라로 간다. 이젠 중국의 대미국 수출 의존도가 높지 않아 대미 수출 중지가 중국에 치명적인 타격을 줄 수준이 아니다.

민주주의 국가와 사회주의 국가의 고통을 대하는 태도가 다르다. 민주주의 국가는 고통의 양에 따라 그 반응이 바로 나오지만 사회주의 국가는 고통의 양이 아니라 고통의 인내력으로 평가해야 한다.

툭하면 시위하고 항의하는 민주주의는 소비자 불만이 정치도 바꾼다. 그러나 철저한 사회통제를 하는 사회주의는 수십만의 사상자가 나와도 정치나 사회안정을 바꾸지 못한다. 북한이 좋은 사례이고 중국도 북한과 같은 체제로 봐야 한다.

관세폭탄을 물량떼기로 퍼부으면 작은 규모의 민주주의 국가는 바로 항복이지만 대약진 운동 때 4,000만 명을 굶주려 사망시킨 전력이 있는 중국은 관세폭탄으로 수출기업 수십만 개가 도산해도 눈도 깜짝하지 않는다. 오히려 이를 사회체제안정과 정권안정을 위한 좋은 도구로 써 애국심 고취와 국산품 애용운동으로 써먹는다.

분업의 이론을 창시한 애덤 스미스와 비교우위론을 통한 무역의 이점을 역설한 데이비드 리카도를 부관참시 하는 트럼프, 이제 트럼프는 미국과 세계경제의 변수(variables)가 아니라 4년 내내 골칫거리인 상수(constant)가 되었다.

트럼프의 우크라, 대만 압박은 전형적인 '죄수의 딜레마'다. 트럼프는 우크라나 대만을 죄수 취급하고 자백을 강요하면서 미국의 이익을 극대화하고 있다. '죄수의 딜레마'에서 우크라나 대만은 절대적 힘을 가진 미국에 어떠한 강제력(보복)도 행사할 수 없다. 우크라와 대만은 '죄수의 딜레마' 게임의 전제 조건에 딱 맞는 게임의 희생자들이다. 심지어 조직의 보스가 상대 희생양을 배신자로 간주해 암살할 수 있다는 협박도 하는 완벽한 '죄수의 딜레마'이다.

죄수의 딜레마

	상대의 자백	상대의 침묵
자신의 자백	자신, 상대 모두 5년	자신 석방, 상대 10년
자신의 침묵	자신 10년, 상대 석방	자신, 상대 모두 1년

죄수의 딜레마 상황에서 최적의 전략은 무엇인지를 찾아내는 게임 대회에서 온갖 꼼수와 치사함이 난무하는 전략들 중 1위를 차지한 것은 무척 단순한 '팃포탯(Tit-for-tat) 전략'이었다. 이 전략이 얼마나 간단하냐 하면, 처음에는 상대방과 협력한 뒤, 다음번에는 상대방이 지난번에 내게 했던 것과 똑같이 따라 한다. 즉, 처음에 협력한 뒤에 상대방이 배반했다면 다음번에는 나도 배반하고, 상대방이 협력했다면 나도 다음번에 협력하는 식이다.

그리고 차선의 전략은 '팃포투탯(Tit-for-2 Tats) 전략'이다. 팃포탯이 '당하면 갚는다'라면, 팃포투탯은 '두 번에 한 번 갚기'다. 쉽게 말해서 좀 더 관대한 팃포탯 전략으로 상대가 한 번 보복하더라도 팃포투탯은 느긋하게 대응해 '괜찮아, 한 번쯤은 그럴 수도 있지' 하고 넘긴다.

상대방이 두 번 연속으로 보복하면 그때서야 상대방의 악의성을 판정하고 보복에 나선다. 전략이 팃포탯보다 효과적일 수 있는 이유는 '팃포탯(Tit-for-tat) 전략'이 너무 똑 부러지게 보복하는 탓에 잠재적 협력의 기회를 잃어버릴 수 있기 때문이다.

중국은 1차 무역전쟁에서 '팃포탯(Tit-for-tat) 전략'으로 트럼프의 공격을 받아넘겼다. 중국의 대미 흑자는 줄지 않았고 트럼프는 재선에 실패했다. 복수혈전을 꿈꾸며 다시 화려하게 등장한 트럼프는 다시 관세폭탄을 들고 중국을 협박하지만 이번의 여유는 중국에 있다. 한 번 당해본 경험이 선생님이다. 트럼프의 2차 관세폭탄에 중국은 '팃포투탯(Tit-for-2 Tats) 전략'을 쓸 계획이다. 즉각적인 맞대응보다는 관망하면서 미국이 다른 나라와 전쟁하는 것을 보고 대응책을 세우는 전략으로 간다. 미국은 관세폭탄을 던져놓고 중국이 협상하자고 전화하기를 기다리지만 시진핑은 감감무소식이다. 중국은 미국의 중국산 제품의 재고가 다 떨어질 때까지 기다리는 것이다. 트럼프가 중국과 싸우는 것이 아니라 미국 소비자와 싸우게 만들자는 심산이다.

트럼프의 말은 새털처럼 가볍다. 그리고 트럼프의 엄포는 마지막에 누구와 통화했는지에 따라 결론이 달라진다. 지도자의 경박스러움은 결국 외교의 실패로 돌아오고 그 피해는 국민들이 입게 된다. 트럼프의 미국의 전통과 신뢰를 한 방에 무너뜨리는 무례한 언행과 태도는 결국 부메랑으로 돌아간다. 트럼프의 입방정이 2025년 3월 11일 미국주가를 대폭락시켰다. 그리고 유럽과의 관세전쟁으로 유럽이 '미국을 적'으로 간주한다는 발언까지 나오게 만들었다.

미·중 치킨게임의 끝, 꾼들의 특징은 막판 대타협

미국과 중국, 이미 서로의 생활반경에 너무 깊이 엮여 함정에 빠졌다. 미국은 중국의 '제조업의 함정'에 빠졌고, 중국은 미국의 '달러의 함정'에 빠졌다. 중국의 약점은 IT와 금융이다. 중국의 금융강국, 4차 산업혁명에서의 부상을 위해서는 IT와 금융이 강한 민주당보다는 전통산업에 강한 공화당이 파트너로서 전략적으로 유리하다. 결국 트럼프와 시진핑, 상부상조할 가능성이 있다.

싸움 잘하는 선수는 선수를 알아본다. 꾼들은 결코 상대를 절벽으로 몰고 가지 않는다. 고수를 절벽에 몰면, 죽기를 각오하고 덤비고 이런 상황이면 이겨도 만신창이로 의미가 없기 때문이다. 노회한 장사꾼 트럼프와 정치꾼 시진핑의 수읽기의 끝은 막판 대타협이다. 명분과 실리를 주고받으면서 서로 챙길 것 챙긴다. 다만 겉으로는 보는 눈들이 많기 때문에 물고 뜯고 싸우는 것처럼 보일 뿐이다.

미국은 당장은 관세폭탄으로 선제 공격하지만 제조업에서 통상압박을 풀어 황제로 등극한 시진핑의 체면을 살려준다. 중국은 과도한 부채를 주식으로 바꾸어 금융 리스크를 낮추어야 한다. 두 번의 주가 대폭락으로 가슴에 멍든 중국 개미들의 힘으로는 중국 증시를 부양하기 어렵다.

차입금 중심의 금융구조를 주식시장을 통한 자금조달(Equity Funding)로 부채구조를 개선하기에는 중국 내부 사정이 좋지 않다. 침체된 증시와 투자심리가 최악인 중국 증시를 자극하고 활성화하는 데는 시장을 활성화할 '메기'가 필요하다.

금융체질 개선을 위한 '메기의 역할'은 외국투자가의 힘을 빌려서 할 수 있다. 시진핑 주석, 미국에 못 이기는 척하면서 금융시장을 개방해 미국에 실리를 챙겨주고 통상마찰도 해결하고 중국의 부채비율도 개선하는 묘수를 쓸 가능성이 있어 보인다.

미·중의 프레너미 관계

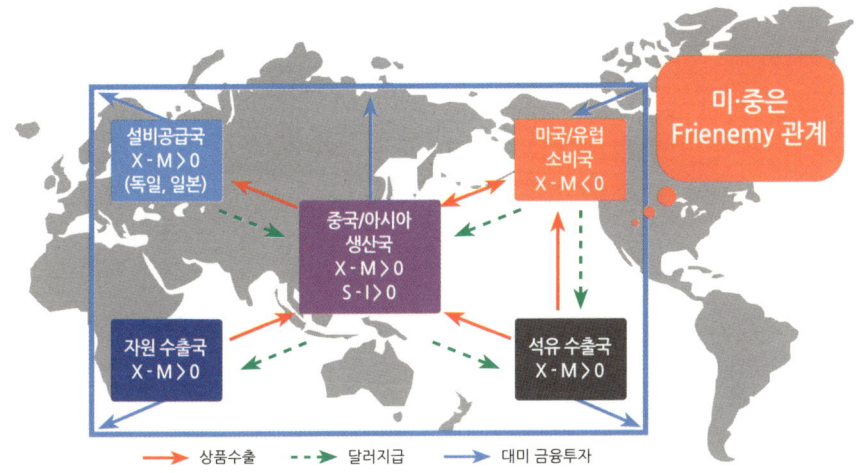

자료: 중국경제금융연구소

미·중의 관세폭탄 던지기는 가깝게 보면 트럼프의 페인팅 모션이고 길게 보면 미·중 간의 패권전쟁이다. 레이건 대통령은 1985년 '플라자 합의'로 일본을 잡았고 글로벌화의 바람을 넣어 개방을 통해 1991년 소련을 붕괴시켰다. 트럼프는 관세폭탄으로 중국을 잡을 수 있을까?

결론은 '글쎄요'다. 일본은 방위를 미국에 의존하고 있어 꼼짝달싹 못하는 관계였고, 소련은 다민족의 이해관계가 복잡하게 얽혔고 경제규모가 미국의 44% 선에 불과했다. 그런데 지금 중국은 방위문제에서 일본과 다른 차원이다. 세계 2위의 군사력을 가졌고 경제력에서는 미국의 65%대까지 와있다.

그래서 과거 일본과 소련에 사용한 방법은 중국에게 먹힐 가능성이 낮다. 중국의 대미 수출 비중의 GDP 비중은 2.8%에 불과하다. 수출이 전면 중단되어도 중국을 죽이지는 못한다.

중국 GDP에서 대미 수출이 차지하는 비중

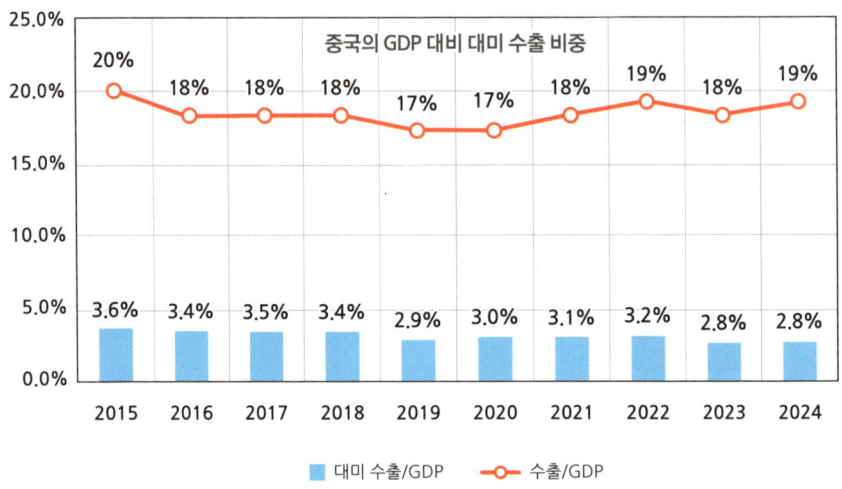

자료: 국가통계국, 해관통계

　향후 트럼프의 정책의 성공 여부는 트럼프와 공화당의 지지율이 관건이다. 트럼프 지지도는 임기 초임에도 불구하고 2025년 4월 현재 42% 선에 불과하다. 문제는 2년 뒤 중간선거다. 중간선거는 당 지지도가 중요한데 공화당의 지지율이 떨어지면 트럼프의 모든 정책은 동력을 잃을 가능성이 있다.

　트럼프가 대중 관세를 화끈하게 60% 못 때리고 '10%+10%'로 시작해 중구난방으로 결국 245%까지 올리고 스마트폰을 예외로 한 것은 이유가 있다. 당장 미국이 애플의 중국 공장을 제재하면 미국 주가의 폭락위험이 있기 때문이다. 그리고 중국이 트럼프의 표밭인 농업-자동차-항공산업지역에 관세폭격을 퍼붓는다면 정권 초기 지지율과 2년 뒤 중간선거는 장담하지 못한다. 중국도 미국의 강공에 속이 타지만 트럼프도 그 전에 중국과

타협점을 찾을 수밖에 없어 보인다.

트럼프와 시진핑의 필체로 본 특성 비교

항목	트럼프 스타일 - '칼날의 추진자'	시진핑 스타일 - '붓의 전략가'
초기 접근	즉각 압박, 조건 제시 및 공개 발언	조용한 탐색, 내부 결속 우선
전략 방식	위협 기반 협상(관세, 시장 배제 등)	지속 협상과 관망을 통한 체면 관리
커뮤니케이션	직설적 언어, 언론 활용	간접적 언급, 내면적 메시지 중심
협상 스타일	단기 승부, 빨리 결론 내길 원함	장기 프레임 설정, 시간에 투자함
카드 운영	초반에 강수 던짐 → 재협상 여지	초반 유연하되 핵심은 절대 양보하지 않음

자료: 언론보도 자료로 중국경제금융연구소 정리

중국은 미국의 협박에 대응을 자제하고 있다. 시주석을 포함한 지도부들, 언론의 대미 관련 보도에 경거망동을 경계하며 신중함을 보이고 있다. 그간 할 말은 한다는 '유소작위(有所作為)'라고 떠들던 모드에서, 어둠 속에서 힘을 기르고 기회를 보는 '도광양회(韜光養晦)' 모드로 바꾸었다. 미국을 자극하지 않으려는 의도가 엿보인다. 2025년 양회의에서도 미국 관련 발언은 없었고 대외 정책도 원론만 읊었다.

트럼프와 시진핑의 특성을 감안한 미·중의 협상시나리오와 주도권을 추론해 보면 개시 단계와 충돌 그리고 협상의 단계로 갈 것 같다. 협상의 주도권은 단기에는 트럼프가, 장기전에서는 시진핑이 유리하다.

미·중의 협상 시나리오와 주도권 예상

1차 라운드: 개시
- 트럼프: "우리는 이 상태로는 협상할 이유가 없습니다. 무역흑자를 절반으로 줄이세요."
- 시진핑: "협력은 상호 존중에서 시작됩니다. 구체적인 수치보다 원칙을 확인합시다."

2차 라운드: 충돌
- 트럼프: 관세 인상 발표 → 단기 압박
- 시진핑: 전략적 침묵 + 내부 단결 강조 → 긴 호흡 전략

3차 라운드: 조율
- 트럼프: 언론 통해 '강경 메시지' 반복 → 국내 지지층 겨냥
- 시진핑: 회담 지속 제안, 조건부 양보 → 시간 끌기 & 외교 이미지 확보

측면	유리한 인물	이유
단기 압박	트럼프	즉시 타격 가능성, 협상 의제 설정력
장기 전략	시진핑	인내심, 구조화된 접근, 체면 전략
대내외 이미지	시진핑	감정적 충돌 회피, 안정적 이미지
결론 성사 속도	트럼프	빨리 결론 내고 넘어가려는 강한 추진력

자료: 중국경제금융연구소

또한 미국은 트럼프의 방중 혹은 시진핑의 방미를 통한 협상을 타진하고 있지만 중국은 그다지 적극적이지 않다. 이유는 세 가지다. 첫째, 트럼프에 대한 아첨이나 잘 보이기는 별효과 없다는 학습효과다. 1기 정부 때 트럼프를 자금성에 초대해 황제 대접했지만 무역보복은 멈추지 않았다.

둘째, 14억의 인민들의 시선이 두렵기 때문이다. 미국의 압박에 리더가 약한 모습을 보이는 것은 중국 지도부가 용인하기 어렵기 때문이다. 셋

째, 미국이 무역으로 압박해도 이미 미국의 치명적인 인질 3명을 잡아놓았기 때문이다. 세계시총 1위 애플, 전기차 1위 테슬라, 미국 슈퍼마켓 1위 월마트는 중국에서 제품을 공급하지 않는 순간 주가폭락, 영업폭락이다.

    트럼프의 무역정책 관세폭탄은 중국과 유럽, 캐나다와 멕시코에서 터지는 것이 아니라 미국의 밥상과 슈퍼에서 먼저 터질 수 있다. 미국에 대응한 각국의 관세 맞폭탄과 수출 중단은 미국의 밥상과 슈퍼의 매장을 비게 만들 수 있기 때문이다.

03 미·중 기술 패권전쟁의 승자는?

혼돈의 시대에 나타난 '인공 神', AI

위기는 낡은 질서가 해체된 상태에서 아직 새로운 질서가 정립되지 않은 혼란기에 생긴다. 국제관계 안정은 강대국 간의 합의와 타협이고, 작은 국가들의 참여 메커니즘이 얼마나 작동되고 있느냐에 달렸다.

그런데 중국의 부상으로 강대국 미·중 간의 갈등이 극에 다다르고 있고 우크라이나·러시아전쟁, 이스라엘·팔레스타인전쟁에서 보면 유엔을 비롯한 국제기구의 힘이 종이호랑이 수준으로 전락하고 있다.

냉전 이후 40여 년간 이어져온 미국 패권의 독주 시대가 흔들리면서 국제관계도 혼란에 빠졌다. 미국이 중동을 포기하고 아시아로 돌아올 만큼 강력해진 중국, 부자는 망해도 3년은 간다고 여전히 강한 러시아 그리고 거대인구를 바탕으로 대국의 길로 들어선 인도는 아시아태평양 지역의 새로운 세력으로 부상했고 일본은 미국의 동맹에서 만족하지 못하고 새로운 주권국으로의 부상을 노리고 있다.

그러나 새로운 세력의 부상은 경제가 기반이고, 그 경제는 기술에 기반한 실력이다. 지금 세상은 정보와 데이터가 경제의 핵심이고, 누가 데이터를 장악하고 이를 이용한 인공지능(AI)을 장악하느냐에 패권이 달렸다.

패권이 어디로 가는지는 황금에게 물어보고, 세상이 어디로 흘러가는지는 돈에게 물어보라고 한다. 미국의 AI 칩 회사 엔비디아의 시가총액은 한국 국내총생산(GDP) 1조 7,000억 달러를 넘어서는 2.9조 달러대에 달했고 미국의 AI 관련 7개 기업 '매그니피센트(Magnificent) 7'의 시가총액은 15조 1,000억 달러로 일본 GDP의 3배를 넘어섰다. 돈의 대답은 새로운 AI 세상은 다시 미국 패권의 천하독점 시대로 가고 있다는 것이다.

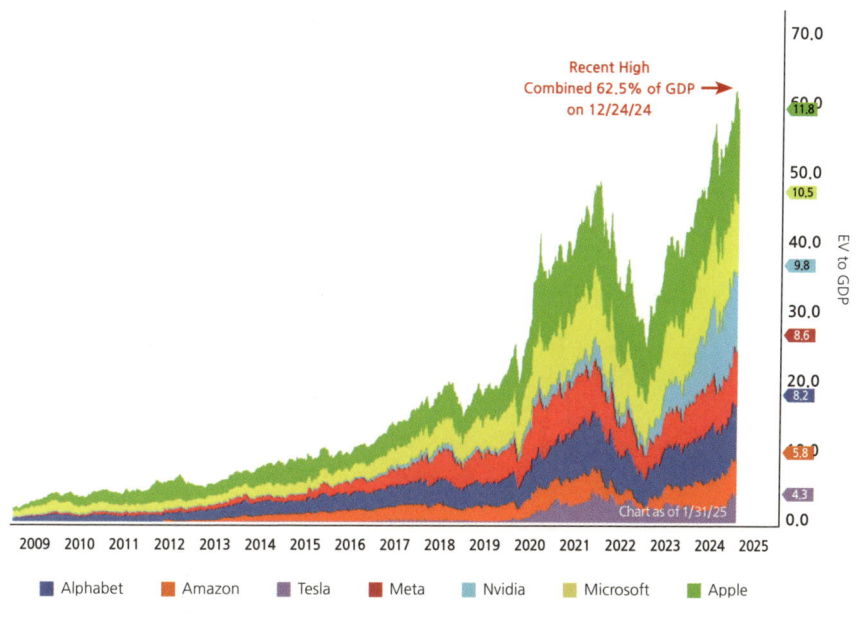

냉전 시대 이후 미국은 소련과 같은 경쟁자도 없었지만, 나토와 같은 동맹 메커니즘을 통해 잠재적 도전자를 포위하고 억제할 수 있었다. 하지만 AI 시대에 미국은 쇠락한 유럽 동맹이나 취약한 아시아 동맹을 통하지 않고도 세상을 지배할 수 있다는 야망을 가지고 있다.

AI 모델은 미국이 최고이고, 유럽은 경쟁자가 없고, 아시아는 미국 모델을 추종하는 수준이다. 중국의 AI 모델도 강하지만 규제가 심해 발전이 늦고 반도체문제로 미국을 추격하기에는 부족한 구석이 많았다.

기존 기술이 생활 기술이었다면, 현재의 AI 기술은 정치·경제·사회·문화·국방 모든 분야의 생태계가 되었다는 점이 다르다. AI는 인간이 만든 인간과 세상의 모든 것을 통제할 수 있는, '인공 신(神: Artificial God)'의 경지에 올랐다.

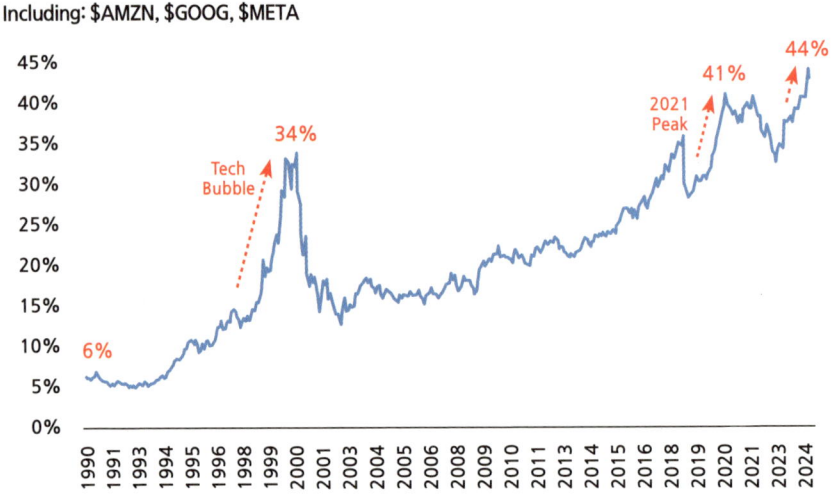

그러나 이 '인공 신' 역시 기억(Memory)을 못 하면 치매다. 메모리산업에 특화된 한국은 '인공 신'들의 전쟁 시대에 너무 자조할 필요 없다. AI 칩셋에 엔비디아 그래픽처리장치(GPU)와 쌍을 이루는 고속광대역 메모리칩(HBM)이 없으면 AI 치매다. 챗GPT의 GPU 시장은 엔비디아가 100% 독점하고 있지만 HBM 시장의 90%는 한국이 장악하고 있다.

미·중 기술전쟁의 종착역은 AI전쟁이다. AI의 인프라인 5nm 이하의 첨단반도체 생산은 한국과 대만만 가능하고, 미·중 모두 한계가 있다. '인공 신'의 시대에 HBM 시장의 90%를 장악하고 5nm 이하의 첨단반도체 생산기술을 보유한 한국은 '신(神)이 돕는 나라'다.

첨단반도체 쟁탈전은 지금 국가대항전이고 '쩐(錢)의 전쟁'이다. 미국, 일본, 유럽, 중국이 첨단반도체 생산에 40조~60조 원의 보조금을 퍼붓고 있다. 한국은 반도체를 재벌의 수익사업 관점에서 빨리 국가방위산업으로 전환하지 않으면 다 잡은 고기를 놓치는 우를 범할 수도 있다.

AI전쟁의 군수물자 반도체, 미국은 공장이 없고, 중국은 기술이 없다

바이든 정부 출범 이래 미국은 중국과 반도체전쟁을 하고 있다. 과거에는 인구, 영토, 자원이 국력의 주요 요소였지만 정보화 시대에는 인공지능(AI), 빅데이터, 반도체가 국력이다. 챗GPT가 등장하면서 세상이 변했다. 인공지능이 세상의 모든 것을 바꾸는 시대가 등장했다.

세상이 어디로 가는지 모를 때는 돈에게 물어보면 답이 있다. 지금 세상에서 마약보다 구하기 어렵고 금보다 비싼 것이 엔비디아의 GPU 칩셋이다. 2025년 3월 24일 기준 반도체 팹리스 회사인 엔비디아의 시가총액은 2조 9,000억 달러로 한국 GDP의 170%나 되고 세계 3위 경제권인 일본

GDP의 69% 수준이다.

　미·중 패권은 4차 산업혁명의 패권을 누가 쥐느냐에 달렸다. 빅데이터에서 IP를 뽑고 이걸로 인공지능(AI)을 만들어 로봇의 머리에 집어넣으면 바로 4차 산업혁명의 완성이다. 미국이 미·중 패권전쟁에서 중국의 추월을 절대 허용할 수 없는 분야가 바로 인공지능(AI)이다. 2023년 미국이 중국의 슈퍼컴퓨터의 기술 차단, 14nm 이하 첨단반도체 생산장비 수출 제한, AI용 첨단반도체 수출 제한을 실시한 것도 바로 이 때문이다.

　지금 미·중의 전쟁은 AI전쟁이다. 미국보다 4배나 많은 휴대폰 가입자를 가진 중국, 빅데이터에서는 미국을 넘어섰지만 거대한 빅데이터를 처리해 AI를 만드는 데에는 반도체라는 아킬레스건이 있다. AI의 인프라산업에서는 반도체가 없으면 빅데이터가 아무리 많아도 무용지물이다. 미국이 천문학적 자금을 보조금으로 주면서라도 해외 반도체 생산기업을 미국 내로 내재화하려는 것은 AI전쟁에서 첨단반도체는 군수전략물자이고, 첨단반도체 보조금은 국방비이기 때문이다.

　세계의 리더 미국은 이제 더 이상 자유무역의 옹호자가 아니다. 보조금을 금지하는 WTO를 무력화시켰고, 중국과는 관세전쟁을 벌였으며 첨단산업에서는 보조금 경쟁을 벌이고 있다. 세계 경제에서 자유무역은 물 건너갔다.

　룰은 강자가 자신에게 유리하게 만드는 것이지 약자의 입장을 배려하는 것이 아니다. 미국이 그간의 입장을 뒤집고 경제안보를 명목으로 하는 보호주의를 펴는 것은 중국과의 무역전쟁, 기술전쟁 때문이다. 무역전쟁에서 큰 재미를 보지 못한 미국은 AI 기술전쟁에서 반드시 중국을 좌초시켜야 한다.

　문제는 미국은 AI기술은 최고지만 AI의 하드웨어 인프라인 첨단반도체와 배터리는 생산하지 못한다. 그래서 한국과 대만의 반도체 배터리기업에 보조금을 주고, 세금을 감면해 주면서 '메이드 인 USA'를 만들려고 안간힘을 쓴다.

하수는 뒤따라오는 놈 다리 걸어 넘어뜨리지만, 고수는 하수와 싸우는 대신 그저 한 발 앞서간다. 미국이 후발국 중국에게는 반도체 장비를 팔지 말고 첨단반도체와 컴퓨터를 공급하지 말라고 우방국을 압박하는 것보다는 반도체가 아닌 초전도체, 컴퓨터가 아닌 양자컴퓨터로 한 발 앞서가는 것이 정답이지만 지금 미국은 그럴 상황이 못 된다.

지금 세계 첨단산업은 애덤 스미스의 '보이지 않는 손'이 아닌 정부의 '보이는 손'이 좌우한다. 민간의 창의로 기술경쟁력을 높이는 시대가 아니라 정부 보조금으로 첨단산업의 기술경쟁력과 기술격차를 벌리는 시대다. 다른 나라가 보조금을 주면 불륜이지만 미국이 하면 경제안보다. 미국이 IRA와 칩스(Chips) 법을 만들어 반도체와 배터리산업을 지원하면서 '쩐(錢)의 전쟁시대'를 열었다.

정부 보조금으로 LCD, 태양광, 배터리 분야에서 세계 1위를 장악한 중국은 이제 반도체에도 미국에 버금가는 천문학적 보조금을 지원하며 반도체 국산화에 올인하고 있다. 미·중에 뒤질세라 유럽·일본·인도와 대만도 적게는 10조 원, 많게는 63조 원의 첨단반도체 보조금 레이스에 뛰어들었다. 중국은 이미 배터리, 첨단제조, 상용드론, 5G에서 미국을 제치고 세계의 리더로 올라섰다. 그 외 양자, AI, 저궤도위성, 핵융합 등의 분야에서도 추세적 상승세를 보이고 있다.

미·중의 기술 격차와 추세 분석

기술 분야	현재 리더	신뢰 구간	추세 방향	주요 내용
고급 배터리	중국	높음	중국 지속 우위	중국, 전 세계 생산량 80% 점유. 미국의 인프라 투자에도 생산량 격차 유지
고급 제조	중국	높음	중국 가속화 우위	중국, 로봇 배치·생산량에서 압도적. AI 기반 자동화로 경쟁력 강화
상용 드론	중국	높음	중국 독점적 우위	DJI, 전 세계 시장 90% 점유. 미국 보안 규제에도 시장 점유율 유지
5G 네트워크	중국	높음	중국 인프라 확장	중국, 기지국 수·다운로드 속도 우위. 6G 표준 주도권 경쟁 가속
바이오의약품	경합 중	중간	중국 상용화 주도	미국, 초기 R&D 우위. 중국, 생산 인프라·저가 API 공급으로 시장 확장
인공지능(AI)	미국	중간	중국 추세 상승	미국, 민간 투자 선두. 중국, 오픈소스 AI·대규모 모델로 빠른 추격
핵융합 에너지	미국	높음	중국 투자 집중	미국, 연구·민간 투자 선두. 중국, 국가 주도 시설 구축으로 상용화 추진
인터넷 플랫폼	미국	중간	중국 글로벌 진출 확대	틱톡·테무로 해외 시장 영향력 증가. 화웨이 OS로 생태계 자립화 추진
저궤도 위성 네트워크	미국	중간	중국 대규모 투자	스타링크 현재 우위. 중국, 2030년까지 4만 기 발사로 추격 가속
양자 기술	미국	중간	중국 정부 주도 성장	미국, 논리 큐비트 개발 선두. 중국, 막대한 정부 자금으로 연구 역량 강화
반도체	미국	높음	중국 역설계 시도	미국, CHIPS 법안으로 생산 역량 재구축. 중국, EUV 리소그래피 독자 개발 도전
합성 생물학	미국	낮음	중국 생물제조 확장	미국, 연구·특허 우위. 중국, 글로벌 생물제조 시장 70% 점유로 상용화 주도

자료: SCSP, 'Welcome to the Arena' 2025.2

 미·중의 기술전쟁은 이제 AI전쟁에서 결판난다. 미국은 반도체기술은 있지만 첨단반도체 생산공장이 없고 중국은 공장은 있지만 기술이 없다. 시력(視力)이 실력(實力)이다. 앞을 내다보는 통찰력이 기업이든 국가든 간의 운명을 결정짓는다. 한국은 40년 전 반도체의 가능성을 알아본 할아버지의 혜안이 아들을 웃게 하고 손자를 행복하게 하고 대한민국을 미·중의 반도체 기술전쟁 속에서 당당하게 만들었다.

그러나 여기까지다. 세계의 패권국인 미국이 다시 첨단반도체 생산에 뛰어들었고, 세계 2위의 경제력에 세계 1위의 인구 대국, 엔지니어 대국인 중국도 '10년에 칼 한 자루만 간다'는 절박한 심정으로 뛰어들었다. 돈과 인력을 퍼부으면 시간이 문제일 뿐 미국과 중국이 5㎚(나노미터)대 이하 첨단반도체를 못 만들 것이라는 것은 오산이다.

지금 제조업에서 반도체 하나 빼고는 중국보다 잘하는 것이 없는 한국, 첨단반도체 생산기술이 미·중의 전쟁에서 한국을 지켜주는 최종 병기이자 방패다. 이제 한국의 대미 관계, 대중 관계의 수명은 반도체와 같이 간다. 한국은 첨단반도체 생산기술에서 미·중에 따라잡히는 순간 바로 추락이다.

18~24개월마다 집적도가 두 배로 높아지는 '무어의 법칙'에 따라 발전해 온 반도체산업은 반도체 공정기술이 1㎚ 이하로 가면 실리콘기판 자체에 물리적 한계가 온다. 새로운 물질, 혹은 아이디어가 돌파구다. 뛰어난 천재의 아이디어 하나가 나라를 먹여 살리는 시대다. 한국 사회는 지금 의대 증원에 모든 것이 쏠려있지만 그보다 더 중요한 것은 반도체 엔지니어의 양성이다.

남들과 똑같이 해서 남들보다 잘하기는 어렵다. 주요국 정부들은 반도체를 국가안보산업으로 보고 첨단반도체 생산지원에 대놓고 올인하는 상황이지만 한국은 민간기업의 수익산업으로만 보는 것 같아 답답하다. 국부 창출과 경제안보의 중심에 있는 반도체산업, 인재 양성과 정부 지원이 무엇보다 시급하다.

딥시크(AI), 유니트리(AGI) 모멘트, 기술에 영원한 승자는 없다

미국이 주도하던 세계 AI 시장에 '검은 백조'가 나타났다. 바로 중국의 AI 업체 딥시크(Deepseek)다. 미국의 엄격한 대중국 AI 반도체와 기술의 통제에도 중국이 미국 최고 기업 오픈 AI 수준의 AI를 개발했다. 미국의 반도체 봉쇄에 구멍이 뚫려버리고 만 것이다.

AI는 미국인에 의한, 미국의 발명품이라는 시각에도 구멍이 뚫렸다. 딥시크의 CEO부터 개발자들은 미국에서 공부한 적이 없는 중국 토종 개발자들이다. 기술에 영원한 승자는 없다. 한눈팔면 한순간에 훅 간다.

전통제조업이 아닌 신산업에서 '新차이나쇼크'를 불러온, 세계 1위의 오픈 AI를 뒤통수친 딥시크의 비밀은 무엇일까?

첫째, "필요는 발명을 낳는다"라는 말이 AI산업에도 통했다. 미국 정부의 통제로 엔비디아의 고성능 칩을 구하지 못했던 중국이 돈이 아닌 머리를 써서 개발프로그램, 알고리즘에서 혁신을 이룬 것이다.

둘째, 중국인 AI 개발자들의 실력과 사고방식이다. AI를 미국과 중국의 경쟁이라고 하지만 AI 개발자들을 보면 중국인들 간의 경쟁이다. 미국 AI 모델 개발자들의 절반이 중국인이다. 중국인들의 사고방식은 어디 가도 변하지 않기 때문에 미국 한 번 안 가본 딥시크 엔지니어들도 미국의 AI 모델을 상대적으로 쉽게 추격해 따라잡을 수 있었다.

셋째, 창의성이다. 세상에 없던 AI 모델 개발에 있어 기존의 경험은 독이다. 딥시크는 경력자를 채용하지 않는다. 딥시크 CEO 량원펑은 '진정한 해자(孩子)'는 팀의 지속적인 혁신능력에 있다고 본다. 량원펑은 현재 중국의 AI와 국제 최고 수준에 상당한 격차가 있음을 숨기지 않는다. 그리고 국제 수준과 같은 효과를 달성하려면 모델구조, 훈련 역학 및 데이터 효율성이 4배 이상 필요하다고 본다.

그런데 그는 그 해법을 신선하고 새로운 아이디어를 가진 젊은 인재에서 찾았다. 량원펑의 딥시크는 해외 출신 없이 중국인 프로그래머로만 구성된 순수 중국 연구·개발팀이고 이들 중에는 갓 졸업한 졸업생이나 졸업한 지 1~2년 된 청년들이 많다. 딥시크는 고위 기술 경력직 전문가를 모집하지 않는다. 직원의 근무경력은 3~5년 정도이며, 연구개발(R&D) 경력이 8년 이상인 사람은 무조건 채용에서 제외한다.

2017년 사드사태 이후 2020년 코로나사태를 겪고 새 정부 외교 정책의 전환을 계기로 한국은 중국을 잊어버렸다. 안미경중은 끝났고 중국은 정점을 지났으며, 곧 망할 나라라는 것이 일반적인 한국 사회의 대중국 인식이다. 그러나 코로나 3년간 중국은 17억 5,000만 대의 거대한 스마트폰 사용자들이 모든 일상을 스마트폰으로 하면서 사회가 스마트폰화되었고 그 결과 세계 최대의 디지털 국가가 됐으며 4차 산업혁명 실험실로 변모했지만, 한국은 중국의 변화를 모른다.

세계 1위의 AI 회사를 뒤통수치는 회사가 등장했지만, 한국은 여전히 중국은 한국의 휴대전화, 자동차기술을 베끼는 짝퉁의 나라로 본다. 중국 AI 업계에는 딥시크보다 센 '5룡(龍) 6호(虎)'의 11개 대형 AI가 있다. 기존 대형 플랫폼기업인 바이두, 알리바바,·텐센트, 틱톡, 아이플라이텍의 5대 대형사와 스타트업 중에서 6개의 떠오르는 작은 호랑이들이 있다. 중국의 딥시크는 중국 AI 업계의 막내둥이에 불과하다.

SPRI가 2025년 2월에 조사한 '2024년 글로벌 초거대 AI 모델 출시 현황' 자료에 따르면 2024년 출시된 전 세계 122개 초거대 AI 모델 중 미국이 63개로 52%, 중국이 45개로 37%를 차지했으며, 한국은 3개에 그쳤다. 중국에서는 딥시크를 계기로 제2, 제3의 딥시크가 줄지어 나올 수 있다. 기반 기술과 개발력 그리고 시장이 받치고 있기 때문이다.

연도별 세계 초거대 AI 모델 출시 현황

	2020	2021	2022	2023	2024	누계	2024	누계
미국	2	3	21	39	63	102	51%	43%
중국		2	3	45	45	90	36%	38%
한국		3		8	3	11	2%	5%
프랑스			2	5	3	8	2%	3%
일본				3	1	4	1%	2%
독일			3		1	1	1%	0%
캐나다				2	1	3	1%	1%
러시아			1	1	1	2	1%	1%
UAE				2	1	3	1%	1%
영국			1	1	1	2	1%	1%
이스라엘		1		2		2	0%	1%
홍콩			1	2	2	4	2%	2%
핀란드				1	1	2	1%	1%
싱가포르				1		1	0%	0%
사우디					1	1	1%	0%
	2	9	32	112	124	235	100%	100%

자료: SPRI, 2024년 글로벌 초거대 AI 모델 출시 현황, 2025. 2. 14
* 초거대 AI 모델은 대략 GPT-3 수준인 10_{23} FLOP 이상 수준 모델

전 세계 AI 개발자의 47%가 중국인들이다. 전 세계 AI 특허는 이미 2020년에 중국이 미국을 넘어섰고, 세계 생성형 AI 특허는 중국이 75%,

미국이 15%, 한국은 4%에 그친다. 2023년 글로벌 생성형 AI 응용 분야 상위 10대 특허 출원 연구기관에는 중국 기관이 8곳, 미국, 한국은 각각 1곳에 불과하다.

　AI기술보다 중요한 것은 AI 수요시장이다. 중국의 현재 AI 모델 1위는 알리바바가 만든 Quark(夸克)로 2025년 3월 말 현재 1억 4,875만 명의 월간 이용자를 가지고 있고, 2위는 틱톡이 만든 두오바오(豆包)로 9,736만 명, 3위는 딥시크로 7,701만 명이다.

　그러나 중국의 플랫폼 기업 중 5억 명 이상의 가입자를 가진 기업이 8개나 되고 1억 8,000명 이상인 기업도 4개나 된다. 이들 가입자가 플랫폼 기업들이 제공하는 AI 모델로 이전하는 것엔 큰 어려움이 없다. 틱톡의 가입자는 20억 5,000만 명이다.

　이젠 AI가 비서역할 하면서 예약, 결제를 하고, 자료 검색·분석·리포트까지 다 해준다. 플랫폼의 위기다. 이젠 '앱리스(App-less)시대'다. 화이트칼러의 위기가 딥시크로부터 온다면 블루칼러의 위기는 휴머노이드 로봇에서 온다. AI 칩과 HBM을 통제했는데도 중국이 미국 수준의 AI와 로봇을 만들었는데 만약 중국에 고성능 AI 칩과 HBM을 공급했다면 무슨 일이 벌어졌을지 모골이 송연하다.

　AI의 메카인 항저우에는 첨단기술 분야인 로봇, BCI, 인공지능, 디지털디자인, 로봇기술, 게임개발에서도 세계적인 수준의 기업들인 6룡(6龍)이 등장했다.

중국의 항저우 '첨단기술 6소룡(六小龙: 여섯 마리 작은 용)'

기업명	업종	CEO명	출생연도	연령	출생지	학사학위(대학)	석사학위(전공)	박사학위(전공)	창업연도	창업연령	연수	대표제품/브랜드
Unitree (宇树科技)	사족 로봇	王兴兴	1990	35	중국 저장성	저장공업대학교 기계 및 자동화학과	상하이대 기계공학과		2016	26	9년	Unitree B2-W 로봇
BrainCo (强脑科技)	뇌_기계 인터페이스	韩璧丞	1987	38	중국 저장성	한국과학기술원 정밀기기학과		하버드대 뇌과학 센터 신경과학	2015	28	10년	지능형 생체손
DeepSeek (深度求索)	인공지능	梁文鋒	1985	40	중국 광둥성	저장대학교 전자정보공학	저장대학교 정보통신공학		2023	38	2년	DeepSeek-V3 대형 모델
Koolio (群核科技)	디지털 디자인	黄晓煌	1984	41	중국 푸젠성	저장대학교 주코청학원 컴퓨터그래픽스	일리노이대 어바나캠퍼스 컴퓨터과학		2011	27	14년	3D 데이터 플랫폼
DeepRobotics (云深处科技)	로봇 기술 개발	朱秋国	1982	43	중국 저장성	저장대학교 제어과학	저장대학교 제어과학	저장대학교 제어과학	2017	35	8년	절음X30 로봇
Game Science (游戏科学)	게임 개발	冯骥	1982	43	중국 후베이성	화중과학기술대 생물의학공학			2014	32	11년	〈흑신화: 오공〉

자료: 중국경제금융연구소

    미국은 고성능 AI, 그리고 전지전능한 AGI를 목표로 매진하지만 중국은 상용화가 쉬운 AI, 그리고 산업에 바로 쓸 수 있는 피지컬(Physical) AI에 집중한다. 미국은 0~1을 개발하고 혁신하는 데 강하지만 중국은 1~100을 만드는 응용에 강하다. 중국은 AI 개발을 오픈소스로 한다. 수많은 집단지성이 개발에 참여하게 해 창의성을 가미한 다양성으로 빠르게 진화한다. 미국 독주라고 생각했던 세계 AI 시장에 미·중 양강구도의 'AI의 모멘트' 시기가 도래했다.

    중요한 제조업 모두 중국에 가있고 이미 세계 최대의 로봇 사용국가는 중국이다. 중국은 최대 노인인구와 아동인구가 있어 서비스 로봇의 수요도 세계 최대로, 이미 중국의 휴머노이드 로봇 기술은 엔비디아의 젠슨 황이 증명했다. 2025년 CES에서 14개의 휴머노이드 로봇을 등장시켰는데 이 중 6개가 중국이고 미국은 4개에 불과했다.

미국의 빅테크 CEO들은 모두 2025년 1월 20일 트럼프 취임식에 눈도장을 찍으러 갔는데 엔비디아의 젠슨 황 CEO는 북경을 방문하여 휴머노이드 로봇 유니트리의 CEO 왕싱싱(35세)과 사진을 찍고 미팅도 했다. 기술은 시장을 못 이긴다는 말을 젠슨 황이 몸으로 보여주었다.

중국 휴머노이드산업의 최대 강점은 바로 생산현장, 산업현장에서 실험하고 수정하고 상용화를 할 수 있는 거대 실험실이자 공장이 같이 있다는 점이다. 그리고 정부가 행정지원은 물론이고 자금지원, 판로지원까지 파격적인 역할을 한다는 것이다. 중국은 춘절 공연에서 선보인 유니트리의 휴머노이드 로봇을 온라인 전자상거래 사이트, 타오바오에서 팔고 있다.

중국에서 로봇의 생산현장, 공공서비스, 가정 내 유아·양로서비스에서의 활용은 이미 봇물을 이루고 있다. 2025년 4월에는 베이징 이좡에서 하프코스 로봇마라톤대회도 개최했다. 2016년 알파고와 한국의 이세돌 9단의 대국이 있었던 다음 해인 2017년부터 중국은 차세대 인공지능산업 전략을 세워 인공지능산업을 밀어붙였고 불과 7년 만에 AI 로봇산업을 세계 정상의 수준에 올려놓았다.

AI 슈퍼 생태계를 구축하면 '딥시크' 같은 기업이 줄줄이 탄생할 수 있다. 대형 모델산업의 폭발적 성장부터 AI 세계의 거대 기업인 딥시크(DeepSeek)의 탄생까지, 신흥산업을 둘러싼 전국 도시 간 경쟁도 점점 더 치열해졌다. 경쟁적으로 투자하고 사업환경 및 인프라를 조성하며 인재양성에 투자한다.

중국의 베이징, 항저우, 상하이, 선전 등의 도시는 잇따라 다양한 지원정책을 내놓고, 자본 투자를 늘리고, 인재를 영입해 AI산업의 클러스터, 데이터 공급, 응용 등을 중심으로 AI 개발과 보급을 가속화하고 있다. 이러한 기반 위에서 각 성과 도시들은 강력하고 완전한 AI 개발 생태계를 만들었다. 중국은 이 생태계를 통해 '제2, 제3의 딥시크'가 줄줄이 출현할 수 있다.

　1990년~2000년생의 창의성 넘치는 젊은 인재들은 지금 중국 휴머노이드 로봇산업을 이끌면서 로봇산업에서도 혁신을 만들어냈다. 정부는 2025년 정부업무계획 10대 중점산업에 새로이 AI+산업과 지능형 로봇산업을 추가하면서 AI 로봇산업에 전폭적인 지원을 퍼부을 계획이다.

중국의 2025년 중점육성산업 비교

	2023.12 경제공작회의	2024.3 정부업무보고	2024.12 경제공작회의	2025.3 정부업무보고
1	바이오제조	스마트 커넥티드 신에너지 차량	AI+	상업항공
2	상용항공	차세대 수소에너지	디지털경제	저공경제
3	저공경제	신재료	녹색기술	바이오제조
4	양자기술	신약		양자기술
5	생명과학	바이오제조		Physical AI
6		상업항공		6G
7		저공경제		AI+
8		양자기술		스마트 커넥티드 신에너지 차량
9		생명과학		인공지능 스마트폰 및 컴퓨터
10				지능형 로봇

자료: 중국정부망

　중국 저장성에 6룡이 있다면 광동성에는 7검객이 있다. 지금 중국 로봇 분야의 성지는 광동성이다. 로봇 혁명은 '제4차 산업혁명'의 진입점이자 중요한 성장점이 될 것으로 예상되는데 2024년 중국의 산업용 로봇 생산량은 55만 6,000대에 달해 전년 대비 14.2% 증가했고 서비스 로봇 생산량은

1,051만 9,000대로 전년 대비 15.6% 증가했다.

　광둥성은 전국 최대 규모의 지능형 로봇산업 클러스터로서, 2025년 3월 양회의에서 쿠카, 유비텍로보틱스, 이노밴스테크놀로지, 웨장로봇, 토스다, 와수로보틱스, 줄룬지능테크놀로지를 포함한 '로봇 7대기업(七劍)'이 폭넓은 관심을 모았다. 전국인민대표대회에서 광둥성 대표는 "광둥의 로봇산업은 전국 최고이고 현재 로봇의 '칠검객(七劍)'뿐만 아니라 '칠십검객(七十劍)'이 향후 2~3년 안에 등장할 수 있다"라고 언급했다.

중국 광둥성 로봇 7검객

기업명	중문명	영문명	특장점
쿠카	库卡	KUKA	24시간 로봇 생산, '로봇이 로봇 만드는' 자동화 기술 보유
유비센스	优必选	UBTECH Robotics	인형 로봇 선도기업, 산업 현장으로 활용 확산 중
휘촨기술	汇川技术	INOVANCE Technology	'작은 화웨이', 자동화 제어 시스템 선도
웨장로봇	越疆机器人	DOBOT (Shenzhen Yuejiang)	협동 로봇 수출 세계 2위, 80개국 이상 진출
투스다	拓斯达	TOSUN Automation	전 공정 수직 통합, 고급 스마트 장비 전문
화수로봇	华数机器人	HSR (HuaShu Robotics)	핵심 부품 국산화율 80%, 기술 자립도 강화
쥐룬지능	巨轮智能	Greatoo Intelligent	타이어 금형·RV 감속기 등 로봇 핵심 부품 확대 진출

자료: 중국경제금융연구소

중국의 로봇기업은 2000년 652개에서 2024년에 177,800개로 증가했고 지역별 기업분포를 보면 광둥, 장쑤, 산둥, 저장, 상하이의 로봇기업 수가 전국 상위권을 차지해 각각 전국의 19.1%, 12.6%, 7.6%, 6.9%, 4.9%를 차지하고 있다.

중국은 19만 건이 넘는 로봇 관련 유효 특허를 보유하여 글로벌 로봇산업에서 중요한 세력으로 부상했으며, 전 세계 총 특허의 약 3분의 2를 차지하고 있다. 중국은 11년 연속으로 세계 최대 산업용 로봇시장이었으며, 지난 3년 동안 새로 설치된 로봇이 전 세계 총 설치 대수의 절반 이상을 차지했다.

2025년 3월 모건스탠리의 보고서에 따르면 전 세계 휴머노이드 로봇 공급망의 73%가 아시아에서 왔고 56%가 중국에서 나왔다고 한다. 인재, 정책지원, 시장의 3박자가 맞물린 유니트리로 대변되는 중국의 휴머노이드 로봇산업도 '유니트리 모멘트'를 맞고 있다.

세계첨단기술전쟁, A/S와 C/S의 경쟁 시대로

1) 제조업이 떠난 미국, 표준도 떠났다

그간 40여 년간 월가의 금융 논리에 사로잡혀 '스마일 커브(Smile Curve)와 ROE 경영의 노예'가 된 미국 제조업은 지금 통신망과 배터리, 반도체가 없다. 고정비를 줄이거나 없애 한계비용 제로의 비즈니스 모델을 만들어 자기자본이익률(ROE)을 극대화해서 시가총액이 무한대로 자라나는 '잭의 콩나무' 같은 금융모델이 그간 미국의 성장모델이었지만 포스트 코로나 시대에는 먹히지 않는 전략이 되어버렸다.

미·중의 GVC 변화

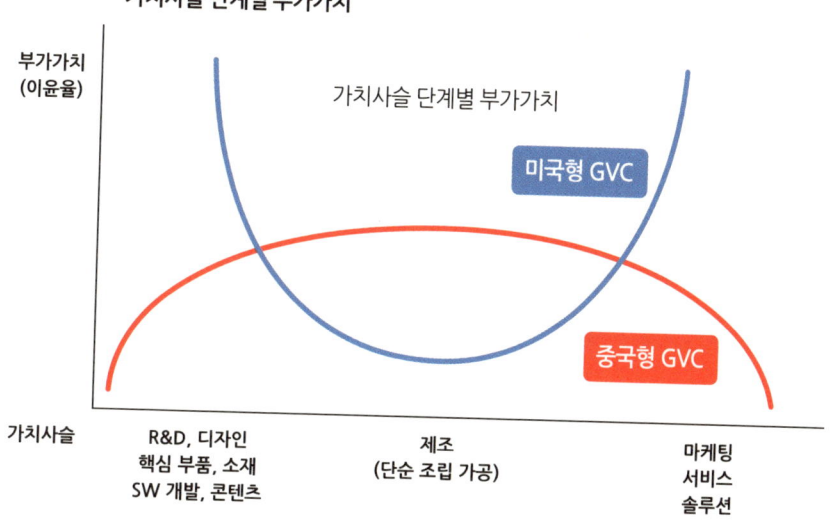

자료: 중국경제금융연구소

4차 산업혁명의 기술적 구조를 보면 빅데이터를 만들고 여기서 IP를 뽑아 인공지능(AI)을 만들어 로봇의 머리에 집어넣어 인간을 대신하게 하는 것이다. 빅데이터 이상의 기술단계에서는 미국이 최강자이지만 그 아래 하드웨어와 인프라는 미국의 아킬레스건이다.

4차 산업혁명을 하려면 빅데이터가 있어야 한다. 이는 스마트폰, 자율주행전기차 VR, AR에서 만들어지는데 이 모든 것에는 '산업의 쌀'인 반도체와 '산업의 심장'인 배터리, 그리고 인프라인 5G, 6G 통신망 장비가 있어야 한다.

미국은 자유무역과 시장개방을 전 세계에 설파했고 이를 거부하는 나라를 강하게 응징했지만, 반도체와 첨단산업에서는 개방이 아닌 쇄국정책으로 가고 있다. 동맹국들을 동원해 중국을 봉쇄하고 미국 편에 선 나라만 보호하는 배타주의적 보호주의를 강하게 시행하고 있다. 미국은 빅데이터 이상 기술계층에서의 디지털기술은 모두 쥐고 있고 세계 최고의 기술을 가지고 있다. 그래서 반도체와 배터리만 미국 내로 확보하기만 한다면 모든 4차 산업혁명의 키를 쥘 수 있다.

그러나 미국은 배터리와 통신망장비가 없고, 중국은 반도체가 없다. 미국의 반도체기술은 세계 최강이지만 반도체 생산 비중은 12%에 불과하다. 석유는 광구가 중요하지만 반도체는 공장이 어디 있는지가 중요하다. 첨단 반도체가 없는 4차 산업혁명은 있을 수 없다. 지금 3nm 공정시대에 들어간 반도체는 기술보다 생산이 중요하다. 생산이 안 되면 보유한 다른 디지털 첨단기술은 무용지물이다. 반도체기술 최강국 미국의 번뇌가 여기에 있다.

망과 쌀(반도체)과 심장(배터리) 쟁탈전

자료: 중국경제금융연구소

지난 20여 년간 미국의 실리콘밸리는 3D 성격이 농후한 하드웨어보다는 소프트웨어에 집중했고 그 결과 하드웨어 생산 인프라는 아시아로 이전하고 대신 '좋아요'를 클릭하는 인터넷 비즈니스에만 집중했다. FANG 주식을 대표로 하는 미국 인터넷기업 시가총액의 상승은 멈출 줄 몰랐고 탈제조업의 속도는 그만큼 더 빨랐다.

그러나 FANG기업의 데이터를 처리하는 필수 인프라인 반도체에서 10nm 이하의 첨단반도체는 대만과 한국이 공급하고 미국은 존재감이 없다. 그렇다면 답은 첨단파운드리 반도체시장의 63%를 차지하는 1위 기업인 대만을 잡아오면 되는 것이고 이것이 시간이 걸리는 긴 마라톤이라면 2위인 한국을 페이스메이커로 같이 잡아오면 되는 것이다.

반도체 미세 가공 기술(Node Size) 국가별 점유율(2020)

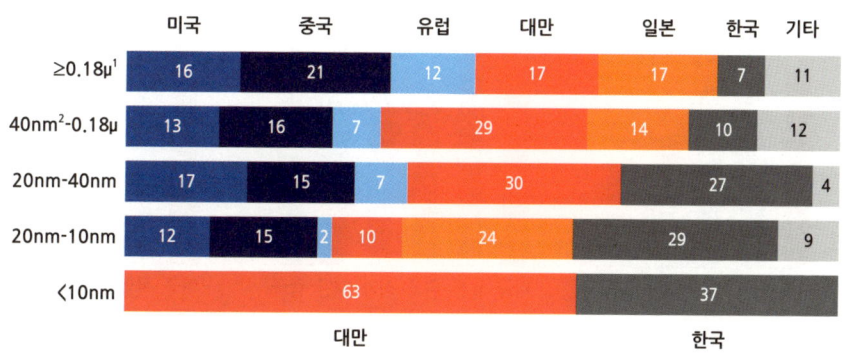

자료: IC Insight, HIS Markit, SEMI World Fab Forecast DB

미국의 첨단반도체 시장점유율이 10%대로 추락한 이유는 간단하다. 반도체생산 원가가 안 맞기 때문이다. 첨단 팹(Fab, 반도체 제조시설) 하나 건설하는 데 250억 달러 이상이 들어가기 때문에 24시간 365일 3교대를 해야 생산성이 있는 후진형 생산시스템이 이루어져야 하는 게 반도체생산이다. 하지만 1인당 소득이 8만 달러대인 미국에서 이런 생산시스템으로 반도체를 생산해서는 도저히 원가를 맞출 수 없다.

그래서 반도체산업의 국제적 이전은 1인당 소득을 따라 일본, 한국, 대만, 중국으로 날아간 것이다. BCG의 분석에 따르면 미국에서 반도체공장을 운영할 경우 다른 아시아 지역에 비해 운영코스트가 25%~50% 높고, 정부보조금의 격차도 크다.

주요 국가의 반도체 공장 운영 비용(TCO: Total Cost of Operation) 비교

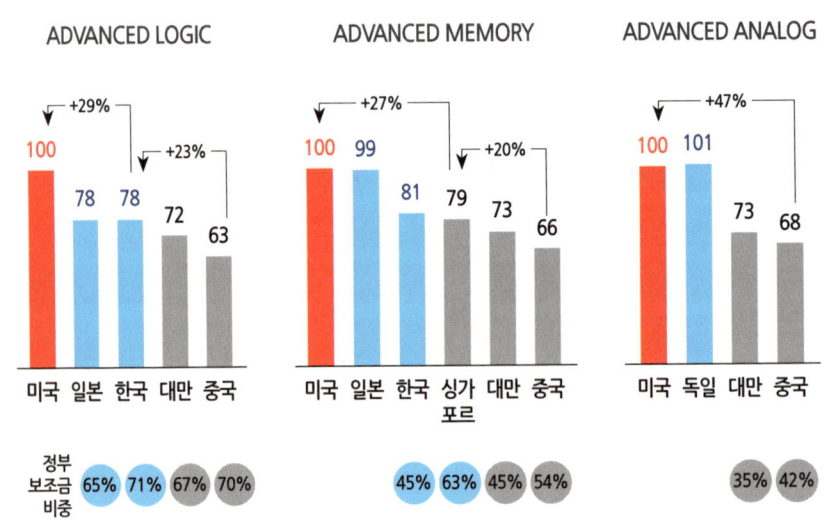

자료: BCG, 주: 정부 보조금 35~71% 수준, 최근 10년간 TCO 추정

그런데 미국은 미·일의 무역전쟁과 코로나 발생, 우크라전쟁을 겪으면서 미국은 '소비가 왕'이 아니라 생산이 없으면 소비도 없다는 것을 절감했다. 그리고 제조능력을 잃게 되면 혁신능력도 잃게 된다는 것을 시간이 지나 알게 된 미국은 마음이 급해졌다.

개도국 중국 정도의 나라가 캠페인을 벌이고 자랑스러워해야 할 'MADE IN USA'를 미국이 직접 하겠다고 나선 것이다. 집 떠난 지 이미 40년이 넘은 미국의 반도체제조업, 'MADE IN USA'를 붙이고 "미국이 제조해요"라고 하는 것이 영 낯설다.

제품생산이 떠나면서 제품기술표준도 미국을 떠났다. 철강, 화학, 조선, 기계, 자동차, 반도체, LCD, 스마트폰 생산에 미국방식의 기준표준은 없다. 미국의 제조업이 아시아로 완전히 넘어가면서 제품 생산엔 A/S(Asia Standard)가 적용되고 있다.

2) 첨단산업의 국제적 이전은 피할 수 없다.

첨단산업의 역사를 보면 시발역과 종착역이 같았던 적이 단 한 번도 없다. 산업혁명 이후 철강, 화학, 자동차, 가전, 통신, LCD, 핸드폰, 반도체에 이르기까지 신기술의 시발역에서 기러기는 계속 서쪽으로 날아갔다.

미국에서 일본, 일본에서 한국, 한국에서 대만과 중국으로 날아갔다. 산업의 주도권은 영원히 한군데서 머문 적이 없다. 최적의 생산지를 찾아서 끝없이 이동하는 것이 기술이고 시장을 따라 움직이는 것도 기술이다. 공장은 보조금 많이 주는 데 짓는 것이 아니고 시장 가까운 데 짓는 것이다.

미·중의 시장규모 비교

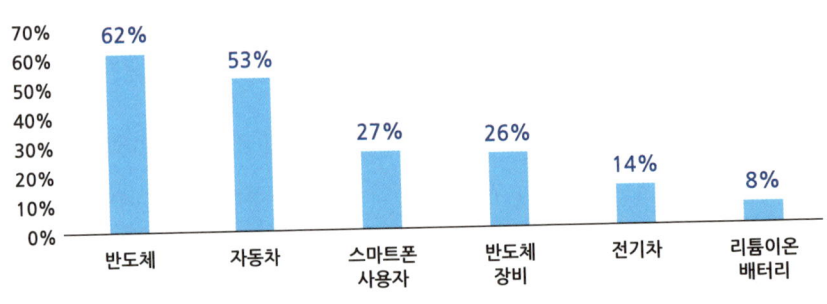

중국/미국 시장규모 비교(중국=100%)

	(단위)	중국	미국	미국/중국	기준일	출처
반도체	(십억$)	188.3	117.2	62%	2021	WSTS
자동차	(만 대)	2,686.0	1,429.0	53%	2022	Marklines
스마트폰사용자	(백만 명)	910.1	249.3	27%	2022	Newzoo.com
반도체장비	(십억$)	29.6	7.6	26%	2021	J-SEMI
전기차	(만 대)	689.0	99.0	14%	2022	EV-Sales
리튬이온배터리	(세계점유율)	79%	6.20%	8%	2021	Statista

자료: 중국경제금융연구소

    미국이 역사의 물길을 반도체에서 돌려놓으려 하고 있다. 3교대산업을 인당 소득이 8만 달러대인 미국으로 되돌리는 작업을 시작했다. 역사의 물결을 되돌리려면 파격과 획기적인 발상이 있어야 하고 시장의 매력으로 돌려야지 언 발에 오줌 누기식 돈 뿌리기로 되돌릴 수는 없다.

    반도체의 최대 소비처를 미국으로 되돌리는 전략이 아니라 생산을 미국으로 되돌리려는 전략은 성공 가능성이 낮다. 4차 산업혁명의 소비를 위한 기기의 최대 시장을 미국으로 만들든지 전 세계가 미국표준으로만 된 4차 산업혁명의 표준을 만들지 못하면 미국으로의 제조공장 리쇼어링은 큰 의미가 없다. 보조금의 약발이 떨어지면 저절로 쓰러질 것이다.

산업의 국제적 이전은 피할 수 없다. 물결의 방향을 되돌리려면 새로운 역사를 써야 하는데 미국의 행태는 구태의연하다. 산업의 국제적 이전은 현재 1위가 그 지위를 얼마나 더 연장하는가이지 영원히 유지하는 것은 전 세계 어떤 산업에서도 유례가 없다.

미국이 실리콘 반도체 생산에서 종착역을 시발역으로 되돌리는 작업은 성공 가능성이 낮다. 실리콘을 넘어서는 새로운 소재의 초강력 반도체에서 새로운 시발을 하는 것이 답이지, 이미 지나간 차를 2배, 3배 요금을 더 주고 다시 부르는 것은 돈만 버리는 일이다.

세계 파운드리 1위 기업인 TSMC는 아시아 변방의 작은 섬나라 대만을 세계 반도체산업의 중심으로 만들었다. 왜냐하면 세계 최고의 IT 강국 미국부터 TSMC에서 제조한 최첨단칩을 사용하지 않고는 하루도 살 수 없기 때문이다.

석유의 시대가 가고 데이터의 시대가 왔다. 21세기의 석유는 데이터이다. 데이터를 만드는 반도체가 대체불가(NFT) 최고의 성능을 가지면 그것이 표준이고 법칙이 된다. 경제안보 시대에 반도체는 데이터를 만들고 활용하고, 보호하고 심지어 데이터를 빼갈 수도 있는 최고의 첩보무기이기도 하다.

미국이 반도체 생산 내재화를 목숨 걸고 하는 것은 바로 전쟁이기 때문이다. 데이터의 시대에 반도체는 4차 산업혁명의 핵심 무기인데 다른 나라의 무기에 의존해 전쟁을 한다는 것은 난센스다. 미·중의 전쟁은 패권전쟁이고 그 중심에 반도체가 있다.

일본을 좌초시키는 데 10년이 걸린 미국, 1986년 당시와 지금 중국의 실력을 비교해 보면 미국이 중국을 좌초시키려면 적어도 12-16년 이상의 긴 시간이 걸릴 것으로 예상된다. 이를 무어의 법칙으로 보면 6-8단계의 반도체기술 변화가 있고, 4년 주기 실리콘사이클로 보면 3-4번의 주기 변화가 가능한 시간이다.

산업주기 30년 설로 보더라도 2037-2041년이면 4차 산업혁명의 중반기에 들어간다. 지금은 미국이 주도권을 잡고 있는 것처럼 보이지만 기술은 시장을 이기기 어렵다. 데이터를 생산하는 정보기기의 중심이 스마트폰이 아닌 자율주행자동차로 전환, 거대한 전기차 수요와 빅데이터를 가진 중국이 신기술의 축적과 추격이 동시에 이루어지면서 세계는 미국과 중국이 공존하는 상태로 갈 수 있다.

3) 세계 첨단기술시장의 일구양제(一球兩制) 시대를 대비하라!

미·중이 화해할 가능성이 없다면 향후 세계는 기술도 시장도 한 지구에 두 개의 체제로 가는 일구양제(一球兩制)의 시대가 도래할 가능성이 크다. 세계화(Globalization)의 시대에서 미국화(Americanization)와 중국화(Chinaization)로 분화될 것으로 보인다.

세계 첨단기술시장의 일구양제(一球兩制) 시대 도래

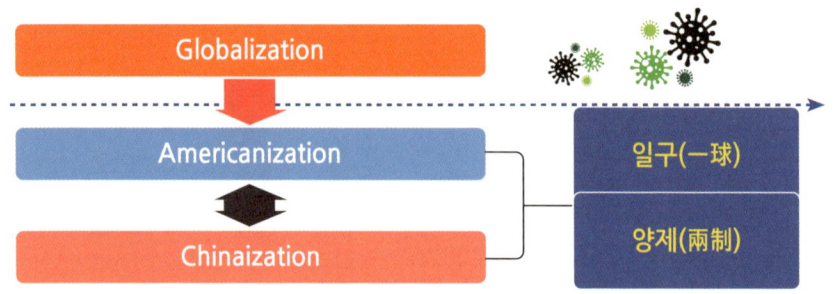

자료: 중국경제금융연구소

2018년 미·중전쟁이 시작되고 나서 2년에 걸친 숙고 끝에 중국은 2020년 '중국 표준 2035(中国标准2035)'를 발표했다. 이는 '중국 제조 2025'에 이은 다음 단계로 2025년에서 2035년에 이르는 10년을 정의할 기술에 초점을 두고 있다.

2020년 3월에 발표된 '2020년 국가표준화 작업의 요점' 문건을 보면 신세대 정보기술과 생명공학 표준 시스템의 확립 필요성을 강조하고 있다. 이와 관련해서는 이른바 사물인터넷, 클라우드 컴퓨팅, 빅데이터, 5G, 인공지능(AI)에 대한 표준 개발에 중점을 두고 있다. 이것들은 모두 세계의 중요한 기반시설을 뒷받침할 수 있는 중요한 미래기술이다. 중국은 이것의 실현 방안으로 국제 표준 제정에 참여해야 한다는 필요성과 함께 중국이 국제 표준에 대해 더 많은 제안을 내놓아야 한다고 강조하고 있다. 중국이 인공지능, 통신망, 데이터 이동에 이르기까지 글로벌 무대에서 중국의 위상을 높이고 미국의 견제에 대응하려 한다는 중대한 의미를 갖는 것이다.

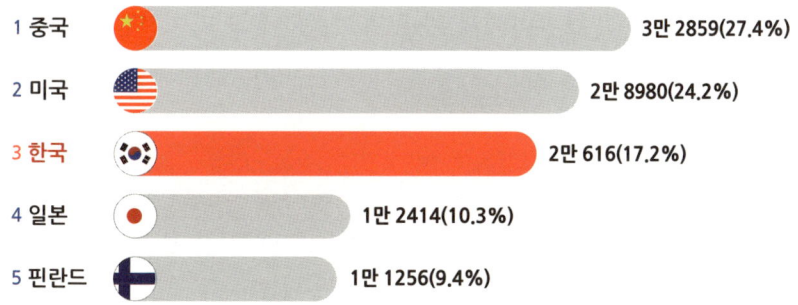

5대 표준화 기구 기준 국가별 표준특허 현황 (단위: 개, 2021년 12월 말 기준)

1 중국 — 3만 2859(27.4%)
2 미국 — 2만 8980(24.2%)
3 한국 — 2만 616(17.2%)
4 일본 — 1만 2414(10.3%)
5 핀란드 — 1만 1256(9.4%)

* 5대 표준화 기구: 국제표준화기구(ISO), 국제전기기술위원회(IEC), 국제전기통신연합(ITU), 전기전자학회(IEEE), 유럽전기통신표준협회(ETSI)

자료: https://cm.asiae.co.kr/article/2022061117220460259

2023년 5월 3일 미국은 해리스 부통령 주재하의 AI 회의에서 AI를 포함한 미래 첨단기술 국가표준 전략을 발표했다. 주요 대상은 반도체, AI, BIO, 자율주행차, Quantum 분야 기술이다. 전통제조업에서 기술우위와 생산을 잃어버린 미국의 야심 찬 미래 전략이고 이는 중국과의 기술전쟁의 2막이다.

반도체전쟁에서 미국은 반도체제품과 장비의 대중 통제를 일본과 네덜란드의 협조를 얻어 본격적으로 시작, 미국 기술의 대중국 심사를 강화하고 반도체 지원법을 통해 대중국 반도체생산 제한도 본격적으로 시행하고 있다.

대중 반도체봉쇄만이 아닌 차세대 기술에서도 '기술표준'을 통해 중국 봉쇄를 실현하려는 것이다. 이를 위해서는 연구개발투자의 확대를 통한 미국 기술의 월등한 우위가 보장되어야 하고, 민간, 학계, 외국의 연계 참여와 가장 중요한 동맹과 파트너국(like-minded)과의 협조와 공조가 필수다.

중국의 '중국 표준 2035'와 미국의 '차세대 기술 국가표준 전략'은 필연적으로 충돌할 수밖에 없고 미·중의 동맹국 혹은 기술보유국의 줄 세우기 경쟁도 불가피할 전망이다. 제3세대반도체, 양자반도체, 그리고 슈퍼컨덕터 AI 같은 미래기술 분야에서 미·중의 표준전쟁과 기술선점경쟁이 더 가열될 것으로 예상되는 지금, 시장과 기술에서 어느 한편에 줄 서는 것은 패착이다.

빅데이터와 반도체 소비의 최대 시장을 가진 중국과 최고의 기술을 가진 시장과 기술의 전쟁이다. 그러나 첨단산업의 역사를 보면 기술은 시장을 이기기 어렵다. 현재 미국의 압박을 받아 궁지에 몰린 중국도, 중국을 압박하는 미국도 최종 전쟁에서 승자는 누가 될지 모르는 이유다.

결국 산업기술의 패권은 표준의 싸움이다. 시장과 산업생태계가 미국 중심시장과 중국 중심시장으로 구분되면 기술에서도 현재와 같은 글로벌 표준이 아닌 미국 표준(A/S: American Standard)과 새로운 중국 표준(C/S: Chinese Standard)으로 갈라질 수밖에 없어 보인다. 미·중에 양다리를 걸칠 수밖에 없는 한국은 반도체를 포함한 AI 같은 첨단기술에서 2개의 표준 모두에 대비해야 한다.

04 트럼프의 '트럼플라자 합의' 구상의 성공 가능성

85년 미국이 일본을 죽인 것은 무역전쟁 아닌 환율전쟁

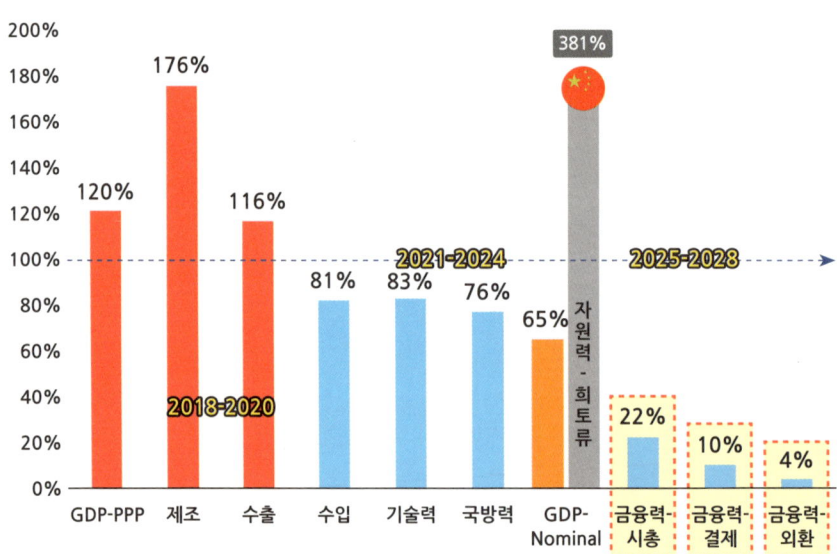

중국의 실력(2023:미국=100%)

자료: IMF, WB, SIPRI, 과기부, WFX, USGS, BIS 자료로 중국경제금융연구소 작성

전쟁은 상대방이 잘하는 분야로 도전을 하게 되면 질 수밖에 없다. 현재 미국 대비 중국의 실력을 비교하면 제조업에서는 중국이 미국의 176%, 수출은 116%로 미국을 넘고, 경제규모 65%, 군사력 76%, 금융 22%로 미국에 미치지 못한다. 그래서 제조업을 기반으로 하는 무역으로 전쟁을 한다는 것은 미국한테는 승산이 없다. 그러면 미국은 무엇을 하면 되는가? 바로 군사력과 금융력을 무기로 만드는 것이다.

역사적으로 지난 500년간 모든 대국은 제조대국으로 시작해 무역대국, 군사대국, 그리고 금융대국에서 끝이 나는 구조였다. 미·중 경쟁을 어떻게 봐야 할 것인가에 대해서도 똑같이 적용할 수 있다. 무역으로 시비를 건 다음 기술로 목을 조르고 금융으로 돈을 털어가는 것이 미국의 대중 전쟁 방향이다.

미국의 '경제대국 2위 죽이기 전략'은 70년대부터 진행되어 왔고 이미 소련, 일본과 두 번의 전쟁을 치렀다. 1985년 일본과는 현재 미·중 무역전쟁과 매우 비슷한 전쟁을 했다. 85년부터 95년까지 미국의 대일 적자는 462억 달러에서 5,766억 달러로 늘었다. 중국의 대미 흑자는 2000년 297억 달러에서 2024년 3,610억 달러로 늘어났다. 더구나 지금 중국의 대미 수출 비중은 15%에 불과하기 때문에 나머지 85%가 잘되면 아무리 미국이 무역에서 경쟁을 하려고 해도 중국을 잡을 수 없다는 뜻이다.

그렇다면 미국은 무엇으로 중국을 잡아야 할까. 일본의 사례를 보면 일본을 두 번 죽인 것은 바로 '엔고'와 '미·일 반도체 협정', 즉 금융과 기술이다. 1985년부터 1989년까지 플라자 합의를 통해 엔화를 53%나 절상시켰고, 1986년부터 세 번의 반도체 협정을 통해 미국이 일본 반도체 수입에 제한을 걸면서 일본에 대한 2위 죽이기 전쟁은 미국의 일방적 승리로 막을 내렸다.

니케이 225지수 추이(71~)

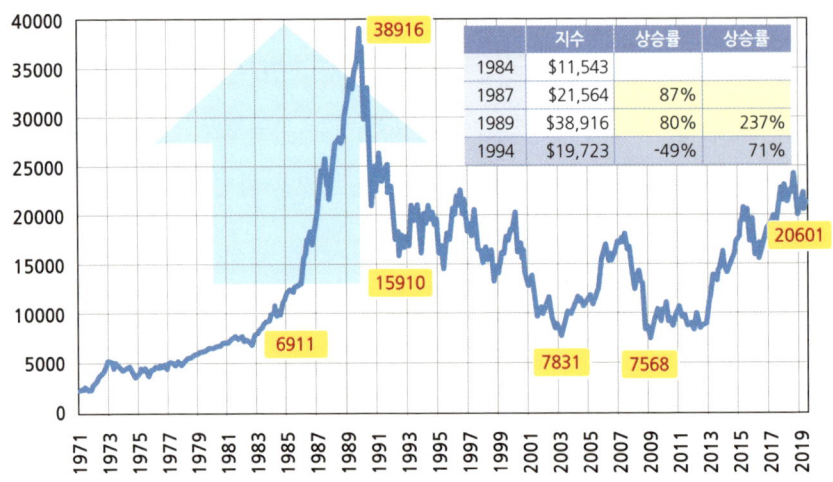

자료: 중국경제금융연구소

일본 엔달러 환율(71~)

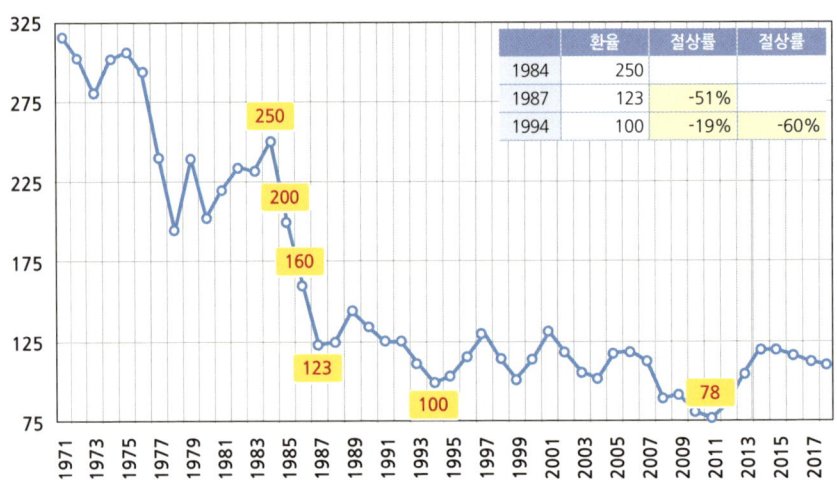

트럼프 관세 정책, 달러문제의 해결 도구다

트럼프의 관세폭탄을 단순히 무역 정책으로 이해하는 것은 충분하지 않다. 관세 정책은 글로벌 무역질서를 재구성하는 중요한 도구이자 간접적인 지렛대 역할을 할 수 있다고 트럼프 정부는 보고 있다. 스티븐 미란(Stephen Miran) 트럼프 경제자문위원회 의장이 발표한 보고서에 따르면, 트럼프 대통령은 관세와 환율 조정을 통해 현재의 글로벌 무역 및 금융질서를 재편하려 할 가능성이 있다.

그러나 미국의 근본적인 문제는 첫째, 기축통화로서의 달러 공급과 수요 불균형이다. 미국 달러의 기축통화 역할을 둘러싼 공급과 수요의 불균형이 현재 달러문제의 근본적인 원인이다. 글로벌 무역 증가에 따라 달러 수요는 지속적으로 증가했으나, 미국 경제가 글로벌 경제에서 차지하는 비중은 상대적으로 감소하면서 달러 공급 능력이 저하되었다. 브레튼우즈 체제 붕괴 전(1970년)에 미국은 세계 GDP의 40%를 차지했지만, 2011년에는 21%로 하락했다가 2024년에 26%로 소폭 반등한 수준에 그쳤다.

둘째, 달러의 가치 하락과 금 가격 상승 가능성이다. 달러문제는 금 대비 달러가치 하락으로 이어질 가능성이 크다. 금이 통화적 속성을 가질 경우, 금 가격은 달러와의 환율로 볼 수 있으며, 금 가격 상승은 달러가치 하락을 의미한다. 1970~75년 사이 금 가격은 4.8배 상승했고, 1976~80년 사이 금 가격은 6.1배 상승했다. 사상 최고치를 경신하고 있는 현재 금 가격이 1970년대와 유사한 패턴을 보일 경우, 추가적인 상승이 지속될 수 있다.

셋째, 추가 관세로 인한 무역 감소이다. 미국이 10%의 전면적 추가 관세를 부과할 경우, 미국의 수입은 약 6,524억 달러 감소할 것으로 추산된다. 미국·중국 간 무역만 고려할 경우 10% 추가 관세 부과 시 미국의 대중국 수입은 495억 달러(약 11%) 감소가 예상되고 미국 정부의 관세 수입 증가는 약

489억 달러로 추산된다.

넷째, 미국의 무역적자와 달러문제다. 미국은 지속적인 경상수지 적자를 통해 16조 달러 이상을 해외에 공급했으며, 해외 투자자들은 그중 약 8.7조 달러를 미국 국채에 투자하고 있다. 그러나 그 대가로 미국 제조업 일자리는 500만 개 이상 감소했다. 1943년 미국의 제조업 고용 비율은 38.8%였지만 2024년에는 8.1%로 낮아졌다.

미국 경제가 봉착한 문제점

항목	내용
달러 공급-수요 불균형	글로벌 무역 증가로 달러 수요 상승 vs 미국 경제 비중 감소로 공급 능력 하락
미국 GDP 비중 변화	1970: 40% → 2011년: 21% → 2024년: 26%
금 가격 상승 가능성	1970-75년: 4.8배 상승, 1976-80년: 6.1배 상승, 현재 유사 패턴 가능성
상호 관세 위험 국가	① 멕시코 ② 캐나다 ③ 중국 ④ 한국 ⑤ 인도 ⑥ 베트남
10% 추가 관세 영향	美 전체 수입 6,524억 달러 감소, 대중국 수입 495억 달러 감소
美 제조업 고용 감소	1943년: 38.8% → 2024년: 8.1%

자료: 중국경제금융연구소

2024년 중국이 1985년 일본과 다른 10가지

미국의 대중국 통상 정책과 과거 미국의 일본 제재 과정을 보면 그 스토리가 매우 유사하다. 미국의 무역제재가 과거 일본처럼 효과를 낼 수 있을까. 미국 입장에서는 안타깝게도 그럴 가능성이 낮다. 이유는 2024년 기준의 중국과 1985년의 일본 상황은 10가지 측면에서 다르기 때문이다.

1985년 일본의 대미 수출의존도는 37%였고, 대미 무역흑자는 전체 무역흑자의 86%를 차지했다. 2024년 중국의 대미 수출의존도는 15%이고, 대미 무역흑자는 전체 무역흑자의 36% 선이다.

일본은 1985년 1인당 소득 1만 달러대의 1억 3,000만 인구를 가진 시장이었지만, 중국은 2024년 1인당 소득 1.3만 달러대의 14억 인구를 가진 시장이다. 과거 1985년 일본의 10배가 넘는 시장이자 공장인 셈이다. 중국은 미국의 공장이자 시장이다. 양국 경제의 상호의존성이 높아져있다.

일본에 대한 무역제재가 1985년부터 시작됐지만 무역수지에서 큰 효과를 보지 못했다. 플라자 합의 이후에도 미국의 무역적자는 더 확대됐다.

1985년 일본과 2024년 중국이 다른 점 10가지

	분야별		일본(1985)	중국(2024)	중국/일본(배)
1	대미 수출의존도		39%	15%	0.4
2	대미 흑자 비중		99%	36%	0.4
3	인구(억 명)		1.3	14.0	10.8
4	경제상호의존성		중간(공장)	강함(공장+시장)	
5	환율제도		변동환율	관리변동환율	
6	환율-국제적합의		Plaza 합의	없음	
7	국제무역조정기구		GATT	WTO	
8	외교		미·일동맹-주종관계	없음	
9	군사력	핵무기(기)		600	
		군사비(억$)	131	2,310	17.6
10	경제력	1인당 GDP($)	11,580	12,969	1.1
		GDP 총액(조$)	1.4	18.3	13.1
		미국 대비 GDP 규모	33%	63%	1.9

자료: 중국경제금융연구소

80년대 미국이 일본을 좌초시킨 것은 '무역의 창(槍)'이 아니라 '환율의 창(槍)'이었다. 미국은 10년에 걸쳐 일본 엔화를 무려 69% 절상시켰다. 이를 통해 10년 동안 일본의 수출 경쟁력을 약화시켰다. 그 결과 1995년 미국 GDP의 73%까지 달했던 일본 경제가 2024년에는 14% 수준으로 추락했다. 미국은 일본을 30여 년에 걸쳐 무력화했다.

환율전쟁에서 중국이 일본과 다른 점은 3가지다. 일본은 미국의 동맹이지만 실질적으로 미국의 핵우산 보호를 받는 국방 및 외교 분야의 종속적 관계였다. 이 때문에 미국의 환율절상 요구를 거절할 능력이 없었다. 또한 일본은 핵무기 보유가 원천적으로 불가능했다. 이 때문에 프랑스, 서독, 일본, 미국, 영국 5개국의 플라자 합의를 통한 환율 절상이 가능했다. 중국을 겨냥한 '제2의 플라자 합의', '트럼플라자 합의'를 이끌어내려면 유럽 국가의 합의와 중국의 동의가 필요한데, 유럽연합(EU)의 맹주 독일과 프랑스는 EU 출범 이래 미국과 계속 부딪치고 있다.

하지만 일본과 달리, 핵보유국인 중국은 미국에 국방 측면에서 빚진 것이 없다. 또한 환율 자체도 표면상으로는 관리변동환율제이지만 실제로는 '전일종가+복수통화바스켓 가중치+경기 대응 요인'의 3가지를 통해 환율을 결정하는 방식이기 때문에 환율을 조정할 수 있다.

트럼프 대통령 '트럼플라자 합의' 하고 싶지만 왕따

트럼프 재집권 이후 국제 금융계 관심사 중 하나는 미국과 중국 간의 '마러라고 합의(Mar-a-Lago Accord)' 가능성이다. 미국의 도널드 트럼프 2기 행정부가 중국에 대해 '달러화 절하-위안화 절상'을 골자로 하는 제2의 '플라자 합의', 소위 '트럼플라자 합의'를 압박할 것이라는 시나리오다.

마라라고 리조트는 미국 플로리다주 팜비치에 있는 트럼프 대통령의 자택으로, 트럼프가 2019년 시진핑 중국 국가주석 등 주요 정상들과의 회담을 진행한 곳이다. 플라자 합의는 1985년 주요 5개국(G5) 재무장관들이 뉴욕 플라자 호텔에 모여 미 달러화를 일본 엔화와 독일 마르크화 대비 절하하기로 합의한 것을 말한다. 공교롭게도 당시 플라자 호텔도 트럼프 소유였다.

트럼프는 미국의 무역적자 해소를 위해 달러 약세를 유도하고 관세를 인상하려 하고 있다. 스콧 베센트 미국 재무장관도 트럼프의 관세위협은 달러 약세를 추구하기 위한 협상 전략이라고 밝힌 바 있다.

경기 부진에 시달리고 있는 중국으로서는 위안화 절상을 받아들이기 어렵다. 골드만삭스는 위안화 가치가 10% 절상되면 중국의 수출 증가율과 성장률이 각각 5%포인트, 0.75%포인트 감소할 것으로 예측했다. 특히 중국 지도부는 일본이 플라자 합의 탓에 '잃어버린 30년'에 빠졌다고 보고 있기에 더욱 받아들이기가 어렵다.

트럼프는 우·러전쟁을 조기종식시키기 위해서 러시아 편을 들고 유럽을 관세 인상으로 압박해 반발을 사고 있다. 또한 나토(NATO) 동맹국들에게 GDP 5%로 국방비를 올리라고 요구하고 있다. 이렇다 보니 정상회담에서 겉으로는 트럼프와 웃으며 악수하지만 속으로는 유럽국가들 모두 트럼프를 왕따시키고 싶어 한다.

수틀리면 나토(NATO)에서 탈퇴하겠다는 몽니를 부리며 글로벌 금융위기의 후유증에, 우·러전쟁의 후유증에 아직도 상처가 깊은 나토 동맹국의 경제상처에 소금 뿌리는 짓을 해 왕따 취급을 받지만 상관없다는 식이다. 동맹국들에게 지지를 받지 못하는 맹주는 리더가 아니다. 이런 판에 동맹국의 협조를 얻어 85년 플라자 합의를 끌어내 일본을 죽인 것처럼 중국을 죽일 수 있을지 의문이다.

트럼프 정책의 성공과 실패 가능성

트럼프 정책 성공 가능성	
주요 분야	근거
① 과거 사례의 성공 경험	2018-19년 중국에 대한 고율 관세는 인플레이션 없이 시행되었고, 중국 위안화 절하로 미국은 경제적 부담 없이 세수를 확보함
② 환율의 자연스러운 조정	달러 강세가 관세 충격을 상쇄함으로써 소비자 물가 상승을 억제할 수 있으며, 실제로 당시 물가는 안정세를 유지함
③ 준비통화국의 협상력	미국은 금융 시스템의 핵심 국가로, 글로벌 무역 및 자본 흐름을 좌우할 수 있는 지위를 통해 외교·경제적 압박 가능
④ 점진적·유연한 시행 전략	단일 충격이 아닌 단계적 인상, 조건부 조정 등의 방식으로 시장 불안정성을 최소화할 수 있음
⑤ 무역·안보 연계 전략	미군 방위 제공과 무역 혜택을 연계해 동맹국의 부담 분담을 유도하는 새로운 협상 틀 구축 가능
⑥ 중국 등 경쟁국의 구조적 한계	중국은 높은 부채, 자본 통제, 인구구조 문제 등으로 외부 압력에 취약. 환율이나 무역 조정에 한계가 있음

트럼프 정책 실패 가능성	
주요 분야	근거
① 환율 상쇄 실패	달러 강세가 제한되거나 환율이 기대대로 움직이지 않으면 관세는 고스란히 소비자 물가 상승으로 연결됨. 환율은 금리 차, 투자심리 등 복합 요인에 의존
② 글로벌 보복 및 무역전쟁	중국, EU 등 주요 교역국이 맞대응 관세 또는 비관세 장벽을 통해 보복할 경우 미국 수출 산업이 피해. 예: 농산물, 항공기, 반도체 등
③ 공급망 붕괴	고관세는 중국 등 저비용 국가와의 공급망을 흔들어 중간재 수입 가격 상승 → 제조업 자체 비용 부담 증가로 연결됨.
④ 금융시장 불안	관세·환율 충격이 주식·채권·환율 시장에 동시 압박 → 외국인 자금 이탈, 주가 급락, 금리 급등 가능. 2024년 사례: 엔화 캐리트레이드 청산 시 나스닥 8% 급락.
⑤ 국내 소비자 부담 증가	관세가 수입물가로 전가되면 중산층 이하 소비자에게 실질 소득 감소. 선거 여론 악화 및 정치적 지지 기반 약화 초래 가능성.
⑥ 동맹국 반발 및 외교적 고립	안보와 무역 연계를 지나치게 밀어붙일 경우, NATO·EU·아시아 동맹국들과의 협력 균열. G7·WTO 등 다자 질서에서 미국 고립

자료: 중국경제금융연구소

중국, '자원의 패'로 미국과 유럽에 대항

세계 최대의 제조대국, 세계 최대의 수출대국을 관세로 잡을 수 없다. 또한 공장은 시장 가까운 데 짓는 것이지 보복관세 높이 때려주는 데 짓는 것이 아니다. 3교대 제조업이 불가능한 1인당 소득이 8만 2천 달러인 나라에, 40-50년 전에 이미 제조업이 집 나간 나라에 보복관세 때린다고 돌아올 제조기업이 있을까? 미국의 겁박에 약한 나라의 제조업들이 울며 겨자 먹기로 미국에 공장을 짓기는 하지만 보조금 때문에 짓는 것이지 생산성과 수익성을 기대하는 것은 아니다.

5nm 이하 첨단반도체 공장도 미국에 공장은 짓지만 인텔, TSMC, 삼성의 투자계획은 1,800억 달러가 넘는데 파운드리 시장은 1,200억 달러 수준에 불과하다. 보조금 받아 공장 짓고 생산까지는 좋은데 잉여생산품은 결국 다시 아시아로 갈 수밖에 없다. 세계 반도체 소비시장에서 미국의 점유율은 34%, 유럽은 8%고, 중국 28%를 포함한 아시아가 58%이다.

세계 반도체시장 점유율(2024.11)

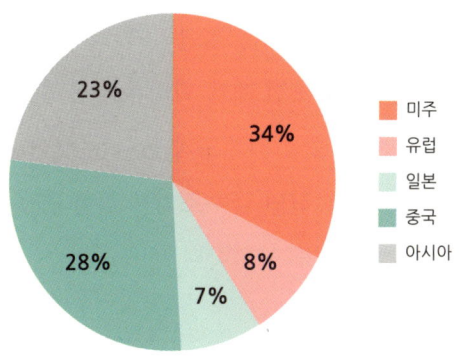

자료: SIA, 2024.11

미국 바이든 정부가 2023년 이후 21가지의 대중 첨단기술과 반도체 수출통제 조치를 쏟아냈지만 첨단기술이 없는 중국의 대응은 외교부 대변인의 규탄성명 외에는 없었다. 그러나 중국의 상무부는 미국의 기술통제에 대응해 일관되게 Ga, Ge 수출통제를 시작으로 흑연, 희토류 수출통제 조치를 내놓았지만 정작 실행한 것은 없었다가 미국이 10% 보복관세를 추가하자 텅스텐, 비스무트 등의 광물수출 제한 카드를 슬쩍 내보였다.

미국 바이든 대통령은 트럼프 취임 전에 자신의 반도체, AI 업적에 '확실한 알박기'를 노려 2024년 9월 이후 대중 반도체와 AI 규제를 쏟아냈지만 결정적 한 방이 없는 중구난방식이었다. 초읽기에 몰려 악수를 둔 것인데 2024년 이후 실시한 반도체와 AI에 관한 9가지 규제를 찔끔찔끔 하지 않고 한 방에 했더라면 중국에 큰 충격을 줄 수 있었을 텐데 오히려 중국이 대응과 회피를 할 수 있는 시간만 벌어주었다.

패는 가지고 있을 때 패지, 까는 순간 더 이상 패가 아니다. 미국은 반도체와 AI 규제도 '조 자룡이 헌 칼' 쓰듯 마구 휘두르고 있지만 중국은 세계시장을 장악하고 있는 '희토류 패'를 들고만 있고 아직 본격적인 사용은 않고 있다.

반도체, 항공기, 우주선 등 모든 첨단기기에는 반드시 희토류 금속이 들어가야 하는데 문제는 중국이 전 세계 희토류 공급의 61%를 차지하고 있고 미국 역시 핵심광물의 대중국 의존도가 높다는 것이다. 미국의 60% 보복관세에 맞서 중국이 희토류 전면 금수조치를 취할 경우, 세계 첨단산업과 미국에 미칠 파장은 생각만 해도 아찔하다.

희토류 전 세계 매장량(2021)

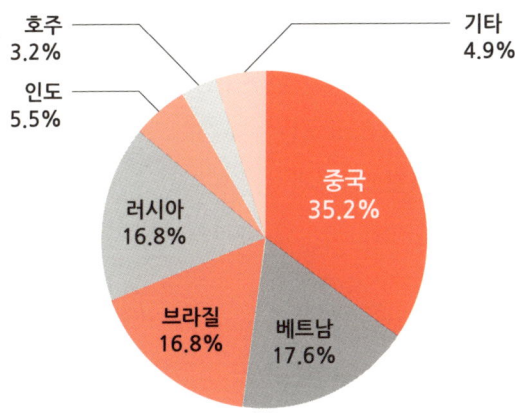

자료: USGS

희토류 전 세계 생산량(2021)

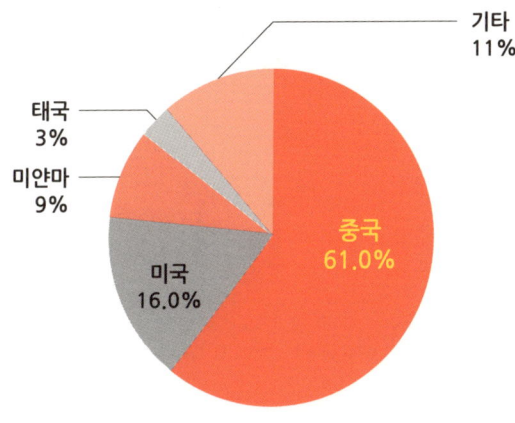

자료: USGS

 미국이 보유한 최고 기술은 '돈 찍어서 돈 먹는 기술(세뇨리지)'이다. 80년대 일본을 좌초시킨 카드도 무역이 아니라 엔고(플라자 합의)와 미·일 반도체 협정이었다. 금융의 칼과 기술의 창으로 일본을 좌초시켰다.

그러나 중국의 제압을 위한 무역+기술이 금융에서 발효하려면 먼저 외환자유화, 금융자유화를 시켜야 한다. 미국은 무역적자를 핑계로 환율절상, 금융개방을 요구하고 이를 압박할 가능성이 높다. 미국과 중국의 경쟁력을 10가지 기준으로 보면 제조업을 기반으로 하는 무역으로는 중국을 이길 수 없다. 미국의 절대적 우위는 금융과 기술이다.

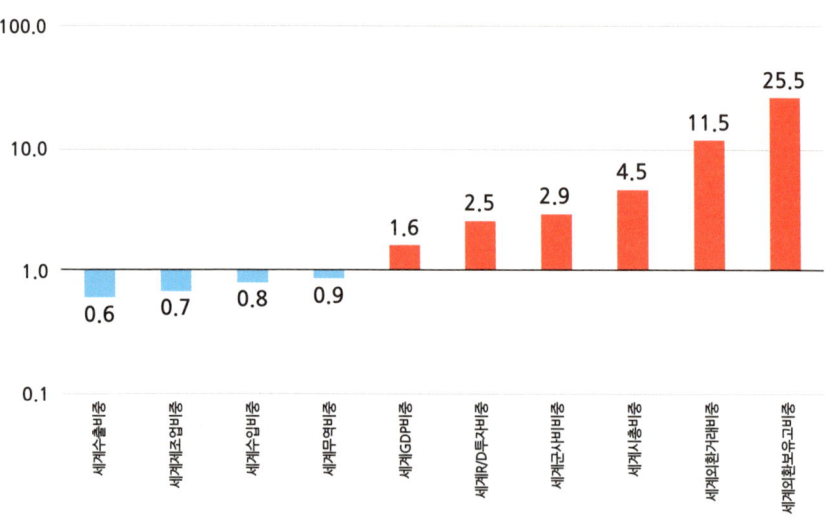

미·중의 실력 비교 (미국/중국:2023)

자료: IMF, WB, WFE, WTO, SIPRI, BIS, SWIFT, EU R/D Investment 2024 자료로 중국경제금융연구소 작성

미국은 첨단기술을 장악했고 중국은 첨단기술제품을 만드는 데 필요한 희토류 광물을 장악했다. 미국의 기술 무기화에 중국은 광물 무기화로 대항한다.

트럼프가 우·러전쟁 종전에 광물에 집착하는 이유가 바로 이것이다. 우크라에 대한 안전보장은 언급 않고 우크라의 자원에서 나오는 미래수익의 50%를 미국과 같이 소유하는 공동기금에 넣으란 조건이다. 우크라의 안전보장은 유럽이 하고 미국은 전후복구 사업에서 자원으로 이득 챙기겠다는 것이다.

러시아는 정전협정에서 광물로 미국을 꼬시고 있다. 러시아가 점령한 우크라 영토의 희토류 자원을 미국과 공동개발 하겠다고 제안한 것이다. 우크라 자원을 가지고 미국과 러시아가 생색내기 하고 있다. 힘없는 약소국의 운명이다.

미국은 50개 핵심광물 중 41개를 50% 이상 수입에 의존하고 있고 이 중 29개는 중국이 최다 생산국이다. 중국이 미국의 기술 무기화에 광물 무기화로 덤비면 미국의 첨단무기부터 생산에 차질이 생길 판이다. 당장 F-35전투기 한 대 만드는 데 희토류 금속이 920파운드 들어간다.

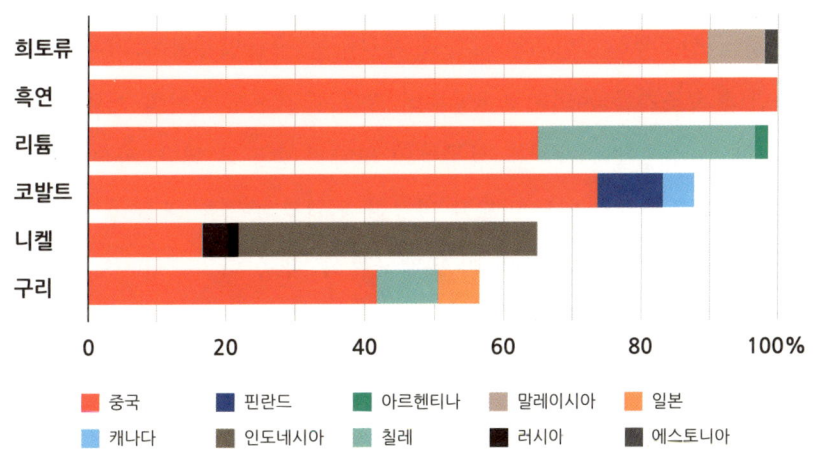

광물 가공량 상위 3국 점유율(2022년 기준. 단위: %)

자료: 미 전략국제연구소(CSIS)

미국이 반도체, AI 반도체 규제에 이어, 동맹을 통한 반도체장비 규제까지 들어가자 2023년 4월 5일 중국 정부는 산업기술의 수출규제 품목을 담은 '중국 수출규제 제한 기술목록' 개정안에 고성능 자석을 만드는 데 필요한 네오디뮴, 사마륨 코발트 자석의 '제조기술'을 추가했다.

희토류 자석은 전기차뿐 아니라 항공기, 로봇, 휴대전화, 에어컨, 무기 등 다양한 분야에서 폭넓게 사용된다. 희토류의 일종인 네오디뮴 자석의 세계 시장점유율은 중국이 84%, 일본이 15%, 사마륨 코발트 자석은 중국이 90% 이상, 일본이 10% 선이다.

중국이 고성능 자석을 국가안보와 관련된 전략물자로 정의한 이유는 서방사회가 목표로 하는 탈탄소사회는 모터로 움직이는 전기차 등을 이용한 '전기화'를 추진하는 것인데, 90% 이상의 시장을 장악한 자석 공급망을 통제하면 친환경 분야의 대표산업인 전기차시장을 통제할 수 있다고 보는 것이다.

중국은 반도체와 전기차산업에서 디커플링을 시도하는 미국과 유럽에 맞서 전기차 분야 핵심기술과 희토류 자원을 비장의 카드로 삼겠다는 전략이다. 중국 상무부는 7월 6일 갈륨과 게르마늄 공급업체를 불러 수출통제에 대한 후속조치를 논의하고 8월부터 갈륨 관련 8개 항목과 게르마늄 관련 6개 항목 수출을 위해서는 상무부의 허가를 받도록 했다. 사실상 전 세계 생산량을 독점하고 있는 반도체 원료를 무기로 중국은 대중 반도체 규제에 동참하는 유럽과 일본 등의 미 동맹국들의 '대중 디리스킹(위험 제거)' 전략에 맞서겠다는 의도다.

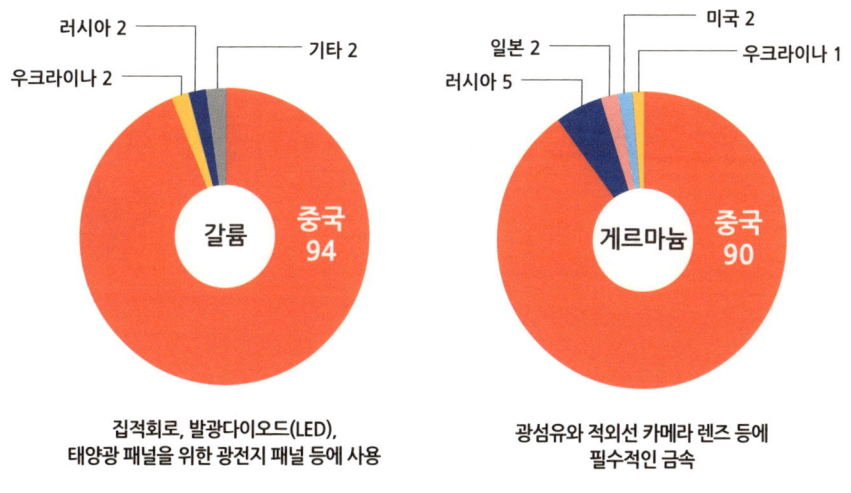

갈륨·게르마늄 생산 국가 *2016~2020년 평균 전 세계 생산량 비중(단위: %)

집적회로, 발광다이오드(LED),
태양광 패널을 위한 광전지 패널 등에 사용

광섬유와 적외선 카메라 렌즈 등에
필수적인 금속

자료: 유럽연합 집행위원회(EC)

　　2022년 중국 갈륨 생산품의 주요 수입국은 일본, 독일, 네덜란드이고, 게르마늄 생산품의 수입국은 일본, 프랑스, 독일, 미국이었다. 갈륨과 게르마늄 수급에 차질이 생기면 반도체와 태양광 패널 생산 등도 어려워지기 때문에 유럽 국가들은 중국의 수출규제로 인해 반도체, 친환경산업 육성에 타격이 불가피할 것으로 전망된다.

05 바닷물 마신 중국이 금융시장을 열어야 하는 이유

세계 '두 번째로 큰 자본주의국가(?)'의 번뇌

미·중전쟁은 무역에서 기술로 넘어왔지만 최종 결과는 금융전쟁에서 판가름 날 가능성이 높다. 사회주의 중국은 아이러니하지만 지금 전 세계 자본시장 규모 2위다. 그러나 미국에 이은 세계 2위의 자본시장을 가진 나라지만 그 규모는 미국의 13%에 불과하다.

미국의 금융력은 절대적이다. 국제은행간통신협회(SWIFT)의 통계에 따르면 2024년 말 기준 세계 결제통화액의 49.1%가 달러였고, 위안화의 경우 3.8%에 불과했다. 국제통화기금(IMF)에 따르면 세계 외환보유액 중 달러의 비중은 57.4%였고, 위안화 비중은 2.2%에 그쳤다.

중국은 미국과의 기술전쟁에서 국가의 모든 자원을 동원하는 '거국체제'를 동원했다. 구소련과 함께 원자폭탄을 개발하다가 소련이 기술 제공을 끊어버리자 중국은 5년 만에 스스로의 힘으로 원자폭탄을 개발하고, 이를 기반으로 수소폭탄과 인공위성까지 만든 경험이 있다.

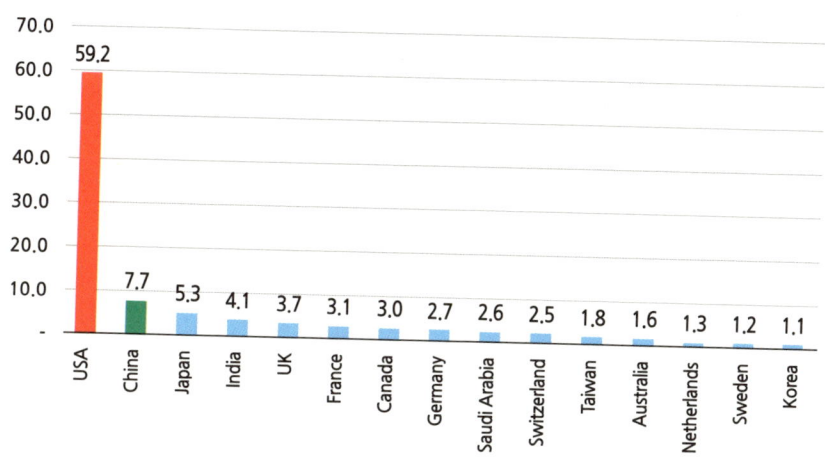

전 세계 국가별 시총규모 비교(조$:2025.3.24)

자료: https://companiesmarketcap.com/all-countries/

　　중국은 지금 미국의 반도체봉쇄에 대응해 국가의 명운을 걸고 원자폭탄을 개발하던 심정으로 반도체 국산화에 올인하고 있다. 중국은 14억 인구에 세계에서 두 번째로 큰 경제력을 가진 나라다. 이미 전 세계 반도체회사들이 중국에서 수십 년간 공장을 가동했고, 모든 반도체장비 소재업체들이 중국에 진출해 있다. 또한 반도체의 주요 수요처인 휴대폰, 노트북, D-TV, 전기차의 최대 생산자이자 소비자가 지금의 중국이다.

　　중국이 반도체를 국산화하고 직접 개발하는 것은 시간문제일 뿐이다. 중국은 14㎚ 이하의 첨단반도체 칩을 생산하기 위한 장비의 수입이 어려워지자 첨단반도체의 국산화를 추진하고 있다. 또한 전체 반도체의 70% 이상을 차지하는 20㎚ 이하의 성숙제품 반도체에 대규모 투자를 단행했다. 성숙제품 시장에서 주도권을 장악해 미국과 '제2의 요소수 사태'를 만들어 미국의 반도체봉쇄에 대응하는 전략을 구사하고 있다.

그러나 '실물경제의 거인'인 중국 경제의 치명적 약점은 바로 금융이다. 만약 미국이 기술로도 중국을 좌초시키지 못한다면 최종적으로 금융전쟁을 벌일 가능성이 높다. 향후 4~5년간은 미·중 기술전쟁은 더욱 가열되겠지만, 궁극적으로 미·중 간 진검승부는 금융전쟁에서 벌어질 수밖에 없다.

1985년부터 세계 2위 경제대국이던 일본이 1995년까지 10년간의 미·일전쟁에 결국 추락한 것은 엔고 탓이었다. 미국이 플라자 합의를 통해 260엔대의 엔화 환율을 100엔대로 절상하면서 일본의 기계, 전자, 반도체, 자동차 등 주력 산업이 몰락했다.

그러나 1985년부터 1989년까지 급속한 엔화 절상의 시기에 일본 닛케이 지수는 사상 최고치를 경신했다. 미·중이 기술전쟁에서 금융전쟁으로 전선을 옮긴다면 한국은 일본의 사례를 거울삼아 중국 금융시장에서 어부지리의 수를 노려볼 기회가 생긴다.

지금 트럼프는 관세전쟁을 벌이고 있지만 목표는 산업보호가 아니라 무역흑자. 그리고 단순한 무역흑자가 아니라 그간 먹어간 돈 다 내놓으라는 것이다. 그 금액이 흥정의 대상이다. 미국은 다 내놓으란 것이고 중국은 인사치레만 하겠다는 것이다. 중국의 2000년 이후 대미 흑자는 5조 2,828억 달러로 이는 중국 전체 무역흑자 8조 6,913억의 61%에 달한다.

중국은 금융에서 1위 못 하면 일만 잘하는 '영원한 미국의 머슴', '달러 프린터의 영원한 봉'으로 끝난다. 그렇게 되지 않으려면 중국은 제조업에서 무역업으로 그리고 내수시장을 키워 위안화 구매력을 늘려서 전 세계의 생산자가 중국에 공급하게 만들고 중국판 '트리핀의 딜레마'의 신화를 만들어야 한다.

중국의 무역흑자와 대미 흑자 비중

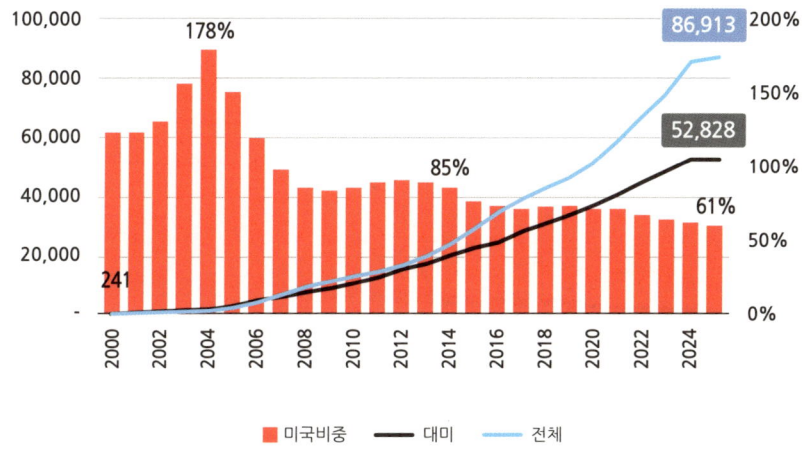

자료: 중국국가통계국

과도한 위안화 절상은 중국 경제에 독이지만 일정한 수준의 위안화 절상은 중국의 내수 확대에 약이다. 내수를 키워야 하는 중국, 트럼프의 환율절상 요구에 일정부분 응할 수도 있다. 또한 기술봉쇄를 일정부분 풀어주는 조건으로 자본시장의 추가개방도 할 가능성이 있다.

왜냐하면 중국의 부채문제는 부채를 주식으로 전환해 줄 수 있는 자본시장의 체력이 있으면 간단히 해결되기 때문이다. 그러나 4년간 하락한 증시에 활력을 불어넣기에는 중국 내부의 힘만으로는 부족하다.

미국의 자본을 일정부분 유입시켜 미국자본을 '수조 속의 메기역할'을 시키면 중국의 유휴자금과 민간의 은행에서 잠자고 있는 예금을 증시로 유도할 수 있다. 이런 메커니즘을 통해 자본시장의 규모와 체력을 키워 부채중심의 금융을 자본중심의 구조로 전환하는 꿈을 꿀 수 있다.

중국의 미국 대비 GDP, 시총 비중

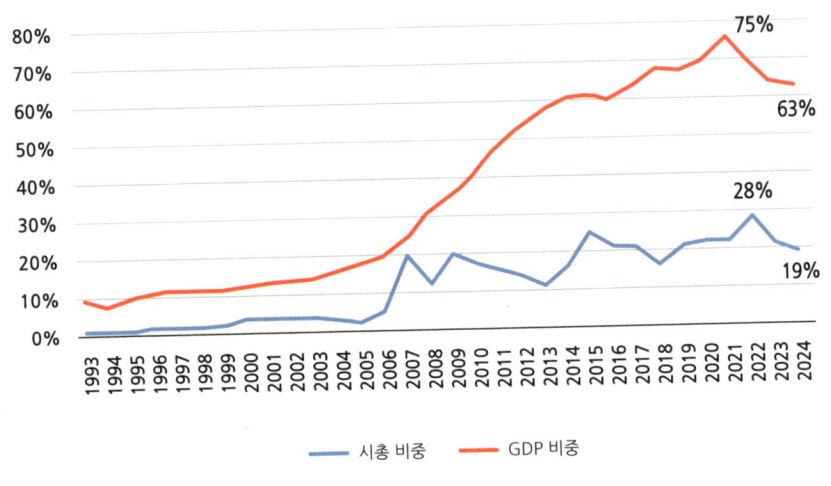

자료: 중국경제금융연구소

　미국은 떡장수를 잡아먹으려는 굶주린 호랑이다. 중국은 호랑이에게 떡 하나 주지 않으면 바로 잡아먹힌다. 미국에서 번 5.3조 달러의 무역흑자를 어떤 형태로든 미국에 줘야 중국은 미국의 괴롭힘과 협박에서 일시적으로나마 벗어날 수 있다.

　그런데 미국에 돈을 주더라도 체면이 깎이지 않게 줘야 한다. 미국의 통상압력에 굴복해 미국 물건을 사준다는 인상을 주면 안 된다. 중국의 지도자는 미국보다 14억의 시선이 더 두렵기 때문이다.

　자본시장의 개방을 통해 미국이 자본계정에서 2,000억 달러를 벌어가도 대중은 별로 신경 안 쓴다. 하지만 무역수지에서 2,000억 달러가 줄어든다면 난리가 난다. 한국의 경우도 자본시장에서 외국인이 100억 달러 팔고 나가는 것엔 무관심하지만, 무역수지흑자가 100억 달러 줄었다고 하면 난리 나는 것과 같은 양상이다.

　　미·중의 경제전쟁 중에 중국의 일정부분의 환율절상과 자본시장의 개방은 미국의 실리와 명분을 주기에 충분하고 중국의 명분과 실리도 있다.

기업 부채 비율 2위 국가가 부도나지 않는 이유

중국이 지방정부 부채와 기업 부채, 부동산 경기 침체로 금융위기가 올 것이라는 게 중국 금융위기설의 단골 메뉴지만, 실상은 달랐다. 지방자치제가 대부분인 서방세계와 달리 중국은 중앙집권제 국가이고, 지방 부채가 문제가 되면 최종 책임을 중앙정부가 지기 때문이다. 지방정부 부채로 인한 중국 부도설과 금융위기설이 번번이 빗나간 이유다. 부동산 관련 위기설도 마찬가지다. 2021년 9월 중국 1위 건설사인 헝다그룹 부도 사태가 터졌고 2023년 당시 1위 부동산기업이었던 벽계원이 부도났지만 중국에 금융위기는 오지 않았다.

　　금융위기설의 단골 메뉴인 중국의 기업 부채 비율에는 무슨 비밀이 숨어있는 것일까? 답은 중국 기업의 지배구조에 있다. 중국 기간산업을 움직이는 대기업은 모두 국유기업이다. 공유제를 기본으로 하는 사회구조상 이런 지배구조는 당연한 것이다. 중국 주요기업들은 국가기업이기 때문에 부도에서 벗어날 수 있는 게 특징이다. 은행 입장에서도 담보가 없더라도 국유기업에 빌려주는 것이 대출 안정성과 책임론에서 자유롭다.

　　'사회주의 중국은 대국의 장자'란 말이 있다. 이는 국유기업을 일컫는 말이다. 집안에서도 장자가 잘돼야 집안이 잘 풀린다고 하는 것처럼 사회주의 공유경제의 중심에는 국유기업이 있다. 중국 국유기업 매출은 중국

GDP의 63%를 차지한다. 따라서 당연히 금융기관의 자금 지원 1순위가 국유기업이다.

그 결과 중국 총대출 중 60% 정도가 국유대기업 대출이고, 이들 기업의 부채 비율은 160%가 넘는다. 그러나 이들 국유대기업은 정부가 부도나지 않는 이상 망할 수가 없다. 중국 민간중소기업은 담보가 부족해 항상 자금난을 겪지만, 국유대기업은 언제든지 은행에서 사실상 무한대의 자금을 대출받다 보니 국가 전체기업 부채 비율이 158%대로 높아질 수밖에 없다.

실제로 중국의 기업 총 부채 비율 158% 중 60%인 95%는 국유기업이 받아간 대출이다. 이는 실질적으로 부도가 날 수 없는 국채와 유사한 수준의 대출이다. 순수 민간기업의 대출은 158% 중 95%를 뺀 나머지로 63% 수준에 그치고 있다. 이는 서방 주요 선진국의 기업 부채 비율보다 낮은 수준이다.

더군다나 대부분의 중국 주요 은행과 보험·증권사는 모두 국가가 소유하는 국유금융기관이다. 설사 불량 대출로 인해 금융기관의 부도가 발생하더라도 정부가 대주주이기 때문에 중앙은행의 발권력으로 바로 유동성을 공급할 수 있다. 기업 대출문제로 부도가 날 수 없는 구조인 것이다.

한국 언론에서 중국 지방은행의 뱅크런 소식이 심심찮게 들려오지만 이들 은행은 우리로 치면 지방저축은행이나 소형 은행 수준의 금융기관이고, 부도가 발생하더라도 대형 은행이 인수하거나 정부 자금 지원을 통해 모두 해결한다. 2019년 네이멍구 자치구의 지방은행인 바오상은행(包商銀行)이 파산했을 때도 한국 언론은 '중국판 리먼사태'라고 규정하면서 중국 금융기관의 연쇄 부도와 금융위기설을 퍼날랐지만 정부 인수 후 정리가 됐고 실제 금융위기는 없었다.

GDP의 200% 통화량에도 돈가뭄에 시달리는 중국

지금 중국의 모든 문제는 '금융문제'다. 자본이 없던 나라 사회주의 중국이 자본주의 바닷물을 들이마신 지 47년이 되었다. 바닷물은 마시면 마실수록 갈증이 더 날 수밖에 없는 구조다. 주식시장이 주가 되는 미국식 투자은행(IB)이 아닌 은행이 주가 되는 상업은행(CB)으로 금융구조를 만든 중국의 구조적 문제는 경제가 발전하면 할수록 돈은 더 빌려야 하는 부채의 악순환 고리에 들어가 있다.

미·중의 기술전쟁에서 민간의 창의와 기술 없이는 승리하기 어렵다는 인식을 가진 중국은 증시부양과 창업기업들의 자금회수를 위해 심천시장에 창업반, 상해시장에 커창반, 북경에 기술주 중심의 북경거래소를 계속 만들고 있다.

중국은 국내총생산(GDP)이 미국의 65%에 달하는 거대한 경제대국이지만, 치명적인 아킬레스건이 있다. 바로 금융이다. 중국은 2001년 세계무역기구(WTO)에 가입 이후 거의 모든 산업을 개방했지만, 금융업은 아직도 폐쇄적이다. 중국이 '금융 만리장성'을 쌓고 있는 이유는 금융산업의 경쟁력이 취약하기 때문이다.

중국은 GDP 대비 통화량(M2)이 220%나 된다. 그러나 기업들은 매 분기와 반기 말 어김없이 돈 가뭄에 시달린다. 정책 당국이 GDP의 두 배가 넘는 통화량을 풀어도 돈이 제대로 돌지 않는 이유는 상업은행 중심의 금융구조와 시스템의 낙후성 때문이다.

중국의 화폐 유통 속도는 최근 20여 년간 지속적으로 낮아지고 있다. 실물경제 규모가 커질수록 화폐 유통 속도가 떨어져 계속 더 많은 통화를 풀어야 경제가 돌아가는 상황이다. 경제대국이지만, 금융약국인 중국 경제의 번뇌다.

이런 현상은 금융기관의 화폐 창출 능력이 떨어졌기 때문이다. 시진핑 주석 집권 이후 중국은 주기적으로 부정부패 추방 운동을 벌이고 있고, 그때마다 부패한 정치인과 결탁한 재벌들의 몰락이 있었다. 후진국의 특성상 부정한 회색 자금과 정부 당국의 숨바꼭질이 지속되고 있다는 추정이 가능하다.

중국의 화폐 유통 속도가 떨어지는 또 다른 이유 중 하나는 금융제도상에 내재한 문제다. 서방세계와 달리 금융산업이 낙후한 중국은 뱅크런을 막기 위해 대출이 예금의 일정 비율을 넘지 못하게 하는 '예대비율' 제한 규정을 뒀었다. 지금은 이 제한을 없앴지만 아직도 중국 은행에는 규정을 묵시적으로 따르는 관행이 남아있다.

또한 제조 강국인 중국은 제조업의 무역흑자로 외환 부문 통화 증발 압력이 커지자 이를 막기 위해 은행의 지급준비율을 20%대까지 올렸다. 이로 인해 예대비율과 지급준비율의 합이 12년 전인 2013년만 해도 49%에 달했다. 풀린 자금의 절반이 유통되지 못하고 은행 금고 속에서 잠자고 있던 셈이다.

그러던 중국은 미국과의 무역전쟁을 계기로 무역수지 관리에 나섰다. 무역흑자 비율을 줄이면서 지준율의 지속적 인하를 추진한 것이다. 그 결과 한때 21.5%까지 올라갔던 지준율이 6.6% 선으로 낮아졌다. 하지만 아직도 서방국가들에 비하면 높은 수준이다.

중국, GDP가 미국 추월하기 전 부채부터 넘어설 것

서방세계에서는 연평균 1~2% 성장하는 미국, 4~5% 성장하는 중국과 관련해 중국 GDP의 미국 추월 여부를 두고 논쟁을 벌이고 있다. 일본과 영국의 경제 예측 기관들은 2021년까지는 중국이 미국 GDP를 2029~2030년이면 추월한다는 전망을 내놨다.

그러나 중국의 코로나봉쇄와 미국의 기술봉쇄를 계기로 중국은 영원히 미국을 추월하지 못하고 추락할 것이라는 비관적 전망을 쏟아냈다. 반면 정작 미국 기관의 예측은 정반대다. 2023년 미국 컨퍼런스보드와 골드만삭스는 중국 GDP가 2030년을 전후로 미국을 추월해 세계 1위가 될 것이라는 전망을 내놓아 눈길을 끌었다.

2024년 미국의 65%에 달한 중국의 GDP는 연평균 1~2% 성장하는 미국의 GDP를 넘어서는 것은 시간이 문제일 뿐이다. 하지만 중국 GDP 규모가 미국을 추월했다고 해서 중국이 미국을 제치고 세계 패권국이 된다는 뜻은 아니다.

국력은 축적의 개념이다. 중국 GDP 규모가 한두 해 미국을 넘어섰다고 미국을 추월했다고 보는 것은 난센스다. 누적 개념으로 봐야 한다. 인터넷 정보 시대가 본격적으로 열린 2000년 이후 미·중의 누적 GDP를 계산해 보면 미국을 100이라고 했을 때 중국의 비중은 아직 49%에 불과하다.

미국 컨퍼런스보드가 2023년 10월 예측한 장기 전망을 기초로 추산해 보면 중국이 누적 기준으로 미국 GDP를 넘어서려면 적어도 2050년은 돼야 한다. 다만 중국이 미국의 GDP를 추월하는 시기가 2030~2035년쯤 된다면 중국의 돈에 혹한 미국의 주요 동맹에 균열이 올 수 있다는 것을 중요하게 바라봐야 한다.

세계 GDP 규모

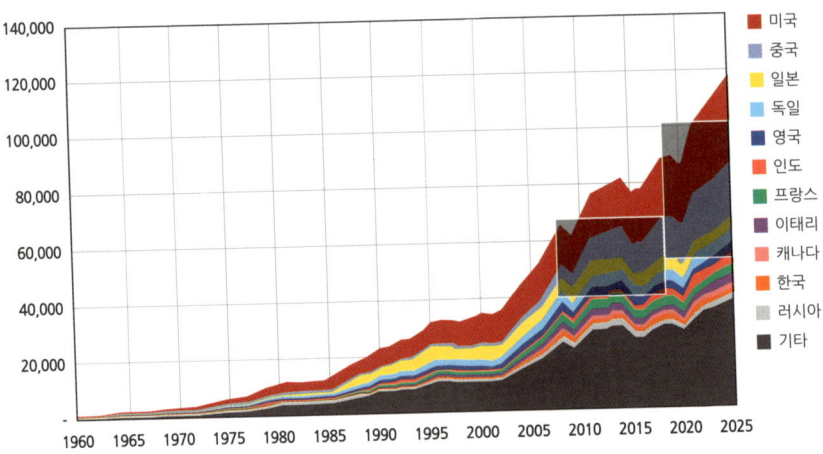

자료: IMF

　중국이 미국 GDP의 65% 수준인 상황에서도 이미 그러한 움직임이 포착되고 있다. 미국의 G7 동맹 중 독일과 프랑스가 미국의 대중국 봉쇄 요청에 엇박자를 내는 행태를 보이고 있다. 독일과 프랑스는 미국 앞에서는 요청에 응하는 듯했지만 뒤에서는 중국과 경제적으로 협력하고 대규모 투자를 받고 있다. 만약 중국 GDP가 미국 GDP를 넘어서는 날이 오면 대놓고 미국과의 동맹을 배반하는 나라가 줄을 설 가능성이 있다.

　그러나 지금처럼 은행 부채 중심 자금 조달이 주를 이루는 금융구조에서 중국의 부채 비율은 경제 규모 확대보다 더 빠른 속도로 늘어날 수밖에 없다. 부채 절대액 규모도 그만큼 늘어난다. 현재와 같은 상황이 지속된다면 GDP에서는 중국이 2030~2035년 사이 미국을 추월할 가능성이 있다. 하지만 그에 앞서 부채 비율이 먼저 미국을 추월할 전망이다.

　미국이 연간 2% 내외의 성장을 하고 중국이 현재와 같은 GDP 대비 높은 부채 비율구조에서 3~5%의 경제 성장을 한다면 중국의 절대부채액은 2027~2029년 사이 미국을 추월할 것으로 추정된다.

일본의 경우가 좋은 사례다. 부채의 증가와 부채 비율의 상승은 필연적으로 성장률 둔화를 가져오고 저성장, 초저성장의 시기로 들어서게 한다. 중국은 거대 인구이기 때문에 고용이 문제되면 사회 전체가 위기로 들어설 수 있다. 연간 1,200만 명의 대졸자가 취업이 안 되면, 소위 먹물실업자가 늘어나면 사회가 불안정해지고, 생계에 막혀 좌절한 엘리트들이 늘어나 나라가 위기에 빠진다.

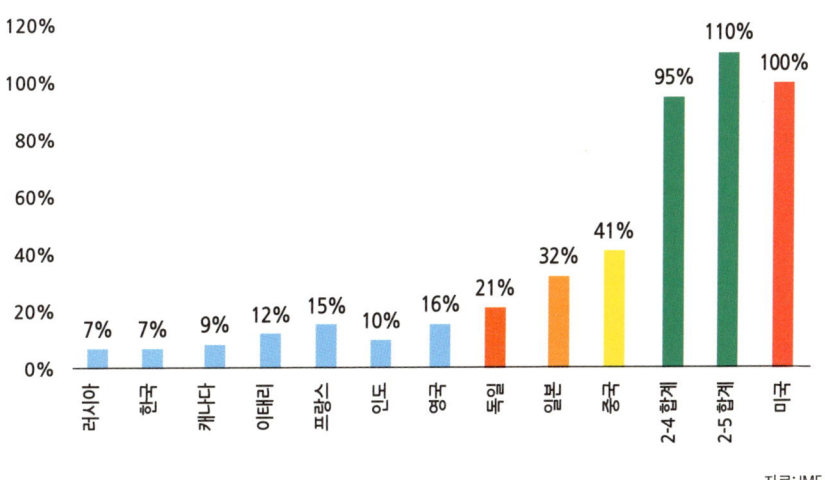

세계 주요국 GDP 누계 (1960~2025)

자료: IMF

중국의 역사를 보면 황하강의 대홍수와 왕조의 변화가 일치했다. 실업자가 많아지면 나라가 엎어지는 것이 중국이다. 잘 살면 쇼핑이고 못 살면 혁명인 것이 중국이다. 유동성을 잘못 관리해 유동성의 제방이 무너지면 중국은 실물경제가 아니라 금융문제가 중국 사회를 대혼란과 위기에 빠뜨리는 계기가 될 수 있다.

PART 06

반도체전쟁 시대, 대만문제는 한국문제다

01 미국에 있어 대만은 '불침항모(不沈航母)?'

미·중의 경쟁이 시작되면서 미국에서는 중국의 대만 침공시기에 관한 얘기들이 넘쳐난다. 그중 대표적인 것이 '데이비슨 윈도우(Davidson window)'이다. 2022년 8월 영국 파이낸셜타임즈(FT)에 따르면 필 데이비슨 전 인도·태평양 사령관은 중국이 인민해방군 창설 100주년을 맞는 2027년 이전에 대만을 침공할 가능성을 제시했다.

대만해협은 21세기 AI 시대에 가장 중요한 첨단AI 칩의 90% 이상이 흐르는 'AI 시대 첨단 AI 칩의 호르무즈 해협'이다. 그래서 대만해협은 지금 전 세계에서 가장 위험한 해협이자 3차 대전이 발발한다면 가장 발화점이 될 가능성이 높은 지역이다.

2023년 4월 윤석열 대통령이 방미 전 로이터 인터뷰에서 한 대만문제에 관한 원론적인 이야기에 중국 친강 외교부장관이 '불장난을 하면 타 죽는다'는 말에 한국 외교가 난리다. 한국은 주한 중국대사를 부르고 중국도 주중 한국대사를 호출해 외교적 항의를 했다.

언론에서도 중국의 무례함에 분노하는 기사가 넘쳐났지만 좀 더 냉정하게 볼 필요가 있다. 대만문제에 대해 '불장난을 하면 타 죽는다'는 표현은 중국이 대만문제에 대해 접두어처럼 쓰는 말이기 때문이다.

2022년 7월 31일 바이든 대통령이 시진핑 주석과 전화 정상회담을 하였다. 바이든 대통령이 미국 펠로시 하원의장의 대만 방문을 언급하며 "미국은 대만의 현 상태를 일방적으로 바꾸려고 하거나, 대만해협의 평화와 안정을 훼손하려는 것에 강하게 반대한다"라고 했다. 그러자 중국 시진핑 주석은 미국에 대놓고 "불장난하면 반드시 불에 타 죽는다"라는 거친 언급을 했고 친강 외교부장관은 이를 반복한 것이었다.

대국외교 코스프레를 하는 중국이지만 대만문제에 대해서만큼은 고슴도치처럼 가시를 세우고 날카롭고 예민하게 대응한다.

이유는 첫째, 명분이다. 체면에 목숨도 거는 중국이다. 전 세계 주요국 중 한국을 제외한 또 하나의 유일한 분단국가가 중국이기 때문이다. 세계 2위의 대국이고 일대일로를 통해 인류운명공동체를 주장하는 중국이지만 작은 자기나라 섬 하나도 통일 못하면서 무슨 세계평화와 운명공동체를 논하냐는 논리에는 막히고 만다. 그래서 대만문제를 언급하면 중국은 어느 나라건 막론하고 막말을 한다.

둘째, 대만은 미국의 입장에서는 중국을 공격하고 봉쇄하는 데 중요한, '절대 가라앉지 않는 불침항모(不沈航母)'이기 때문이다. 맥아더 장군은 대만에 대해 '대만은 불침항모(不沈航母)'와 같기 때문에 미국의 서태평양 방어선(일본~오키나와~필리핀)에서 제외시켜선 안 된다는 언급을 하며 대만의 대중국 봉쇄에 대한 중요성을 주장했다. 대만은 유사시 미국이 중국 본토를 공격하는 데 중요한 군사기지이고 중국에게는 치명적인 아킬레스건이기 때문이다.

셋째, 첨단반도체 생산기지로서 대만의 중요성이다. 지금 대만은 미·

중 반도체전쟁의 뜨거운 감자다. 5nm 이하의 첨단반도체 파운드리는 중국과 미국 모두 대만의 TSMC에 의존했는데 미국이 TSMC의 첨단반도체에 대한 대중국 수출을 막자 중국은 당장 중국 1위의 IT 업체인 화웨이가 스마트폰사업을 접었을 정도로 타격을 받았고 4차 산업혁명의 문턱에서 중국은 첨단반도체의 수급문제로 모든 첨단산업에 제동이 걸렸다.

미국은 대만 첨단반도체 수출금지를 통해 중국의 첨단산업을 통제할 수 있지만, 미국 역시 5nm 이하 첨단반도체는 모두 대만에 의존하고 있기 때문에 유사시 중국이 대만의 TSMC 반도체공장을 파괴하면 미국도 반도체 원시시대로 돌아간다. 그리고 만약, 중국이 대만을 무력이 아닌 방법으로 통일하게 되어 TSMC 첨단반도체공장을 접수하는 순간 중국은 미국을 넘어서는 반도체 강국으로, 4차 산업혁명에서 미국을 추월하는 패를 쥐게 되기 때문이다.

02 중국에 있어 대만은 '태평양 출입구'인 동시에 '반도체' 낳는 암탉?

미국이 대만을 포기하지 않는 것도, 중국이 대만 통일에 집착하는 것도 결국 태평양 지역의 해양패권과 4차 산업혁명의 주도권싸움 때문이다.

한국과 일본, 대만, 필리핀에 둘러싸인 중국에게 대만통일은 미국이 장악한 아태지역으로 진출할 수 있는 태평양의 출구로서 중요하고 AI전쟁의 핵심 무기인 첨단반도체는 반드시 확보해야 하는 필수품이기에 수단과 방법을 가리지 않고 덤비는 것이다.

중국이 남중국해의 영유권을 무리하게 주장하는 것도, 대만해협을 장악하고자 하는 것도 모두 태평양 바다로 진출하기 어려운 지정학적 약점을 극복하고 에너지와 물류의 공급망을 확보하려는 필사의 노력이다. 대만은 중국이 아태지역 해양으로의 진출에 있어 첫 번째 출입구 확보로서 중요하다. 대만이 뚫리면 우리 속의 사자가 탈출하는 것이고 나폴레옹이 말한 잠자는 사자를 깨우는 꼴이 된다. 미국은 어떤 경우에도 대만 출입구가 열리는 것을 틀어막아야 한다.

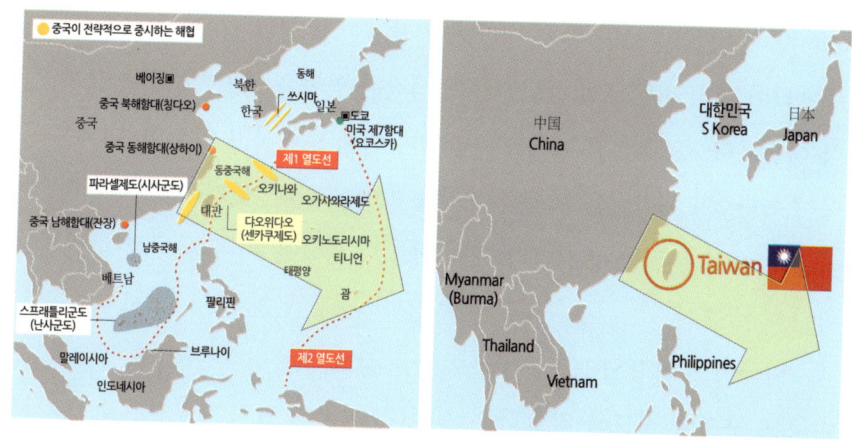

자료: https://premium.sbs.co.kr/article/rH5gkIA-tJ

　첨단반도체는 미래의 생명줄이다. 미국과 일본이 포기한 첨단반도체 생산을 대만과 한국이 주도하고 있다. 미·중전쟁이 글로벌 공급망전쟁으로 확전되면서 기술이 갑이 아니라 생산이 갑인 시대가 도래했다. 반도체기술만 있는 미국, 공장만 있는 중국 모두 딜레마다.

　대만은 5nm 이하 첨단반도체 파운드리에서 독보적이고 세계 파운드리 반도체 공급의 2/3를 차지하는 나라다. 특히 미국은 첨단반도체의 파운드리를 대만에 의지하고 있어 만약 대만의 파운드리 공장이 문제가 되면 미국의 첨단산업이 멈추는 불상사가 생긴다. TSMC의 수익기여도를 보면 중국은 11%, 미국은 68%나 된다.

　대만 반도체 제조회사(TSMC)는 세계에서 가장 진보된 반도체 제조업체로, 3nm, 2nm, 심지어 곧 출시될 1nm 공정기술을 선도하고 있다. 반도체는 현대기술, 군사 응용 프로그램 및 AI 컴퓨팅에 필수적이기 때문에 미국은 오랫동안 대만에 대한 의존도를 줄이기 위해 이 기술에 대한 통제권을 확보하려고 노력해 왔다. 미국의 대만에 대한 주요 우려사항은 3가지다.

첫째, 공급망 보안이다. 대만해협 갈등이 발생할 경우 반도체 공급이 중단되어 미국과 글로벌 첨단산업에 심각한 영향을 미칠 수 있다. 둘째, 중국 대응이다. 중국은 TSMC를 따라잡기 위해 노력하고 있으며, 미국은 중국이 첨단반도체기술을 획득하는 것을 막아야 한다. 셋째, 기술 우위다. 미국은 기술적 우위를 유지하기 위해 반도체 생산을 미국 내에서 추진해야 한다.

미국이 대만 TSMC의 기술 이전을 강요하는 방식은 첫째, TSMC가 미국에 공장을 짓도록 강요하는 것이다. 미국의 압력에 TSMC는 1차로 2020년에 애리조나에 4nm 반도체 공장을 짓고, 나중에 2nm 이하의 첨단 시설로 확장할 계획을 발표했다. 트럼프 대통령은 관세를 무기로 TSMC에게 1,000억 달러를 추가로 투자하도록 했다. 미국은 궁극적으로 대만에 대한 의존도를 줄여서 미국 국경 내에서 완전히 독립적인 반도체 공급망을 구축하는 것이 목표다.

둘째는 공급망 데이터를 미국에 제공하라고 명령하는 것이다. 2021년 미국 정부는 TSMC의 생산능력, 고객 세부 정보, 재고 수준을 포함한 중요한 공급망 데이터를 제공하라고 명령했던 적이 있다. 이는 미국이 공급망의 보안을 핑계로 핵심적인 기술 및 사업 비밀을 장악하려고 시도하는 것임을 시사한다. 미국은 대만이 미국에게 반도체 보조금을 받는 경우 반도체 현지 공장의 정보를 의무적으로 제공해야 한다는 조건을 Chips법에 달았다.

대만은 미국의 의도대로 반도체 경쟁력을 잃은 후 우크라이나와 같은 운명을 맞을 수도 있다. 우크라이나의 핵무기와 마찬가지로 TSMC의 반도체기술은 대만의 '실리콘 실드(방패)'다. 대만이 반도체기술을 미국으로 완전히 이전하는 순간 우크라이나와 유사한 전략적 취약성에 직면할 위험이 있다.

우크라이나가 핵무기를 포기한 후, 러시아가 침공했을 때 미국은 직접적인 군사개입을 하지 않았다. 미국이 TSMC의 기술을 확보하게 되면 대만은 더 이상 '필수불가결한' 존재로 여겨지지 않을 수 있으며, 이는 위기 상황에서 대만을 방어하려는 미국의 의지를 약화시킬 가능성이 있다. 대만이 공격을 받아도 미국이 경제적으로 덜 큰 타격을 입을 것이라는 사실을 알고 있는 중국은 군사행동을 취할 의향이 생길 수 있다.

우크라이나의 군축은 국제 협정이 우크라이나의 안보를 보장할 것이라는 믿음에 근거했는데, 이 믿음은 러시아가 침공했을 때 비참하게 잘못된 것으로 판명되었다. 마찬가지로 대만이 TSMC의 기술을 미국으로 완전히 이전하도록 허용하면 전략적 레버리지를 상실할 위험이 있으며 장기적으로 더 취약해질 수밖에 없다.

대만은 '글로벌 민주적 반도체 공급망 파트너십 이니셔티브'를 제안하는 등 미래를 보장하기 위해 경제협력과 국가안보의 균형을 신중하게 맞추려 노력하고 있지만 미국이 들어줄지는 미지수다. 대만은 기술적 이점이 지정학적 전략의 필수적인 부분으로 남도록 해야 하는데 대만 정부가 과연 그런 지혜와 결기를 가질 수 있을지는 의문이다.

03 중국이 대만을 폭격하지 못하는 이유는?

    대만 총통선거에 미·중이 치열한 기술전쟁 와중에도 깊이 관여했던 이유는 뻔하다. 대만의 전략적 가치는 4차 산업혁명의 쌀인 첨단반도체 파운드리에 있다. 미국은 반도체기술은 있지만 공장이 없고, 중국은 공장은 있지만 기술이 없어 5nm 이하의 첨단반도체를 만들지 못한다. 반도체가 없으면 4차 산업혁명도 AI도 그림의 떡이다. 지금 전 세계를 떠들썩하게 하는 생성형 AI Chat GPT에 들어가는 엔비디아 GPU 칩도 대만의 TSMC가 만들어주지 않으면 꽝이고, 거기에 동시에 필요한 광대역 초고속 메모리(HBM)를 한국의 하이닉스가 만들어주지 않으면 무용지물이 된다.

    대만 총통선거가 중요한 것은 친중, 친미 그 자체가 아니라 5nm 이하의 첨단반도체기술과 공장 그리고 생산의 미래가 어떤 그림으로 그려질지 결정되기 때문이다. 만약 미·중의 무력충돌로 인해 중국이 먼저 폭격하든, 중국의 손에 넘어가는 걸 막기 위해 미국이 선제 공격하든, TSMC의 반도체 공장에 폭탄이 명중하는 순간 전 세계는 난리가 난다.

    만약 대만의 첨단반도체 팹이 파괴되면 미국은 첨단산업의 원시시대로 돌아가 중국과 같은 수준으로 추락한다. 중국은 미국과 제조업 격차는 다 따라잡았지만 '반도체'에서만 차이가 나는 것을 TSMC에 대한 공격 한 방으로 하향 평준화, 리셋이 가능하다.

중국이 대만에 대해 말을 험악하게 하고, 실사격훈련을 하고 전투기를 대만 영공으로 날리며 심지어 미사일을 대만을 가로질러 날리지만 정작 단 한 번도 대만 본토에는 실수로도 떨어뜨린 적이 없다.

미국을 크게 물먹이려면 '앗 실수다'라고 핑계 대고, TSMC 핵심공장에 미사일 4발만 정확히 떨어뜨리면 미국의 4차 산업혁명도, 생성형 AI Chat GPT에 들어가는 GPU로 꿀을 빨고 있는 엔비디아도 한 방에 보낼 수 있다. 우주선을 달에 올리고 화성에 올라가는 중국의 실력을 감안하면 이 정도는 누워서 식은 죽 먹기다.

그럼에도 중국이 대만을 폭격하지 않는 이유는 반도체 때문이다. 가만 내버려두면 TSMC는 5nm가 아니라 3nm, 2nm, 1nm까지 개발할 텐데 이게 모두 개발되고 난 뒤에 만약 홍콩과 같은 방식으로 '일국양제', 아니면 홍콩보다 더 파격적인 조건의 '일국양제'를 해서 대만을 접수하면 황금알을 낳는 거위를 날로 먹고 4차 산업혁명에서 단숨에 미국을 추월할 수 있기 때문이다.

서방세계에서는 중국의 대만 공격설이 홍수처럼 쏟아지고 2025년, 2026년, 2027년 등 구체적인 시간까지 못 박아 나오지만 이는 대부분 미국에서 나온 얘기일 뿐이다. 중국이 미국과 당장 전쟁할 능력도 안 되지만, 중국 본토가 '대만이 독립을 시도하면' 무력으로 통일한다며 떠들면서도 5년 뒤인지 10년 뒤인지 날짜를 못 박은 적이 없는 것도 다 이유가 있다. 그전에 통일전선 공작이든, 소프트파워 전략이든, 대만 국내정치 개입이든 무슨 수를 써서라도 대만을 차지하겠다는 심산이다.

미국과 대만이 언급한 중국의 대만 공격시기 예측

	기관	발표일	공격시기
미국	마이클 매콜 / 미 하원 외교위원장	2023.02.17	2025
미국	자유아시아방송(RFA), The World After Taiwan's Fall	2023.02.15	2025
미국	마이크 미니한 / 미 공군 대장	2023.01.27	2025
미국	전략국제문제연구소(CSIS), The first battle of the next war	2023.01.09	2026
미국	마이클 길데이 / 미 해군참모총장, 애틀랜틱 카운슬 토론회	2022.10.19	2027
대만	우자오셰 대만 외교부장 / 영국 스카이뉴스와의 인터뷰	2023.01.18	2027
미국	필립 데이비슨 / 미국 인도태평양사령관, 상원 군사위원회 청문회	2022.03	2027

자료: 중국경제금융연구소

뒤집어 보자면, 미국이 대만의 친중 정부를 절대 용인할 수 없는 이유다. 핵무기를 500기 이상 보유하고 있는 나라와 물리적 전쟁을 치르는 것은 현실성이 낮다. 정말 붙었다고 하면 미국 본토까지 사정권에 들어가는 ICBM을 보유한 중국과 서로 승자 없는 전쟁을 해야 하기 때문이다.

반도체는 미국의 핵심경쟁력인 IT산업의 핵심부품이다. 미·중전쟁이 AI전쟁으로 확산되면서 AI는 이젠 군수산업이고 여기에 들어간 GPU는 군수물자이며, 대만은 핵심군수물자를 공급하는 무기제조창이다. 전쟁에서 핵심무기를 생산하는 공장을 적에게 내어준다는 것은 전쟁포기다.

미국 입장에선 그 어떤 경우에도 친중 정부가 대만에 들어서거나 대만이 중국에 의해 흡수 통일되는 것은 막아야 한다. 그리고 만약 그럴 경우가 생기면 미국이 중국보다 먼저 TSMC 공장을 폭파하겠다는 것이다. 백악관 안보 담당인 제이크 설리번이 직접 했던 말이다. 그래서 대만인들이 '일국양제'라는 이름으로 홍콩을 인수하고 탄압하는 중국도 못 믿지만 여차하면 TSMC 공장을 폭파하겠다는 미국도 못 믿는 것이다.

04 TSMC 미국에 1,000억 달러 투자하는 이유

반도체寺, '트럼프 주지스님'의 호출

지금 미·중의 전략경쟁 속에서 대만을 지켜주는 것은 미국산 무기가 아니라 대만의 반도체이다. 미·중이 함부로 대만을 어찌지 못하는 것도 첨단반도체 파운드리 공장 때문이다. 작은 섬나라 대만은 대만을 지켜주는 '호국신산(護國神山)'이 다름 아닌 TSMC의 4군데 반도체 공장이라고 본다.

대만의 상징 TSMC의 파운드리 팹은 신주와 타이중, 타이난, 가오슝 4군데에 분산되어 있다. TSMC는 중국의 무력침공과 지역적 안배를 통한 영향력 증대를 위해 기술유출의 위험에도 불구하고 미국, 일본, 독일에 팹을 짓고 있다.

소규모의 국가 경제가 특정 산업으로 인해 갑자기 수익을 크게 내기 시작하면서 심각한 종속성을 갖게 되고 다른 산업의 발전을 방해할 가능성이 있는 상황이 오는데 이것이 바로 '네덜란드 병(病)'이라는 경제 용어다. 지금 대만은 바로 반도체로 인한 '네덜란드 병'이 들었다.

TSMC Taiwan Fabs Overview

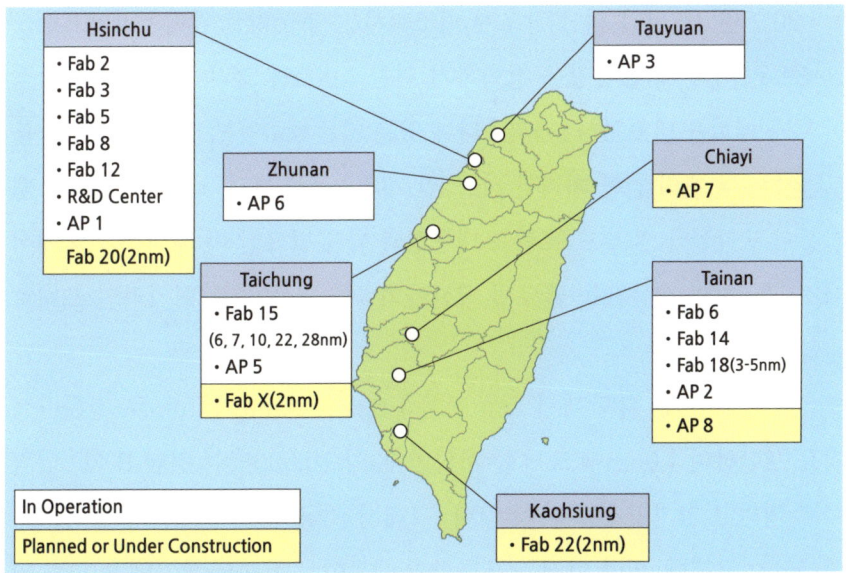

자료: Semi Vision Research

    이런 '네덜란드 병'이 든 대만 TSMC에 최고의 무림고수를 자처하는 '반도체사(寺)'에서 경고장이 왔다. 반도체사(寺) '주지스님 트럼프'는 대만의 무술을 보고 자기 것을 베낀 것이라고 하면서 무술을 돌려주든지, 아니면 반도체사 안에 도장을 새로 지어 무술을 다시 전수하라는 요구를 하며 아니면 살아 돌아가지 못한다고 협박했다.

    반도체사(寺)의 물가로 보면 도장이 수익을 못 내서 안 된다고 하자 회사의 총이익률이 55%가 넘어가는데 좀 손해 보더라도 반도체사(寺)에 도장을 지으라며 '주지스님 트럼프'가 윽박질렀다. 살아 돌아가기 위해 TSMC는 고개를 숙이고 계약서에 사인했다.

    트럼프 대통령의 압박에 TSMC는 미국에 기존 650억 달러 외에 추가로 향후 4년간 1,000억 달러를 투자하기로 했다.

2025년 3월 4일 대만 반도체 제조회사(TSMC) 회장 웨이저자(魏哲家·C. C. 웨이)는 미국 내 공급망을 강화하기 위한 1,000억 달러 규모의 기념비적인 투자 계획을 발표했다. 애리조나에 있는 기존 650억 달러 규모의 투자를 보완하는 두 개의 첨단 패키징 시설, 한 개의 R&D 센터, 세 개의 새로운 팹 건설이 포함된다. 도널드 트럼프 대통령과 함께 발표한 이 계획은 미국에서 제조되는 칩의 점유율을 글로벌 생산량의 40%로 늘리는 획기적인 조치로 환영을 받았다.

또한 R&D는 대만에서 2nm에서 1.6nm, 1.4nm, 1.2nm로 전환하는 것을 포함하며 1.0nm에 도달할 계획인데, 약 10,000명의 전담 R&D 인력이 수행하고 있지만 충분하지 않다. 그래서 미국 현지 인재를 활용하고자 한다고 언급했다. 미국 인재는 훌륭하기 때문이고 고객도 거기에 R/D가 있기를 원하며 대만의 R&D 지원에 의존하지 않고도 생산 라인이 독립적으로 발전하는 것을 원하기 때문이라는 것이다.

그러나 주식시장의 반응은 싸늘했다. TSMC 주가는 발표 후 미국 거래에서 4.2% 하락했고 대만 증권 거래소에서는 2% 하락했다. 트럼프와 상무부 장관 하워드 루트닉은 관세 회피가 이러한 투자의 주요 동기라고 강조했지만, 시장은 더 광범위한 우려를 표명하고 있는 것으로 보인다.

미국의 고객 독점, 혹은 '기술강도' 당할 위험성

이 발표는 대만에서도 불안감을 불러일으켰는데, 대만에서는 TSMC를 중국의 공격 속 미·대만 관계의 중요한 요소인 '실리콘 방패'로 여기는데, 비평가들은 TSMC가 더욱 세계화됨에 따라 실리콘 방패로서 전략적 가치가 감소할 수 있다고 우려한다. 지정학적 보호 장치로서 역할이 약화될 수 있다는 것이다.

반대로, 대만 원자력의 단계적 폐지 같은 에너지 정책 과제와 인구 통계적 추세로 인한 인재 부족을 감안할 때 이러한 움직임이 TSMC에 실용적이라는 주장도 있고 이 투자는 아시아 공급망에 대한 의존도를 낮추려는 미국의 목표와 일치할 뿐만 아니라 국가 안보를 강화하고 미국-대만 간의 긴밀한 관계를 만드는 데 큰 기여를 한다는 평가도 한다. 또한 TSMC의 주요고객이 대부분 미국에 있어 고객관리에도 큰 도움이 된다고도 한다.

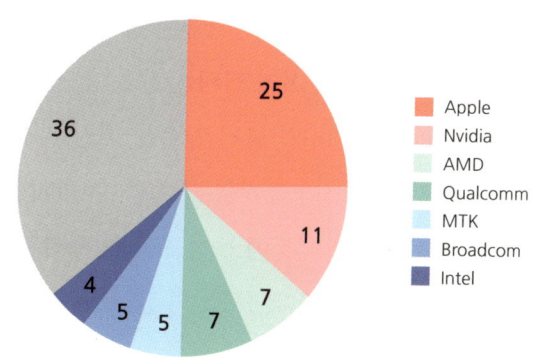

자료: TechnoVedas

애리조나에 있는 TSMC의 첫 번째 팹은 이미 애플과 엔비디아와 같은 주요 고객을 위해 4nm 칩을 생산하기 시작했다. 두 번째 팹은 2028년까지 양산을 시작할 예정이고, 세 번째 팹의 건설은 최근 시작되었으며 팹을 완성하는 데까지 2~3년이 더 걸릴 것으로 예상된다.

이번 투자는 트럼프 행정부의 관세폭탄을 피하면서 미국 빅테크와 협력을 강화하기 위한 포석이다. 지금 3㎚ 미만의 첨단반도체는 90% 이상이 TSMC에서 생산될 정도인데 이런 상황에서 1,000억 달러를 들여 미국 애리조나에 공장 5개를 더 짓겠다고 하니, 미국 빅테크의 수요는 TSMC가 독점할 것이라는 우려까지 나온다.

'호국신산(護國神山)'의 꼼수 전략

그러나 TSMC가 1,000억 달러의 헤드라인을 장식하는 투자공약에도 불구하고 구체적인 내용을 밝히지 않기로 한 결정에는 전략적 신중함과 우려가 반영되었다. 건설자재에 대한 관세, 인플레이션 압박, 숙련 노동자의 가용성을 제한하는 제한적인 이민 정책 같은 요인은 공장건설을 방해할 수 있다. 인텔조차도 유사한 문제로 인해 여러 팹의 건설을 중단했다.

TSMC의 최근 발표에서 1,000억 달러 지출에 대한 자세한 세부 계획이 없는 것은 미래 시장상황에 따라 투자를 조정할 수 있다는 의미이기도 한데, 2030년까지 완성하면 되기 때문에 트럼프 퇴임 때까지 눈치 보며 투자를 하는 척만 할 수도 있다는 의미다. 1,000억 달러 투자는 보조금지원도 없다. 서두를 이유가 없는 것이다.

TSMC의 대만 직원들은 '열심히 일하면 완벽해진다'는 철학을 고수하며 효율성보다 노력을 우선시한다. 그러나 미국에서도 이런 문화나 패턴이 지속되기는 어렵다. 정치가 개입하면 가치를 계산하는 방식이 바뀐다. 도널드 트럼프 대통령이 제조업을 미국으로 되돌리려는 공격적인 정책의 맥락에서 TSMC의 이러한 움직임은 기업이 더 이상 비용이나 효율성에만 근거하여 결정을 내리지 못한다는 것을 보여준다.

대만도 TSMC의 기술이 미국으로 넘어가는 것은 좌시 못 한다. 대만 경제부 장관인 궈지후이는 2025년 3월 7일 언론과의 인터뷰에서 대만과 미국이 첨단공정생산을 동기화하는 것은 불가능하다고 에둘러 말하며, 대만의 경험을 바탕으로 수정해야 건설이 가능하다는 식으로 답했다. 2nm를 예로 들면, 대만의 공장은 이미 시범 생산 단계에 있다. 미국이 공장을 짓고 생산에 들어가려면 3년 반이 걸려, 대만보다 42개월 느리다.

반도체 생산 램프업 프로세스는 통상 파일럿 운영 → 위험 운영 → 생산 → 대량 생산의 프로세스를 따른다. 대만은 미국에 R/D 센터와 공장을 짓지만 R/D와 생산에서 대만과 시차를 두고, 미국의 최종 생산 용량은 대만에 있는 TSMC 유사 공장의 약 70% 수준에 맞출 전망이다.

Production Process Flow

Process	Pilot Run	Risk Run	Production	Mass Production
Triger Point	Conducted in MPW (Multi-Project Wafer) format to verify components, IP, confirm process status, and check component performance.	Using a single design to verify and certify the accuracy of the components.	If no issues are found in the preceding steps, the process will transition to mass production, starting with a gradual ramp-up of wafer input. During the mass production phase, wafer input will not ramp up all at once but will gradually increase over time.	Full-scale production, with the product volume reaching its peak level in WIP (Wafer in Process).
Qualification	PDK 0.1	PDK 0.5-0.8	PDK 1.0 (Full Mash Tape out)	Final Qualification
Description				

자료: Semi Vision Research

Taiwan	Technology Node	USA AZ
MP	4nm	MP
MP	3nm	Risk Run
Risk Run	2nm	R&D
Risk Run	1.6nm	R&D
R&D	1.4nm	R&D
R&D	1.0nm	R&D

자료: Semi Vision Research

　TSMC 수익 60% 이상이 미국 고객으로부터 발생하고, 미국 기관 투자자는 70% 이상의 주식을 보유하고 있으며 이사회 의석의 절반을 차지한다. 또한 반도체 제조에 중요한 모든 전자 설계 자동화(EDA) 도구는 미국산을 쓴다. 그래서 TSMC가 미국에 공장 짓는 것이 당연한 것처럼 보이지만 TSMC, 삼성, 인텔까지 투자하면 미국 내 생산은 과잉이다.

'고장 난 항공모함', 인텔 수리까지 책임져야 하는 TSMC의 리스크

TSMC는 글로벌 리더십 지위를 유지하면서도 미국의 정치적 우선순위에 맞춰 신중하게 움직이는 듯한 모습을 보였다. 웨이저 CEO는 트럼프 대통령이 2020년에 TSMC가 미국에 투자하도록 초대한 것에 감사를 표했고, 애플, 퀄컴, AMD, 엔비디아와 같은 주요 미국 고객이 이 이니셔티브를 지원해 준 것에 감사를 표했다.

　미국은 고장 난 항공모함, 인텔의 수리를 TSMC에 떠넘길 판이다. 그러나 인텔의 군사안보상 중요성 때문에 인텔을 통째로 TSMC에 넘기는 일은 절대 없다. 다만 인텔을 도와 TSMC 수준의 생산기술을 확보하게 만들라는 명령일 뿐이다. TSMC는 공장 짓고, 인텔의 수리를 하는 부담까지 지게 생겼다.

TSMC는 정치적 기대와 사업적 현실의 균형을 유지함으로써 경제적 안보와 지정학적 전략이 교차하는 복잡한 환경을 고육지책을 써가며 헤쳐 나가고 있다. 하지만 이러한 접근방식이 과연 모든 이해관계자를 만족시키면서 시장 지배력을 유지할 수 있을지는 미지수다.

트럼프의 기세에 눌려 대만은 미국에 집중하는 것을 받아들였지만, 미국이 반도체시장의 전부는 아니라는 것을 대만과 TSMC는 알고 있다. 미국의 GDP(국내총생산)는 세계 총량의 26%를 차지하고 나머지 세계가 74%를 차지한다. 2021년 세계 반도체 수요를 보면 중국이 50.8%로 가장 큰 국가이며, EU가 10.3%, 미국이 9.9%다. 2022년 국가별 반도체 생산능력(Capacity)을 보면 대부분이 아시아 지역으로, 전체의 78.7%를 차지하고 있는데, 그 구성비는 중국 24.5%, 대만 21.7%, 한국 19.9% 순이다.

반도체 소비 비중이 미국 이외 지역이 더 큰데, 왜 대만이 높은 비용을 견뎌가면서 미국에서 제조하는지 의문을 제기하는 것이 당연하다.

이런 식의 힘으로 밀어붙이는 미국 우선주의식 트럼프의 제조업 정책이 시행된다면 지구는 미국과 비미국이라는 두 세계로 나뉘게 될 건데, 세계가 어떻게 대응해야 하는지에 대한 답은 매우 명확하다. 결국 분업의 원리를 무시한 미국 우선주의 트럼프식의 정책은 세계반도체산업의 낭비와 코스트 상승을 초래한다.

'Chip전쟁'이 'AI전쟁'으로 전환됨에 따라, TSMC가 미국에 걸 수밖에 없는 대담한 도박은 약소국의 첨단반도체 글로벌 리더로서 피할 수 없는 슬픈 숙명이다. 트럼프에 등 떠밀려 한 이번 결정이 주주가치를 극대화

할지 아니면 새로운 과제를 도입할지 아직은 알 수 없지만, 한 가지 확실한 것은 보조금도 없고 수익성도 떨어지는 지역에 공장 짓는, 지정학과 맞물린 TSMC의 리스크는 커지고 있다는 것이다.

그러나 영리한 토끼는 굴을 세 개 판다. 영악한 TSMC는 자금 부담, 리스크 부담, 정치적 부담을 줄이려고 '인텔 어벤저스'를 만들어 면피하려 꼼수를 쓰고 있다. 미국 정부로부터 '인텔 구하기' 압박을 받고 있는 TSMC는 합작 투자로 2025년 3월 엔비디아·AMD·브로드컴·퀄컴 등에 경영난에 빠진 인텔에 대한 공동 투자를 제안한 것으로 알려졌다. 합작회사 형태로 TSMC가 인텔 파운드리 부문을 운영하되 지분율은 50%를 넘지 않는다는 내용도 포함했다.

TSMC가 엔비디아, AMD 등 미국 기업을 끌어들인 것은 절묘한 신의 한수다. 막대한 자본 투입과 기술 유출에 대한 우려가 상존하는 가운데 미국 빅테크와 손잡을 경우 이 같은 리스크를 덜어낼 수 있기 때문이다. 향후 인텔 공장을 운영하는 TSMC에 미국 정부가 기술을 달라는 압박을 할 때, 엔비디아에 공급하는 기술이어서 줄 수 없다는 식으로 빠져나갈 구멍을 만들 수도 있기 때문이다.

05 대만문제는 한국문제다?

미국발 중국의 대만 무력침공설이 2025년, 2027년, 2035년 등 날짜까지 못 박아 쏟아지고 있다. 중국 역시 연두기자회견, 그리고 대만문제가 있을 때마다 대만통일을 언급하지만 구체적인 날짜를 언급한 적은 없다. 중국의 대만 공격은 바로 미국과의 전쟁인데(대만관계법에 따라 미국이 자동개입) 아직 중국이 미국을 상대하여 군사력으로 겨룰 실력이 안 되기 때문이다.

미국, 일본, 중국의 공군과 해군전력 손실 전망

	전투기 손실(대)				전함 손실(척)			
	미국	일본	미국·일본 합계	중국	미국	일본	미국·일본 합계	중국
베이스 시나리오	270	112	382	155	17	26	43	138
비관적 시나리오 (중국에 유리)	484	161	645	327	14	14	28	113
낙관적 시나리오 (미국·일본·대만에 유리)	200	90	290	18	8	16	24	129

자료: CSIS

중국의 대만 침공 시, 대만에 진입한 인민해방군 전력

	대만해안 집결에 성공한 인민해방군 전력	인민해방군이 장악한 대만 영토	전쟁 기간
베이스 시나리오	3만 명	2600㎢	14일
비관적 시나리오	4만 3000명	6240㎢	21일
낙관적 시나리오	2만 2000명	780㎢	7일

자료: CSIS

　　대만과 중국의 군사력을 보면 대만의 군사력은 애초부터 중국과 게임이 안 된다. 그리고 미국 연구소의 예측에 따르면 대만 공격 시에 중국이 대만을 정복하는 데 걸리는 시간예측도 7일~21일 등 다양하지만 만약 전쟁을 한다면 3-4만 명이 아니라 30-40만 명을 투입해 시간을 1/10로 단축하는 속전속결 시나리오가 더 타당해 보인다.

　　그러나 AI와 로봇 드론의 전쟁 시대에 지금까지 나온 대만전쟁 시나리오는 다 철 지난 대본이 될 가능성이 높다. 두 가지, 즉 AI 드론과 EMP 폭탄 때문이다. 중국의 드론 운용실력과 로봇 그리고 AI 실력이면 대만에 단 한 명의 인민해방군을 보내지 않고도 대만 영토를 완전히 초토화시킬 수 있다. 중국 본토와 거리가 짧기 때문에 요격의 시간도 짧다. 대만해협에서의 육탄전도 없다. 230만 인민해방군이 아닌 230만 대 드론과 전쟁로봇이 공격한다.

　　중국이 우주산업에 올인하는 이유도 미국과의 우주전쟁에서 패권경쟁 때문이기도 하지만 대만 침공에 결정적으로 중요한 무기이기 때문이다. EMP(전자기펄스, 강력한 전자기파로 지상의 전자기기 내부회로를 태우는 공격 무기)로 현대 문명을 순식간에 석기시대로 돌려보낼 수 있다. 핵폭발 방식(NEMP)과

재래식 방식(NNEMP)으로 가능하다.

EMP 공격을 받은 전자기기의 내부회로는 완전히 타버리기 때문에 복구할 방법이 전혀 없다. 손쉽게 적의 지휘통제체계와 방공망을 무력화시키는 무기다. 특수한 가림막 시설만이 EMP 공격을 막을 수 있다. 이미 우·러 전쟁에서 보여주었듯이 우크라 종전의 키는 일론 머스크가 쥐고 있다. 스타링크 통신망만 걷어들이면 우크라는 바로 폭망이다.

핵무기 EMP(전자기 펄스)의 위력은

자료: https://www.joongang.co.kr/article/24085320

전 세계에서 5nm 이하 칩을 만들 수 있는 나라는 대만을 빼면 한국밖에 없다. 중국은 대만의 TSMC 공장의 파괴를 통해 미국의 첨단반도체 생산을 막으려 하지만 한국이 있다. 그리고 유사시에 속전속결의 전쟁이 벌어지면 한반도의 미군이 대만으로 이동하는 것이 빠른 전쟁에 대응하는 길이다.

미국이 참전하기 전에 대만을 정복하는 것이 중국의 전략이라면, 북한을 동원하든, 중국이 직접 하든 간에 한국의 반도체 공장에 대한 공격과 주한미군에 대한 공격은 미군을 한반도에 잡아두는 효과가 있다. 어느 경우에도 한국의 반도체공장과 미군문제는 대만문제와 별개일 수가 없다.

대만전쟁 발발 시 미군동원 시나리오와 한반도

자료: https://www.policetv.co.kr/news/articleView.html?idxno=31494

대만해협에서 전쟁 발발 시 반도체문제를 제외한 공급망 분야에서도 한국의 교역 수송로와 물동량에서의 치명적인 결과가 나올 수 있다. 한국의 입장에서 대만 이슈는 첨단반도체의 경쟁자가 없어지는 문제가 아니라 한국이 날아든 돌멩이에 맞을 수 있는 리스크가 있다는 것이다. 특히 무역이 경제에 절대적인 영향을 미치는 한국 경제의 구조를 감안하면 대만은 남의 일이 아니라 한국의 일이 될 수 있다.

대만문제와 중국문제에 한국은 지정학적, 지경학적, 기경학적으로 엮여 있기 때문에 분위기에 편승한 정서적 판단이나 액션이 아닌 정확한 상황 인식과 냉철한 판단과 액션이 필요하다.

대만해협 해상교통로 유사시 우리나라의 경제 피해 규모(예상) (단위: 억 원)

수출입 지역 (인근 해상 교통로 병합)	우리나라 경제에 대한 영향력이 큰 주요 자원 및 제품					1일당 손실규모
	원유, 석탄 및 가스 (석탄, 석유 제품 포함)	화학제품	철강 및 금속제품	운송장비	금속 및 비금속광물 (비금속광물 제품 포함)	
계	3,262	515	286	295	94.4	4,452.4
중동, 아프리카	2,535	121	57	94	39.8	2,846.8
동남, 서남아시아	482	231	156	59	45	973
유럽	245	163	73	142	9.6	632.6

자료: 해군 전력분석시험평가단 최정환 중령 자문 자료(2022. 11. 29, 계룡대)를 바탕으로 저자 작성

PART 07

다시 풀어야 할
차이나 퍼즐

01 미·중 패권전쟁에서 한국의 대응 전략

미·중전쟁의 4가지 시나리오와 4가지 선택지

지금 트럼프 대통령의 미·중전쟁 3라운드는 이전과는 완전히 다른 양상이다. '앞이 안 보이면 역사책을 보라'는 말이 무색하다. 트럼프가 교과서로 믿는 MAGA를 창시한 레이건 대통령의 대외 정책과 비교해 보면 트럼프 대통령의 대외 정책은 퇴로가 없는 외통수로 미국을 몰고가고 있고 중국뿐만 아니라 세계와 치킨게임을 벌이고 있다.

미국 트럼프 정부는 관세를 지속적으로 올려 중국을 압박하지만 중국은 같은 폭의 관세 인상은 물론이고 여기에 더해 기업제재카드, 원자재수출통제카드, 반덤핑카드를 들고 나오고 있고 미국에 순종할 생각이 없다.

중국 이전에 사회주의 맹주 소련을 붕괴시킨 레이건 대통령의 전략은 트럼프 대통령과 달랐다. 첫째, 레이건은 냉전기간 중에 견고한 서방동맹체제를 구축할 수 있었지만 트럼프는 무인도의 펭귄까지 포함한 말 그대로 전 세계를 적으로 만들고 있다. 레이건은 유럽, 일본, 캐나다를 미국 편으로 만들었지만 트럼프는 이들을 모두 관세전쟁의 적으로 만들었다.

둘째, 경제 출발지 역시 다르다. 미국과 소련은 거의 무역 관계가 없었다. 그래서 경제제재는 큰 의미가 없었고 심지어 어떤 해는 미국이 소련에 농산물을 공급하기도 했다. 그러나 지금 상황은 정반대로 중국이 글로벌 공급망의 대부분을 차지하고 미국은 중국에서 스마트폰부터 희토류까지 수입한다.

셋째, 전략적 설정도 다르다. 냉전 시대 소련은 레이건의 군사적 위협이 얼마나 심각한지, 미국의 기술적 우위가 실제로 얼마나 큰지 잘 몰랐기 때문에 미국의 압박이 효과가 있었다. 그러나 지금 중국의 시진핑은 미국의 약점을 속속들이 알고 13년 이상 준비를 해왔다.

레이건은 소련을 좌초시키는 장기적인 목표를 가지고 있었고 12년 연속 공화당이 집권하면서 정책의 일관성을 유지할 수 있었다. 그러나 미국은 4년마다 대통령이 공화당, 민주당으로 번갈아 바뀌면서 대중 정책이 온탕냉탕으로 갈지자걸음을 하고 있다. 레이건은 군비통제, 체제개방, 외교적 화해 등의 다양한 출구 전략이 있었지만 트럼프는 출구 전략이 없는 치킨게임을 벌이고 있다.

트럼프는 전형적인 부동산업자의 거래방식을 '거래의 기술'이라는 이름으로 외교 정책에 그대로 쓰고 있다. '잃을 것이 더 많은 사람이 협상에서 진다'는 신념으로 밀어붙이지만 사회주의 중국은 '어공은 늘공을 못 이긴다'는 신념으로 저항하고 있다. 4년이라는 임기 제한이 있는 트럼프는 임기제한이 없는 시진핑에 비해 더 조급할 수밖에 없고 이것이 거래의 기술에 의존한 힘으로 밀어붙이는 트럼프 레버리지의 치명적인 약점으로 작용하고 있다.

트럼프 2기 시대 미·중전쟁의 양상은 1) 긴장완화 협상재개, 2) 전략산업 중심의 제한적 탈 동조화, 3) 전면적인 디커플링 가속화, 4) 중국 중심의 대체 경제권 가속화로 나누어 볼 수 있다. 미·중의 실력과 양국의 강약점을 고려하면 결국 트럼프 2기 시대에도 미·중 관계는 '2) 전략산업 중심의 제한적 탈 동조화'로 갈 수밖에 없어 보인다.

트럼프 2.0 시기 미·중전쟁의 4가지 시나리오

자료: 중국경제금융연구소

미·중의 '2) 전략산업 중심의 제한적 탈 동조화'의 상황이 지속된다면 한국의 선택은 4가지다. 친미동맹, 친중협력, 중립유지, 다각적연계다. 한국은 미국을 병풍으로 중국에 대응하는 방식이 안전하다. 하지만 중국의 거대한 시장을 이제는 포기하기 어렵다. 한국의 안보상황을 고려하면 친중도 어렵지만 반중도 자원과 시장 측면에서 현실적으로 불가능하다.

동맹을 미·중전쟁의 '봉(鳳)'으로, 전쟁도구로 쓰는 트럼프 2기 정부하에서는 '미국의 동맹이 되는 것이 미국의 적이 되는 것보다 더 어려운 상황'이다. 미국에 올인하는 전통적인 한·미 동맹의 시각은 이젠 더 이상 맞지 않다. 지난 4년간 한국은 미국 바이든 대통령의 등쌀에 못 이겨 반도체, 배터리, 자동차 공장을 미국에 지었고 2024년 미국의 리쇼어링 이니셔티브의 보고서에 따르면 2023년 미국 리쇼어링 투자에 미국인 고용 1위는 한국이었다.

미국 리쇼어링기업 국가별 고용창출 효과

	Exhibit 5a	2023 Reshoring* + FDI by Country of Origin			
Rank	Country	Jobs	Cases	Average Jobs/Case	% of Total Jobs
1	Korea	20,360	73	280	14%
2	China	18,440	71	262	12%
3	Japan	18,192	69	264	12%
4	Germany	16,174	71	229	11%
5	United Kingdom	14,739	20	726	10%
6	Canada	11,887	53	223	8%
7	India	7,305	20	360	5%
8	Singapore	5,310	5	1,180	4%
9	France	4,425	30	148	3%
10	Netherlands	4,418	21	210	3%

자료: www.Reshorenow.org

이는 한국에 대한 투자와 일자리가 그만큼 줄었다는 얘기다. 그런데 더 황당한 것은 트럼프 정부가 들어서면서 바이든 정부가 약속한 보조금 지급을 모두 무효화하겠다는 것이다. 정부가 기업 도와주는 것이 아니라 정부의 취약한 외교실력을 기업이 도와주다가 미국의 정권이 바뀌면서 사고가 난 것이다.

트럼프 2기 시대는 동맹도 적도 없다. '돈 되면 동맹이고 돈 안 되면 남'이다. 트럼프식 거래의 기술 관점에서 보지 않으면 투자해 주고 뺨 맞는다. 결국 각자도생 이해관계에 따른 합종연횡이다. 한국의 최적의 선택지는 합종연횡에 줄서는 것이다. 이미 중국과 유럽이 미국에 대항해 손잡고 나섰고 미국에 복종하던 일본도 슬슬 반기를 들고 있는 형국이다. 미국이 한국 하나만 패면 방법이 없지만 이미 전 세계가 미국에 대드는 상황에서 한국만 팰 여유가 없다. 이젠 미국에 대한 과도한 기대도, 과도한 공포도 지울 때가 되었다.

트럼프식 거래의 기술에 대한 적응의 기술은 결국 타이밍이다. 트럼프 임기 4년 남짓한 시간에 세상을 변화시키는 것은 불가능하다. 트럼프의 무데뽀 압박에 선물보따리 풀고 가서 같은 장단에 춤추는 것은 리스크가 크다.

트럼프의 '거래의 기술'에 대한 '대응의 기술'은 전 세계를 상대로 해 정신없는 트럼프의 눈치를 슬슬 봐 가면서 최대한 '질질 시간 끌면서', 상대가 가장 '애달았을 때', 가장 '비싼 값'에, '밑지는' 척 질러야 산다. 먼저 나서서 인심 쓰다 보면 트럼프의 다음 요구가 또 훅 들어온다.

경험이 최고의 선생님이다. 미국 대통령의 대한국 요구사항의 관철 수단을 보면 바이든 때는 보조금의 당근, 트럼프는 보복관세의 채찍이다. 그러나 4년 지나면 모두 결과적으로 허언이고 사기였다.

바이든 때 보조금 준다고 4년간 반도체+배터리+자동차(2-4년) 공장 지으라고 난리쳤다. 그러나 트럼프가 집권하자 모두 홀랑 뒤집고 나몰라라 하고 다시 한국에 새로운 카드, 조선(군함: 7년)과 LNG(알래스카: 10년~)를 꺼내 들고 투자하라고 한다. 군함은 7년 이상, 알래스카 LNG는 아무리 빨라도 10년 이상 걸린다. 그사이 트럼프는 퇴임한다.

바이든 때 당한 경험을 거울삼아 트럼프에 대응해야 한다. 독재자가 가장 강한 때는 '망하기 하루 전날'이다. 2025년 4월 현재 이제 겨우 3개월 된 트럼프는 조심하고 신중하게 관리해야 될 대상이다. 아직 트럼프 임기의 극초반이기 때문이다.

미·중전쟁에 대한 4가지 선택지

시나리오	성공 가능성	주요 내용	성공 요인	리스크
1. 친미동맹	★★★☆☆	미국 주도의 기술 생태계 참여 (CHIPS Act 연계, 반도체·AI 분야 협력)	미국 기술 및 자본 접근성 증대	중국 시장 접근 제한 가능성
			안보 협력 강화	對中 보복 조치 위험
2. 친중협력	★★☆☆☆	중국의 기술 자립화 노동 지원 (반도체·AI 분야 협업 확대)	중국 내수 시장 진출 기회	美의 제재 및 기술 접근 차단
			美 기술 제한 회피 가능성	지적재산권 유출 리스크
3. 중립유지	★★☆☆☆	양측과의 균형적 관계 유지 (양자 협력 모델 구축)	양측과의 교역 기회 활용	첨단 기술 분야에서의 소외 가능성
			지정학적 긴장 완화	양측의 압력 증가
4. 다각적연계	★★★★☆	기술 주권 강화 (자체 생태계 구축 + 지역 블록 협력)	기술 의존도 감소	초기 투자 비용 과다
			인도·베트남 등 신흥 시장과 협업	글로벌 표준 경쟁에서의 약세

자료: 중국경제금융연구소

중국은 바닷물을 마셨다

지금 중국은 미국과 전쟁하면서 사고방식도 미국식으로 바꾼 '검은 머리 서양인'이다. 돈으로 모든 것을 평가하는 유대인보다 더하면 더한 상인종 중국을, 사회주의 공유경제로 밥 주면 똑같이 나눠 먹는 덜떨어진 후진 나라로 오해한다. 공무원이 기업인 접대하고 투자유치 하면 성과급 받아가는 나라가 중국이다.

중국은 모방이 혁신을 낳는다는 것을 증명하는 나라다. 베낀다고 욕했지만 돌아서면 베낀 것을 넘어선 새로운 것을 만들어내 원작자의 뒤통수를 치는 법을 알고 있는 사람들이 중국인이다. 자본주의보다 더 자본주의적인 사회주의 국가가 중국이다. 중국을 보는 '관점의 수정' 없이는 절대 중국을 못 이긴다.

관점은 엉덩이를 옮겨야 달라진다. 세계 양대 강국이고 한국 최대 수출국인 중국 한 번 안 가보고 정치하고 정책하고, 중국 얘기하는 것은 피해야 한다. 한국의 98배 되는 땅을 우리는 본 적이 없다. 중국은 전국에 동시에 비가 오고 눈이 온다는 날씨 뉴스가 없는 나라다.

중국어도 안되고 중국에 가본 적 없고, 살아보지 않고, 공부해 보지 않고, 일해 보지 않은 중국 전문가들이 한국에 차고 넘친다. 결국 보는 것이 다르면 결과도 다르고 버는 것도 다르다. 가까운 나라 중국을 안 가보고 얘기하는 것은 난센스다.

중국은 지금 바닷물을 마셨다. 자본주의 시장경제를 도입해 세계 2위까지 왔다. 문제는 마셔도 마셔도 더 심해지는 자본의 갈증이다. 경제규모가 커질수록 부채 중심의 금융구조는 차입금의 규모는 더 커지고 항상 부도 위험이 따라다닌다. 해결방법은 단 한 가지, 부채를 출자전환 해 이자를 지급하지 않는 자본으로 바꾸는 것이다.

전제는 거대한 부채물량을 받아내 줄 증시의 체력이 있어야 한다. 방법은 외국인을 증시에 끌어들여 시장규모를 키우면 된다. 미·중의 전쟁에서 미국은 반드시 금융전쟁을 벌일 판이고 중국은 이를 엎어치기 해서 중국의 부채 중심의 금융구조를 바꿀 기회로 삼으려 한다.

21세기 조공은 배당과 이자다

21세기의 조공은 배당과 이자다. 중국이 열심히 일해 초고성장을 한 성과를 배당과 이자로 가져오는 것이 2,000년간 중국에 조공을 바치며 살아온 우리 조상들이 살아온 역사를 반전시키는 길이다. 1-2년에 100%가 아닌 10년에 10배 수익을 낼 수 있도록, 외국인 투자가들이 한국 증시에 투자해 대박냈던 사례를 연구해 중국 투자에 활용해야 한다.

10-20년 뒤 상해 푸동의 '루지아주이' 거리가 '아시아의 월가'가 될 수 있다. 상하이가 '아시아의 뉴욕'이 될 수도 있다. 지난 30년간 중국에서 가장 싼 것은 인건비였지만 이제는 아니다. 지금 중국은 넘치는 달러로 '돈의 값이 가장 싸다'. 중국은 미국 월가를 세 번 구제할 만한 돈을 가지고도 운용할 곳이 마땅하지 않아 제로 금리였던 미국 시장에 투자를 하다 줄이고 있다. 중국이 제조업에서 30년 벌어들인 돈을 이제 투자하고 운영하는 시대가 왔다.

중국에서 한국은 비즈모델을 바꿀 필요가 있다. 돈에는 꼬리표가 없다. 한국은 중국에서 이미 경쟁력 떨어진 제조업보다는 우리보다 경쟁력이 떨어져 있는 중국의 금융시장에서 돈을 일하게 해야 한다. 지금 '7자'를 보이는 환율이 3-4년 내에 '5'자로 가면 환차익만 해도 금리는 무조건 빠진다. 200년 전 전 세계의 은(銀)이 중국의 차와 도자기를 사기 위해 중국으로 몰렸고, 중국이 가진 은(銀)을 뺏으려고 영국이 아편을 팔아 아편전쟁이 일어났다.

중국은 싸움에서 패했고 청나라는 망했다. 그러나 지금 서방세계의 산업혁명, 기술혁명의 최종 수혜자는 아이러니하게도 후발주자 사회주의 국가인 중국이 되었다. 제조업의 최종 종착지로 중국이 당첨, 전 세계 달러가 중국으로 흘러가고 있다.

21세기의 차와 도자기는 중국이 만드는 '메이드 인 차이나' 제품이고 은(銀)은 달러다. 이번에도 중국에서 미국과의 패권전쟁, 화폐전쟁이 일어날 판이다. 중국은 예전에 한국이 진출했을 때 산업혁명, 기술혁명의 범주에서 벗어나지 못하고 기술 베끼기 수준인 '산자이 혁명(山寨革命)' 수준에 있었다.

그러나 글로벌 금융위기와 코로나위기를 지나면서 중국은 달 뒷면에 올라가 운석을 채취하고 화성을 갔다 왔다. 딥시크를 통해 미국 최고의 AI 회사의 뒤통수를 칠 정도의 창의와 혁신의 나라로 변신했지만 한국은 여전히 중국을 우리의 OEM 공장으로 착각한다.

반도체와 축구 빼고는 한국보다 못하는 것이 없는 중국, 더 이상 한국은 중국의 벤치마크 대상이 아니다. 이미 상황이 이런데도 한국의 중국에 대한 생각은 마치 '토끼의 꼬리' 같다. '토끼의 꼬리'는 달려는 있지만 자라지 않는다.

투자는 '살아온 삶의 흔적으로 돈 먹는 산업'으로, 투자의 역사를 보면 선진국이 후진국에 투자해서 돈 먹는 것이다. 해외투자는 적어도 인구가 1억 명 이상이고 성장률이 높은 대국에 투자해야 상대적인 안정성도 있고 수익성도 기대할 수 있다. 그리고 우리가 익숙하고 뭔가 일이 벌어졌을 때 정보파악이 가능해야 한다. 한국 금융기관들은 그간 모두 제각각 전 세계에 투자를 했지만 결과는 별로 기대할 게 없었다.

지구의 반대편에 있거나 우리가 관광도 한 번 가본 적이 없는 나라에 투자하는 것은 문제가 있다. 여러 가지를 종합해 보면 한국으로서는 지리적으로, 문화적으로 익숙하고 승산이 있는 대국은 아시아의 중국과 베트남 정도다.

중국은 인구가 14억 명이다. 인해전술에 도가 튼 중국에 조그만 한국 금융기관들이 각개전투로 사무소를 내고 직원 한두 명을 보내 성공할 것 같았으면 전 세계 모두가 중국에서 돈을 벌었을 것이다. 중국은 항공모함으로 또는 편대로 가지 않으면 이길 승산이 애초부터 없다. 중국이 외국기업과 일을 시작할 때 맨 처음 물어보는 것이 포춘 500대 기업 중 몇 위인가이다. 지금 포춘 500대 기업 정도가 아니면 중국의 상대로는 약하다.

세계 1, 2, 3, 4위의 자산규모를 자랑하는 중국 은행업계에 한국 은행이 지점 몇 개 내서 승산이 있겠는가. 세계 2위의 자본시장이 바로 옆에 있는데 제대로 된 법인 하나 안 내는 한국이 금융에서 큰돈 벌 수 있을까? 더 문제인 것은 사드와 코로나를 겪고 반중정서 확대와 동학개미 바람이 불자 한국 금융계의 중국 리서치는 아예 씨가 말랐다는 점이다.

작은 고기들이 큰 고기를 위협하는 방법은 편대를 형성하고 같이 연합하고 협조하는 것이다. 서로를 경쟁상대가 아닌 큰 파이를 나눠가질 동반자들로 생각해야 한다. 법인 내는 것, 인력파견 하고, 영업하는 것도 서로 정보를 공유하고 협조하면 엄청난 시간과 비용이 절감이 되는 것을 각자가 따로 시작하는 바람에 한국의 대중국 금융기관들은 항상 그 자리다.

기러기나 나약한 제비가 수천 리 먼 길을 갈 수 있는 것은 멀리 갈 때는 함께 협조하면서 같이 가기 때문이다. 그러나 한국의 금융기관들은 중국 진출을 할 때 '기러기의 지혜'를 쓰지 않고 있다.

한국의 금융당국은 금융기관이 해외시장으로 진출하는 경우 기업 간의 경쟁보다는 협조를 강요할 필요가 있다. 국가적인 손실을 방지하는 길이고 1+1이 2가 아니라 3을 만들도록 하는 것이 필요하다. 중국에 진출하는 금융기관들도 먼저 나간 기관에 찾아가 한 수 가르침을 받고 서로 협조하는 방안을 찾아야 한다.

미·중의 전쟁 양상을 보면 금융전쟁이 다가오고 있음을 알 수 있다. 미·중의 금융전쟁에서 어부지리 하려면 준비를 해야 한다. 곰의 웅담을 얻으려면 곰의 굴로 들어가야지 구경만 하고 있으면 답이 없다. 중국의 변화의 속도를 보아, 한국 금융기관들은 앞으로 3-5년 내에 중국에서 자리를 잡지 못하면 기회가 없을 것이다.

중국 투자, '이기는 싸움'을 해야

최근 4년간 한국의 해외투자의 최대 화두는 미국 투자였고 중국은 내리 4년 하락하는 바람에 고통의 지옥이었다. 한국이 중국 투자에서 고통받은 진짜 이유는 무엇일까? 중국에 대한 정보가 없었기 때문이다.

포트폴리오 이론상으로 보면 세계의 시총 넘버 2에 대한 투자를 멈추는 게 아니라 장기적으로 비중을 늘려야 하지만 지금 같은 중국에 대한 '장님투자'는 멈춰야 한다. 한국 개인 투자가들은 십 년 전 벤처투자 하듯이 중국 펀드투자를 했다. 내 중국 펀드에 어떤 종목이 들어가 있는지, 펀드 매니저가 누구인지도 모르고 투자를 했다. 작은 아파트 전세를 얻어도 집주인부터 집안 곳곳을 샅샅이 살피는 우리가 수천만 원, 수억 원을 퍼넣은 중국 펀드에 대해서는 제대로 체크한 게 없었다.

펀드를 만들어 판 금융기관은 더 심하다. 외국계 IB들은 해외진출을 할 때 제일 먼저 그 나라 현지 최고의 애널리스트들을 수억을 주고라도 스카우트해서 시장과 기업 리서치를 완벽하게 한다. 그다음 IB 상품을 만들고 영업사원을 통해 판매를 한다. 현지기업에 대한 철저한 조사분석 없이 투자상품을 만들거나 판매를 하는 일은 있을 수 없다. 외국계 IB들이 한국 시장에 들어왔을 때도 마찬가지였다.

우리는 어떠했는가? 우리는 외국 IB들과 정반대로 했다. 상품부터 팔고 나중에 큰일 터지고 나서 조사하고 분석한다고 난리를 쳤지만 전문인력도 없고, 차는 지나갔고, 손님들은 큰 손실을 입고 떠나가 버렸다. 신뢰가 생명인 금융기관으로서는 큰 실수를 한 것이다.

중국의 유명한 병서(兵書)인 '손자병법(孫子兵法)'에는 이기는 싸움을 하는 방법이 나와 있다. '적을 알고 나를 알면' 백전백승이다. 중국 펀드를 산 펀드운용회사와 증권사에게 전화를 해 당신네 회사 내에 중국 시장을 조사하고 문제가 생겼을 때 중국 현지와 바로 연락해 대책을 세울 중국 전문인력이 몇이나 되는지를 확인해 보라. 그러면 우리가 왜 이길 수 없었는지 알 수 있다. 우리는 절대 이길 수 없는 조건을 갖추고 있으면서 행운이 우리를 찾아올 거라는 대박의 꿈을 꾸었다.

2025년 들어 중국과 홍콩 증시가 4년 만에 기지개를 켜고 있다. 4년 하락한 전 세계 유일한 시장이기 때문에 저평가는 당연하고 미국과의 전쟁에 중국이 미친듯이 내수부양, 경기부양, 증시부양에 올인했기 때문이다. 투자에 있어 최고의 호재는 저평가다. 중국 투자가 다시 늘어날 조짐이 보이고 미국 일변도의 투자에서 중국으로의 자금이동 움직임이 보인다. 그러나 제대로 된 리서치가 먼저다.

제대로 된 중국 산업과 기업에 대한 분석보고서 하나 없이 수천억, 수조 원의 중국 투자상품을 만들어 판 금융기관은 비난받아 마땅하다. 금융

당국도 이제는 해외펀드의 불공정판매를 조사하는 단계에서 더 업그레이드해 금융기관이 해외투자에 대한 정보분석과 투자판단능력이 있었는지를 조사해 볼 필요가 있다.

해외펀드와 해외주식 중개의 경우 충분한 해외정보수집능력 그리고 투자판단능력과 투자자들에 대한 충분한 정보제공능력이 없는 금융기관에는 해외상품판매를 제한해야 한다. 그러지 않으면 금융기관의 '장님펀드' 판매와 '장님투자'는 계속 지속될 가능성이 높고 사고가 나면 그 손실은 모두 투자가의 부담이 된다.

중국이 미국이 되려는 판에 중국 리서치에 돈을 쓰지 않는 금융기관들도 문제다. 물론 3년 임기인 CEO의 단기적인 이익에 입맛을 맞추다 보면 당장의 일에 목을 걸지만 미래를 위한 투자를 안 하면 소탐대실이다.

날로 세력을 키우는 중국의 경제력을 보면 한국의 최대 수출국인 중국의 한국 경제와 증시에 대한 영향력은 앞으로 더 커지면 커지지 줄어들 것 같지 않다. 그런데 한국 주요 증권사에 중국 본토에서 공부하고, 중국 본토인과 자유롭게 커뮤니케이션하고, 중국 자료를 한글처럼 읽으며, 그 정보를 한국 투자가들에게 리얼타임으로 전달할 수 있는 전문인력이 몇이나 되는지를 살펴보면 참 답답하다.

중국 기업에 대해 제대로 된 보고서 하나 쓸 능력도 없는 기관이 전문가인 것처럼 TV, 신문, 라디오에 광고하고 중국 펀드와 중국 주식투자를 투자가들에게 권유하는 것은 말이 안 된다.

국내 금융회사의 중국 리서치 팀의 보고서도 중국 인터넷 뉴스 번역 수준에서 빨리 벗어나야 한다. 중국의 대표 포털 증권 면에 들어가 보면 다 나오는 시장동향을 번역해 중국 정보라고 다음 날 돌리는 건 문제가 있다.

중국이 한국의 최대 교역국이 되었고 한국 경제에 가장 큰 영향을 미치는 국가가 되었지만 한국에는 아직 중국 연구를 전문적으로 하는 '국가급 중국 연구소'가 하나 없다. 연구소를 만드는 게 어려우면 당장 연구되고 있는 각종 국내외 중국 관련 자료를 한군데 모아두는 통합 포털 정도라도 만들 필요가 있다.

중국은 관시(關係)로 모든 것을 해결한다. 시진핑 주석은 칭화대를 나왔고 리커창 총리는 북경대를 나왔으며, 시진핑 주석과 리커창 총리에게 머리를 빌려주는 책사인 왕후닝은 상해 푸단대를 나왔다. 중국 비즈니스도 결국 사람과 네트웍이 중요하다. 이젠 대만이 아닌 중국 본토 인맥관리를 잘해야 한다. 인맥이 중요한 중국과 비즈니스하려면 북경과 상해 심천의 명문대학 출신의 인력이 필요하다. 그러나 한국에는 아직 중국 석박사 DB를 갖춘 제대로 된 중국인력 헤드 헌터도 없다.

02 탈(脫)中, 감(減)中, 진(進)中을 제대로 구분해야

잘못된 가정은 잘못된 결론을 만든다

미국과 일본을 중심으로 중국 위기론, 중국 피크론(Peak China), 차이나 런(China Run)이 끊임없이 제기되고 있다. 정말 액면대로라면 가만둬도 망할 나라인데 미국이 대통령부터 나서서 중국봉쇄에 모든 우방을 동원하고, 모든 정부 부처를 동원해 중국을 제재한다고 난리 칠 이유가 없다. 그리고 위기론, 피크론의 중심에 있는 중국에 대한 유럽의 태도가 묘하다. 망할 나라인 중국에 계속 투자하고 중국 자금유치에 혈안인 것이다.

잘못된 가정은 잘못된 결론을 만든다. 중국이 부채 비율, 지방부채, 기업부채, 고령화, 출산율, 부동산 때문에 망한다는 것인데 정작 미국, 일본, 영국, 프랑스, 한국의 부채 비율, 지방부채, 기업부채, 고령화, 부동산 수치는 중국과 비슷하거나 중국보다 더 높다. 그리고 그간 미국은 QUAD, IPEF, CHIP4 동맹 등을 쏟아냈지만 제재효과는 별로다.

중국의 대미 수출은 2017년 트럼프 집권시기에 4,298억 달러에서 바이든 집권 마지막 해인 2024년에는 5,247억 달러로 2017년 대비 22% 증가했고, 대미 무역흑자도 2017년 2,758억 달러에서 2024년 3,610억 달러로 852억 달러나 더 많았다. 하지만 중국 전체 무역흑자 중에서 대미 흑자 비중은 2017년 92%에서 2024년에는 36%로 낮아졌다. 미국 이외 지역의 흑자가 더 크게 늘어났기 때문이다.

중국 전체 수출은 2017년에 22,633억 달러에서 2024년에는 35,772억 달러에 달했고, 무역흑자는 2017년에 4,196억 달러에서 2024년에는 사상 최대인 9,922억 달러로 1.4배나 증가했다. 무역수치로 보면 대중국 문제에 있어 미국과 세계의 말과 행동은 따로 놀았다는 얘기다.

중국 경제를 보는 데 감정을 실어서 보면 실수한다. 미국을 비롯한 전 세계가 중국을 싫어하지만, 가성비 좋은 중국산 제품은 여전히 필요하다는 것이고 이를 대체할 새로운 공급처는 아직 없다.

사람과의 관계에서 피는 물보다 진하지만 국제관계에서는 피보다 진한 것이 돈이다. 돈 앞에는 장사가 없다. 나토 동맹이 있는 유럽의 맹주 독일, 미국의 쿼드 동맹의 주요 멤버인 인도양의 맹주 인도, 오랜 미국의 친구인 중동의 맹주 사우디가 미국의 동맹에 구멍을 냈다.

시진핑 3기 정부 출범에 독일의 슐츠 총리가 맨 먼저 축하방문을 하고 선물을 받아 돌아갔다. 이런 독일 행태에 라이벌인 프랑스는 말이 없다. 중국이 에어버스 170대를 구매하겠다고 프랑스에 선물을 던졌기 때문이다. 인도는 미국의 러시아 제재요청에 콧방귀 끼면서 러시아산 에너지를 계속 구매하고 있다. 사우디는 바이든은 홀대하면서 시진핑은 황제의전을 했다. 사우디는 에너지판매에 위안화 사용, 네옴시티 건설에 중국산 통신장비의 사용을 내비쳤다. '중국 돈이 말을 하자 유럽이 입을 닫았다'.

한국, 탈(脫)중, 감(減)중, 진(進)중 제대로 구분해야

기술전쟁은 뒤에 오는 자의 발을 걸어 못 따라오게 하는 것보다 상대가 도저히 못 따라오게 먼저 가버리는 것이 정답이다. 세계인구의 1/6, 연간 대졸자가 1,200만 명이 나오는 나라, 이미 세계 최대의 핸드폰, 자동차, 반도체, 럭셔리 제품의 소비자인 중국을 주변국 동원해서 봉쇄한다고 봉쇄가 될까?

대부분의 나라들은 목구멍이 포도청이라 마음은 중국을 봉쇄하고 싶지만 당장 중국 돈과 상품이 아쉬워 봉쇄에 선뜻 나서기 어려운 것이 현실이다. 중국에서 이미 핸드폰, 자동차, 소비재에서 경쟁력이 없어져 중국 시장에서 퇴출한 한국은 탈(脫)중국 했다고 말하면서 중국을 외면하려 하지만 속이 쓰리다.

최근 10년간 한·중 관계와 대중 무역흑자

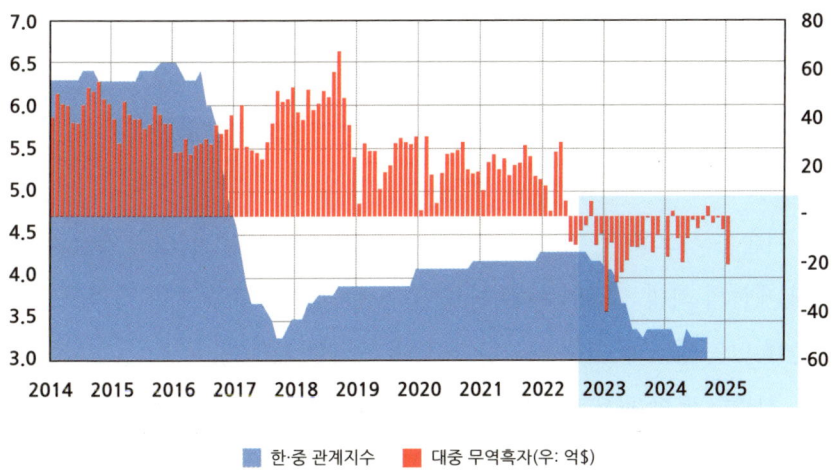

자료: 칭화대 국제관계연구원, 무역협회통계로 중국경제금융연구소 작성

2022년에 이미 한국은 월 기준 대중 무역수지가 마이너스로 돌아섰고 대베트남 무역흑자가 1위로 올라섰다. 중국을 대체할 시장으로 베트남이 떠올랐다고 하지만 어딘가 모르게 찜찜하다. 베트남의 1인당 소득은 3,694불로 중국의 1만 2,550불의 3분의 1이 못 되고, 태국의 절반 수준이다. 1인당 소득 3,000달러 시대 나라에서 흑자가 늘었다는 것은 중국에서 인건비 따먹기가 어려워진 저부가가치산업이 베트남으로 이전한 결과다.

경쟁은 치열하게 경쟁해서 이겼을 때 생기는 것이지, 경쟁 심하다고 궁둥이 빼서 경쟁 없는 지역으로 가서는 경쟁력이 안 생긴다. 2류 국가에서 경쟁력 떨어진다고 3류 국가로 가서 저부가제품에서의 무역흑자에 만족하면 머지않아 3류 된다. 미·중의 경제전쟁 속에서 미국의 테슬라가, 독일의 BMW가, 일본의 토요타가 중국에 투자를 늘리는 것은 이유가 있다. 바로 시장 때문이다.

투자는 시장 가까운 데 하는 것이지 보조금 많이 준다고, 인건비 싸다고 하면 머지않아 공장을 멈춰 세워야 하는 불상사가 생긴다. 사회주의국가 베트남은 중국의 판박이다. 한국은 중국에서 30년간 인건비 따먹기 하다가 경쟁력이 밀려 베트남으로 이전했지만 이미 중국을 참고서로 공부를 끝낸 베트남에서의 한국 수명은 중국에서의 수명의 3분의 1이 안 될 가능성이 높다.

기술은 시장을 못 이긴다. 핸드폰, 자동차, 전기차, 반도체, 배터리, 럭셔리 제품의 최대 시장이 지금 중국이다. 전 세계 포춘 500대 기업이 모두 진출해 있는 중국에 대해 막연한 공포에 휩싸여 탈(脫)중국 해야 한다는 얘기는 신중하게 할 필요가 있다.

인건비 따먹기 하던 제품의 '탈(脫)중국'과 중국과 경쟁이 심화되어 경쟁력이 약화된 제품의 중국 비중을 줄이는 '감(減)중국', 신시장으로 부상하는 중국에 빨리 뛰어들어야 하는 '진(進)중국'을 제대로 구분해야 한다.

중국이 소비대국으로 부상하고 있다. 중국에 팔고자 한다면 소비자와의 소통능력이 1번이다. 제품은 공장에서 노동자들의 손으로 만들어지지만 브랜드는 소비자들의 마음속에서 만들어진다. 소비자의 마음속으로 들어가지 못하면 아무리 잘 만들어도 소용없다. 소비자의 언어로 대화하고 설득하고 감동시키지 않으면 안 된다.

외교도 마찬가지다. 진짜 중국통(通)이 필요하다. 외교에서 무통(無通)이면 고통(苦痛)이고, 유통(有通)이면 관통(貫通)이다. 중국어로 중국 고위관리와 싸우고 밥 먹고 농담하고 토론할 수 있는 인력을 기르지 않으면 답이 없다. 영어로 된 책으로 중국을 배우고 중국 가면 당연히 진다. 중국어로 된 책으로 중국에서 공부하고 중국인과 놀아 보고 일해본 인재를 써야 한다.

국자는 10년 국을 퍼도 국 맛을 모른다. 세계 2대 경제권, 한국 최대 수출 지역이고 세계 최대의 외환보유고를 가진 나라를 털어먹으려 한다면 중국어 안되는 주재원, 특파원, 외교관 다 빼야 한다. 중국에서 공부한 인재, 중국인의 언어로 중국인과 소통할 수 있는 인력으로 교체해야 한다. 없다면 지금부터 기르면 된다. 중국 시장은 1~2년에 끝날 시장이 아니다. 길게 보고 오래 승부해야 이긴다. 신입사원 뽑을 때 회사의 중국 매출 비중만큼 중국에서 공부한 인재를 채용하고 길러야 한다.

세계는 미·중의 양대그룹으로 편 나누기 시대

하늘에 태양이 두 개일 수 없고 정글에 호랑이가 두 마리일 수 없다. 이미 2021년에 미국 GDP의 75%에 도달한 중국을 미국은 절대 좌시할 수 없고, 중국은 이런 추세로 10년만 가면 미국을 넘어서는데 여기서 멈출 수 없다.

중국은 구매력 기준 GDP로는 이미 2016년에 미국을 넘어섰다.

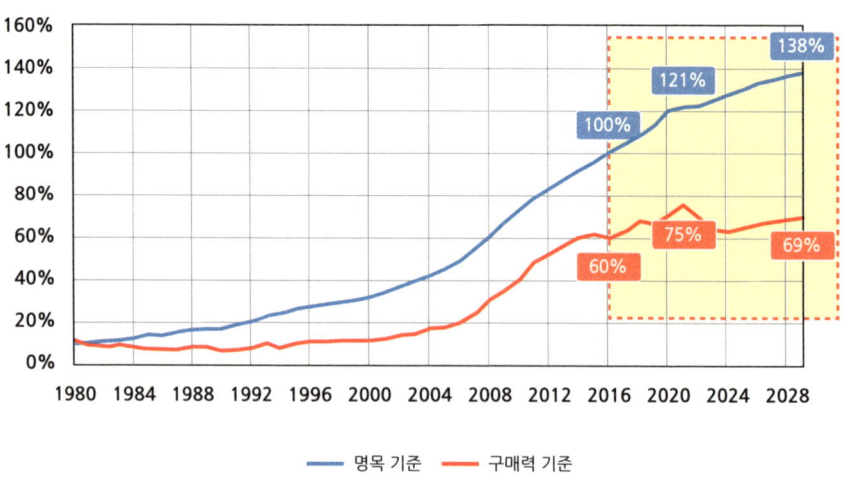

중국의 미국 GDP 대비 비중

자료: IMF 2024.10

미·중의 패권전쟁 중 한국은 윤석열 정부가 들어서면서 '안미경중(安美經中)'은 끝났고 '탈(脫)중국' 해야 한다는 얘기가 넘쳐났다. 한국은 민주주의 국가로 공산주의 국가와 안보를 같이한 적이 없고 미국은 영원한 안보동맹이다. 경제에서 한국의 대중 관계는 서로가 철저한 이해관계다. 중국은 한국의 기술과 상품이 필요하고 한국도 중국의 시장이 필요했기 때문이다. 필요하면 이용하는 것이고 필요 없으면 버린다.

세계 1, 2위의 나라 중 한 나라만 선택하는 것이 말은 쉽지만 경제적 현실은 불편하다. 연간으로 9,900억 달러의 무역흑자를 보고 있고 세계 최대의 외환보유고를 가진 나라가 옆집 중국이다. 세계 최대의 무역대국인 나라를 옆에 두고 성장이 끝났다고 하면서 이를 굳이 외면할 이유가 있을까?

2025년 미국은 2%대 성장하고 한국은 1%대 성장한다는데 중국은 못해도 4~5% 성장할 것으로 전망하고 있다. 이런 중국을 무시하고 피할 이유가 없다. 오히려 중국의 4~5% 성장에 올라타는 전략을 모색해야 하는 것이 정상이다.

미국의 대중 전략은 무역으로 시비 걸고, 기술로 목을 조르고, 금융에서 돈 털어가 중국을 거지 만들어 다시 머슴으로 부리는 것이다. 미·중의 전쟁은 무역에서 기술로, 기술에서 금융전쟁으로 가게 돼 있다. 지금 미·중이 5G 통신전쟁, 반도체전쟁을 하는 것도 큰 그림에서 보면 과도기의 전쟁이다.

돈은 기술을 따라 움직인다. 세계의 역사는 돈이 기술과 결혼했다 이혼한 역사다. 신기술이 등장하면 돈이 몰려 신산업을 만들고 호경기를 만들지만 버블이 심해져 돈이 기술과 이혼하면 버블 붕괴로 대불황이 온다. 기술적 측면에서 보면 4차 산업혁명의 기술패권이 미·중의 운명을 좌우한다. 기술우위는 경제우위를 가져오고, 경제우위는 결국 금융패권으로 이어지기 때문이다.

강대국을 앞에 둔 작은 나라들의 줄타기는 숙명이고 피할 수가 없다. 세계 12위 하는 나라가 세계 1, 2위 어느 한쪽에 치우친 전략을 가져가는 것은 난센스다. 미·중 기술전쟁으로 결국 세상은 세계화(Globalization)에서 미국화(Americanization)와 중국화(Chinaization)의 일구양제(一球兩制)로 갈 전망이다.

한국은 5G 통신, 배터리, 반도체산업 모두에서 세계 2-3위의 자리를 차지하고 있다. 지금 가장 핫한 이슈인 반도체에서 미국은 기술이 있지만 공장이 없고 중국은 공장이 있지만 기술이 없다. 하지만 한국은 기술과 공장을 모두 가지고 있다.

　지금 같은 미·중의 전략경쟁의 미래를 상상해 보면 4차 산업혁명은 미국표준(A/S: America Standard)과 중국표준(C/S China Standard) 양대 그룹으로 갈 수밖에 없다. 하지만 반도체, 배터리와 5~6G에서 미국과 중국은 모두 결핍이 있다.

　미·중의 전략기술전쟁에서 한국은 어느 한쪽 선택이 아닌 양다리 전략으로 실익을 챙겨야 한다. 그전에 한국은 먼저 미국으로부터 동맹에서 제외되는 두려움, 중국으로부터 보복당하는 두려움에서 벗어나야 한다. 상대가 세계 1위든, 2위든 간에 상대가 절절히 원하지만 결핍하고 있는 것을 가지고 있으면 두려워할 필요가 없다. 미국은 반도체는 있지만 배터리와 5G가 없고, 중국은 배터리와 5G는 있지만 반도체가 없기 때문이다.

한국, 이제는 제조가 아니라 '창조'다

지금 세상은 전쟁터다. 산업에서는 4차 산업혁명 시대의 기술전쟁, 교역에서는 역글로벌화 시대의 공급망전쟁, 중동과 아시아에서는 미·중의 힘겨루기 대리전쟁이 벌어지고 있다. 이런 전쟁 통에 한국은 30여 년간 달러 박스였던 중국에서 수출 감소와 무역적자로 멘붕 상태다.

　한국, 이제는 제조가 아니라 '창조'다. 세상에 없는 것을 만들고 이것으로 승부해야지 이미 기술 수명이 한계에 달한 미국, 일본에서 배웠던 전통 제조업을 끌어안고 탈중국, 중국 보복론으로 스스로를 자위한들 변하는 것은 없다.

　전쟁과 외교, 무역은 혼자 할 수 있는 것이 아니다. 상대를 정확히 알아야 하고 철저히 준비하고 상대가 예상치 못하는 전략이 있어야 이긴다. 한국의 최대 교역 대상국인 중국을 정확히 파악하고 판단해야 한다. 반도체 하나 빼놓고는 한국보다 모두 잘하는 무서운 나라가 지금 중국이다.

지금 미국의 4대 반도체회사 CEO들은 모두 중국계이다. 한국은 이민 가서 세탁소, 식품점 하면서 아들딸 '사' 자 직업 만드는 데 올인했지만 중국 화교와 대만인들은 엔지니어를 만들었다. 미국이 반도체에서 대만을 무시하지 못하는 이유도 이 때문이다. 결국 국적이 아니라 인재고, 창의성이 핵심이다.

미국 4대 반도체기업 CEO 출신배경

기업명	CEO 이름(영문)	중국명/출신지	국적/배경	주요 경력
Intel	Steven A. Tan	천리우(陳立友)	말레이시아 화교 → 미국	2024년 신규 CEO, MIT 졸업, 위기 속 구원투수 역할
NVIDIA	Jensen Huang	황런쉰(黃仁勳)	대만 타이난 출신 → 미국	NVIDIA 창업자, AI 반도체 선도, 스탠퍼드 석사
AMD	Lisa Su	수즈펑(蘇姿丰)	대만 타이난 출신 → 미국	MIT 박사, 2014년부터 CEO, AMD 재도약 주역
Broadcom	Hock Tan	천푸양(陳福陽)	말레이시아 화교 → 미국	인수합병의 귀재, 기술+재무 전략

자료: 중국경제금융연구소

한국의 대중 수출 감소, 대중 적자를 한국은 혁신의 기회로 삼아야 한다. 4차 산업혁명 시대에 진입한 지식산업의 세상에서는 선발자만 살아남는다. 전통산업에서의 선발자 우위는 빨리 버려야 산다. 탈중국이 능사가 아니고 '지옥에서 살아서 돌아오는 혁신'이 살길이다.

코로나 3년 사이 일상생활에서 현금이 필요 없는 캐시리스사회, 식당에 종업원이 필요 없는 서빙 로봇이 서빙하는 사회로 진화해 버린 중국에서 철강·화학·기계·가전에서 선발자 우위를 누렸던 한국의 대중국 우위론은 빨리 버려야 한다. 전통자동차에서 밀리면 전기차에서 우위를 확보하고, 전기차 다음 수소차에서 기선을 잡는 전략이어야 한다.

국토 면적의 70%가 사막이고, 건기 9개월간 비 한 방울 오지 않으며 한국의 5분의 1에도 못 미치는 인구와 국토 면적에도 불구하고 한국 GDP의 31%, 1인당 소득의 1.6배를 달성하고 있는 나라, 바로 이스라엘이다. 한국의 2010년 이후 성장률을 보면 이스라엘보다 높았던 적이 없다.

세계 1위 반도체회사 인텔과 AI 반도체 대표기업 엔비디아는 총성과 포탄이 난무하는 이스라엘에 1974년부터 연구센터를 지어 운영하고 있다. 인텔은 이스라엘에 반도체 공장을 건설하기 위해 250억 달러를 투자한다. 이는 이스라엘 연간 GDP의 5%에 달하는 금액이다.

이런 이스라엘의 비결은 단 하나, 혁신이다. 이스라엘은 사막에서 반도체를 만들었다. 이스라엘에는 인텔의 반도체 팹이 3개 있고, 사막 위에 세계 7위의 파운드리 회사인 Tower Semiconductor를 만들었다. '중동의 MIT'라고 불리는 이스라엘공대 출신 엔지니어들이 인텔 최초의 CPU인 8088칩과 지금의 플래시메모리의 기반이 된 EPROM, 그리고 엔비디아의 DPS칩을 이스라엘에서 개발했다.

전통산업에서 한계에 부닥친 한국은 이스라엘을 벤치마크할 필요가 있다. 전 세계 유니콘 기업 수 순위를 보면 이스라엘은 세계 5위이고 한국은 9위에 그치고 있다. 이젠 학연·지연·경력이 아닌 실력으로 처절하게 승부해야 하는 시대다. 인재가 경쟁력이고, 대학의 경쟁력이 세계적인 첨단기업을 유치하는 비밀 병기다.

모든 전쟁은 혁신기술을 더 빨리 획기적으로 발전시키고 진보하게 만든다. AI가 바둑 두던 알파고에서, 뭐든 답해주는 생성형 AI로 변신해 세상을 놀라게 했지만 이번 이·팔전쟁에서 드론을 조종하고 공격 타깃을 선정해주는 이스라엘의 AI 기술이 또 세상을 경악하게 하고 있다.

AI는 고성능 데이터 처리용 반도체(GPU)가 있어야 하고, 작업한 데이터를 저장하는 광대역 메모리 반도체(HBM)가 있어야 한다. AI는 시대 흐름을 타고 더 빨리 발전할 가능성이 크다. 한국은 천만다행으로 광대역 메모리 반도체에서 기회를 잡았다. 그러나 한국이 AI용 메모리 반도체를 AI기업에 납품하는 하청기업으로만 남는다면 큰 의미가 없다.

수시에 합격한 반도체공학과 입학자가 정시에 모조리 의대로 몰려가는 교육환경에서, 말로는 규제 샌드박스를 얘기하면서 첨단산업의 발목을 잡는 환경에서, 연구개발이 중요하다면서 연구개발 예산을 줄이는 환경에서 4차 산업혁명의 대박은 어렵다. 한국, 제조가 아니라 창조에서 성공하려면 학교, 정부, 기업에서 IQ가 아닌 EQ(Execution Quotient·실행력)를 획기적으로 높여야 산다.

한국 '닭'이 되면 안 된다

거래의 기술을 신봉하는 트럼프가 등장하면서 미국과의 동맹이 위험해진 시대가 되었다. 미국의 동맹은 '민주주의 가치동맹'이 아니라 미국의 '이익에 기초하는 거래적 동맹'으로 변질되었다. 공유한 가치와 전략적 목표는 휴지통으로 들어갔고 미국의 이익에 도움이 되면 동맹, 돈 안 되면 언제든

패싱하고 남이다.

이미 우·러 종전에서 미국은 독재국가 러시아와의 동업을 택했다. 트럼프는 유럽의 뒤통수를 쳤고 우크라를 절망에 빠뜨렸다. 유엔에서 러시아 규탄이 아니라 실리와 거래에 중점을 둔 트럼프의 외교 정책은 평화보다는 이익 챙기기 외교의 전형을 보여주었다.

2025년 2월 24일 유엔 총회에서의 러시아 규탄결의안에 미국이 반대표를 던졌다. 민주주의 가치동맹의 맹주 미국이 독재국가의 방패막이로 나선 황당한 일이 벌어진 것이다. 유엔 안보리에서 러시아의 침략을 눈감아 주고 돈 될 것 같은 러시아에 앞장서서 비호까지 하고 나섰다.

대만도 황당하기는 마찬가지다. 대선 때는 대만이 반도체기술을 훔쳐갔다고 떠들고, 취임 후에는 바로 '하나된 중국'을 언급하며 중국에 아부하는 발언을 하면서 대만을 물 먹였다. 군사력 없는 동맹이 미국에 얼마나 당할 수 있는지를 보여준다. 군사력을 미국에 의존하는 세계 4위 일본마저도 트럼프에게 귀여운 고양이 흉내로 야옹 떨며 트럼프의 폭탄을 피했다.

동맹보다는 거래가 우선인 트럼프 시대에 빨리 적응하는 것이 중요하다. 한·미 동맹 믿고 손 놓고 있다 보면 우크라가 한국이 될 수도 있다. 한국의 대미 전략에 수정이 필요하다. 4차 산업혁명의 핵심 반도체인 한국이 보유한 유일한 경쟁력, HBM에 레버리지를 걸어 미국과 협상해야 한다.

광인에게는 광인 전략(Madman strategy)이 먹힌다. 한국 외교와 정치에도 결기와 광기가 있어야 트럼프와 대적할 수 있다. 약하게 보이면 잡아먹히고 시범타자 희생양으로 전락한다.

그리고 돌아간다고 반드시 늦는 것은 아니다. 모든 나라가 트럼프에 아부하느라 미국에 줄 것을 오버 프라이싱하고 있다. 실력보다 많이 퍼주고 경쟁적으로 퍼주고 있다. 불행이 반드시 불행이 아닐 수도 있다. 한국은 돌발적인 계엄선언 사태로 다른 나라의 답안지를 보고 답을 쓸 수 있게 되었다. 만약 정상적인 상황이라면 한국은 미국에 더 많이 퍼주어야만 했을 가능성이 있다.

자원과 기술전쟁, 금융전쟁은 끝이 아니라 시작이다. 전 세계 희토류 생산의 85%, 매장량의 50%를 차지하고 있는 중국은 희토류 수출제한 규정을 앞세워 외교의 무기로 이용하면서 미국과 서방의 반도체와 AI 첨단기술 봉쇄에 자원봉쇄로 맞불작전을 시작했다.

한국은 미·중의 기술전쟁과 자원전쟁에서 깊은 통찰이 필요하다. 한편에 줄서기 외교는 쉽지만 명분과 실리를 모두 얻는 양편 외교는 지혜와 혜안이 필요하다. 스스로 절대 파워가 못 된 상황에서 반도의 운명은 대륙세력과 해양세력의 상황에 따라 결정되었지 반도가 스스로 결정한 적이 없다. 대륙세력과 해양세력의 판도를 읽는 시력(視力: 통찰력)이 실력(實力)이다.

한국의 역사를 돌아보면 신라부터 조선까지 대륙세력의 정치판도와 해양세력의 정치판도에 한반도의 운명이 좌우되었고 대륙세력과 해양세력의 정세변화에 따라 엄청난 시련이 있었다. 그러나 이런 시련 속 통치자들의 통찰력 부족이나 판단 미스는 통치자들이 아닌 공녀, 위안부, 강제징용으로 이어진 민초들의 처절한 삶으로 갚아야 했다.

특히 국론분열이 가장 아픈 부분이다. 임진왜란 시기의 김성일과 황윤길의 일본에 대한 다른 보고와 오판이, 병자호란 시기의 주화파(主和派)와 척화파(斥和派)인 최명길과 김상헌의 논쟁 모두 결과적으로 부질없는 일이었고 리더들의 당파싸움과 오판은 고스란히 민초들의 고통으로 돌아왔다.

한국의 중국에 대한 판단도 마찬가지다. 정작 중국은 광둥성 한 개 성보다 작아진 추락한 경제위상의 한국에 관심도 없는데 우리끼리 친중·반중으로 나누어 말싸움하는 것은 부질없다. 그 싸움하는 시간에 비행기 타고 중국에 가서 한 번 더 보고 오는 것이 답이다.

　　미국의 첨단반도체기술은 대만과 한국의 첨단반도체 생산에 발목 잡혔고, 대만과 한국의 첨단반도체 생산은 네덜란드의 노광장비에 꼼짝달싹 못 한다. 기술, 공장, 장비 다 있어도 공정에 필요한 소재나 웨이퍼를 만드는 기초소재 하나만 문제가 돼도 첨단반도체는 만들기 어려운 상황이 벌어진다.

　　큰 나라가 싸우면 고약한 것은 작은 나라 줄 세우기를 하는 것이다. "원숭이를 길들이려고 닭을 잡아 피를 보여준다(殺鷄儆猴)"라는 말이 있다. 코스트는 낮고 시위는 확실하게 하는 것이다. 서로 강한 상대를 직접 때리기가 곤란하면 줄 선 작은 나라를 대신 때리는 것이다. 사드 때는 한국이, 미·중 반도체전쟁에서는 대만이 닭이 되었다. 그런데 미·중의 자원전쟁에서는 반도체, 전기차 생산대국 한국이 '닭'이 될 위험을 배제할 수 없다.

　　배터리강국 한국이지만 원자재를 해외에 의존하는 공급구조 때문에 한국의 배터리는 자원전쟁이 벌어지면 기술만 있는 사상누각이 될 위험성이 있다. 이미 니켈 왕국 인도네시아(46%), 리튬 왕국 호주(53%), 희토류 왕국 중국(85%)이 자원을 무기화했기 때문이다.

　　한국은 지금 대중 무역적자에 고민이지만 반면 대미 무역흑자로 그나마 무역수지를 맞추고 있다. 그러나 문제는 대미 수출에서 주력인 배터리, 전기차를 포함한 자동차 수출의 공급망을 보면 중국에 대한 의존도가 높아 중국의 희토류 자원무기화의 희생양이 한국이 될 가능성이 있다는 것이다.

핵심광물 수입 비중 *2021년 수입액 기준(단위: %)

구분	품목	비중
리튬	수산화리튬	중국 84
	탄산리튬	칠레 82 / 중국 14
니켈	황산니켈	핀란드 45 / 벨기에 34
코발트	수산화코발트	중국 69
	황산코발트	중국 97
망간	황산망간	중국 97
	탄산망간	중국 100
흑연	천연흑연	중국 72 / 독일 22
	인조흑연	중국 87
희토류	희토류	중국 54 / 일본 28
	영구자석	중국 86

자료: 산업통상자원부

'변칙 복서'인 트럼프는 중국을 바로 때리는 정공법이 아니라 중국을 잡기 위해 캐나다와 멕시코를 '닭'으로 쓰고 있다. 아시아에서는 중국이 미국을 길들이기 위해 한국을 '닭'으로 이용할 가능성이 있다.

반도체와 배터리를 미국에 수출해 무역흑자를 내는 한국은 반도체 소재의 40%, 배터리 소재의 80% 이상을 중국에서 수입한다. 미국의 압박에 대응하기 위해 중국은 한국에 대한 반도체 소재와 배터리 소재의 수출을 줄여 미국의 정보기술(IT)기업과 전기차에 치명적 영향을 발생시켜 미국을 길들이려 할 수 있다.

미국이 한국의 대중 수출을 통제하고, 중국이 자원을 통제하면 한국은 양쪽 모두에서 타격받을 수 있다. 외국인이 한국 증시에서 계속 순매도하는 것은 미·중 무역전쟁의 대표적인 희생양이 한국이라 보기 때문이다.

거래에 능한 트럼프의 대중 관세폭탄을 피하려면, 역대 최대인 한국의 대미 흑자는 미국산 석유든 무기든 신속히 대량으로 구매해 줄여야 한다. 한국 입장에서 중국은 원자재 공급망의 생명선이니 중동처럼 관리해야 한다. 트럼프 2기 미·중 무역전쟁에서 한국이 트럼프와 시진핑의 '닭'으로 전락할 위험은 피해야 한다. 기술은 미국에 의존하고 소재와 시장은 중국에 의존하는 한국의 입장에서, 양다리 전략은 선택이 아닌 필수다.

03 한국의 외교수명은 반도체와 같이 간다

한국, AI 골드러시 시대 '청바지 장사'로 돈 벌어야

미국과 중국은 지금 기술전쟁, AI전쟁 중이다. 만약 미국이 대중국 저사양 AI 반도체를 전면 수출금지 하면 어떻게 될까? 딥시크 쇼크에 정통으로 뒤통수 맞은 Open AI의 샘 알트만, 메타의 마크 저커버그, 스케일 AI(Scale AI)의 알렉산드르 왕, 클로드(Claude) AI를 만든 앤트로픽(Anthropic)의 다리오 아모데이 CEO는 모두 중국의 AI산업에 대한 제한을 요구하고 있다.

중국에 저사양 AI도 모조리 수출금지 해야 한다는 주장이고 이렇게 하면 중국의 AI는 사양화되고 AI시장에서 미국의 독주, 일극체제로 갈 수 있다고 정치권을 압박하는 발언을 연일 쏟아내고 있다. 2022년, 바이든 행정부는 중국에 엔비디아의 가장 강력한 AI 칩인 H100의 판매를 제한했다. 그 후 엔비디아는 중국 시장을 대상으로 H800이라는 새로운 모델을 출시했는데, 이 모델의 수출 기준은 일반 모델보다 낮다. H800은 2023년에 단종되었고, 엔비디아는 2024년에 H20을 출시했다.

로이터는 2025년 2월 1일 백악관에서 트럼프 대통령 주재로 열린 회의에서 딥시크(DeepSeek)가 미국 테크산업에 충격에 빠뜨린 인공지능모델의 성능에 대해 논의 및 인공지능 칩 수출규제 강화문제를 논의했다고 보도했다. 또한 로이터는 2025년 1월 30일 미국 상무부가 딥시크(DeepSeek)가 중국으로의 운송이 허용되지 않은 미국산 칩을 사용했는지 여부를 조사하고 있다고 보도했다. 2025년 4월 미국은 H20의 대중국 수출도 금지했다.

그런데 2025년 1월 20일 엔비디아의 회장 젠슨황은 트럼프의 취임식에 참석하는 대신 북경에 있는 화웨이의 3폴더폰 매장을 방문해 감탄사를 연발했고, 중국의 춘절 축제에 참석해 춤을 추었다. 젠슨황 CEO는 트럼프의 눈도장이 아닌 중국의 시장을 선택한 것이다.

더 문제는 중국 반도체산업의 국산화와 굴기다. 미국의 제재로 AI 칩 수입이 완전히 중단되면 중국은 중국의 모든 자원을 동원해 국산화에 올인할 판이고 이는 중국의 AI 반도체 국산화를 가속시키는 불상사를 만들 수도 있다.

이번 딥시크(DeepSeek)가 사용한 AI 칩의 사양을 보면 이미 미국과 서방 국가들 사이에서는 레거시가 아니라 거의 수명이 다한 제품들이다. 그리고 중국의 화웨이와 SMIC가 만든 910B, 910C AI 칩은 생산수율과 원가가 문제지 엔비디아의 A100 수준의 성능에 도달했다.

그리고 CXMT 같은 메모리회사들 역시 HBM2는 만들 수 있는 수준이어서 미국의 저사양 제품의 수출금지 조치가 중국의 AI산업에 큰 타격을 주기 어렵고, 오히려 중국산 제품의 구매확대와 국산화율을 제고시켜 주는 상황이 나올 수 있다.

딥시크(DeepSeek)와 Open AI의 AI 칩 사양 비교

Figure 1: Illustrative comparison of memory content across DeepSeek (DeepSeek-V3) and OpenAI (GPT-4) training infrastructures

	DeepSeek DeepSeek-V3	OpenAI GPT-4
# of Parameters	~617 B	~1.7-1.8 Tr
# of Tokens for Training	~14.8 Tr	~13 Tr
GPU Type	H800	H100*
# of GPUs Used for Training	2,048	8,000
HBM Content	80GB of HBM2e	80GB of HBM3
GB per Tr Tokens	~11,070	~49,231
HBM Content Employed (GB)	**~163,840**	**~650,000**

Source: UBS research, NVIDIA, 'DeepSeek-V3 Technical Report'
Note: GPT-4 originally trained with ~20,000 A100 GPUs, but equivalent to ~8,000 H100 GPUs

이런 상황에서 한국은 지금 미국 걱정하고 있을 때가 아니다. 중국의 반도체 추격이 거세고 속도는 더 빨라지고 있다. HBM, DRAM, NAND, 파운드리 모든 분야에서 격차가 계속 축소되고 있다.

반도체 산업육성에 전 세계가 나서고 있는데 한국은 정치권의 당리 당략으로 반도체지원법을 통과시키지도 못하고 있고, 지원의 폭과 강도도 미국, 일본, 유럽, 중국보다 약하다. 참 한심한 일이고 진짜 걱정되는 일이다.

반도체 한·중 기술 격차

칩종류	한국	중국	한·중 기술 격차
고대역폭 메모리 (HBM)	SK하이닉스, HBM3E 12단 2024년 양산	CXTM, HBM2 2024년 생산 착수	中, 전망보다 2년 빨리 개발
D램	삼성전자, 24Gb GDDR7 D램 2024년 개발	CXTM, DDR4 한국산 대비 절반 가격	기술 격차 1.5년으로 축소
낸드	삼성·SK하이닉스 300단 이상 낸드 개발 중	YMTC 中 장비만으로 160단 낸드 개발	기술 격차 1.5년으로 축소
파운드리	삼성전자 3nm GAA 공정 양산	SMIC 7nm 공정 개발 성공	中 칩 기업 2030년 TSMC와 경쟁 전망

자료: https://www.mk.co.kr/news/business/11173590

    판을 엎을 수 있는 전략은 '차도살인'이다. 남의 아이디어, 남의 데이터를 모아 남을 지배하고 죽이는 전략이 AI 전략이다. 설립한 지 1년 반이 된 중국의 스타트업 딥시크가 오픈 AI를 위협하고 구글과 맞짱 뜨고 마이크로소프트를 쫄게 하는 것이 AI다. 우등생이 지각생 되는 것은 순간이다. 의대가 아니라 AI이고 AI가 안 되면 반도체다. 관성에 이미 사로잡힌 슈퍼 히어로가 아니라 새로운 사고를 하는 평범한 영웅들의 지혜가 뜬다.

    2등 하면 죽고 지각하면 죽는 AI 시대, 한국의 AI 투자는 미국의 1/30, 중국의 1/20이다. 혁신의 DNA를 살리지 않으면 3등 하다 바로 간다. 한국은 위원회 중독에서 벗어나야 한다. 돈 벌어 본 적도, 책임지지도 않는 교수가 위원장 하고 대통령 장관이 병풍 서서 회의만 하는 위원회는 의미 없다. 미국을 보라. 미국 AI 위원회는 AI 빅테크 CEO들이 참여해 정부가 바로 쓸 수 있는 실용성 있는 정책 대안을 낸다.

　미국의 인공지능 국가안보위원회(NSCAI) 보고서를 한국은 다시 한번 읽어봐야 한다. 미국은 2018년 4월 13일 텍사스 주 공화당 의원인 맥 쏜베리(Mac Thornberry)의원이 발의한 '2019년 존 매케인 국방 승인 법'에 따라 인공지능과 머신 러닝 및 관련 기술 진보에 따라 국가 안보와 방위를 포괄적으로 다루기 위해 필요한 방법과 수단 고려를 목적으로 하는 독립적인 위원회인 '인공지능에 관한 국가 안보 위원회(The National Security Commission on AI)'를 구성했다.

　2020년 6월 24일에 자문 위원회가 구성됐고 위원회 의장은 에릭 슈미트가 맡았으며, 멤버로는 오라클의 새프라 캐츠, 마이크로소프트의 에릭 호르비츠, 아마존의 앤디 제이시, 구글의 앤드류 무어 등이 참여, 2021년 3월 1일에 2,500페이지가 넘는 방대한 내용의 최종 보고서가 나왔다.

　1부는 '인공지능 시대에 미국을 방어하기'라는 테마로, 인공지능 시대에 떠오르는 새로운 위협, 미래 국방의 기반, 인공지능과 무기, 자동화 무기 시스템과 인공지능이 장착된 무기와 관련한 위험, 인공지능과 국가 정보의 미래, 정부의 기술 인력, 인공지능 시스템에 정당한 확신 수립, 국가 안보를 위해 인공지능을 사용하는 데 있어서의 프라이버시 보호 등 8개 부문으로 구성되어 있다.

　2부는 '기술 경쟁에서 승리하기'라는 주제하에 경쟁과 협력을 위한 전략, 인재 경쟁, 인공지능 혁신을 가속화하기, 지적 재산권, 마이크로 일렉트로닉스, 기술 보호, 유리한 국제 기술 질서, 관련 기술들의 내용으로 구성되어 있다.

　지금 시대는 괴팍한 AI 인재 하나가 나라를 먹여 살린다. 미용성형 잘하는 의사도 필요하지만 기술천재, 수학천재가 필요한 시대다. 한국을 먹여 살리는 것은 미용성형이 아닌 반도체다. 반도체에서 벌어들인 무역흑자가 한국경제와 소비를 지탱하는 힘이다.

세상의 돈은 AI로 모인다. 세계시총 10대 기업 중 9개가 AI기업, 미국 상위 10대기업은 모두 AI기업이다. AI와 첨단반도체는 자금, 시간, 속도의 전쟁이다. 늦었다고 할 때가 가장 빠른 때다. 한국은 AI에서는 지각생이지만 AI 반도체 제조에서는 여전히 선발이다. 전쟁에서는 자기가 잘하는 것을 가지고 싸워야지 약한 것을 키워서 싸우면 진다.

미·중의 10대 AI 업체의 시총과 글로벌 순위

	미국				중국				중국/미국
	글로벌 순위	기업명	Code	시총 (십억)	글로벌 순위	기업명	Code	시총 (십억)	
1	1	Apple	AAPL	3,549	18	Tencent	TCEHY	483	14%
2	2	Microsoft	MSFT	3,086	49	Alibaba	BABA	235	8%
3	3	NVIDIA	NVDA	2,941	97	Pinduoduo	PDD	155	5%
4	4	Alphabet (Google)	GOOG	2,505	144	Xiaomi	XIACF	118	5%
5	5	Amazon	AMZN	2,499	149	Meituan	3690.HK	115	5%
6	7	Meta	META	1,746	158	BYD	002594.SZ	107	6%
7	8	Tesla	TSLA	1,301	244	Midea	000333.SZ	78	6%
8	10	Broadcom	AVGO	1,037	304	NetEase	NTES	66	6%
9	16	Mastercard	MA	508	323	Jingdong Mall	JD	62	12%
10	19	Oracle	ORCL	476	451	Trip.com	TCOM	46	10%
합계				19,647				1,464	7%

자료: Marketcap.com(25.2.1)

미국, 중국 스타일의 AI 투자를 한국은 할 수 없다. 대신 이를 활용한 산업에서 응용에 목숨 걸어 제조업과 서비스업의 생산성과 효율로 승부해야 한다. 천하의 엔비디아도 한국의 하이닉스가 HBM 공급 안 하면 말짱 도로묵이다.

한국, 반도체와 AI에서 너무 과도한 자기비하는 독이다. 한국은 반도체에서 승부를 걸어야 한다. 한국이 가진 AI 칩 파운드리 능력과 HBM 공급 능력을 최대로 끌어올려 AI 골드러시에서 청바지장사 해서 돈을 벌어야 한다. 누가 AI에서 황금을 캐든 첨단반도체 파운드리와 HBM은 필요하기 때문이다. 다행히 한국은 파운드리에서는 세계 2위, HBM에서는 독보적인 세계 1위다.

반도체는 국가 간 '쩐(錢)의 전쟁'

첨단산업에서 중국의 치명적 약점은 미국과 마찬가지다. 첫째, '공급망'이다. 애덤 스미스의 분업이론을 역행하면 효율이 나올 수 없다. 중국, 78년 이후 자본주의를 베끼고 미국, 일본, 한국의 산업을 이전받았지만 '공급망의 저주'에서 벗어날 수 없다.

미국이든 중국이든 글로벌화 40년에 서로의 삶이 씨줄날줄처럼 엮이는 바람에 완전한 자급자족경제는 어디에도 없다. 반도체든 전기차든 배터리든 어느 한 분야의 공급망에 구멍이 생기면 모든 산업의 생태계가 정지되는 것은 중국도 예외 없다.

둘째, 모든 것이 초연결된 사회에서의 '정보 보안'이다. 정보 보안은 모든 나라가 동일한 위험에 노출되어 있고 규모가 큰 나라일수록 정보망, 보안이 뚫리는 순간 모든 시스템이 마비되고 그간 축적한 모든 자산이 한순간에 파괴되거나 유출되는 리스크에 봉착한다.

심지어 온라인화폐, 가상화폐, 국가의 디지털화폐도 개발자나 구매자가 아니라 마지막에 털어가는 자가 진짜 승자다. 이는 중국도 예외가 아니다. 중국이 디지털화폐를 개발하고 상용화했지만 전국적으로 상용화하지 않는 이유는 해킹과 정보보안의 위험을 감내할 자신이 없기 때문이다.

암호화의 난공불락이라고 하는 블록체인도 양자컴퓨팅에는 구멍이 뚫린다. 중국이 양자컴퓨팅과 양자통신에 적극적인 투자와 기술개발을 하는 이유는 다른 측면에서는 디지털사회를 보호하는 안전키를 확보하기 위함이다.

글로벌 공급망 운명공통체의 시대, 과거에는 '산업의 쌀인 철', '산업의 혈액인 석유'가 핵심 품목이었다면, AI 시대의 핵심 품목은 반도체인데 강대국일수록 이 반도체의 공급망이 중요하다.

기존 기술이 생활 기술이었다면, 현재의 AI 기술은 정치·경제·사회·문화·국방 모든 분야의 생태계가 되었다는 점이 다르다. AI는 인간이 만든 인간과 세상의 모든 것을 통제할 수 있는, '인공 신(神: Artificial God)'의 경지에 올랐다.

AI전쟁 시대에 이 '인공 신'을 만들려는 미국의 반도체 내재화에 인도, 일본, 유럽, 중국도 적게는 10조 원에서 많게는 60조 원의 반도체 보조금을 퍼붓는 것은 이 때문이다. 라인 하나 건설하는 데 250억 달러 이상 들어가는 첨단반도체 생산은 이제 국가대항전이고 국가 간 '쩐(錢)의 전쟁'이다.

주요국 반도체 지원금액

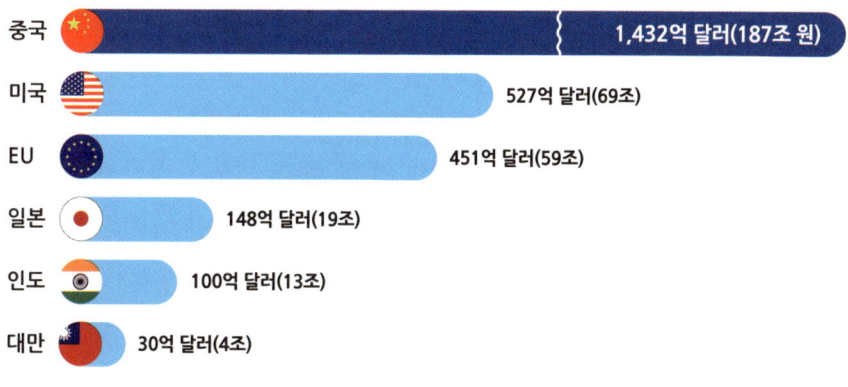

※ 환율: 2022년 12월 12일 기준   자료: 미국반도체산업협회(SIA) 등

    AI 첨단반도체산업은 이젠 민간기업의 수익사업이 아닌 국가 명운을 건 국가대항전이다. 남보다 적게 지원해서 남을 이길 수 있는 게임이 아니다. 상대는 세계 1, 2위인 미국과 중국이고, 세계 1위 기술을 가진 대만이다.

    이런 와중에 다른 나라는 반도체지원법도 다 통과시켜 달려가는데 한국은 아직도 국회에서 왈가왈부 논쟁 중이다. 때를 놓치면 모든 것을 잃는다. 한국 정치는 단군 이래 최고의 경쟁력을 가진 한국 반도체산업을 지원하는 것을 놓쳐 기회를 잃게 만든다면 후대에 대한 '역사의 죄인'이 될 것이다. 당리당략, 여야를 떠나서 오로지 대한민국의 미래만 보고 빨리 더 파격적으로 결정하고 실행해야 한다. 시간이 없다.

    미·중 기술전쟁의 종착역은 AI전쟁이다. AI의 인프라인 5㎚ 이하의 첨단반도체 생산은 한국과 대만만 가능하고, 미·중 모두 한계가 있다. '인공신'의 시대에 HBM 시장의 90%를 장악하고 5㎚ 이하의 첨단반도체 생산 기술을 보유한 한국은 '신(神)이 돕는 나라'다.

문제는 18~24개월마다 2배씩 집적도가 높아지는 무어의 법칙에 따라 발전한 실리콘기판 반도체는 1나노 이하가 되면 분자보다 더 작은 회로를 그리기 어려운 물리적 한계가 오고 이를 넘어서려면 판을 엎는 새로운 기술이 필요하다. 결국 이를 넘어서는 것은 뛰어난 인재의 아이디어다.

첨단반도체 국가대항전인 '쩐(錢)의 전쟁', 돈을 퍼붓는 것만큼 중요한 게 인재육성이다. 미래 반도체산업은 인재전쟁이다. 우수한 이과 인력이 의대로만 몰려가면 한국 반도체의 미래는 불투명하다. 의사 증원도 시급한 문제지만 반도체 엔지니어 육성은 더 중요한 문제다.

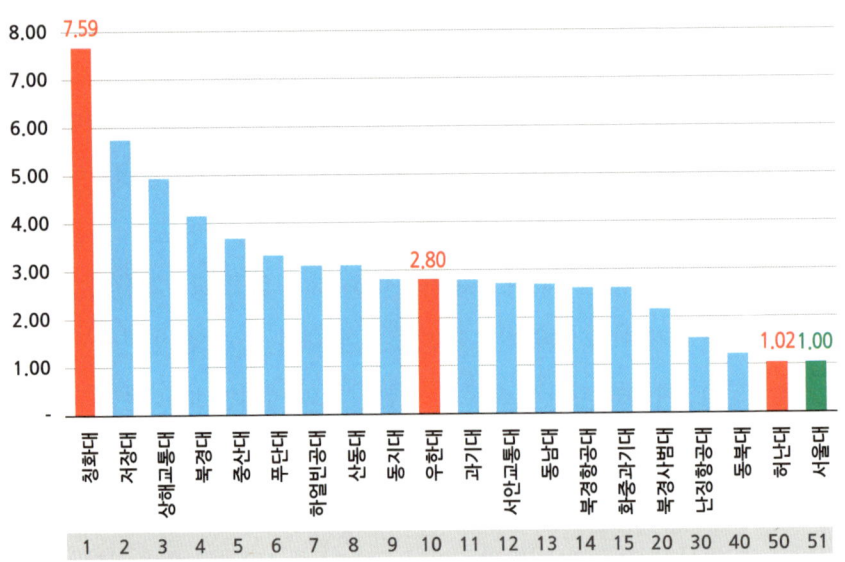

중국 상위 50위 대학 예산과 서울대 예산 비교(2023: 조 원)

자료: 중국 교육부, 서울대 예산 자료로 중국경제금융연구소 작성

중국 칭화대 예산은 서울대의 7.6배, 서울대는 중국 51위 대학 수준에 불과하다. 남들과 같이 해서 남들보다 더 잘하기는 어렵다. 인도, 일본, 유럽, 중국, 미국까지 나서서 국가산업으로서 반도체산업를 육성하고 천문학적 보조금으로 지원하는 국가대항전에서 반도체산업을 재벌의 수익사업으로만 인식하고 '쩐(錢)의 전쟁'을 민간기업에만 맡기면 '신(神)이 돕는 나라'일지라도 그 미래는 보장하지 못한다.

미국은 첨단반도체기술만 있고 공장이 없다. 중국은 공장만 있고 기술이 없다. 한국은 공장도 있고 기술도 있다. 미·중이 한국을 서로 끌어당기는 이유다. 한국은 지금 반도체와 축구 빼고는 중국보다 잘하는 게 없다. 미·중 관계에서 한국의 '최종병기 활'은 첨단반도체기술이다.

미·중 관계에서 한국의 외교수명은 반도체와 같이 간다. 나라가 힘이 없으면 해외에 나간 대통령이 어떤 대접을 받는지를 우크라이나의 젤렌스키 대통령을 통해 똑똑히 봤다. 반도체기술에서 미·중에 따라잡히는 순간 한국은 진짜 개털 된다. 젤렌스키 대통령의 일이 남의 일이 아닐 수 있다.

한국 AI 성공의 4가지 조건(MDMC)

중국의 작은 스타트업 AI기업인 딥시크(Deep seek)가 세계 1위의 AI 회사인 오픈 AI의 뒤통수를 쳤다. 그래서 지금 세계 AI산업은 딥시크 열병을 앓고 있다. AI는 미국에서 공부하지 않으면 안 된다는 믿음도 딥시크가 깼다. 딥시크 개발자들은 CEO부터 모두 중국에서 공부한 토종들이다.

결국 시력(視力)이 실력이다. 변화를 먼저 읽고 빨리 올라타는 것이 실력이다. 한국의 AI산업이 중국의 딥시크 같은 AI기업을 만들어내려면 어떻게 해야 할까? 'MDMC'가 관건이다.

첫째, 맨파워(Manpower)다. 중국의 작은 자산운용사가 만든 AI회사 딥시크가 세계 1위 기업의 1/18 비용으로 세계 1위 기업에 맞먹는 AI모델을 출시했다. 무명의 AI회사 딥시크는 1월 20일 이후 6천 2백만 명의 사용자를 확보해 단숨에 세계 4위로 올라섰다.

수학 천재였던 딥시크 CEO 양원펑은 창업 2년 만에 세계적인 AI모델을 개발해 냈다. 지금 AI시대는 괴팍한 천재 한 명이 나라를 먹여 살린다. 한국의 수학, 과학 영재들이 공대 아닌 의대로만 몰리게 만들면 AI는 포기해야 한다.

둘째, 데이터센터(Data center) 확보다. 세계 AI산업 순위는 데이터센터의 수와 일치한다. 세계 데이터센터의 수는 미국이 1위다. 중국의 AI가 미국을 뒤통수 치는 것은 인프라가 갖춰져 있기 때문이다. 2023년 말 기준 한국의 데이터센터 수는 미국의 3%에 불과하고 중국의 1/3 수준에 그치고 있다.

데이터센터를 혐오시설로 생각하고 기피하면 AI는 포기해야 한다. '전기 먹는 하마'가 된 데이터센터는 전기와 열 때문에 전력과 용수공급이 필수다. 한국은 지방정부의 이해관계로 데이터센터와 전력시설 확보에 어려움을 겪고 있다. 지방자치단체 간의 이해관계는 중앙정부와 국회가 나서서 입법으로 정리해 주어야 한다. 데이터센터 확보를 두고 기업과 지자체의 밀당으로 시간 끌고 있는 사이 기회는 떠나간다.

셋째, 투자(Money)다. 지금 AI 투자는 기업 간 경쟁이 아니라 국가 간의 경쟁으로 양상이 바뀌었다. 그간 미국에 비해 AI 투자에서 주춤거렸던 중국도 2025년 양회의를 기점으로 독과점의 족쇄가 풀린 민간 빅테크기업들을 중심으로 대대적으로 AI에 투자한다. 중국을 대표하는 빅테크 알리바바가 클라우드와 인공지능(AI) 분야에 3년간 3,800억 위안(약 75조 원)을 투자한다. 알리바바가 투자하면 텐센트, 바이두도 가만있지 않는다. 2025년부터 중국에도 AI 민간투자가 붐을 이룰 전망이다. 중국에서는 AI를 육성하겠다고 벤처업계가 1조 위안, 200조 원 규모의 AI 펀드를 조성한다.

한국에서는 유망한 AI 반도체회사가 투자자금의 추가 유치를 못 해 미국의 메타에게 매각을 추진 중이라는 안타까운 소식이 들린다. 세상은 지금 AI 국가대항전이다. 한국, AI 국가펀드를 만들어 AI산업에 투자해 주지 않으면 키운 고기도 놓치는 우를 범할 가능성이 높다.

넷째, AI 칩(Chip)의 확보다. 관점을 달리하면 AI는 문화 체화형 산업이다. 각국의 사회, 문화, 역사, 경제, 제도에 적합한 '맞춤형 AI(소버린 AI)'는 반드시 필요하고 한국도 여기에 집중해야 한다. 천문학적인 돈이 들어가는 전 세계를 관통하는 AI 고속도로를 한국 기업이 깔 수는 없지만 승객의 니드에 맞는 AI 자동차는 한국도 얼마든지 만들 수 있다.

전제는 AI 칩이다. 생성형 AI는 맛보기이고, 결국 산업에 활용하는 피지컬(Physical) AI와 범용인공지능(AGI)이 종점이다. 미국이 시작했고 중국이 손댄 AI산업, 10년 내 대변혁이 온다. 그러나 AI가 완성되려면 하드웨어로 미국의 첨단 그래픽처리장치(GPU)와 한국의 고대역폭 메모리(HBM) 반도체 없이는 안 된다.

하지만 한국 AI기업 중 첨단 엔비디아 AI 칩을 2,000개 가진 곳도 드물다고 한다. AI는 이제 기업기술이 아닌 국가기술이자 국력이다. 한국은 HBM 팔아 돈 버는 것도 해야 하지만, 국가 차원에서 엔비디아에 HBM 공급에 레버리지 걸어 엔비디아로부터 첨단 GPU를 확보해 플랫폼기업들이 AI를 개발하는 데 도움주는 방안을 강구해야 한다.

트럼프 대통령처럼 정부가 행정명령으로 한국의 HBM 공급을 받는 기업은 GPU를 일정수량 한국에 우선 배정받게 하는 것이다. 한국의 HBM 공급업체가 엔비디아에 대놓고 요구할 수는 없다. 한국 정부가 나서서 기업에 명분을 만들어주고 이를 핑계로 첨단 엔비디아 AI 칩을 확보해 줘야 한국 AI산업이 산다.

04 '미국 책, 한국 책'으로 중국을 공부하면 진다

극중(克中) 하고 싶다면 지중(知中)이 먼저다

'분노의 눈은 1,000개가 있어도 실체를 제대로 볼 수 없다'고 한다. 중국의 오만함과 무례함 탓에 중국을 분노의 눈으로만 보면 진정한 실체를 볼 수 없다. 중국을 이기고 싶다면 중국을 아는 것이 먼저다. 입으로만 극중(克中)하고 액션은 없는 'NATO(No Action Talking Only)'만 하고 있으면 답이 없다.

　서방 언론의 중국 인구 감소로 인한 위기론에 맞장구나 치고 있을 때가 아니다. 1억 8,000만 명의 대졸자가 만들어내는 새로운 중국을 무섭게 바라보고 신중하게 판단해야 한다. 한국의 기회가 어디에 있는지 매의 눈으로 살펴봐야 할 때다. 서방 언론에서는 중국 인구가 인도에 추월당한다고 마치 큰일 난 것처럼 호들갑이지만, 중국이 '인구대국' 자리를 지켜야 할 특별한 이유는 없다. 미국이 인구 수가 1등이라서 세계 경제 1위 자리를 유지하는 것이 아니다. 일본은 2010년까지 세계 경제 2위 국가였지만, 인구 2위 나라는 아니었다. 생물학적 인구 수가 국가의 힘과 부를 결정짓던 시대는 한참 전에 저물었다. 지금은 인구가 아닌 인재가 중요한 시대다.

미·중의 실력 비교(2023)

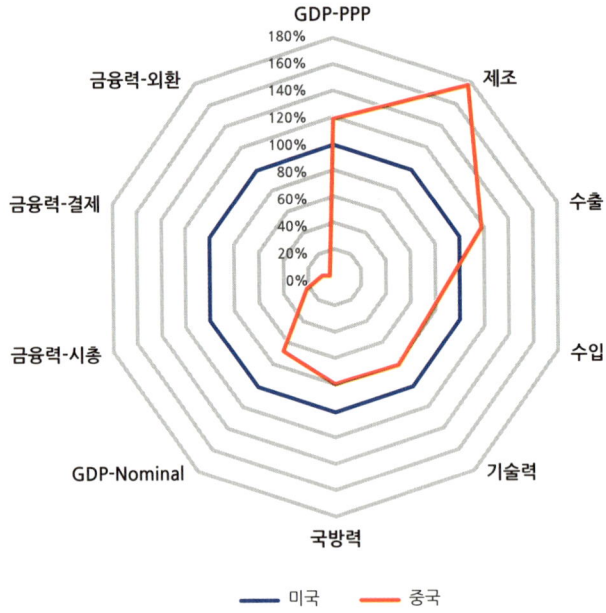

한·중의 실력 비교

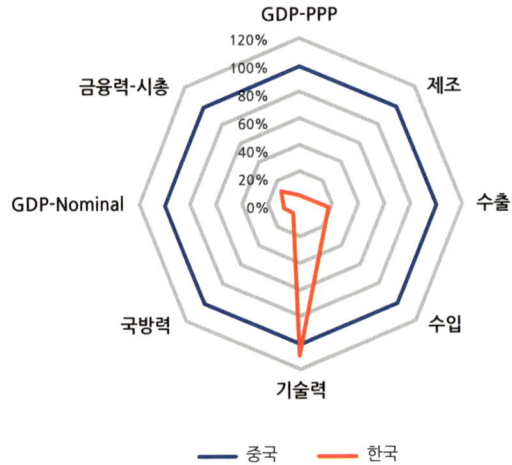

자료: 중국경제금융연구소

이젠 '디지털 베이비'의 숫자가 곧 국가 경쟁력이다. 미국 실리콘밸리와 플랫폼기업들이 강했던 이유는 뱃속에서부터 태교음악을 디지털로 듣고 노트북과 휴대폰으로 놀고 공부한 디지털 베이비 숫자가 전 세계에서 가장 많았기 때문이다. 빌 게이츠, 스티브 잡스, 마윈, 마화텅 같은 인재 1명이 1억 명 인구보다 더 큰 역할을 한다.

1995년 이후 탄생한 미국과 중국, 한국 디지털 베이비들의 조건은 모두 같다. 중국은 1994년 인터넷이 개통됐고, 2013년부터 4G 서비스가 시작됐다. 1995~2009년 사이 태어난 중국 MZ세대는 2억 6,000만 명이다. 미국 전체 인구의 81%, 한국 인구의 5.2배에 달하는 이들은 디지털화된 중국에서 태어나고 성장한 디지털 베이비다. 비 온 뒤 죽순 올라오듯 자라는 중국 디지털 인재의 급부상에 주의해야 한다.

미국 'CB Insights'가 조사한 2023년 전 세계 유니콘기업 숫자를 보면 중국이 171개, 한국은 14개다. 상위 10개 사의 시가총액을 보면 중국이 4,359억 달러인 반면, 한국은 280억 달러에 그친다. 결국 민주주의 사회주의가 아니라 창의성 있는 인재를 키우냐 못 키우냐가 문제다.

'극중(克中)' 하고 싶다면 '지중(知中)'이 먼저다. 중국을 아는 창의성 있는 인재가 중국을 이기는 데 필수다. 지금 한국 사회의 반중정서는 상수처럼 보이지만 이것도 돈이 해결한다. 돈 되면 친중, 돈 안 되면 반중이다. 대중 전략에 있어 우리가 가진 '한 칼'이 없으면 더 힘들어진다. 한·중 관계는 밥(돈)으로 맺어진 관계이고 밥으로만 통한다. 한국과 중국은 단 한 번도 사상의 동지, 이념의 친구였던 적이 없다. 오로지 이해관계로 맺어진 관계다.

중국에서 지난 30년간 한국은 6,826억 달러를 벌었고 홍콩을 포함하면 1조 3,306억 달러를 벌었지만 성장은 잃었다. 중국은 여전히 5% 성장하는데 한국은 성장률이 1%로 떨어졌다. 더불어 한국은 중국의 반도체와 배터리

소재의 '자원의 덫'에 걸렸다. 공급망을 조심해야 한다.

한국의 대중 무역수지와 GDP 성장률

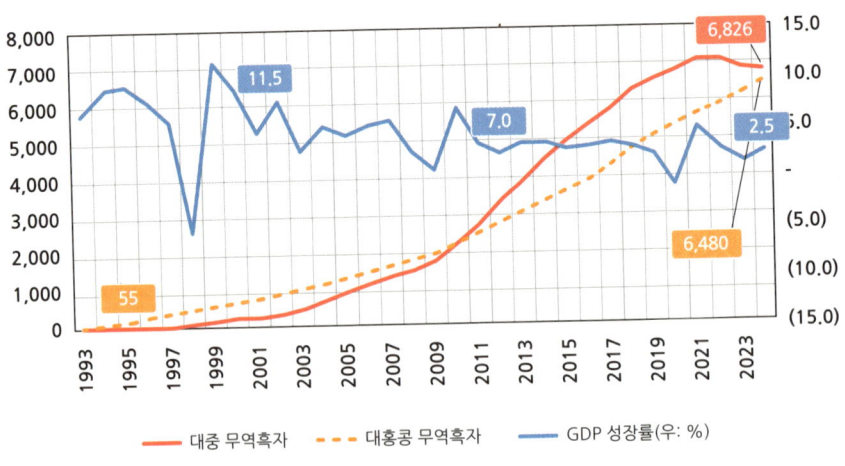

자료: 무역협회

한국이 왜 중국에서 실수하고 퇴출하는지는 '개 3마리'로 설명된다. 바로, 중국을 한 번도 가 보지 않고 다 아는 척하는 선입견, 편견으로 중국을 보지만, 마지막 개 '불여일견'이다. 직접 가서 보면 다 뒤집어진다.

한국은 중국을 '한국 책'으로 읽고, '영어 책'으로 본다. 한국의 중국 전문가라고 하는 많은 인재들은 중국 본토에서 공부한 박사들이 아닌 한국과 미국에서 공부한 박사들이다. 이렇다 보니 인터넷 수준의 얘기와 별 차이가 없다.

한국은 중국이 남북 5,500km, 동서 5,200km의 거대한 31개의 연합국임을 잘 모른다. 상해 사람이 상해 말을 하면 북경 사람은 한마디도 못 알아

듣는 나라를 한국은 중국을 한 개의 나라로 본다. 한국의 경제와 산업은 중국에 대해 이미 심한 '을(乙)'인데 중국에 대해 '갑(甲)'이라고 착각한다.

중국은 '10m 장미'다. 멀리서 보면 아름다워 보이지만 가까이서 보면 가시가 많다. 중국은 한국과 붙어있는 가장 가깝지만 가장 애증이 많은 나라다. 한국은 독감환자 중국을 말기 암환자로 본다. 한국은 중국 경제를 냉정한 이성(Data)로 접근하는 것이 아니라 분노한 감성으로 접근한다.

1994년 이후 중국 GDP의 대미국 비중은 8%에서 64%로 8배가 커졌지만, 한국의 대중국 GDP 비중은 83%에서 10%로 1/8로 작아졌다. '가게가 커지니 종업원이 손님을 깔본다'. 지난 30년간 중국이 한국을 보는 관점도 바뀌었다.

중국/미국, 한국/중국 GDP 비중

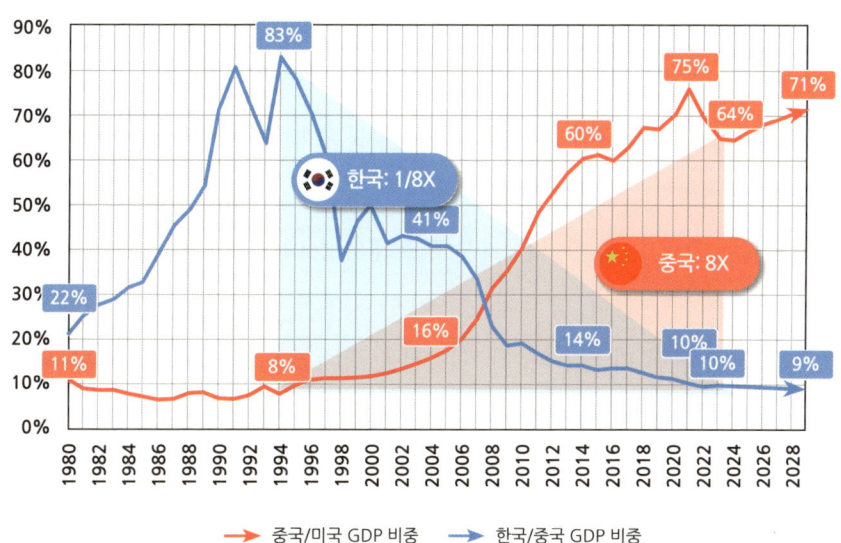

자료: IMF

중국은 30년 전에는 우리 한국을 따거(형님), 사장님이라고 불렀다. 그러다 20년 전에는 친구, 10년 전부터는 한국인이라고 부른다. 중국이 중국에 있는 우리 동포를 조선족이라고 부르듯이, 우리를 '한국족'으로 부르는 날이 오면 한·중 관계는 끝났다고 봐야 한다.

한국은 중국이 한류에 진심이라고 아직도 착각한다. 대국은 소국의 문화를 탐하기는 하지만 절대 자기 문화를 바꾸지는 않는다. 그냥 재미있으니까 보는 것이다. 중국에 대해 보이지 않는 것으로 공략하고 지나간 것에 연연하면 안 된다. 보이는 것으로는 14억을 못 이긴다. 14억을 이기려면 보이는 것이 아닌 보이지 않는 것, 무형의 자산과 기술 서비스로 싸워야 한다.

한국은 중국이 망해서, 내수가 나빠져서 장사할 게 없어 퇴출한다고 한다. 그러나 미국, 일본, 유럽기업은 멀쩡하게 장사 잘하고 있다. 눈앞에 있는데 왜 안 보일까. 관심과 집중 없이 중국을 대충 보기 때문이다. 자세히 봐야 보이고 돈 벌 기회가 보인다.

반도체기술의 원조는 미국이다. 그러나 미국은 반도체기술이 일본, 한국, 대만, 중국으로 건너갔다고 기술이 유출되었다고 화내지 않는다. 미국은 후진국 반도체회사에 자본을 투자해서 돈을 벌고 일본은 소재와 장비를 팔아 돈을 번다.

문제는 한국이다. 한국은 자본도 소재도 장비도 변변치 않다. 한국 '소부장'을 육성해야 한다. 중국에 근육이 아니라 세포를 팔면 된다. 중국에서 안 터지려고 하면 더 터진다. 터지는 것을 겁내면 안 된다. 중국에 팔 게 있고, 줄 게 있고, 탐낼 게 있어야 대접받는다.

중국을 미국 책으로 보고, 한국 책으로 읽고 공부하면 진다. 중국 책으로 중국을 제대로 공부해야 한다. 그리고 한 놈만 패라는 싸움의 법칙을 공부해야 한다. 철강, 화학, 조선, 기계, 가전, 자동차 모든 것에서 중국에 졌다고 불안해할 필요가 없다. 흘러간 것은 그대로 두고 새로운 것에 승부를 걸면 된다. 대만의 시총이 한국을 넘어섰다. 오로지 첨단 파운드리 반도체 하나로 한국 시총을 넘어선 것이다.

2등 하면 죽는 4차 산업혁명 시대, 싸움의 기술이 바뀌었다. 백전백승보다는 부전승, 부전승보다는 차도살인이 고수전략이다. 미·중의 전쟁에서 어부지리, 차도살인의 수를 노려야 한다. 미국이 중국을 좌초시키려는 기술전쟁에서 한국은 반도체로 기회를 노리고 금융전쟁에서는 중국 투자로 돈을 벌 궁리를 해야 한다.

'포스트-트럼프 시대', '비욘드 차이나(Beyond China) 시대'를 준비하라

중간선거에 지면 바로 레임덕이 오는 2년짜리 대통령이 될 가능성이 있는 트럼프의 '죄수의 딜레마' 덫에 빠지지 말고 '팃포탯 전략'으로 시간을 벌고 후일을 도모하는 것이 상책이다. 트럼프, 급하게 먹는 밥 반드시 체해서 병원 간다. 병원 갔다 오면 힘 빠지게 되어 있고 정신 차리고 나면 임기 끝이다.

한국, 트럼프 4년에 맞춰 모든 것을 뜯어고치면 4년 뒤에 또 문제 된다. 4년이 아니라 적어도 10년은 보고 대미 전략을 짜야 한다. 4년짜리 미국 대통령의 정치적 레토릭에 불과한 '땡큐'에 맞추려고 미국에 투자하면 실수할 위험이 크다. 바이든의 땡큐에 발맞춘 반도체와 배터리가 좋은 사례다. 이번에 바이든 정책 다 뒤집고 새로운 '투자가속기'를 통해 투자유치 한다는 트럼프의 '땡큐'에 맞장구치면 4년 뒤에 또 어떤 황당한 일이 벌어질지 모른다. 미국 대통령의 신뢰가 깨졌다.

한국, 정치에 휘둘리지 말고 기술에 휘둘려야 한다. 지금은 기술혁명의 변곡점에 서 있다. 4년짜리 정치는 흘러가는 구름이고 기술은 짧게는 10년 길게는 30년을 변화시키는 힘이다. 한국은 인재 키우는 것, 신산업 키우는 것을 현실적으로 해야 한다. '창조적 파괴', '혁신'은 교수들 모셔다 위원회 만들어 회의하고, 호텔에서 포럼, 세미나 해서 달성되는 것이 아니다. 돈과 행동으로 보여주는 것이다.

신산업에 대해 파격적인 지원과 보상이 있어야 인재가 오고 세상을 뒤집는 발상의 전환이 나온다. 한국이 반도체 하나 빼고 중국에 모두 추월당한 이유는, 한국은 혁신을 '입'으로만 하고 중국은 기본 100-200조 원 펀드를 만들어 '돈'을 투자하고, '액션플랜(Internet+, AI+)을 만들어 행동'으로 실천하기 때문이다.

1인당 소득 3만 달러였던 '라떼' 얘기를 하면 MZ 천재는 바로 문 열고 나간다. 좋아하는 일 밤새도록 하게 내버려둬야 한다. 정부가, 정치가 나서서 강제로 못 하게 막는 것은 패착이다. 80년대에 저학력 노동자 착취 시대에 머리띠 두르고 스패너 망치 들고 하던 노동과 21세기 AI 시대, 에어컨 아래 노트북으로 손가락만 가지고 일하는 노동은 차원도, 혁신도, 생산성도 다르다.

생산성 있는 52시간은 의미 있지만 생산성이 떨어지면 104시간 208시간 일해도 모자라다. 시대가 바뀌었는데도 80년대식 52시간을 정치가 표심에 목매달아 '전가의 보도'처럼 휘두르고 있으면 인재가 떠나고 기업이 떠나고 돈이 떠난다. 정치가 민생을 돕는 것이 아니라 국민이 정치 걱정하고 있으면 진짜 한 방에 훅 가는 수가 있다. 미국의 민심을 못 읽은 G7의 정치리더들, 코로나 이후 모조리 낙마한 것이 좋은 사례다.

한국, 트럼프보다는 '포스트 트럼프 시대'를 대비하고 차이나보다는

'비욘드 차이나' 시대를 준비해야 한다. 산업의 생태계가 붕괴된 미국, 트럼프 집권 4년 만에 회복은 불가능하다. 조선업, 원자력도 마찬가지다. 미국은 아시아 작은 나라의 힘을 빌리지 않으면 군함도 못 만든다. 원전 역시 미국은 이미 제조생태계와 연료공급망이 무너졌다. 값싼 석유에너지에 의존하다 기술개발을 도외시한 탓이다.

관세부과로 제조업을 부활시킨다는 것은 언 발에 오줌 누기이고 신뢰만 까먹는 자충수다. 트럼프의 지지도를 보면 정권 초기임에도 42%에 불과하다. 미국민의 절반 정도만 트럼프의 정책을 믿는 것이다. 이 정도 수준이면 2년 뒤 중간선거 때에는 더 낮아질 판이고 그러면 바로 레임덕이 온다. 트럼프의 관세폭탄 투하에 너무 쫄 필요 없다. 전 세계에 동시에 던지는 것이라 미국을 제외한 나머지 나라들은 같은 피해자들이다.

트럼프 정책에 공포에 빠지기보다는 오히려 미국의 헛발질에서 한국의 기회를 찾고 포스트 트럼프 시대에 더 약해진 미국에 팔 것을 찾고 미리 준비하는 것이 중요하다. 첨단반도체, 신에너지, 전기차, 환경, 조선 분야에서 미국의 결핍을 메워주면서 돈을 버는 방법을 체계적으로 그리고 철저하게 준비할 필요가 있다.

대중국 전략도 마찬가지다. 중국에만 목맬 필요가 없다. 대표적인 것이 한한령 해제다. 제발 중국에게 한한령 해제해 달라는 소리 그만하고 K-Culture를 '테이크 아웃'하게 하는 것이 답이다. 중국으로 한류 콘텐츠 수출이 막히자 한국은 세계적인 경쟁력을 확보했다. 중국의 한한령이 한국에는 보약이 되었다.

한국의 김밥부터 불닭면까지 한국의 먹거리가 지금 한국의 K-culture 붐과 함께 대박이 났다. 한국인의 창의는 심지어 불교에까지 영향을 주었다. 화엄사 템플버거, 템플김밥, 절간카페가 좋은 예다.

중국에서도 이젠 한국이 아닌 브랜드로 공략해서 성공한 기업들이 보인다. 중국에서 파리바게트, 젠틀몬스터, 휠라, NBA(한섬엠케이) 등의 히트상품에 대해 중국인들은 한국 제품이라고 생각하지 않는다. 그리고 동대문 패션을 세계화한 에이블리, 한국 '화장품계의 알리익스프레스'로 불리는 화장품업체 Stylekorean.com(실리콘투)은 중국 이외 지역에서 한국 화장품을 히트시킨 좋은 사례다.

14억을 상대로 한 '대장금', '사랑이 뭐길래'가 아니라 80억 세계인들을 대상으로 '미나리', '오징어 게임', '아파트'를 파는 경쟁력을 우리가 가졌고 개발했다. 다른 분야도 마찬가지다. 중국에서 막혔다고, 터졌다고 세상 끝났다고 생각할 필요가 없다. 미국으로 수출은 끝날 것 같은 중국은 글로벌 사우스(Global South)와 BRICS 그리고 아시아에 파는 것이 미국에 파는 것보다 더 많다. 그래서 미국의 관세폭탄에도 무덤덤하다.

저가품 생산은 하지 않는 미국, 중국의 우회수출기지였던 멕시코, 캐나다도 그 수명이 끝나간다. 미·중 무역전쟁의 새로운 수혜자는 동남아시아가 될 가능성이 높은데, 이들 지역은 인구와 소득 증가로 인해 중국을 대체할 중저가 제품의 생산과 소비지로 부상하게 될 것이다.

한국은 미·중의 무역전쟁에서 '황금알을 낳은 거위'를 품었다. 바로 40만 명이 넘는 '다문화가정'이다. 동남아에서 시집온 다문화가정의 엄마들과 그 자녀들이 한국의 새로운 희망이고 보배다. 아이들은 아빠의 언어보다는 엄마의 언어를 쉽게 그리고 똑같이 배운다. 한국 다문화가정의 자녀들은 동남아시아의 언어를 네이티브처럼 하고 한국의 언어와 문화를 기본으로 영어까지 한다.

아세안 국가에 대한 시장 공략에 한국은 보배를 얻었다. 다문화가정의 아이들을 훌륭하게 키우고 인재로 육성하는 데 사회와 국가가 적극적으로 나서야 한다. 중국을 넘어서는 '비욘드 차이나' 시대를 준비하는 데 한국이 반도체산업만큼 키워야 할 것은 바로 다문화가정 출신의 인재들이다.

05 한국, '돈(錢)'과 '반도체'를 일하게 하라

한국은 중국 내 전통산업에서 퇴출되었다고 원통해할 필요가 없다. 돈과 반도체를 일하게 하면 된다. 돈은 잠들지 않는다. 철강, 화학, 조선, 기계, 자동차, 가전, 반도체기술 모두 미국, 일본에서 넘어온 것이고 이제 한국을 거쳐 중국과 동남아로 가고 있다.

그러나 미국과 일본은 반도체를 한국에 넘겼다고 원통해하지 않는다. 삼성과 하이닉스가 열심히 일하면 땀 한 방울 흘리지 않고 수익의 50%는 외국인이 가져간다. 삼성과 하이닉스 지분 50% 이상이 외국인이다.

가보지 않은 길은 두렵지만 가본 길은 편하다. 미국은 반도체산업의 경험과 일본에서 반도체 투자한 경험을 바탕으로 한국 반도체산업과 기업을 보기 때문에 편하게 한국 반도체회사 지분을 50% 이상 들고 있는 것이다.

'경험이 최고의 선생님'이고 금융은 '살아온 삶의 흔적으로 돈 버는 산업'이다. 삼성과 하이닉스가 어려워진다면 가장 크게 손해 볼 사람들은 외국인이다. 한국의 진짜 위기는 외국인이 삼성전자와 하이닉스를 다 털고

나갈 때다.

　금융에서는 미국을 벤치마크하면 실수가 적다. 제조업을 아시아로 다 내보내고도 잘 먹고 잘 사는 미국의 투자를 한국도 대중국 전략에서 벤치마크할 필요가 있다. '손(手)'을 일하게 하는 것이 아니란 '돈(錢)'을 일하게 하는 것이다.

　미·중 전쟁은 필연적으로 금융전쟁으로 끝나게 되어 있다. 이제 2단계를 지나고 3단계의 시작이다. 한국, 중국의 약한 곳을 공략해야지 강한 곳을 공략하면 다친다. 중국은 모든 산업을 다 개방했지만 금융은 일부만 개방했다. 중국의 가장 약한 부분이고 외국인 입장에서는 가장 유망한 곳이다.

　AI 시대의 일은 반도체가 한다. 지금 모든 산업은 반도체가 없으면 올 스톱이다. 스마트폰은 '반도체 통조림'이고 앞으로 스마트폰을 대체할 '바퀴 달린 스마트폰'인 자율주행차는 '반도체 드럼통'이다. 자본주의 역사를 보면 자본, 노동, 기술의 변화가 있을 때 큰 부(富)가 따라온다.

　산업혁명은 인간의 육체노동, 블루컬러를 대체했기 때문에 대박이었고, 가상화폐는 자본을 대체하는 새로운 자본이 될 가능성 때문에 폭등했다. 블루컬러 노동자들을 편하게 일하게 만든 정보기술이 지난 20여 년간 대박이었다면 이제는 AI가 인간의 정신노동까지, 화이트컬러를 대체하는 기술로 대박을 칠 수밖에 없는 시대다.

　미국은 무에서 유를 창조하는 '0~1의 혁신'에 강하고 중국은 거대한 인구와 제조능력 그리고 시장을 통해 돈을 버는 '1~100' 상용화에 강하다. 40여 년간의 선진국산업을 이전받아 발전하고 축적된 자본과 기술로 중국은 이제 0~1의 영역에 진입하고 있고, 게다가 '돈 먹는 하마'를 바로 '돈 버는 하마'로 전환하는 데 미국보다 빠르다.

AI에서는 딥시크(Deepseek)가 대표적인 사례고, 휴머노이드 로봇에서는 유니트리가 대표적인 사례다. 유니트리는 2025년 신년 축하공연에서 무희들과 공연에서 같이 춤추었던 휴머노이드 로봇을 전자상거래 사이트에서 팔고 있다.

그러나 어떤 종류의 AI도 반도체(두뇌)와 배터리(심장) 없이는 인간처럼 행동할 수 없다. 그런데 AI는 GPU와 고대역메모리(HBM) 없이는 안 된다. 지금은 GPU에 메모리를 붙이는 상황이지만 한국이 발상의 전환과 기술의 획기적 도약으로 메모리에 GPU를 올리는 AI 칩을 만들면 판이 뒤집힌다.

시력(視力: 통찰력)이 실력(實力)이다. 한국은 천행으로 40년 전 할아버지의 반도체에 대한 혜안이 손자를 웃게 만들고 대한민국을 당당하게 만들었다. 대만의 시가총액이 한국을 넘었다. 철강, 화학, 조선, 기계, 자동차 없이도 한국을 넘어선 단 한 가지 이유는 반도체다. 한국의 1인당 GDP가 일본을 추월했다. 이유도 반도체의 유무가 승패를 갈랐다.

미국은 첨단반도체기술은 최고지만 공장이 없고, 중국은 반도체 공장은 있지만 기술이 없다. 한국은 기술도 공장도 다 있다. 미국은 배터리가 없고 중국은 배터리가 있지만 미국은 중국산을 경쟁 때문에 쓸 수 없다. 한국은 미국이 가지지 못한 배터리를 가지고 있다.

한국은 지금 미·중 기술전쟁에서 당당하게 어부지리 할 수 있는 천재일우의 기회다.

미·중이 양대 강국이지만 미·중의 결핍을 우리가 가지고 있으면 당당할 수 있다. 세계 최고의 AI 반도체업체 엔비디아를 주가 폭락시키고 구글, 메타, 아마존 등 미국 AI기업 주가를 폭락시킬 수 있는 힘을 한국이 쥐고 있다. 가정이지만 한국이 트럼프 대통령처럼 국가안보를 핑계 대면서 행정명령으로 엔비디아에 한국산 고대역메모리(HBM) 판매를 중단시키면 미국은 물론이고 중국도 난리 난다.

중국이 2025년 3월 글로벌 CEO와 중국 지도부가 소통하는 연례행사인 '중국 고위급 발전 포럼(CDF)'에 한국의 삼성전자와 하이닉스를 초대했다. 이어진 시진핑 주석의 '국제공상업계 대표 회견'에 참석시키고 기념촬영 시간에 삼성전자의 이재용 회장을 정중간 시진핑 주석의 바로 뒷자리에 배치한 이유가 있다.

미·중의 기술전쟁은 AI전쟁이고, AI전쟁에서 GPU와 고대역메모리(HBM)는 전략 핵심무기다. 엔비디아는 '세계 최고의 AI무기상'이지만 대만의 TSMC와 한국의 삼성과 하이닉스 없이는 무기를 팔 수 없는 무기상일 뿐이다. 중국도 GPU는 화웨이가 개발하지만 고대역메모리(HBM)가 없다. 한국의 미·중 외교에서 '최고의 외교관은 반도체'다.

한국 외교의 수명은 한국 반도체의 기술 수명과 같이 간다. 한국은 그간 주중대사를 대통령의 주변인물로만 보내 중국 외교부 및 정부와 접촉조차 어려웠다고 한다. 발상의 전환을 하자면 세계 1위 반도체회사, 삼성전자 반도체 출신 사장을 중국 대사로 보내면 어떻게 될까?

2,000여 년간 권력투쟁에서 음모와 모략, 전략에 이골이 난 나라 중국에서 '정치'하겠다면 오산이다. 그간 한국은 중국과 정치를 하고 싶어 했지만 중국은 한국을 '실리'로 본다. 중국의 최대 고민인 미국의 반도체 공격에 대응할 전략이 필요한데 세계 최고의 반도체회사 CEO 출신이 대사로 온다면 안 만날 이유가 없어 보인다.

06 중국에 '살아온 삶의 경험'을 투자하라

2020년 이후 4년간 중국 증시는 전 세계에서 유일하게 하락했다. 정책의 헛발질이 있었고 미국의 견제가 있었지만 그보다는 이동제한을 걸었던 3년간의 코로나봉쇄가 결정적인 타격이었다.

중국은 겉으로는 강해 보이지만 2,000년 역사를 보면 외세의 침입이 아닌 농민의 봉기로 무너졌다. 민심이 천심이고 '잘 살면 쇼핑이지만 못 살면 혁명'이라는 DNA가 중국인의 핏속에 흐르고 있다.

중국의 지도자들은 고전을 읽고 실천하는 사람들이다. 시진핑의 모든 연설에는 반드시 상황에 맞는 고사나 성어가 나오는데 '물은 배를 띄우기도 하지만 전복시키기도 한다'는 당태종의 정관정요의 계훈이 중국 지도자들의 폐부를 찔렀다.

21세기 용어로 천심, 즉 '민심은 소비자 심리지수'다. 중국은 코로나 3년, 공동부유 3년간 집값과 주식가격이 반 토막 났고 정부 말 따라 하다 '벼락 거지'가 되었다. 중국의 민심을 측정하는 지표인 소비심리가 2022년 이후 4년간 최악이고 이는 시진핑 집권 2012년 이후 최악이다. 소비가 죽었다. 이는 민심이 돌아선다는 얘기다.

2024년 9월 시진핑 정부는 갑자기 재정금융 정책을 모두 동원한 대대적인 경기부양책을 쏟아냈다. 그간 규제했던 부동산, 플랫폼기업의 규제를 싹 다 풀었고 부동산과 주식시장의 경기부양을 공식적으로 선언했다. 이후 주식시장이 상승으로 돌아섰고 부동산시장도 가격은 아직 하락 중이지만 거래량이 급증하고 있다.

중국의 민심, 소비심리지수

자료: 국가통계국 자료로 중국경제금융연구소 작성

4년간 하락했던 중국 증시, 모든 악재가 호재로 바뀌고 있다. 정부 정책이 규제에서 부양으로 바뀌었고, 코로나는 끝났다. 소비부진을 정권위기로 인식한 중국 정부는 2024년 경제공작회의에서 부동산과 증시부양을 명시적으로 못 박았고, 2025년 양회의 정부보고에서 다시 쐐기를 박았다. 그리고 2021년 시진핑 3기 집권의 최대 정치 어젠다였던 '공동부유(共同富裕)론' 도 2025년 2월 17일 민영기업가 좌담회 발언을 통해 슬그머니 철수했다.

시진핑 주석이 '선부가 공동부유를 이끌어야 한다'라는 발언을 하면서 주가에 부정적이었던 '공동부유' 정책보다 '선부'가 상징하는 친기업 정책으로 선회했음을 시사했다. 또한 2020년 중국의 규제강화 기조는 정부가 알리바바 계열사인 Ant 그룹의 IPO를 차단하면서 시작됐는데, 이번 좌담회에 알리바바의 CEO 마윈이 참석했다는 것이 시그널이다.

싸면 사고 비싸면 파는 것이 투자다. 증시는 동화와 다르다. 하늘 끝까지 자라는 동화 속 '잭의 콩나무'는 증시에는 없다. 최근 4년간 미국 증시가 폭등했지만 이제 조정국면이다. 반대로 딥시크와 트럼프 2기 정부 출범을 계기로 중국 증시는 반대로 기지개를 켜고 있다. 4년 만에 다시 중국 투자의 시대가 도래했다.

전 세계에서 한국만큼 중국을 잘 아는 나라가 있을까? 중국과 서로 영토를 맞대고 2천 년을 살았고 중국에서는 공산주의로 사라진 '공자문화(孔子文化)'의 원형을 그대로 보존하고 있는 나라가 한국이다. 과거 50년간 중국은 줄을 잘못 서, 공산주의로 가는 바람에 쇠락의 길을 걸었다. 한국은 자본주의로 줄을 서 단군 이래 처음으로 중국을 앞섰었다.

그랬던 중국이 10-20년 안에 다시 세계의 넘버 원으로 복귀할 준비를 하고 있다. 한국은 조선왕조 500년간 중국에 조공을 바치며 국가를 보존하고 단일민족의 피를 보존하며 살아왔다. 21세기의 조공은 무엇일까? 사회주의 국가 중국이 자본주의로 바뀌고 있다. 자본주의 세계에서의 21세기 조공은 '배당과 이자다'.

중국의 경제력과 시총 비중의 괴리(2024년 기준)

	국가	시총	(비중: A)	GDP	(비중: B)	차이(A-B)
1	미국	61.8	49.5%	29.2	26.9%	22.6%
2	중국	11.8	9.5%	18.3	16.9%	-7.4%
3	일본	6.4	5.1%	4.1	3.8%	1.4%
4	유로넥스트	5.7	4.6%	11.4	10.5%	-6.0%
5	인도	5.2	4.2%	3.9	3.6%	0.6%
6	홍콩	4.4	3.5%	0.4	0.4%	3.1%
7	캐나다	3.6	2.9%	2.2	2.0%	0.8%
8	사우디	2.7	2.1%	1.1	1.0%	1.1%
9	대만	2.2	1.8%	0.8	0.7%	1.0%
10	스위스	2.0	1.6%	0.9	0.9%	0.8%
11	독일	2.0	1.6%	4.7	4.3%	-2.7%
12	호주	1.9	1.5%	1.8	1.7%	-0.2%
13	노르딕	1.8	1.5%	1.2	1.1%	0.4%
14	테헤란	1.7	1.4%	0.4	0.4%	1.0%
15	한국	1.7	1.3%	1.9	1.7%	-0.4%
	세계	124.8	100.0%	108.4	100.0%	

자료: IMF, WFE 자료로 중국경제금융연구소 작성

    삼성전자가 아무리 돈을 많이 벌어도 50%는 외국투자가의 돈이다. 미국이 제조업에서는 망했어도 전 세계에서 깔아놓은 주식, 채권에서 나오는 배당과 이자 그리고 시세차익을 합하면 무역수지 적자폭을 넘어선다. 현재와 같은 성장 추세라면 중국의 GDP는 구매력으로는 이미 미국을 넘어섰고, 명목상으로는 10-20년 내에 미국을 앞선다. 향후 10년 중국은 세계나 미국, 한국보다 상대적인 고성장 시대가 지속될 것으로 전망된다. 돈은 성장률 낮은 데서 높은 데로 흐르므로, 중국 투자 '황금 10년'의 시대가 올 것으로 보인다.

중국 펀드에 투자해서 망했는데 무슨 소리냐고 할지 모르지만 1인당 소득이 1만 불에서 2만 불 갈 때까지 한국 증시는 어떤 변동성을 거쳤는지를 보자. 한국도 지수가 1,000에서 2,000 가는 데 16년이 걸렸다. 그러나 이 기간 중에 시총은 160배나 증가했다. 고성장 시기에는 자금수요가 많아 증자 등 주당이익의 희석화가 있어 지수는 박스권이었지만 잘나가는 업종과 업종 내 잘나가는 종목은 대박이 나는 시장이었다.

한국과 중국의 주가지수 추이 비교

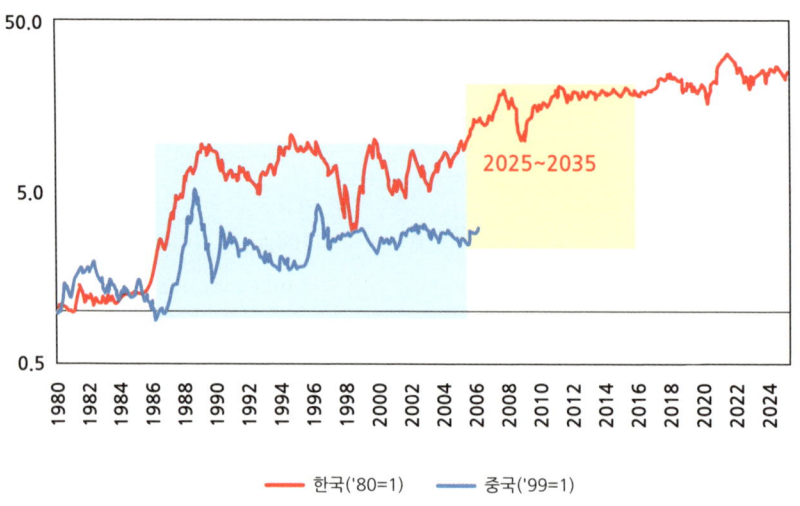

자료: 중국경제금융연구소

금융은 '살아온 삶의 지혜'를 가지고 돈을 버는 산업이다. 선진국 투자자들이 한국에서 장기 투자해 대박을 낸 것은 우리보다 10~20년 앞서 산업과 기업의 변화를 경험했기 때문이다.

중국 증시에는 앞으로 10년간 한국이 경험한 것보다 더 심한 주가변동성이 수차례 나올 것으로 예상되는데, 중국의 드라마틱한 경기변동 속에서 이런 변동성을 먼저 겪어본 한국 투자가들은 중국 투자를 통해 수익을 낼 수 있는 황금시대가 올 수 있다.

GDP가 10% 성장하면 잘나가는 산업은 GDP의 2-3배인 20-30% 성장하고, 잘나가는 산업 중에서 잘나가는 기업은 산업 평균의 2-3배는 성장한다. GDP 10% 성장기에 잘나가는 기업은 연평균 40-90%씩 성장한다. 한국, 대중국 투자의 선구안이 중요하다. GDP 성장보다 4-5배 더 높은 성장을 하는 기업을 골라내는 혜안이 있으면 워런 버핏이 이룬 부를 중국에서 이룰 수도 있다. 그러나 전제는 지중(知中)이 먼저다. 중국의 산업과 기업에 대한 깊은 연구가 있어야 한다.

한국 지수와 시가총액 추이

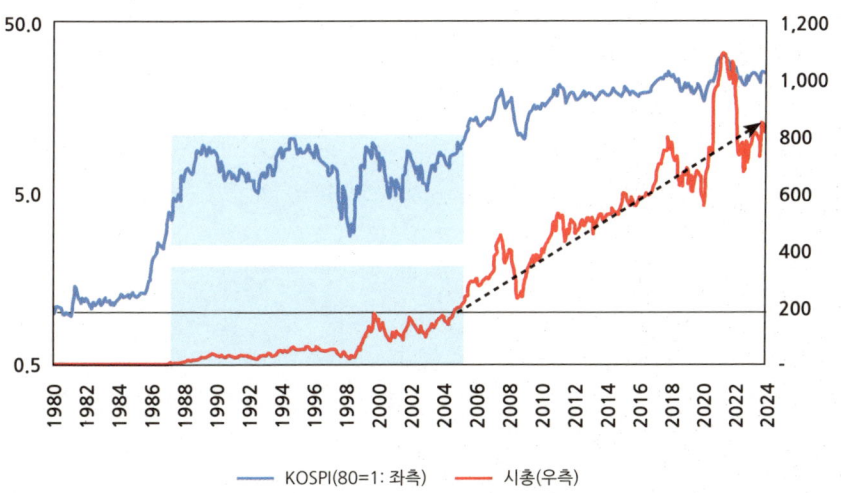

자료: 중국경제금융연구소

PART 08

향후 5년 새정부의
바람직한 대중 전략은?

01 성장률 0% 시대, 새정부의 한·중 관계 재정립 방향

구조적 변화: 달라진 대중 관계의 본질

2025년 6월 4일, 한국에 새로운 정부가 출범했다. 인수위 없이 급박하게 출범한 정권이지만, 내부적 경제 위기와 외부적 지정학 리스크 속에서 '백일 청사진'은 단순한 상징이 아닌 생존의 전략이 되어야 한다. 특히, 한국의 최대 무역국인 중국과의 관계 설정은 향후 5년의 국가 전략을 결정짓는 핵심 과제다.

한국은 지난 30년간 중국이라는 거대 시장을 통해 성장을 이루었다. 값싼 노동력과 풍부한 자원, 막대한 내수시장은 한국 기업에게 기회의 땅이었다. '시장과 기술을 맞바꾼다'는 중국의 정책 기조 속에서 한국은 중간재를 공급하고, 자본재를 수출하며, 기술력의 우위를 통해 높은 부가가치를 창출했다.

그러나 이제 판이 바뀌었다. 중국은 더 이상 한국이 필요했던 과거의 중국이 아니다. 기술, 자본, 인재를 모두 축적한 중국은 이제 한국을 '중간 기술의 원천'이 아닌 '고급 소비시장'으로 바라본다. 더 나아가, 과거 한국에서 배운 기술을 토대로 역공을 펼치며, 반도체·전기차·배터리 등 한국 주력산업의 경쟁력까지 위협하고 있다. 그들은 '기술을 무기로 한 시장확장 전략'으로 전환하며, 한국 기업을 자국 시장에 예속시키려는 전략을 강화하고 있다.

한국의 대중 무역의존도는 여전히 높은 수준이다. 그러나 과거와 달리 수출품의 경쟁력이 약화되고, 중국 현지기업과의 기술격차도 빠르게 좁혀지고 있다. 이러한 흐름 속에서 중국은 더 이상 '시장으로 유인하는 협력자'가 아니라, '경쟁자로 위협하는 전략가'로 변모하고 있다. 특히, 중국의 산업 정책은 자국 중심의 기술자립과 고급화에 초점이 맞춰져 있으며, 이는 한국의 수출 기반을 뿌리부터 흔들고 있다.

이와 동시에 미·중 전략경쟁이 심화되고, 글로벌 공급망은 이념과 지정학을 기준으로 재편되고 있다. 미국과 중국 모두 자국 이익을 최우선으로 하는 보호주의를 강화하고 있으며, 한국은 이 거대한 틈 사이에서 전략적 유연성을 잃을 위험에 처해 있다. 외교, 안보, 기술, 산업, 에너지 등 각 영역에서 '편 가르기'가 심화되고 있으며, 한국은 독립적 전략이 없을 경우 양측 모두에게 '부차적 존재'로 전락할 수 있다.

전략 방향: '전략적 협력'과 '자율적 균형'의 재설계

미·중 간 갈등이 장기화되고 있어 한국은 양국 간 균형외교를 통해 경제적 기회와 안보 위험을 동시에 관리해야 한다. 특히, 중국의 '내수 중심 경제 전환'과 미국의 '메이드 인 USA' 정책으로 인해 한국은 대중국 소비재 수출과 대미국 중간재 수출 중심으로 공급망을 재설계해야 한다. 변화된 환경에 대응해 새정부는 한·중 관계를 다음의 세 가지 원칙에 따라 전략적으로 재정립할 필요가 있다.

1) 선(先)경제 – 후(後)정치

외교적 민감 이슈보다 경제적 실리를 우선시하고, 실용 협력을 복원하는 데 집중해야 한다. 특히 반도체·소재·배터리 등 국가 핵심산업의 공급망 안정과 기술 보호를 중심에 두고, 중국과의 '디커플링'을 막되 '디리스킹'을 병행해야 한다.

2) 전략적 실용주의

이념과 진영에 매몰되지 않고, 국익 중심의 실용외교로 접근해야 한다. 특정 블록에 종속되지 않고, 기술·인적교류·문화협력 등 다양한 접점을 통해 한·중 관계를 다층적으로 복원하되, 국익 훼손에는 단호하게 대응하는 '강한 자율성'을 유지해야 한다.

3) 다층적 안정관리

경제, 외교, 안보, 문화 등 다양한 채널을 복원하고, 민간·지자체·산업계 차원의 협력체계를 병행 구축함으로써 위기 시 완충장치를 확보해야 한다. 국정 전반에 걸쳐 '중국 전문성'을 보유한 인사를 전면에 배치하고, 정부 내 '대중 전략 컨트롤 타워'를 신설해 전략적 대응을 일관되게 조율해야 한다.

지금 한국은 성장률 0%대 진입, 수출 감소, 내수 부진이라는 삼중고를 겪고 있다. 미·중의 보호무역 강화, 중국의 기술굴기, 글로벌 지정학 충돌이라는 3대 리스크에 둘러싸인 가운데, 새정부는 '축하'보다 '대응'이 먼저다.

한·중 관계는 더 이상 기계적으로 관리할 수 없는 전략 과제가 되었다. 한국이 과거처럼 중국을 '성장의 발판'으로만 보는 관점은 이미 무력화되었으며, 중국 역시 한국을 '파트너'보다는 '시장' 혹은 '경쟁자'로 인식하고 있다. 바로 이 시점이야말로, 외교의 지형을 재설계하고 국익 중심의 새로운 전략을 실행해야 할 때다.

대통령 집권기간별 GDP 성장률

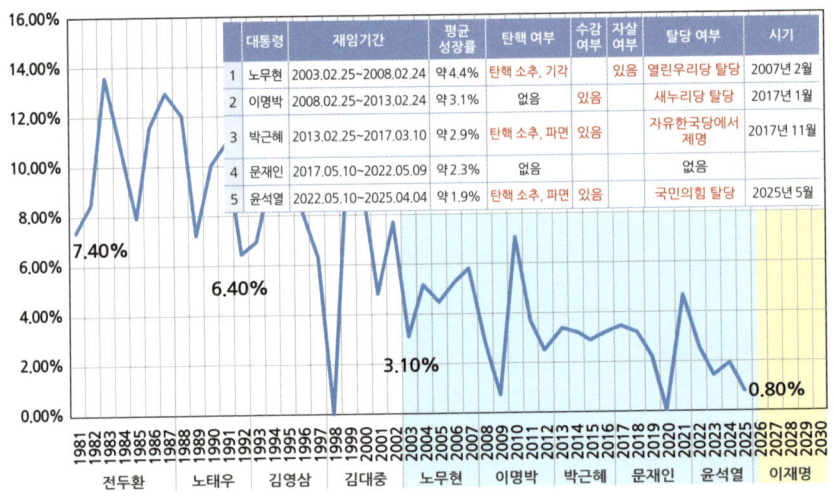

	대통령	재임기간	평균 성장률	탄핵 여부	수감 여부	자살 여부	탈당 여부	시기
1	노무현	2003.02.25~2008.02.24	약 4.4%	탄핵 소추, 기각		있음	열린우리당 탈당	2007년 2월
2	이명박	2008.02.25~2013.02.24	약 3.1%	없음	있음		새누리당 탈당	2017년 1월
3	박근혜	2013.02.25~2017.03.10	약 2.9%	탄핵 소추, 파면	있음		자유한국당에서 제명	2017년 11월
4	문재인	2017.05.10~2022.05.09	약 2.3%	없음			없음	
5	윤석열	2022.05.10~2025.04.04	약 1.9%	탄핵 소추, 파면	있음		국민의힘 탈당	2025년 5월

자료: IMF, 중국경제금융연구소

02 역대 정부의 대중 전략과 새정부의 차별화

역대 정부의 대중국 전략과 한계

문재인 정부는 대중국 정책의 기조로 '구동존이(求同存異)', 즉 이견은 잠시 유보하고 공통 이익을 우선하는 접근법을 채택하였다. 정치·안보 이슈는 후순위로 미루고, 경제 및 민간 교류를 중심으로 실리를 추구하는 전략이었다. 그러나 사드(THAAD) 사태의 후폭풍은 이 전략의 구조적 한계를 드러냈다. 중국의 경제 보복과 한국의 미온적 대응은 한·중 간 상호 신뢰를 약화시켰고, 지나친 중립외교는 실질적 이익도 확보하지 못한 채 전략적 모호성만 심화되었다. 신남방·신북방 정책은 중국 의존도를 줄이기 위한 노력으로 평가받았지만, 동남아 및 중앙아시아 시장은 대중 무역을 실질적으로 대체할 만큼의 영향력을 확보하지 못했다. FTA 확대 및 북한문제에서의 중국 협조도 기대에 미치지 못했으며, 인적 교류 확대 시도는 코로나19와 역사·문화 갈등에 의해 좌초되었다.

윤석열 정부는 문재인 정부의 전략적 중립성과 대비되는 가치 중심 외교를 전면에 내세웠다. 자유민주주의, 인권, 한·미·일 안보 협력을 강조하며 미국 주도 인도·태평양 전략에 적극적으로 동참했고, 중국에 대해선 사실상 견제 노선을 취했다. 그러나 대화 채널 단절과 무역적자 발생, 한국 제품의 중국 시장 점유율 감소는 실용적 외교 부족의 결과로 나타났다.

정경분리 원칙은 현실에서 작동하지 않았다. 중국은 외교·경제를 통합적으로 대응한 반면, 한국은 정치와 경제를 분리하려 했고, 이 간극은 전략 실패로 이어졌다. 다자외교 무대 활용 역시 실질적 협력보다는 상징적 행보에 그쳐 대중 전략의 성과를 만들지 못했다.

새정부의 전략적 차별화: 실용 중심의 균형외교

새롭게 출범한 정부는 과거의 실패를 반복하지 않기 위해, '전략적 실리외교'를 핵심 기조로 채택해야 한다. 이는 문재인 정부의 지나친 중립성, 윤석열 정부의 편향된 가치외교를 넘어, 경제와 안보, 원칙과 유연성이 균형을 이루는 실용 중심의 접근이다.

1) 문재인 정부와의 차별화

- 구동존이 접근을 탈피해 정치·안보 이슈(사드, 대만, 남중국해)에 대해 한국의 입장을 명확히 하고, 협상력을 확보해야 한다.
- 신남방·신북방 정책을 중간재 수출·인프라 투자 중심의 실질 경제협력 플랫폼으로 고도화해야 하며, 한·중 FTA도 디지털통상·서비스 부문까지 확장해 경쟁력을 높여야 한다.

2) 윤석열 정부와의 차별화

- 한·미·일 협력은 유지하되, 한·중 고위급 대화 채널을 복원하고, 갈등 완화

기반 위에서 경제협력을 병행 추진해야 한다.
- 가치외교 대신, 공급망·기술 협력 등 실질 이익 중심의 협력외교로 전환해야 하며, 전략산업의 해외 의존도를 최소화하는 자율적 산업 전략이 필요하다.

3) 새정부의 핵심 전략
- 중국의 내수 중심 전환에 맞춰, 소비재 중심 수출 전략을 적극 추진하고, 중국 유통망·이커머스 진출 확대를 위한 민관 협력체계를 강화해야 한다.
- 미·중 갈등 속 균형외교를 통해 안보와 경제 이익을 동시에 추구하며, 2025년 APEC 정상회의를 계기로 한중 정상회담을 성사시켜 관계 복원의 전환점을 만들어야 한다.
- 동시에, 공공외교와 민간교류 복원을 통해 악화된 국민 정서를 개선하고, 문화·교육·청년 분야의 협력을 다층적으로 강화해야 한다.

새정부의 대중 정책 차별화 방안

항목	문재인 정부	윤석열 정부	주요 실패 원인	신정부 차별화 방향
대중정책 결정 구조	NSC 중심의 통합 접근	안보실 중심의 안보 접근	남북 이슈와의 분리 부족	북핵과 분리된 독자적 대중 외교 추진
외교인사 구성	정치인 출신 중심	지인 중심	대중 전략가 부재	미·중 전문성과 실무 경험자 기용
정책 접근 방식	가치외교 중심	친미일변 이념외교 중심	현실 대응력 부족	분야별 명확히 선 그은 실용주의 접근
산업 연계 전략	기술 중심 고립형 전략	수출통제 대응 중심	중국 내수 연결 실패	첨단 제조-중국 소비 연계 강화
미·중 균형 전략	전략 모호성 유지	미국 편향 노선	대중 전략 부재	미·중 전략 균형화
외교 커뮤니케이션	사후 대응 중심	일방적 발표 중심	여론 악화 초래	여론관리형 외교 커뮤니케이션 강화

자료: 중국경제금융연구소

03 신정부의 바람직한 대중국 외교 전략

전반적 대중 전략기조와 균형외교 전략

새정부의 대중국 외교 전략은 기존의 편향된 접근에서 벗어나 포괄적이고 실용적인 관여(Comprehensive and Pragmatic Engagement)를 중심에 두어야 한다. 이는 안보, 경제, 사회문화 등 다양한 분야에 걸쳐 중국과의 협력 가능성을 열어두되, 언제나 한국의 국익을 최우선 가치로 삼는 실용주의 외교를 의미한다. 과거와 같이 일부 영역에 의존하거나 전략적 모호성에 머무는 것이 아닌, 전방위적 협력을 통해 주도권을 확보하려는 능동적 외교가 필요하다.

또한 전략적 자율성이 핵심 가치로 자리매김해야 한다. 미·중 전략경쟁이 고조되는 상황에서 어느 한쪽에 종속되지 않고, 사안별·이익별로 판단하며 우리의 입장을 명확히 밝히는 독립적 외교노선이 요구된다. 나아가 상호 존중과 신뢰 구축을 기반으로 한 대화 시스템을 상시 운영함으로써, 한·중 간 오해와 갈등의 발생 가능성을 최소화해야 한다. 정상 간 신뢰, 외교 관료 간 소통, 국민 간 이해가 유기적으로 작동할 수 있도록 다층적인 외교 채널을 구축하고 유지하는 것이 전략기조의 핵심이다.

한국의 대중국 국익 중심 10대 균형 외교 전략

전략	방향	구체적 대안/사례	실행 시기
① 전략적 모호성 유지	미국의 기술동맹엔 참여하되, 중국과의 핵심 경제관계는 유지 노골적 편승은 자제	- 미·중 갈등 이슈(예: 대만해협, AI 수출통제)에 중립적 입장 표명 - 유엔, 아세안 등 다자무대 중재자 역할 강화	1~2분기
② 분야별 분리 외교	안보는 미국 중심, 경제는 중국과 협력, 기술은 다자협력(ASEAN, EU)으로 분산	- 美와는 확장억제 협의 강화, 中과는 RCEP·FTA+ 대화 재개 - '경제는 중국, 안보는 미국' 원칙 구체화	1~3분기
③ 공급망 다변화	반도체, 배터리 등 핵심 산업은 미국 중심으로, 소비재·중간재는 중국·베트남 등으로 분산	- 對미국: 첨단 반도체·배터리 공장 투자 인센티브 - 對아세안·인도: '제2 공급망' 구축(특히 베트남·말레이시아)	2~4분기
④ 동북아 다자외교 재개	한·중·일 정상회의, RCEP 등 다자채널을 통해 중국과 제도적 관계 회복 및 확장	- 한·중·일 정상회의 조기 개최 추진 - '탈정치적 실무협력 의제'부터 복원(환경, 보건, 재난)	3~5분기
⑤ 한·미 동맹의 현실화	미국과의 동맹을 '가치동맹'에서 '이익동맹'으로 전환, FTA 재협상 시 국익 최우선 고려	- 미국과 '통상·금융 공동협의체' 구성 - IRA(인플레이션 감축법) 피해보상 협상 공식화	2~4분기
⑥ 중국 내 국민감정 회복외교	한한령 해제 유도, 문화교류 확대, 유학생·관광객 유입 정책 추진	- 한한령 해제 위한 연성외교(K콘텐츠 교류 확대) - 2025년 中 대학생 대상 한류문화공모전 추진	3~6분기
⑦ AI·반도체 등 전략산업 협력 균형화	미국엔 기술동맹, 중국엔 시장협력 및 R&D 교류 유지	- 미국엔 AI·양자·반도체 투자 확대, 中엔 표준 공동연구 허브 제안 - 미·중 동시 기술협력 거버넌스 구축	4~6분기
⑧ 한국형 외교 독립성·전문성 강화	독자적 정책 공간 확보를 위한 외교 싱크탱크·전문외교관 인프라 확충	- 차세대 외교관 채용 확대 및 분야별 외교 스쿨 설립(중국통·미국통 등) - 외교안보자문회의 내 '산업·기술 전문가 그룹' 신설	1~2분기

전략	방향	구체적 대안/사례	실행 시기
⑨ 역내 안보 불균형 방지	미국과는 확장억제 논의, 중국엔 '한반도 안보 불개입' 원칙 재확인	- 미국엔 北억제 공조, 중국엔 사드 재배치 유보 등 신뢰 형성 - 양국과 '한반도 불개입 원칙' 비공식 협의 병행	3~6분기
⑩ 국내 여론 및 기업 의견 반영 체계화	외교 정책 결정 시 민간·산업계 의견 청취 강화, 정책의 국민수용성 제고	- '국민 외교설명회' 및 산업계 정례 자문 도입 - 국회·산업계와 '미·중 균형정책 보고회' 분기별 개최	1~3분기

자료: 중국경제금융연구소

전략적으로 고려해야 할 사항과 10대 실행 정책과제

새정부는 대중국 외교 정책 수립에 있어 다음 다섯 가지 전략 환경을 고려해야 한다.

첫째, 미국의 대중국 전략 변화에 대한 선제적 대응이 절실하다. 트럼프 대통령의 재집권을 계기로 미국의 대중국 경제 압박 및 기술봉쇄 기조가 더욱 강화될 가능성이 있다. 이에 대해 한국은 사전에 다양한 외교 시나리오를 분석하고, 미국과 중국 양측과의 협력 균형을 조율할 수 있는 대응 전략을 마련해야 한다.

둘째, 중국의 내부 정치·경제 동향에 대한 정확한 분석이 필요하다. 시진핑 3기 체제의 정치적 방향성, 공동부유 정책, 내수 중심 경제 전략의 속도, 청년실업 문제 등 중국의 구조적 변화는 한국에 직·간접적인 영향을 미친다. 이를 바탕으로 한국의 대중 경제협력 전략과 외교기조를 지속적으로 조정해 나가야 한다.

셋째, 아세안·인도 등 제3국과의 전략적 연대 강화가 중요하다. 글로벌 공급망 재편 속에서 한국은 중국 의존도를 줄이기 위해 '플러스 알파 시장'

을 다변화해야 하며, 이를 통해 중국과의 협상력도 강화할 수 있다.

넷째, 국내적 공감대 형성 및 국민 정서의 관리도 중요하다. 국민들이 납득할 수 있는 투명한 외교 원칙과 실행을 통해 전략 추진의 정당성을 확보해야 하며, 문화·역사 갈등을 줄이기 위한 민간외교 노력도 병행되어야 한다.

다섯째, 동북아 안보 및 경제협력 구상을 선도할 외교 리더십 확보가 필요하다. 일본이 동북아 다자협력의 주도권을 가져가는 상황을 방치하지 않고, 한국이 주도적으로 한·중·일, 한·중·러 등 다자 협력 플랫폼을 설계하고 운영해야 한다. 이는 한국 외교의 지경학적 위상을 제고하는 핵심 전략이다.

이를 위한 구체적인 10대 실행 정책과제는 다음과 같다.

1) 한·중 정상회담 정례화 및 고위급 대화 채널 복원

한·중 관계의 예측 가능성과 안정성을 높이기 위해 대통령 직속의 고위급 전략대화 채널을 신설하고, 정상회담의 정례화를 통해 주요 현안에 대해 지속적인 협의를 유지해야 한다.

2) 공급망 안정화 및 첨단산업 기술 협력 강화

핵심 광물 및 부품의 중국 의존도를 관리하는 동시에, AI, 반도체, 바이오 등 미래 산업 분야에서 상호 이익 기반의 공동 연구 및 개발을 추진한다.

3) 북핵문제 대응을 위한 안보대화 재개 및 중국의 건설적 역할 유도

북핵 해법에 있어 중국의 영향력을 전략적으로 활용하기 위해 안보대화를 복원하고, 핵비확산, 군비통제 등 다자 안보 이슈에서도 협력 기반을 넓혀야 한다.

4) 미래세대 교류 확대 및 인문학적 협력 증진

청년, 연구자, 언론인 등을 중심으로 한 양국 간 인적 교류를 활성화하고, 역사·문화 연구 기반의 상호이해 증진 프로그램을 지원한다.

5) 중국 내 한국 기업의 보호 및 환경 개선 촉구

지재권 보호, 내국인 대우 보장 등 중국 내 공정한 비즈니스 환경 구축을 위한 정책협의를 확대하고, 기업의 어려움에 신속히 대응할 지원 체계를 마련한다.

6) 환경 및 기후변화 공동 대응

미세먼지 공동 대응 및 탄소중립 협력 등의 환경 이슈를 중국과의 공통 의제로 삼고, 기술 협력과 국제공조를 통해 실질적 성과를 창출한다.

7) 동북아 다자 안보 협력체 주도

한국이 중심이 되는 동북아 다자 안보 플랫폼을 구상하고, 중국의 참여를 유도함으로써 안정적인 지역 안보질서를 구축해야 한다.

8) 국제 규범 기반 협력 강화

국제법과 다자주의에 기반한 외교기조를 통해 중국과의 갈등을 제어하고, 글로벌 거버넌스 속에서 한국의 외교적 신뢰도를 높인다.

9) 해양 안보 및 불법 어업 공동 대응

불법 어업 단속, 해양 경계 획정 등 민감한 해양 이슈에 대해 협력적 접근을 추진하며, 해양 주권을 보호하고 어민 생계를 안정시켜야 한다.

10) 사이버 안보 협력 강화

사이버 위협 공동 대응 체계를 구축하고, 핵심 기반시설 보호를 위한 정보공유 시스템을 도입한다. 디지털 경제 협력의 기초가 될 수 있는 신뢰 기반도 형성해야 한다.

10대 과제 실행을 위한 전제조건

10대 실행과제가 효과적으로 추진되기 위해서는 다음과 같은 구조적 기반이 마련되어야 한다.

첫째, 대통령의 강력한 리더십과 일관된 외교 철학이 요구된다. 대중국 외교는 정권 차원이 아니라 국가 차원의 전략으로 자리 잡아야 하며, 대통령이 명확한 전략기조를 천명하고 이를 외교 부처 및 관련 기관에 일관되게 전달하는 리더십이 필요하다.

둘째, 국민적 공감대와 초당적 지지 기반이 구축되어야 한다. 국익 중심의 대중 외교가 진영 논리에 휘둘리지 않도록, 정책의 투명성을 높이고 시민사회의 의견을 반영하는 소통체계를 마련해야 한다.

셋째, 정보 및 분석 역량의 획기적 강화가 절실하다. 이를 위해 중국 전문 연구인력을 대거 확보한 '아시아연구소(ARI)'를 설립하고, 실질적으로는 대중국 전략과 정책을 집중 연구하는 싱크탱크로 운영해야 한다. 이 연구소는 100인 이상의 중국 박사를 포함한 전문가 풀을 갖추고, 전략 수립, 리스크 평가, 여론 분석, 산업 협력 등 다방면에서 정부에 정책 조언을 제공해야 한다.

넷째, 재외국민과 국내 기업과의 소통 시스템 구축이 필수적이다. 중국에 진출한 한국 기업, 교민사회와의 정기적 대화를 통해 현장의 목소리를 반영하고, 정책 지원을 실질화하는 대응 체계를 갖추어야 한다.

다섯째, 범정부적 협력 체계 확립이 필요하다. 이를 위해 외교, 산업, 안보, 정보 부처 간 긴밀한 조율을 가능케 할 대통령 직속 기구인 '중국 전략 기획단(가칭)'의 신설이 바람직하다. 이 조직은 국가 최고 수준의 전문가들이 참여해 중장기 전략을 수립하고, 부처 간 정책을 통합·관리하는 최고위 전략 결정기구로 기능해야 하며, 대통령에게 직보할 수 있는 위상을 갖춰야 한다.

이러한 전략기조와 실행계획은 한국이 미·중 전략경쟁의 틈바구니 속에서도 주체적인 외교 행위자로서 독립성과 실용성을 확보하는 데 기여할 것이다. 무엇보다, 한국의 생존 전략은 외부의 선택이 아닌 우리가 설계한 전략에 달려 있음을 새정부는 인식해야 한다.

04 신정부 대중 외교의 10대 대응 전략

1. '하나의 중국' 원칙 및 대만문제 대응

새정부는 중국이 민감하게 반응하는 '하나의 중국' 원칙에 대해 기본적으로 존중하는 입장을 견지한다. 그러나 동시에, 대만해협의 안정과 평화는 한반도뿐만 아니라 동아시아 전체, 나아가 국제사회의 핵심 이해와 직결된다는 점도 강조해야 한다. 한국은 대만문제에 대한 직접적 개입은 자제하지만, 무력 충돌의 방지를 위한 국제사회의 평화적 해결 노력에는 적극 동참할 의지를 밝힌다. 이는 중국의 입장을 훼손하지 않으면서도, 원칙 있는 중견국 외교의 태도를 보여주는 방식이다.

2. 미국의 대중국 포위 전략 동참문제

'쿼드', '칩4 동맹', 'IPEF' 등 미국 주도의 협의체 참여는 중국을 배제하기 위한 정치적 포위망이 아니라, 한국의 경제안보와 기술 주권을 확보하기 위한 실용적 선택임을 명확히 해야 한다. 특히, 해당 협의체들이 공급망 안정화, 첨단 기술 보호, 표준 정립 등을 목적으로 하고 있으며 이는 한국의 국익에 부합함을 중국 측에 충분히 설명해야 한다. 거부가 아닌 의도 설명과 협력 여지 확보를 통해 중국의 반발을 완화하는 외교적 설득력이 요구된다.

3. 한·미 동맹 강화가 중국을 겨냥하는 것이 아님을 명확히

한국의 한·미 동맹 강화는 북한 핵 위협과 지역 불안정성 대응이라는 방어적 차원의 조치이며, 중국을 적으로 상정하거나 견제하기 위한 것이 아님을 분명히 해야 한다. 동맹의 틀 안에서도 한·중 간의 전략적 소통과 경제 협력의 중요성은 변함이 없음을 강조하며, 중국과는 경쟁과 협력을 병행하는 복합적 관계임을 설득력 있게 전달할 필요가 있다. 이중외교의 모순을 피하기 위한 정교한 메시지 관리와 신뢰 회복이 핵심이다.

4. 사드(THAAD) 추가 배치 및 성능 개선 문제

사드 추가 배치나 성능 개선은 어디까지나 북한의 고도화된 미사일 위협에 대응하기 위한 자위적 조치라는 점을 반복적으로 강조해야 한다. 한국의 안보 정책은 주권에 기반한 결정이며, 이는 중국의 내정 간섭 대상이 될 수 없음을 명확히 한다. 다만, 중국의 안보 우려에 대해선 투명한 정보를 공유하고, 외교 채널을 통한 지속적인 설명과 협의를 병행함으로써, 불필요한 갈등을 예방하고 오해를 최소화하는 노력이 병행되어야 한다.

5. 첨단기술 및 공급망에서의 편향성 경계

첨단산업의 공급망 재편 과정에서 한국은 미국 주도의 블록에 참여하되, 이를 일방적인 편향으로 오해받지 않도록 중국에도 분명한 메시지를 전달해야 한다. 공급망 다변화는 특정국 배제가 아닌 리스크 분산의 일환이며, 중국과도 반도체, AI, 바이오 등 미래 기술 분야에서 상호 호혜적 협력 모델을 모색할 수 있음을 강조해야 한다. 즉, 경제안보를 지키되 협력의 문은 열어두는 유연성이 중요하다.

6. 북한문제에 대한 대화 기반의 해결 원칙 견지

북한의 비핵화와 한반도의 항구적 평화를 달성하기 위해선 중국의 건설적 역할이 필수적이다. 중국은 북한의 가장 영향력 있는 후견국이자, 유엔 안보리 상임이사국으로서 중재자 및 설득자 역할을 수행할 수 있다. 새정부는 중국과의 안보 대화 재개를 통해 북한문제에 대한 공동 대응 방향을 모색하되, 북한의 도발에 대해선 명확한 원칙과 국제공조를 통해 대응하겠다는 입장을 병행해야 한다. 이는 대화와 억지의 균형을 맞추는 외교적 접근이다.

7. 한국 내 반중 정서 완화 및 상호 이미지 개선 노력

한국 사회에 퍼진 반중 감정은 역사, 문화, 경제 등 다양한 층위에서 발생하고 있으며, 이는 외교 환경에 중요한 변수로 작용하고 있다. 정부가 이를 직접 통제할 수는 없지만, 적극적인 공공외교와 민간 교류 확대를 통해 상호 이해의 토대를 강화할 수 있다. 동시에 중국에도 한국 국민의 우려를 진지하게 전달하고, 상호 존중에 기반한 행동 변화를 촉구함으로써, 반중 감정을 완화하는 상호 책임의 구조를 강조해야 한다.

8. 한한령 해제 및 실질적 경제교류 회복

한한령은 양국 간 경제·문화 교류를 억제하는 대표적 정치적 조치로, 그 완전한 해제는 한·중 관계 정상화의 바로미터다. 새정부는 한한령 해제가 양국 경제 발전에 기여할 뿐만 아니라, 국민 감정 회복에도 필수적임을 중국에 설득력 있게 전달해야 한다. 단순한 요구가 아닌, 문화콘텐츠, 관광, 교육 분야의 상호교류 제안과 함께 중국 측의 선행 조치를 요구함으로써, 행동 중심의 교류 재개 로드맵을 제시해야 한다.

9. 역사·해양문제에 대한 원칙 기반 대응

역사 왜곡, 서해 영유권, 불법 어업 등의 민감한 사안에 대해 한국은 감정적 대응이 아닌 원칙과 국제규범에 입각한 문제 해결을 추구해야 한다. 역사 문제는 학술적 검증과 상호 연구 교류를 통해 해결해야 한다는 입장을 고수하며, 해양 이슈는 국제해양법 기반의 평화적 해결 원칙과 실질적 협력의 병행이 필요하다. 불법어업, 해양오염, 해양구조물 설치 등의 문제 해결을 위한 구체적인 실행 메커니즘 제안이 동반되어야 한다.

10. 중국의 국제적 역할 인정과 공동 글로벌 협력 확대

기후변화, 감염병 대응, 지속가능 발전 등 글로벌 어젠다에 있어 중국의 국제적 영향력과 책임을 인정하고, 한국은 이에 대해 협력적 자세를 유지하되, 그 협력의 틀은 국제 규범과 다자주의 원칙에 기반해야 한다는 점을 분명히 해야 한다. G20, APEC, COP 등 국제 무대에서 한국과 중국이 공동의 글로벌 리더십을 발휘할 수 있도록 구체적인 협력모델을 제안하는 것이 바람직하다.

　이러한 10대 대응 전략은, 한국이 미·중 전략경쟁의 틈바구니 속에서 국익을 최우선에 두고 주도적이고 능동적인 대중 외교를 실현할 수 있는 기반이 된다. 새정부는 감정이 아닌 전략, 선언이 아닌 실행, 이념이 아닌 실리 중심의 대중 전략을 통해 한·중 관계의 미래를 새롭게 설계해야 한다.

05 향후 5년 미·중 관계와 대·중 외교에서 주의할 점

신정부의 전략적 전환, '경쟁적 협력자'로서의 중국 인식

2025년을 기점으로 미·중 간 전략경쟁은 '경쟁의 관리'가 아닌 '질서의 주도권' 경쟁으로 성격이 격화되고 있다. 특히 첨단기술, 반도체 공급망, 군사안보, 글로벌 규범 등 핵심 분야에서 양국은 동맹·우방과의 진영 재편을 가속화하고 있으며, 이 속에서 한국은 기술과 산업 역량을 갖춘 지정학적 핵심국가로 다시 주목받고 있다.

한국은 세계적인 반도체 공급허브이자, AI·배터리·양자기술 등 미래 산업의 전초기지로 자리매김하고 있으나, 지난 4년간 한·중 관계는 외교, 경제, 사회문화 등 거의 모든 영역에서 갈등과 오해가 누적되어 상호불신이 극에 달한 상태에 놓여있다. 미·중 전략경쟁에 대응해 '안보는 미국, 경제는 중국'이라는 이중균형 전략을 시도했지만, 실질적으로는 미국 중심의 정책에 편향되며 중국과의 전략적 신뢰가 약화되었다.

새로 출범한 신정부는 과거의 고정된 외교 구도에서 벗어나, 중국을 '경쟁적 협력자(Competitive Partner)'로 재정의해야 한다. 이는 중국을 단순히 협력 대상 또는 위협으로만 바라보지 않고, 국익에 기반해 유연하게 관리하는 다층적 외교 접근을 의미한다. 한국은 미·중 사이에서 한쪽에 고정된 비율의 스탠스를 취하는 것이 아니라, 시기와 사안에 따라 미·중 협력 비중을 조절하는 유동적 외교 전략을 구사해야 한다.

이에 따라 향후 5년간 한국의 대중 외교 전략은 다음과 같은 시나리오 기반의 3단계 접근법을 바탕으로 설계되어야 할 필요가 있다.

- 초기(2025~2026): 미국 중심의 안보·기술 안정성 확보에 주력하며, 전략산업과 첨단기술 보호를 위한 정책 우선
- 중기(2027~2028): 문화·경제·산업 분야에서 한·중 간의 다층적 협력 복원을 추진하고, 민간 교류 활성화를 병행
- 장기(2029~2030): 미·중 균형 속에서 아세안·EU 등 다자 파트너와의 공동외교 네트워크를 강화하며, 다자 공동운명체 전략에 참여

미국:중국 외교 비중 시나리오별 전략(2025-2030)

연도	비율(미:중)	한국 외교 스탠스	미국 반응	중국 반응
2025	8:2	친미기조 유지하되 경제실용 노선 병행	우호적	경계 및 조건부 수용
2026	7:3	공급망 협력 확대, 안보는 미국 중심	긍정	제한적 협력 허용
2027	6:4	문화·환경 분야 협력 확대	균형 유지 요구	신뢰 일부 회복
2028	6:4	지역외교 및 산업 협력 다변화	경계 완화	실용적 관계 모색
2029	5:5	전략적 균형외교 구축	견제 강화	수용 및 공동 이익 중시
2030	5:5	글로벌 역할 분담 강화	공동안보 프레임 구축	상호존중 강화

자료: 중국경제금융연구소

한국의 외교는 이제 선택이 아닌 설계의 시대로

향후 5년간 한국의 대중국 전략은 미·중 패권경쟁이라는 구조적 긴장 속에서도 국익 수호와 실용적 협력을 동시에 추구하는 '경쟁적 협력' 전략을 채택해야 한다. 이분법적 외교는 한계가 있으며, 외교·산업·문화·기술 등 각 분야별 맞춤형 접근이 필요하다.

역사적으로 작은 것이 큰 것을 이긴 사례의 공통점은
- 기존 질서에 도전하는 새로운 전략의 적용
- 지형, 환경, 민심, 외교 등 비군사 요소의 극대화
- 지속성과 의지 기반의 장기적 승부
- 외부 지원 혹은 국제 환경의 활용
- 리더십과 전략적 유연성으로

즉, 힘이 아닌 설계, 규모가 아닌 전략이 역사의 흐름을 바꾸는 핵심이다.

역사적으로 작은 것이 큰 것을 이긴 사례

	사례	배경	방법	결론
1	다윗 vs 골리앗	약자가 강자에 도전	민첩함과 기습	전략과 용기
2	그리스 vs 페르시아	제국에 맞선 도시국가	동맹, 해군	지형+전략
3	이순신 vs 일본	수군 열세	거북선, 학익진	해상 우위
4	미국 독립전쟁	식민지 반란	프랑스 외교, 지구전	연합전선
5	베트남 vs 미국	압도적 무력차	게릴라, 민심	장기전 승리
6	핀란드 vs 소련	병력 열세	산악 기동, 저격	기후+전술
7	이스라엘 건국전쟁	신생국 vs 아랍	군 통합, 외교	생존확보

자료: 중국경제금융연구소

2025~2030년은 한국 외교에 있어 '미·중 간 틈바구니'가 아닌, 전략적 설계의 기회로 만들어야 할 시기이다. 단기적으로는 미·중 어느 쪽에도 종속되지 않는 전략적 자율성, 중기적으로는 실리 중심의 협력관계 복원, 장기적으로는 다자외교의 중심축으로 도약하는 전략적 유연성이 필요하다.

한국의 외교는 이제 선택이 아닌 설계의 시대로 접어들었다. 한국이 동북아 안정과 글로벌 질서 형성에 기여하는 전략 중추국가로 성장하기 위해서는, 감정이나 이념이 아닌 국익과 실용이 중심이 되는 외교가 절실하다. 미·중 경쟁의 회오리 속에서도, 외교는 '줄타기'가 아니라 '균형 설계'임을 새정부는 인식하고, 이를 행동으로 실천해야 할 것이다.

역사는 거울이고 그 거울을 통해 미래를 대비할 수 있다. 그간 한국의 대중 외교를 돌아보면 한국이 조심해야 할 부분이 있다. 한국의 새정부가 새로운 대중 전략을 통해 미·중 줄타기를 넘어, 한국이 동북아 안정과 글로벌 가치 확산에 기여하는 전략 중추국가로 도약하기 위해서는 다음과 같은 부분을 주의해야 한다.

한국이 대중 외교에서 주의할 점과 개선방안

순위	태도/사례	문제점 설명	개선 방안
1	어설픈 사자성어 남발	외교 신뢰도 하락, 조롱 대상화	사전 조율된 메시지 사용, 실용 중심 표현 채택
2	중국 일정 무시하고 단독 일정 진행	의전 문제 및 상대국 모욕으로 비칠 우려	방중 일정은 외교 경로 사전 조율 및 공동 발표
3	사전 의전협의 없이 방중	낮은 의전, 협상력 약화	의전 매뉴얼 기반 고위급 일정 사전 확정
4	혼밥·고립된 일정	고립된 외교 인상 부각	외교적 동반행사 및 파트너 동행 구성

순위	태도/사례	문제점 설명	개선 방안
5	비굴한 자기비하·중국 찬양 발언	국격 저하, 국내 비판 여론 증폭	상호존중 외교기조 명문화 및 메시지 사전통제
6	국내 여론 무시한 대중협상	정당성 약화, 후폭풍 발생	협상 전후 국민설명회·국회 보고 병행
7	비공개 MOU 남발 및 밀실외교	투명성 부재, 향후 정치 리스크 증폭	협약 공개 원칙 수립, 국회 동의 대상 사전 지정
8	무역보복에 소극적 대응	산업계 불만, 국가 이미지 약화	다자 채널 통한 보복 대응, WTO 등 활용 확대
9	국내 조율 없는 중국 정책 추진	정책 충돌, 혼선 발생	외교 정책 내각·국회 사전협의 절차 정례화
10	중국 언론·SNS 대응 방치	중국 내 한국 이미지 악화	중국어 대응팀 운영, SNS 대응 콘텐츠 정기 발신

자료: 중국경제금융연구소